U0572903

2020 年国家社会科学基金重大项目

新时代
中国竞争法的战略功能及其展开

孙晋 等 著

STRATEGIC FUNCTION AND
ITS
REALIZATION
OF COMPETITION LAW OF CHINA
IN THE NEW ERA

社会科学文献出版社
SOCIAL SCIENCES ACADEMIC PRESS (CHINA)

前　言

公平竞争是市场经济的灵魂和最高原则。

1978 年启动的改革开放成为我国市场经济的发端，1980 年国务院颁行《关于开展和保护社会主义竞争的暂行规定》（俗称"竞争十条"）则是我国首次提出和鼓励"竞争"，该规定成为我国竞争立法和竞争政策的肇始。在 40 余年的发展历程中，《中华人民共和国反不正当竞争法》（简称《反不正当竞争法》）、《中华人民共和国反垄断法》（简称《反垄断法》）和公平竞争审查制度先后制定实施并不断修订、补充、完善，以维护市场公平竞争为主旨的竞争法律和竞争政策逐步发展、稳健推进，成为我国社会主义市场经济重要的基础制度。党的二十大报告明确提出，完善公平竞争等市场经济基础制度，加强反垄断和反不正当竞争，破除地方保护和行政性垄断。党的二十届三中全会通过的《中共中央关于进一步全面深化改革、推进中国式现代化的决定》在"构建全国统一大市场"部分，明确要求："推动市场基础制度规则统一、市场监管公平统一、市场设施高标准联通。加强公平竞争审查刚性约束，强化反垄断和反不正当竞争，清理和废除妨碍全国统一市场和公平竞争的各种规定和做法。规范地方招商引资法规制度，严禁违法违规给予政策优惠行为。"① 自秦皇"统一货币、重农抑商、举国体制修筑长城"和汉武"盐铁专卖"开始，以垄断型发展模式为主要特征的产业政策主导了中国 2000 多年的经济发展。自 1978 年开始

---

① 《中共中央关于进一步全面深化改革　推进中国式现代化的决定》，人民出版社，2024，第 8 页。

的改革开放彻底改变了中国，竞争法与竞争政策伴随着商品经济发展和社会主义市场经济体制确立而得以从无到有、由弱到强、不断成长；我国经济体制改革的进程就是承认竞争、引入竞争、规范竞争、保护竞争和促进竞争的过程；市场经济越发展，竞争法与竞争政策就越重要。进入新时代以来，在进一步全面深化改革、推进中国式现代化、加快建设全国统一大市场和实现高质量发展的新时代征程中，中国竞争法被赋予了新的重大战略功能，竞争法律与政策在中国历史上从来没有像今天这样走到国家发展政策的舞台中央，在国家治理现代化历史进程中扮演着越来越重要的角色，发挥着越来越重大的作用。

概括而言，本书站在实现中国式现代化的历史高度和推进全面深化改革的时代前沿，致力于揭示我国新时代竞争法在建设高水平社会主义市场经济体制、加快建设全国统一大市场、推进国家治理现代化和助力高质量发展四个方面，具备无可替代的时代价值和战略功能。

其一，为构建高水平社会主义市场经济体制提供制度保障。

市场经济体制遵循着从初级阶段向高级阶段不断发展和跃迁的发展规律。习近平总书记指出："在社会主义条件下发展市场经济，是我们党的一个伟大创举。"① 继党的十九届五中全会提出"全面深化改革，构建高水平社会主义市场经济体制"的重点任务之后，党的二十大报告再度强调将"构建高水平社会主义市场经济体制"作为加快构建新发展格局、着力推动高质量发展的重要战略任务。社会主义市场经济体制是社会主义基本经济制度的重要组成部分，是推动经济发展的重要制度保障。党的二十大报告提出的"深化要素市场化改革，建设高标准市场体系"重要论述，为构建高水平社会主义市场经济体制指明了改革方向和发展目标。通过确立竞争政策基础地位和有效实施竞争法，深化要素市场化改革、破除地方保护行为和行政性垄断、打通商品服务自由流通的堵点难点、夯实建设高标准市场体系的制度基础，是构建高水平社会主义市场经济体制的内在要求和应有之义。

---

① 习近平：《不断开拓当代中国马克思主义政治经济学新境界》，《求是》2020 年第 16 期。

　　构建高水平社会主义市场经济体制，首先必须正确认识什么是高水平社会主义市场经济体制。所谓经济体制，就是国家调控和发展经济的手段和方法，其核心是资源配置方式。所谓市场经济体制，就是充分尊重和发挥市场这只无形之手的作用，通过竞争机制和价格机制等市场机制使市场在资源配置中起决定性作用的经济体制；它相对的是政府运用行政命令手段配置资源的计划经济体制。高水平社会主义市场经济体制，就是竞争法与竞争政策发挥更大作用、有效市场和有为政府有机结合、真正实现市场决定资源配置的社会主义市场经济体制。构建高水平社会主义市场经济体制，无疑需要不断加强和完善中国特色公平竞争法律制度、建设高标准市场体系、更好地发挥政府保障和促进公平竞争的根本作用。

　　市场体系是市场经济体制的重要组成部分，构建高水平社会主义市场经济体制，必须建设高标准市场体系。所谓市场体系，是指在社会化大生产和市场经济条件下，由各类市场设施体系、运行体系、监管体系组成的有机整体。高标准市场体系，就是市场设施、运行体系、监管体制三位一体、统一开放、竞争有序、运行高效的市场体系。2022 年发布的《中共中央　国务院关于加快建设全国统一大市场的意见》（以下简称《意见》）从强化市场基础制度规则统一、推进市场设施高标准联通、打造统一的要素和资源市场、推进商品和服务市场高水平统一、推进市场监管公平统一、进一步规范不当市场竞争和市场干预行为等方面，对建设全国统一大市场进行顶层设计，其目的就是要建立高标准市场体系，从而实现构建高水平社会主义市场经济体制的目标。

　　其二，助力又快又好建设全国统一大市场。

　　党的二十大报告明确提出"构建全国统一大市场，深化要素市场化改革，建设高标准市场体系"和"加强反垄断和反不正当竞争"。2022 年《意见》的发布，为我国建设全国统一大市场提供了明确要求和具体指引，开启了我国经济发展的新篇章。《意见》要求的"四个统一"为加快建设全国统一大市场提供了方法论和规划图。在我国实践中，部分政策制定机关人为设置不合理的市场准入条件，制造行业壁垒，妨碍商品的自由流通，降低了资源配置效率，阻碍了科技创新。从国家全局利益和长远发展来看，其损害了公平竞争的市场秩序，背离了统一大市场的建设目标，不利于国家整体利益和长远发展。建设全国统一大市场，需要处理好三对关系：第一是大市场与强市场的关系，第二是国内大循环与国内国际双循环之间的关系，第三是中央与地方、全国与各区域之间的关系。在处理以上关系的过程中，公平竞争法律和政策能够发挥不可替代的关键作用。反垄断法和公平竞争审查制度是打破地方保护和市场分割的一把利剑，为打破区域壁垒、建设全国统一大市场扫清障碍。持续强化竞争政策基础地位、深入实施公平竞争法律，必须进一步清理、废除妨碍统一市场和公平竞争的规定和做法，推动全面落实反对行政性垄断和开展公平竞争审查，着眼于源头治理和事前预防，加强规范政府行为，及时查处滥用行政权力排除、限制竞争行为，促进提升国内大循环的效率和水平。从企业角度看，贯彻落实公平竞争法律与政策能够有力提升竞争的公平性，对于市场主体来说是重大利好，有利于进一步增强企业的国际竞争力，有利于更多市场主体在更加公平的市场竞争中脱颖而出，提升国家竞争力。

总之，只有全国一盘棋、各地方政府规则统一、维护公平竞争秩序、促进生产要素自由流动、保障各类市场主体公平市场竞争优胜劣汰，才能达到持续提高生产效率和激励创新的效果。

其三，推进国家治理现代化、处理好政府与市场的关系。

市场化、法治化改革立足于市场决定论和更好政府论的新论断新战略，着力于处理好政府与市场的关系，关键在于通过公平竞争审查制度和反垄断来规范政府对市场的不当干预，确保政府干预尊重市场规律、呵护市场竞争机制，尽量避免和减少对市场竞争的破坏和扭曲，让"两只手"减少内耗，相向而行，形成合力。随着中国经济的快速发展和市场化进程的加速，以自由竞争、公平竞争为思想内核的竞争法在顶层设计中的重要性日益凸显，对全面深化经济体制改革、推进国家治理体系和治理能力现代化具有不可替代的作用。首先，健全的竞争法治是构建高标准市场体系的内在要求，也是打通新质生产力发展堵点难点不可或缺的强大推力。以公平竞争政策为内核的统一、公平的制度规则是建设全国统一大市场的充分且必要条件，是实现高质量发展的高水平制度保障。其次，竞争法定位于创造公平竞争的市场环境、推进市场主体平等保护、有效推进市场监管体制机制改革。竞争法引领下的高效市场监管综合执法体制机制，事关统一开放、竞争有序的现代市场体系。最后，竞争法具有优化协调竞争政策和产业政策的关系、有效规范政府行为、推进市场主体竞争合规的角色功能。产业政策需要通过竞争政策基础地位和竞争评估予以升华和优化，同时在《反垄断法》中确立竞争政策基础地位，以此来夯实《反垄断法》的"经济宪法"地位，使之在约束和规范政府经济干预行为、推进国家治理现代化过程中发挥更重要的作用。

其四，优化营商环境、促进经济高质量发展。

习近平总书记在二十届中央政治局第十一次集体学习时指出，"高质量发展是新时代的硬道理"[①]。推动高质量发展是新时代竞争法的重要战略功能。实际上，进入新时代以来，我国新的发展逻辑和发展路径愈发清晰，那就是通过健全完善竞争法律体系、确立和夯实竞争政策基础地位、大力强化竞争法的实施，来培育和弘扬公平竞争文化，营造公平竞争的优良营商环境，以此加快建设全国统一大市场、构建新发展格局、发展新质生产力，推动实现高质量发展。一方面，把新发展理念和竞争法律与政策紧密结合起来，通过切实维护公平竞争秩序和优化市场化法治化营商环境加快建设现代化经济体系、实施创新驱动发展战略、促进高水平科技创新、加快构建新发展格局；另一方面，积极推进公平竞争法治建设，通过健全竞争法律体系把竞争法的战略功能用制度固定下来，并通过强化竞争法的高效实施把竞争法的战略功能充分发挥出来。唯有如此，方能为推动高质量发展打下牢固的物质基础，提供强大的制度保障。

毋庸讳言，当前我国竞争法还无法完全适应新时代的高标准要求。例如，我国公平竞争法律和政策实施过程中，政策经济目标与政治社会目标、中央立足全局和长远的统一决策部署与地方局部和短期利益诉求、国家短期静态效率与长期动态效率之间存在冲突。竞争法实施中也存在豁免

---

①　习近平：《发展新质生产力是推动高质量发展的内在要求和重要着力点》，《求是》2024年第11期。

过度行使问题，致使执法标准不一、主观色彩过强、自由裁量过大，从而影响竞争法的实施效果。再如，行政性垄断掣肘了全国统一大市场建设，部分地方政府采取的地方保护、歧视性定价、选择性补贴、不公平对待等行为导致了资源错配。如何同反垄断（执）法形成制度合力，有效规制行政性垄断一直以来都是我国竞争法实施面临的重要问题。还如，数字经济日益成为关乎我国经济高质量发展的优势产业，传统反垄断监管固有的事后属性限制了其规制范围和边界，逐渐暴露出监管理念滞后、监管规则缺漏、监管冲突加剧、监管工具无力、监管效果低下等问题，在应对平台、数据、算法加持下的新型垄断问题时捉襟见肘。对上述系列问题作出有效回应，需要明晰新时代竞争法的战略定位与功能，在竞争法律与政策的理念、原则、规则、实施等多个维度进行展开，积极探索可行有效的实施路径，更好地实现新时代赋予竞争法律与政策的战略功能。

目　录

第三部分　公平竞争监管体制机制

第一部分

公平竞争政策的战略定位

自 2012 年中国共产党第十八次全国代表大会以来，中国进入全面深化改革、推进高质量发展、全面依法治国、全面从严治党、实现全面建成小康社会和中华民族伟大复兴的新时代。新时代强调创新驱动、绿色发展、社会公平正义以及在国际事务中的更大影响力，标志着中国在新的历史起点上迈向全面建设社会主义现代化国家的新征程。2015 年，中央经济工作会议强调要落实"十三五"规划建议要求，推进结构性改革，推动经济持续健康发展。党的十八大以来，党中央作出了着力推进实施供给侧结构性改革的重大决定，并在"十三五"规划纲要中进一步明确将供给侧结构性改革作为整个"十三五"时期发展的主线。2022 年，党的二十大报告提出中国式现代化新方略，要求在法治轨道上全面建设社会主义现代化国家。面向新时代新征程，我们应将中国式现代化的本质要求贯穿于各领域、各方面、各环节。公平竞争政策是市场经济国家为保护和促进市场竞争而实施的一项基本的经济政策，其核心目标是通过保护和促进自由公平的市场竞争，确保竞争机制作用的充分发挥，从而提高经济效率，增进消费者福利。随着中国经济的快速发展和市场化进程的加速，以公平竞争法治理论为思想内核的公平竞争政策在中国经济中的作用日益凸显，对保障市场经济正常运行、助力全国统一大市场建设、促进高质量发展，具有不可替代的重要意义。

中国式现代化与供给侧结构性改革之间逻辑共通，关联紧密。中国式现代化旨在实现全体人民共同富裕，全面建成社会主义现代化强国。供给侧结构性改革通过优化经济结构、提升供给体系质量和效率，推动经济高质量发展，这一改革路径直接支撑了现代化目标，确保经济发展从速度追求转向质量和效益提升，解决深层次问题，增强经济内生动力。此外，供给侧结构性改革通过推动创新驱动、产业升级和绿色发展，促进城乡和区域协调发展，提高人民生活质量。这些举措不仅有助于提高物质生活条件和公共服务水平，还有助于提高生态环境质量，推动经济与环境协调发展，从而为实现中国式现代化提供坚实的基础和保障。

基于此，第一部分"公平竞争政策的战略定位"共分为两章，分别从中国式现代化与供给侧结构性改革的角度分析竞争政策的价值定位与具体实现。第一章分析了公平竞争政策在中国式现代化中的角色定位，从中国式现代化的战略高度来理解和诠释新发展阶段公平竞争政策在现代化进程中的使命担当、角色功能以及制度定位，并剖析中国式现代化语境下公平竞争政策实施面临的现实挑战，结合域外经济体竞争政策最新动态及相关经验，展望中国式现代化语境下公平竞争政策实施趋势，归纳对我国公平竞争政策实施的有益启示，以综合性全局性视角准确把握公平竞争政策实施的重要抓手，继而从中国式现代化的本质要求出发，对我国公平竞争政策及其实施的目标和途径进行优化。在此基础上，第二章论述了竞争政策在结构性改革中的重要作用。通过研究国内外典型国家（地区）通过竞争政策推动结构性改革的一些具体做法和经验，积极探索影响竞争政策发挥作用的制约因素。进而，从微观、中观与宏观三个层面出发去分析在结构性改革的背景下如何实现与巩固竞争政策的基础地位，为发挥竞争政策在结构性改革中的强力作用提出政策建议，对确保公平的营商环境、全面深化经济体制改革、建设全国统一大市场和实现高质量发展有着重要意义。

第一章　中国式现代化语境下公平竞争政策的战略定位与路径

　　公平竞争政策是市场经济健康运行的核心机制之一，它确保所有市场主体能够在平等条件下参与竞争，这对于维护市场秩序、促进资源有效配置、激发创新活力至关重要，通过实施公平竞争政策，可以有效防止垄断和不正当竞争行为，保护消费者利益，促进经济增长和社会福利的提高。党的二十大报告对中国式现代化这一概念进行了明晰，指出了什么是中国式现代化以及要如何推进中国式现代化。中国式现代化追求的是高质量、高效能的发展，为了确保这样的现代化能够顺利推进，公平竞争政策在其中起到了关键作用。本章将分析中国式现代化语境下公平竞争政策的战略定位与路径。竞争法包含为构建高水平社会主义市场经济体制提供制度保障、助力又快又好建设全国统一大市场、推进国家治理现代化、优化营商环境促进经济高质量发展四大功能，这些功能的实现都要依赖于以公平竞争政策为代表的竞争制度的建立与实施，因此本章就重点讨论在中国式现代化这一特定语境下公平竞争政策的战略定位与路径，即讨论什么是公平竞争政策，要建设怎样的公平竞争政策以及如何去建设与实施公平竞争政策。

　　本章第一节对本章内容进行总的论述，分析了中国式现代化与公平竞争政策的内涵以及二者间的相互关系，包括中国式现代化对于公平竞争政策提出了什么样的新要求以及公平竞争政策如何助力实现中国式现代化。第二节则在第一节基础上展开详细论述，回顾了公平竞争政策在我国的发展历程以及现阶段的实施状况评估，对于我国现阶段的公平竞争政策成果以及在全球各个国家中所处的位置进行了梳理。第三节对中国式现代化这一特定语境下的公平竞争政策所应承担的制度功能进行分析，从使命担当、角色功能、制度定位三个方面展开论述。第四节立足当下，对现阶段我国公平竞争政策实施的必然性以及在实施过程中所面临的困难与挑战进行总结梳理，包括公平竞争政策基础地位的不牢固、制度在地方实施过程难以得到落实、配套措施不完善等问题。在总结完存在的困难与挑战后，第五节和第六节则共同给出了解决方案。第五节着眼于国际视野，遍览包括美国、欧盟等世界主要司法辖区，总结其公平竞争政策先进经验，以期助力我国公平竞争政策发展。第六节则着眼未来，给出方案对策，分析在接下来一段时间内，在中国式现代化语境下公平竞争政策实施的具体路径，其中既包含制度架构等整体层面的总体安排，也包含一些诸如数字经济、民生等重点领域的具体完善措施。

第一节　中国式现代化与公平竞争政策的基本内涵及其内在关联

一　中国式现代化及公平竞争政策的基本内涵

（一）中国式现代化的基本内涵

党的二十大报告指出，中国式现代化，是中国共产党领导的社会主义现代化，既有各国现代化的共同特征，更有基于自己国情的中国特色。中国式现代化是人口规模巨大的现代化；是全体人民共同富裕的现代化；是物质文明和精神文明相协调的现代化；是人与自然和谐共生的现代化。党的二十大报告对中国式现代化的特征、本质、原则作出了最为系统的阐释，既凸显了中国对现代化百年探索历程的主线意义，更指明了未来开辟中国式现代化新境界、新高度的方向与路径。

中国式现代化，是中国共产党领导的社会主义现代化，深刻阐明了建设什么样的社会主义现代化强国、怎样建设社会主义现代化强国的重大时代课题，它不仅是特定的历史进程，也是实现从小康社会出发建成富强民主文明和谐美丽的社会主义现代化强国的伟大飞跃；它不仅是相对发展状态，也是实现从世界最大的发展中国家迈向综合国力和国际影响力领先的社会主义现代化强国的精彩赶超；它不仅体现了各国现代化的共同特征，也展示出基于自己国情的中国特色。

（二）公平竞争政策的基本内涵

公平竞争政策一般包括竞争法律法规、有关竞争的规范性文件、竞争执法司法，以及竞争倡导举措等以及它们相互之间的关联与共振效果。对于竞争政策概念的含义，可以从不同的角度去理解。整体而言，公平竞争政策是促进竞争而不是限制竞争的，因此公平竞争政策是市场经济国家为保护和促进市场竞争而实施的一项基本的经济政策，其核心目标是通过保护和促进自由公平的市场竞争，确保竞争机制作用的充分发挥，从而提高经济效率，增进消费者福利。正如有学者指出的，"强化竞争政策基础地位需要通过相应的机制和路径去实现的。一般来说，这些机制和路径大体上包括制定和实施竞争法（包括反垄断法和反不正当竞争法）、实行竞争中性原则、实施公平竞争审查制度以及积极进行竞争倡导等。虽然广义上的竞争政策不限于竞争法，但竞争法无疑是竞争政策的核心"①。

在制度工具层面，除了已经实施并修订的《反垄断法》以外，最引人注目的是国务院于2016年6月1日发布的《国务院关于在市场体系建设中建立公平竞争审查制度的意见》，为我国公平竞争政策"量身定做"了另外一个极为重要的制度工具——公平竞争审查制度。该制度自实施以来，与《反垄断法》的事中监管、事后纠偏相结合，在政府机关制定政策举措之初，就开始发挥公平竞争审查事前预防和及时改正的作用，促进政府在制定、实施政策措施能够秉持公平竞争原则立场，出台市场竞争友好型产业政策，使得该项制度成为推进我国竞争政策有效实施的主要制度和政策工具。

---

① 王先林：《反不正当竞争法在竞争政策体系中的地位和作用》，中国经济网，http://bgimg. ce. cn/cysc/zljd/gd/202309/25/t20230925_38728861. shtml，最后访问时间：2023年10月19日。

二 中国式现代化对公平竞争政策提出新要求

（一）以全局视角统筹布局公平竞争政策的全面实施

新时期，在以实现中国式现代化作为统筹全局目标之下，在推动高质量发展的过程中，对完善公平竞争政策提出了新要求。其中，如何从公平竞争政策的视角正确认识市场、政府在中国式现代化与高质量发展进程中的作用，完善竞争法律体系，从而实现有效市场与有为政府良性互动，是一个亟须解决的理论与实践问题。

1. 有效市场与有为政府相结合

中国式现代化语境下公平竞争政策的实施须处理好政府与市场关系，实现有效市场与有为政府有机结合。只有在充分竞争、完善有效的市场体系之下形成的价格信号，才能使企业按照当时要素禀赋所决定的比较优势进行技术、产业的选择。目前，公平竞争政策实施已经取得了一系列成效，市场发展环境逐渐成熟，政府监管效能不断优化，但仍然会存在市场功能失灵、政府权力配置失衡等情形，需要在有效市场与有为政府相结合的指导下，对于公平竞争政策的制度功能不断进行强化，推动高质量发展，助力实现中国式现代化。

有效市场是指可以借助价格传导机制优化资源配置、实现帕累托最优的市场。通过公平竞争政策实现有效市场有三个方面内容：一是竞争必须公平；二是竞争相对充分；三是竞争必须有序。

有为政府是指有所为、有所不为、善于作为的政府。市场具有自发性、盲目性，如果缺乏对市场的有效监管，各种影响市场公平竞争的行为就会随之而来。通过建立全国统一大市场，能抑制市场分割行为，打通制约生产要素资源流动的关键堵点，促进生产要素资源区域间自由流动，为高质量发展创造条件。①

2. 以竞争法律体系为核心

如前所述，虽然广义上的公平竞争政策不局限于竞争法，还包含了竞

---

① 参见陈梓睿《有效市场与有为政府相结合　推动高质量发展》，《光明日报》2023年8月29日，第6版。

争执法、竞争倡导、竞争合规等内容，但竞争法始终在公平竞争政策体系中居于核心地位。可以认为，我国逾40年经济转轨和发展的最大经验，就是逐步认识并最终接受确立竞争政策基础地位，就是逐步实现从产业政策到竞争政策的规制变革。①

从具体法律规定而言，反垄断法作为"经济宪法"，在法律体系以及公平竞争政策中处于核心地位，需要继续完善垄断协议、滥用市场支配地位行为在新经济、新业态中的识别标准，坚持健全经营者集中分类分级审查制度，遏制行政性垄断在竞争性行业中的渗透；反不正当竞争法在全链条维护公平竞争中起到核心作用，需要健全数字经济领域反不正当竞争规则，适时新增不正当竞争行为类型，明确并细化不正当竞争的判定要素；继续深入公平竞争审查制度，规范政府出台文件行为，尽快实现公平竞争审查制度法治化进阶；继续细化市场竞争领域指南、指引、标准等配套制度，加快出台并实施大数据、人工智能等新兴领域与教育、医疗等民生领域的竞争规则。

从政府监管角度而言，竞争监管法律体系的科学化和系统化是监管效能提升的基本前提。市场监管工作实际上是监管部门对法定职责的履行，监管效能的提升直接依赖于法定监管体制、监管手段和监管程序的设置。应对现有监管法律法规予以完善，从而在客观上为监管部门监管工作的有效开展创造良好条件。

从法律体系的协调化而言，需要实现不同法律工具使用的兼容性与协同性。需要利用法治明确公平竞争政策与各项经济政策之间的关系，推动建立公平竞争政策与其他政策之间的协调机制。同时，需要公平竞争政策与产业政策的协同，既要充分发挥公平竞争政策的市场调节作用，又要重视产业政策在鼓励中小企业发展、完善公共服务建设等方面的关键作用。

（二）适应中国式现代化需要的公平竞争政策实施基本原则

习近平总书记在学习贯彻党的二十大精神研讨班开班式讲话中强调："中国式现代化，深深植根于中华优秀传统文化，体现科学社会主义的先

---

① 参见孙晋《公平竞争原则与政府规则变革》，《中国法学》2021年第3期。

进本质，借鉴吸收一切人类优秀文明成果，代表人类文明进步的发展方向，展现了不同于西方现代化模式的新图景，是一种全新的人类文明形态。"① 社会主义由空想到科学、由理论到实践，从根本意义上说就是对社会主义本质的认识不断深化和科学坚持的结果。因而，在中国式现代化的语境下，须贯彻科学性原则和有效性原则，以科学的态度认识和把握公平竞争政策的本质，科学制定并有效实施公平竞争政策。

1. 科学性原则是公平竞争政策实施的首要原则

科学性原则是指在科学决策理论的指导下，遵循科学决策的程序，运用科学思维方法来进行决策的行为准则。在深入实施公平竞争政策的语境下，科学性原则强调在市场竞争中遵循市场经济的科学规律，强调市场监管中方式和手段的科学性。

在实施公平竞争政策的过程中需要遵循比例性要求。比例原则要求行政机关成比例地对市场进行监管，正是制约行政权力和科学性行政监管的体现。假设裁断的权力行使超过目的所归属的限度，或该手段没有对行为对象当事人产生最小的影响，抑或选择的手段无助于目的的实现，则违反了比例原则。

在实施公平竞争政策的过程中需要遵循公平性要求。公平性原则是实施公平竞争政策中必须遵循的重要原则之一，其旨在要求行政行为应当无任何偏颇地做出、产生的效果也近乎公平并且在作出行政行为之前听取行政相对人或者相关人的意见。公平竞争政策是维护社会公正、防止行政权不当干扰的重要保障。

在实施公平竞争政策的过程中需要遵循合法性要求。法律本身就代表着一定的稳定性与科学性，法律的良好适用可以带来可预期性与科学性。遵循行政行为合法性原则要做到：首先，"法定职责必须为"的全面实施，体现出法定职责必须为的法律优先原则；其次，"法无授权不可为"的有效实施，体现的是法律保留原则，而保留原则重在强调保留内容的重要性。

---

① 《正确理解和大力推进中国式现代化》，《人民日报》2022 年 2 月 8 日，第 1 版。

在实施公平竞争政策的过程中需要遵循谦抑性要求。坚持适用公平竞争政策的谦抑性，能够给市场主体带来广阔的发展空间，特别是对于数字经济等新业态、新领域，能够激励市场主体进行大胆试错与创新。围绕鼓励创新、促进创业，探索科学高效的公平竞争政策实施方式方法，改革传统模式，推动创新发展，深化新时代高质量发展的新模式，坚持遵循谦抑性原则显得尤为重要。

2. 有效性原则是公平竞争政策实施的基本原则

有效性原则是公平竞争政策实施的基本原则，也是基本要求。有效性原则在制度建构上的规范内涵是，实现市场或社会自治优先和追求管理或服务制度的效益最大化；在政策适用维度上的规范内涵是，实施手段的有效性和实施效益的最大化。

一方面，公平竞争政策实施有效性原则的基本要求就是强调公平竞争政策在实施结果上的有效性。实现公平竞争政策的法治化，不仅意味着要在法律的实体规范上明确纵向和横向政策实施主体之间的权力范围与责任边界，还意味着要在公平竞争政策实施程序规范上明确公平竞争政策实施的流程和方式、手段。

另一方面，坚持对公平竞争政策实施的全程监管是实现有效性原则的关键。具体而言，公平竞争政策的全过程实施能够推动公平竞争监管模式向精细化、全程化转变，实现有效性监管。

（三）中国式现代化语境下实施公平竞争政策的主要目标

中国式法治现代化是中国式现代化的重要组成部分，服务和保障中国式现代化伟大事业，根本任务是实现高质量发展，为高质量发展提供可靠的法治保障。党的二十大报告指出，高质量发展是全面建设社会主义现代化国家的首要任务。而实现高质量发展的重要任务之一就是构建高水平社会主义市场经济体制，充分发挥市场在资源配置中的决定性作用，更好发挥政府作用。不论是高质量发展，还是构建高水平的社会主义市场经济体制，都离不开正确处理政府与市场关系，离不开市场的公平竞争。"只有公平的竞争环境，才能繁荣创新；只有不断繁荣创新，才能提高竞争的层次和水平；只有提高竞争的层次和水平，才能进一步推动创新繁荣，从而持续推动经济高质量发展。"①

1. 优化营商环境，加强公平竞争政策稳定性与可预期性

党的二十大报告科学描绘了全面建设社会主义现代化国家的宏伟蓝图，进一步明确了全面建成社会主义现代化强国战略安排和总体目标要求，全面部署了未来五年及更长时间的大政方针和重大举措。在世界百年未有之大变局加速演进、国际局势加剧动荡的当今，党的二十大报告让全世界在全球市场的不确定性中看到了中国市场的确定性，看到了中国不可逆转的发展进程，也让我国营造一流营商环境的根基更加坚实。

市场经济基础制度的完善和公平竞争政策的实施是营造一流营商环境的重要抓手和关键途径，须以公平竞争政策的实施助力营商环境优化。具体而言，公平竞争是高标准市场体系的客观要求。要进一步强化竞争政策的基础地位，加强利用公平竞争审查、反不正当竞争和反垄断执法等工具，加强公平竞争审查刚性约束，着重查处群众反映强烈的不公平竞争现象，进一步深化自然垄断行业改革，加强平台经济领域反不正当竞争和反垄断执法。

2. 完善竞争机制，保障各类经济主体公平参与市场竞争

经济基础制度是实现中国式现代化的制度基石。公平竞争政策的实施有助于破解深层次体制机制障碍，彰显中国特色社会主义制度优势，增强社会主义现代化建设的动力和活力，把我国制度优势更好转化为国家治理效能。

在中国式现代化进程中，公平竞争政策的实施必须坚持"两个毫不动摇"，充分发挥市场在资源配置中的决定性作用，更好发挥政府作用。公平竞争政策强调平等对待不同所有制企业，对国有企业和民营企业一视同仁，这也与中国式现代化实现共同富裕的要求不谋而合。民营经济是全面建设社会主义现代化国家的重要力量，发展壮大民营经济是实现中国式现代化的重要条件，必须从制度和法律上把对国企民企平等对待的要求落实到位。

---

① 时建中：《高质量法治建设保障高质量发展——学习党的二十大报告关于高质量发展与全面依法治国的体会》，《政法论坛》2022 年第 6 期。

3. 增强机会均等性，健全公平竞争保障体系

利用法治手段加快建立社会公平保障体系，坚持全面推进公平竞争政策领域科学立法、严格执法、公正司法、全民守法，健全公平竞争政策法治保障体系，充分发挥法治固根本、稳预期、利长远的保障作用。建立社会公平保障体系一方面需要不断完善公平竞争法律相关规定，另一方面需要建立与其他政策法规之间的协调机制，从多方面系统性地建立社会公平保障体系。

通过推进竞争政策体系全覆盖，有关部门要统一竞争政策的制定、执行，协调包括产业政策在内的其他经济政策，将公平竞争审查联席会议、公平竞争委员会等协调机构作为基础。

4. 推动竞争领域制度型开放，实现国内国际双循环联动效应

中国式现代化既包括物质现代化、人的现代化，也包括制度层面的现代化。以制度型开放融入世界经济，是我们在新征程中推进中国式现代化的必由之路。我们要依托我国超大规模市场优势，以国内大循环吸引全球资源要素，增强国内国际两个市场两种资源联动效应，提升贸易投资合作质量和水平，稳步扩大规则、规制、管理、标准等制度型开放。

制度型开放是依据国内发展需要和国际环境变化，通过国内国际制度互动方式，深度开放，有机融入世界政治经济体系的过程。在竞争领域实施制度型开放将在我国的对外开放战略中起到举足轻重的作用。通过竞争法治加快政府职能转变，能够破除体制机制障碍，建立市场起决定性作用的资源配置机制，有效发挥规模经济和范围经济的作用，为制度型开放提供更加自由的市场环境。伴随着中国市场化改革持续深入推进，中国需要不断健全公平竞争的市场经济制度，提高公平竞争监管效能，持续加强与国际通行规则的衔接，加大力度持续深化营造公平竞争的市场环境，保障各类经营主体在统一开放大市场中同台竞技、公平竞争。

三 公平竞争政策助力实现中国式现代化

公平竞争政策不同于其他经济政策，其在我国经济政策中处于基础地位，这就意味着其他任何经济政策的出台与实施都不能违背公平竞争政策

的精神与要求，不能抵触公平竞争政策这条统一的"红线"，同时也需要植入公平竞争基因，从而实现不同制度间的协调配合，通过不同政策形成制度合力，以此来保障与维护市场健康有序竞争。要进一步落实和强化竞争政策的基础地位，持续推进各类所有制企业公平竞争，打造国际一流的营商环境。

在迈向中国式现代化的新时代中，我国发展的理论创新实现了新飞跃，执政方式和执政方略具有重大创新，发展理念和发展方式具有重大转变，发展环境和发展条件具有重大变化，也具有更高的发展水平和发展要求。不断强化和完善公平竞争政策能够助力实现中国式现代化，对于构建高水平的市场经济体制、实现高质量发展具有不可代替的基础性作用。

（一）加强党的领导，加快建成全国统一大市场

公平竞争政策在我国社会主义市场经济体制中天然地具有基础性、优先性与统一性。一方面，公平竞争政策只有坚持党的领导、依靠党的领导才能真正落实落地；另一方面，公平竞争政策的特性使其能够从宏观层面统筹我国巨大人口规模范围之内的经济发展，从全国一盘棋的角度打通发展过程中的堵点。通过公平竞争政策统一的顶层设计，能够实现政府职能转变，最大限度减少政府对经济的不当干预，促进和保护市场主体公平竞争，保障市场配置资源的决定性作用得到充分发挥。[1]

要想实现中国式现代化，就应当真正落实公平竞争政策，必须坚持和加强党的领导。这是因为我国幅员辽阔、人口众多，经济发展的地域差距、城乡差距、代际差距巨大，各方涉及的发展诉求与利益冲突难以调和，只有在中国共产党的坚强领导、责任担当和发展引领之下，才有发展的"主心骨"和"主基调"，大家才能求同存异、公平公正地发展，公平竞争政策才能真正落实，才能发挥关键效用。

需要更加明晰的是，"人口规模巨大"既是压力与考验，也是优势与红利。巨大人口规模代表着超大规模的市场与消费潜力，超大规模的国内市场既为我国应对国内外不确定性因素提供了充足有效的回旋余地，

---

[1] 参见孟雁北《产业政策公平竞争审查论》，《法学家》2018 年第 3 期。

也为经济持续稳定发展提供了巨大潜力和强力支撑。当前，我国已经初步具备依托超大规模市场潜在优势构建新发展格局，以国内大循环吸引全球资源要素、增强国内国际两个市场两种资源联动效应的能力。未来要坚持牢牢把握扩大内需这个战略基点，充分用好超大规模市场这个宝贵的战略资源，在公平竞争政策的指导下加快推动建设全国统一大市场，增强国内大循环的内生动力和可靠性，为市场主体营造长期稳定的良好发展预期。①

（二）坚持竞争政策以人为本，逐步实现共同富裕

公平竞争政策不同于特定的、干预性的、具有倾向性的产业政策，短期内公平竞争政策实施后可能看不到"短平快""立竿见影"的效果。因此，在粗放型经济发展的模式下，公平竞争政策常常容易受到忽视。在推动高质量发展的背景下，粗放型经济发展模式下的主导性产业政策正面作用在不断弱化，对经济不当干预的消极影响日益严重。

总体而言，遵循公平竞争政策是有效规制政府不当干预和优化公平营商环境的基本要求，是民营企业获得与国有企业同等发展机遇的制度保障，从而实现从以政府严格管制和直接配置资源为主要特点的"政府主导型经济规制"，向以市场竞争和间接干预为特点的"市场回应型经济规制"转轨。

分配制度是促进共同富裕的基础性制度，坚持按劳分配为主体、多种分配方式并存，构建初次分配、再分配、第三次分配协调配套的制度体系。公平竞争政策能够保障初次分配中市场在资源配置中的决定性作用，构建机会均等、收入分配合理的共同富裕机制。

此外，公平竞争政策重点关注消费者的利益与福利，广大消费者的利益也就是广大人民群众的利益。消费者既是"转嫁竞争损失的终端"，也是推行公平竞争政策优先的最终受益者，消费者地位的提高和消费者保护的增强，反过来又进一步发挥竞争推进的巨大作用，国家通过实现消费者

---

① 参见楼俊超、贾华强《读懂"人口规模巨大"的优势红利与压力考验》，《光明日报》2022年11月24日，第7版。

福利从而达到保障社会实质公平的目的，逐步带领人民走向共同富裕的康庄大道。①

（三）弘扬竞争政策公正理念，坚持文明协调发展

强化公平竞争政策不仅仅在于充分落实规章政策、严格执法司法，还在于弘扬和培育公正观念，植入公平竞争基因。精神富有既是人类文明发展的必然产物，也是推动社会文明进步的必要途径。中国共产党的最高理想和最终目标是实现共产主义，而共产主义就是要实现人的自由而全面的发展，中国式现代化是摒弃了西方物质主义膨胀的现代化，展现了现代化的另一幅图景，是既见物又见人的现代化。通过公平竞争政策的实施不仅能够实现物质分配的公平公正，还能从精神建设上让竞争文化深入人心，让公正观念与精神文明建设相结合，营造公平公正的市场氛围，通过提供物质基础与强化精神认知促进高水平现代市场体系的构建。

公正与法治作为社会主义核心价值观的内容，是精神文明建设的重要组成部分，公平正义不仅是现代法治的核心价值追求，也是中国特色社会主义的内在要求。在实施竞争政策的过程中要充分认识到公正与法治的密切关系，让人民群众感受到竞争文化的积极意义，共同营造风清气朗的公平竞争环境。从一定程度上看，受传统文化和长期计划经济的影响，我国竞争文化相对薄弱、培育不足，虽然目前公平竞争政策逐步受到重视，但政府部门、公众和市场主体总体上还是对其积极意义认知不足，参与度还需要加强。②

（四）推动竞争政策绿色发展，实现人与自然和谐共生

党的二十大报告提出，中国式现代化是人与自然和谐共生的现代化。随着环境问题日益受到重视，环境政策与竞争政策之间的关系成为新的议题。从整体上来看，环境政策与竞争政策的最终目标是一致的，都是优化资源配置，增进社会福利。只是其所采取的手段不同：环境政策采取保护

---

① 参见孙晋《新时代确立竞争政策基础性地位的现实意义及其法律实现——兼议〈反垄断法〉的修改》，《政法论坛》2019 年第 2 期。

② 参见王贵《论我国公平竞争审查制度构建的基准与进路》，《政治与法律》2017 年第 11 期。

环境、自然资源，调整人与自然之间关系的方法，从而提高人们的生活质量、增进社会福利；竞争政策则采取保护市场经济中竞争秩序的方法，提高经济发展的效率，从而实现消费者利益的最大化。同时，二者间也存在相互促进的作用，竞争法维护公平竞争的市场环境，促进贸易增长，从而为处理环境问题提供经济实力和技术支持；环境保护法则是实现公平竞争的基础，只有真正内化了污染所带来的外部性，才能够实现竞争的实质公平。①

（五）深化竞争领域国际合作，走和平发展道路

中国走和平发展道路，是思想自信和实践自觉的有机统一，是我们党根据时代发展潮流和我国根本利益作出的战略抉择。这深化了我们对为什么走和平发展道路的认识，有力引导了国际社会进一步正确认识和对待中国的发展。公平竞争政策的适用不能仅局限于国内，其适用还关系到我国在国际经贸活动中的和平稳定发展，包括中国在内的世界各国在竞争政策领域有着广阔的合作空间。中国的公平竞争政策应与国际规则进行有效对接，在不断借鉴国际经验的过程中，加强开放合作、参与全球治理，不断提升适应和运用国际规则的能力，更好地支持企业创新发展、积极参与国际竞争。

当今世界正处于百年未有之大变局，在此过程中，部分国家和地区基于保护本土市场国际竞争力的目的，围绕价值倡导、贸易投资协定和法律制度等方面已经形成或正在酝酿竞争政策的新工具，使公平竞争呈现政策域外适用扩大化和拘束力强化、法治政策化、政策法制化的特点。我国作为具有外向型经济特点的世界第一贸易大国和第二大经济体，理应对此充分重视、加强研究、形成方案，在国际格局演进的背景下构建好中国竞争政策的法治蓝图，为进一步深度参与国际竞争治理和适应全球化的新局面做足理论、思维、制度及实施等方面的法治准备，为中国走和平发展道路提供制度保障。②

---

① 参见徐士英、邱加化《欧盟环境政策与竞争法的关系探析及启示》，《法商研究》2001 年第 5 期。

② 参见黄勇《论我国竞争政策法治保障的体系及其实现机制》，《清华法学》2022 年第 4 期。

第二节 中国公平竞争政策的历史演进和实施评估

一 改革开放后公平竞争政策的起步与探索

（一）部门与地方竞争立法尝试

1980 年，国务院发布的《关于开展和保护社会主义竞争的暂行规定》开启了我国竞争立法的序幕。1985 年公布实施的《武汉市制止不正当竞争行为试行办法》是我国第一部地方竞争立法文件，随后上海市、江西省等地进行了反不正当竞争的地区立法实践。此外，许多法律法规夹杂着反对限制竞争条款，如 1982 年颁布的《广告管理暂行条例》、1987 年颁布的《价格管理条例》。虽然部分地方和部门立法具有一定的时代局限性，但仍积累了有益的经验。

（二）《反不正当竞争法》与《反垄断法》的颁布实施

1.《反不正当竞争法》的颁布实施

1993 年 9 月 2 日第八届全国人民代表大会常务委员会第三次会议通过了《反不正当竞争法》。自《反不正当竞争法》实施以来，许多地方人大颁布了地方性的反不正当竞争法规，如《上海市反不正当竞争条例》《安徽省反不正当竞争条例》等。

从具体执法情况来看，根据《中国工商行政管理年鉴》的历年统计数据，1995~2006 年出现反不正当竞争执法案件总数波动上涨的情况。一般而言，在市场经济建设初期，不正当竞争案件的数量会出现一定程度的增长。《反不正当竞争法》明确了不正当竞争的含义，列举了主要的不正当竞争行为，规定了有关法律责任，为市场主体的行为提供了一定的预期，契合了我国经济转轨时期维护社会经济秩序的需要。

2.《反垄断法》的颁布实施

2007 年我国《反垄断法》通过，共有 8 章 57 条，内容上包括总则、垄断协议、滥用市场支配地位、经营者集中、滥用行政权力排除或限制竞争、对涉嫌垄断行为的调查、法律责任、附则等。

这一阶段的《反垄断法》在制度设计方面有所欠缺。《反垄断法》需要引入公平竞争审查制度来完善对行政性垄断的事前规制链条，并实现法治化进阶，推动深层的制度进阶和政府规制变革。一方面，该《反垄断法》虽将行政性垄断规制以单独一章的形式加以规定，但仅规定了反垄断执法机构对垄断实施者的上级机关的"建议权"，对于规制抽象行政行为，往往力有不逮。而公平竞争审查制度则要求不经公平竞争审查的干预市场的政策措施不得出台，从而对行政性垄断起到事前规制作用。

须注意到，《反垄断法》的出台也带来了竞争法体系内部的协调问题。《反垄断法》可能与既有涉及竞争的法律法规存在冲突。以《反不正当竞争法》为例，从调整范围来看，当时的《反不正当竞争法》涉及反限制竞争的内容，这与《反垄断法》形成了一种冲突；从主体范围来看，《反不正当竞争法》和《反垄断法》所规定的反竞争主体并不一致；从执法机构来看，竞争执法机关的执法力量较为分散，协调性和权威性较差。综上，在《反垄断法》颁布伊始，我国公平竞争政策实施的水平仍有较大的提升空间。

（三）竞争执法国际合作的起步与发展

在这一阶段，我国也启动了公平竞争政策实施的国际合作，积极参与国际社会在竞争政策领域的双边措施和多边措施。

我国在竞争政策双边合作方面较为积极活跃。这一阶段我国开展竞争政策国际双边合作主要是构建沟通机制和合作框架。在《反垄断法》实施之前，原国家工商行政管理总局与日本公正交易委员会、韩国公平交易委员会等相关国家反垄断当局及经济合作与发展组织（OECD）都建立了长期合作关系。在1996年及1999年分别与俄罗斯政府和哈萨克斯坦政府签订了《在反不正当竞争和反垄断领域开展合作交流的协议》。一些地方性的工商行政管理机构也与俄罗斯联邦反垄断局的边境机构签订了《在反不正当竞争、反垄断和广告监管领域交流合作的纲要》。2004年中国和欧盟签订了《中国—欧盟竞争政策建设性对话协议》。中美之间也签署了竞争对话协议。

我国虽于2001年加入世界贸易组织（WTO），但此前从关税及贸易总协定（GATT）到 WTO 成立的多边贸易谈判，我国并未参与其中。考虑到我国目前已经成为世界第二大经济体的客观现实，WTO 多边框架下涉及经济、贸易议题的谈判都可能会对我国产生重要影响，因此，我国加入 WTO 以来密切关注 WTO 多边框架下竞争规则谈判。[①] 总体而言，我国在这一阶段参与的国际公平竞争政策合作主要为双边合作，区域合作和多边合作相对较少。

（四）各种所有制经济的萌发与初步发展

平等对待各类经济主体、促进多种所有制经济共同发展是社会主义市场经济建设的必然要求，也是公平竞争政策实施的具体路径。

1984 年党的十二届三中全会通过的《中共中央关于经济体制改革的决定》正式确认了个体经济的合法性和发展多种经济形式的必要性。此后，民营经济不断发展壮大，改写了我国的经济结构，使生产资料所有制形式和结构由单一性转向多元化。党的十四大确立了建立社会主义市场经济体制的改革目标，提出"一个主体多种补充"的所有制结构的改革方案。党的十四届三中全会通过的《中共中央关于建立社会主义市场经济体制若干问题的决定》则进一步强调对各类企业一视同仁。

二 党的十八届三中全会后公平竞争政策的重塑与强化

党的十八届三中全会后，我国的公平竞争政策进入重塑与强化阶段，从 2016 年公平竞争审查制度出台与实施，到《反不正当竞争法》的三次修订与《反垄断法》修订，公平竞争政策步入法治化进程，"强化竞争政策基础地位"的表述得到正式确立与发展。

（一）公平竞争审查制度的出台与实施

2016 年国务院发布《关于在市场体系建设中建立公平竞争审查制度的意见》（以下称《意见》），这是我国就市场竞争问题作出的重大顶层制度安排，对营造公平市场竞争环境，[②] 确立竞争政策的基础地位具有重要

---

① 参见戴龙《反垄断法域外适用制度》，中国人民大学出版社，2015，第 338 页。
② 参见袁日新《公平竞争审查制度的法治进路》，《社会科学家》2019 年第 8 期。

意义。《意见》的出台标志着公平竞争审查制度的建立。

2021～2022 年，我国公平竞争审查制度不断发力。《中国反垄断执法年度报告（2021）》显示，我国审查增量政策措施 24.4 万件，清理各类存量政策措施 44.2 万件，纠正废止违反公平竞争审查标准的政策措施 1.1 万件。[①]《中国反垄断执法年度报告（2022）》则显示，全国各地区、各部门审查新出台政策措施 16.37 万件，清理各类存量政策措施 45.2 万件，废止修订、纠正排除、限制竞争的政策措施 2.04 万件。[②]

执法的有益经验促使涉及公平竞争审查的规范性文件不断更新完善。2017 年国家发展改革委等五部门联合印发《公平竞争审查制度实施细则（暂行）》，对公平竞争审查制度相关内容进行细化与补充。2019 年国家市场监管总局发布《公平竞争审查第三方评估实施指南》，健全公平竞争审查第三方评估机制。同年国务院公布了《优化营商环境条例》，提升了公平竞争审查制度的法律效力层级；[③] 2020 年国家市场监管总局等四部门印发《关于进一步推进公平竞争审查工作的通知》，提高了公平竞争审查的有效性和约束力。2021 年《建设高标准市场体系行动方案》提出增强公平竞争审查制度刚性约束、细化认定标准。在政策性文件的指引下，国家市场监管总局等五部门修订了《公平竞争审查制度实施细则》，完善了制度体系，健全了审查机制，在审查方式、审查标准、监督手段等方面实现了更多创新性突破。2023 年 4 月，国家市场监管总局将修订后的《公平竞争审查第三方评估实施指南》予以公告。2023 年 5 月，国家市场监管总局发布《公平竞争审查条例（征求意见稿）》，回应《反垄断法》修订，持续推进公平竞争审查制度的法治化进程。

（二）《反不正当竞争法》与《反垄断法》的修订

1.《反不正当竞争法》的三次修订

维护公平竞争秩序这一理念贯穿于我国《反不正当竞争法》的三次修订中。三次修订的侧重点均有所不同。第一次修订重点在于删除与《反垄

---

① 参见国家反垄断局《中国反垄断执法年度报告（2021）》，2022，第 3 页。
② 参见国家反垄断局《中国反垄断执法年度报告（2022）》，2023，第 3 页。
③ 参见殷继国《我国公平竞争审查模式的反思及重构》，《政治与法律》2020 年第 7 期。

断法》竞合的条款，第二次修订侧重于完善商业秘密保护规则，第三次修订则在于健全数字经济公平竞争规则。① 作为公平竞争审查制度的上位法之一，《反不正当竞争法》聚焦微观领域，侧重规制市场主体的竞争行为。通过分析《反不正当竞争法》三次修订，有助于厘清《反不正当竞争法》与公平竞争审查制度的深层关系，推动后者的高效实施。

其一，2017 年《反不正当竞争法》第一次修订。本次《反不正当竞争法》的修订不乏与公平竞争紧密相关的条款，使之与当时市场经济体制的快速发展相适应。在一般条款的修订中，将在"市场交易中"改为"在生产经营活动中"，扩展不正当竞争行为的涵摄范围。本次修订的第 3 条还规定了反不正当竞争工作协调机制，设定"查处权"，加强不正当竞争执法。同时，市场混淆行为条款、商业贿赂条款、商业误导条款、商业秘密条款、商业诋毁条款等均扩充了概念范畴，表明了不正当竞争行为的打击范围不断扩大。另外，2017 年《反不正当竞争法》新增了第 12 条，即互联网专条，进一步规范市场公平竞争秩序，回应新产业、新业态的新型竞争问题。

其二，2019 年《反不正当竞争法》第二次修订。2019 年 4 月通过的《反不正当竞争法》旨在加强对商业秘密的保护。本次修订主要涉及商业秘密的定义、侵犯商业秘密的具体行为、承担侵犯责任的主体、侵犯商业秘密行为的法律责任及举证责任的分配等多个方面。

其三，2022 年《反不正当竞争法》启动第三次修订，并公布《反不正当竞争法（修订草案征求意见稿）》（以下简称《意见稿》）。《意见稿》第 1 条新增了预防不正当竞争行为，将维护竞争从事中事后扩至事前，追求全链条维护。第 2 条明确禁止"实施或者帮助他人实施不正当竞争行为"，将法律责任承担主体从实施者延伸至帮助者。第 4 条健全数字经济公平竞争规则，回应了数字经济领域的不正当竞争行为规制问题。《意见稿》还充实混淆行为等多种行为的内涵。另外，《意见稿》新增了相

①　参见邓志松、戴健民《原创 | 〈反不正当竞争法〉第三次修订：健全数字经济公平竞争规则》，载微信公众号"反垄断事务评论"，2022 年 12 月 23 日。

对优势地位条款，即如果被依赖方限制依赖方的交易对象，在严重的情况下，同业竞争者的公平竞争利益会受到侵害，同时提高了所在市场的进入壁垒。①

2.《反垄断法》的修订

2022 年 6 月，第十三届全国人民代表大会常务委员会第三十五次会议通过了《反垄断法》修订。本次修订有多处与公平竞争、公平竞争审查紧密相关。

关于总则。《反垄断法》第 4 条新增"国家坚持市场化、法治化原则，强化竞争政策基础地位"，确立了竞争政策在经济政策体系中的基础地位，是优化反垄断法实施环境，提升反垄断法实施效果的基本前提和保障。②同时，该法新增了第 5 条"国家建立健全公平竞争审查制度"，是公平竞争审查制度完成法治化的第一步，影响重大。另外，《反垄断法》新增了第 9 条，即禁止经营者利用数据和算法、技术、资本优势以及平台规则等从事垄断行为，回应了数字经济领域的反垄断问题。在监管方面，总则第 11 条对新时期反垄断监管水平提出了新要求，在提高行政执法与司法效能的基础上，还要注重"合力"，共同维护公平竞争秩序。

关于垄断协议规制。《反垄断法》第 19 条新增了组织帮助条款，将垄断协议责任主体从实施者延伸到组织者与帮助者，回应了重点行业涉及的垄断协议导致竞争损害风险加大的问题。

关于滥用市场支配地位规制。《反垄断法》第 22 条新增一款："具有市场支配地位的经营者不得利用数据和算法、技术以及平台规则等从事前款规定的滥用市场支配地位的行为。"该款与总则第 9 条相照应，结合《关于平台经济领域的反垄断指南》具体规定，对数字经济领域的滥用行为展开针对性规制。

关于经营者集中控制。《反垄断法》第 26 条新增第 2 款，对那些未达到申报标准的经营者集中，但可能产生排除限制竞争效果的要求申报。该

---

① 参见孙晋《数字经济时代反不正当竞争规则的守正与创新——以〈反不正当竞争法〉第三次修订为中心》，《中国法律评论》2023 年第 3 期。

② 参见时建中《新〈反垄断法〉的现实意义与内容解读》，《中国法律评论》2022 年第 4 期。

款在一定程度上回应了一些虽可能未申报标准却可能产生潜在反竞争危害的并购形式。《反垄断法》新增第 37 条规定经营者集中分级分类审查制度，提高审查质量和效率。

关于行政性垄断规制。《反垄断法》新增第 40 条，规定行政机关不得通过与经营者签订合作协议、备忘录等形式，妨碍其他经营者进入相关市场或者对其他经营者实行不平等待遇。该条在扩充行政性垄断类型的基础上，呼应了公平竞争审查制度。与此同时，《反垄断法》第 42 条更改了一些主体上的表述，提高了行政性垄断规制制度的适用性。

关于法律责任。《反垄断法》在责任规定上更为全面，尤其是明确了刑事责任，为后续刑法修改以增加反垄断相关的具体罪名提供了"接口"。[①]另外，增加了反垄断公益诉讼，促进检察院职责变化。在行政罚款的力度上，《反垄断法》也大幅提高了罚款额度，表明了《反垄断法》的威慑力在进一步增强。

（三）竞争倡导的逐步加强

自党的十八届三中全会后，我国陆续出台了重要政策文件，提倡竞争倡导。宏观政策指导层面，《国务院关于全面深化市场化经营改革的意见》《国务院关于进一步深化商事制度改革全面推行市场准入负面清单制度的意见》《国务院关于进一步深化市场化、法治化、国际化营商环境改革的若干意见》等政策文件均涉及竞争倡导。微观政策落实层面，竞争倡导理念开始影响各省、市市场监管局的执法，并形成双向良性循环。江苏省市场监管局坚持竞争倡导与执法办案并重，为企业竞争行为设置好"红绿灯"。浙江省市场监管局强调将进一步畅通举报渠道，充分发挥社会监督作用，坚持把公平竞争增量审查、存量清理、执法办案与竞争倡导相结合。广东省市场监管局与香港竞争事务委员会签署《关于推进粤港澳大湾区竞争政策与法律有效实施备忘录》，双方将共同开展竞争倡导工作，提升粤港澳大湾区内企业、政府机构及社会公众对竞争政策的认识。整体而

---

① 参见李剑《威慑与不确定性——新〈反垄断法〉法律责任条款评述》，《当代法学》2022年第 6 期。

言，我国的竞争倡导工作自 2013 年以来呈现出质的飞跃。

（四）平等对待各类所有制主体

党的十八届三中全会后，我国深化平等对待不同所有制主体的理念，促进各种所有制主体的创新发展，维护公平竞争的环境。

2013 年党的十八届三中全会通过的《中共中央关于全面深化改革若干重大问题的决定》强调完善非公有制经济的发展环境，促进各类所有制主体公平竞争。2014 年《中共中央 国务院关于推进非公有制经济健康发展的意见》提出要坚持平等对待、保护非公有制经济的政策。2015 年《国务院关于加快发展混合所有制经济的若干意见》明确提出鼓励各类所有制主体平等参与混合所有制改革。2022 年中共中央、国务院印发的《扩大内需战略规划纲要（2022—2035 年）》强调在要素获取、准入许可等方面，对各类所有制企业平等对待。2023 年发布的《中共中央 国务院关于促进民营经济发展壮大的意见》提出，优化民营经济发展环境，使各种所有制经济依法平等使用生产要素、公平参与市场竞争、同等受到法律保护。

三　现阶段我国公平竞争政策的实施和评估

我国公平竞争政策要发挥保护与促进市场竞争的作用，必须有相应的政策工具。从已有公平竞争政策的工具来看，大体分为三类，分别是竞争法律的制定与实施、有效的竞争政策与其他经济政策的协调机制、竞争倡导以及竞争状况评估。①

（一）公平竞争政策实施的总体情况

2015 年 10 月，中共中央、国务院发布的《关于推进价格机制改革的若干意见》首次提出"逐步确立竞争政策的基础地位"。自此，我国开始强化公平竞争政策在反垄断与反不正当竞争以及维护市场公平秩序中的作用。

1. 公平竞争政策地位日渐提升

目前，我国着力构建全国统一大市场，破除地方保护和行政性垄断，坚持"谁制定谁清理、谁执行谁负责"原则，常态化推进规范性文件清

---

① 参见李青《中国竞争政策的回顾与展望》，《中国价格监管与反垄断》2018 年第 7 期。

理，组织规范性文件的全面清理工作，确保文件适应新时代改革发展和社会治理的需求，逐步完善公平竞争市场经济基础制度。这个过程中，公平竞争政策地位日渐提升。

其一，不断推进竞争法律、规则的制定与实施。《关于推进价格机制改革的若干意见》发布以来，我国《反不正当竞争法》历经三次修改，成为公平竞争立法的重要内容之一。《反垄断法》颁布 10 余年，在 2022 年完成了第一次修订，在法律层面确立了竞争政策的基础地位以及公平竞争审查制度。另外，海南省于 2021 年 9 月通过了《海南自由贸易港公平竞争条例》，这是国内第一部关于公平竞争的地方性法规。在竞争法律、规则的实施方面，2022 年，全国依法办结各类垄断案件 187 起，罚没金额 7.84 亿元。

其二，建立了有效竞争政策与其他经济政策的协调机制。2016 年国务院颁布了《关于在市场体系建设中建立公平竞争审查制度的意见》，提出了公平竞争审查制度，跨越了管制影响评估直接进入公平竞争审查。① 接着，我国陆续出台了《公平竞争审查制度实施细则》《公平竞争审查第三方评估实施指南》《公平竞争审查条例（征求意见稿）》等关乎公平竞争政策具体落实的规范性文件，为公平竞争政策在事前阶段的实施提供充分指引。

其三，鼓励竞争倡导。近年来，我国竞争倡导取得了良好的成效。上海、河北、江苏、浙江、北京、贵州、河南、黑龙江、湖南、陕西、天津等省（市）均出台了相应的经营者反垄断合规指引（指南），鼓励经营者培育公平竞争的合规文化，为竞争倡导提供规范前提。另外，常态化开展中国公平竞争政策宣传周，为企业开展反垄断相关培训课程也已经成为竞争倡导的重要表现形式。

其四，落实竞争状况评估。《建设高标准市场体系行动方案》提到，破除区域分割和地方保护需完善市场竞争状况评估制度，同时《中华人民

---

① 参见王健《我国公平竞争审查制度的特点及优化建议》，《竞争法律与政策评论》2016 年第 1 期。

共和国国民经济和社会发展第十四个五年规划和 2035 年远景目标纲要》明确要完善市场竞争状况评估制度。国务院反垄断委员会发布了《中国市场总体竞争状况评估报告》，分别从政策评估、市场结构、市场行为、市场绩效和市场趋势五个方面，针对 10 余个行业开展了具体的市场竞争状况评估，为市场竞争状况评估的开展提供了一个全面的模板。

2. 公平竞争政策实施的成效检视

第一，公平竞争审查制度的实施成效。当前，公平竞争审查规则体系得到了完善和创新，2022 年国家市场监管总局组织在天津等九省（市）开展公平竞争审查信息化建设、举报处理、重大政策措施会审、公平竞争指数四项试点。试点涵盖公平竞争审查实施的全链条环节。

第二，竞争倡导与竞争状况评估的实施成效。目前，国家市场监管总局与地方各级政府已经逐步利用竞争倡导工具督促企业形成竞争合规意识。2022 年，全国工商联牵头会同多部门制定《涉案企业合规建设、评估和审查办法（试行）》。

第三，竞争政策与产业政策的协同成效。随着竞争政策基础地位的确立，其与产业政策的协同效能更加明显。竞争政策能为产业政策在垄断风险的识别、认定以及规制方面进行指导。反过来，产业政策同样能积极回应竞争政策的指导作用，消除已发生的竞争风险的不利后果。

（二）公平竞争政策实施在全球的水准

与其他反垄断先行国家（地区）相比，我国公平竞争政策的实施处于起步阶段，正在向高质量发展迈进。公平竞争政策的实施，将促使我国在市场经济领域从"形式法治"迈向"实质法治"，对接高标准国际规则，为全球公平竞争政策实施贡献中国力量。

我国反垄断法整体上已形成较为完整的体系。近年来，美国主要在合并执法政策方面发出了更积极执法的信号，颁布了一系列政策，明确修订横向与纵向合并准则。欧盟除了在合并执法领域取得重大进展外，同样在卡特尔采取更广泛、更激进的执法立场。英国在 2021 年公布其最终合并指南后，也将第一类诉讼与司法管辖区之外的服务纳入工作计划中。整体来看，我国保持着较高的反垄断法实施水准，在垄断行为的广度上，全面打击各类垄断行为，在垄断行为的执法深度上，同样秉持着及时跟进、彻底解决的执法理念，有效防止垄断行为。

竞争状况评估制度仍需持续健全。早在 1980 年，韩国颁布了《垄断规制和公平交易法》，规定了针对行政管理部门提交的法律法规草案，必须提前征求公平交易委员会意见。[①] 对于存量文件，韩国设立了市场结构政策局，通过竞争倡导和竞争评估的方式促进整改。新加坡高度重视政府部门实施竞争评估制度。新加坡竞争委员会颁布了《政府部门竞争评估指南》，既从宏观层面规定了竞争状况评估制度，也从微观层面明确了制度实施的方式、原则、标准和程序。[②] 相较之下，我国虽然在 2008 年颁布的《反垄断法》中初步确立了竞争状况评估制度，但相关竞争状况评估工作却迟迟未得到实施。

公平竞争审查制度具备较高的国际水准。澳大利亚的竞争支付制度作为公平竞争审查制度的核心内容，明确了支付的种类、严格的支付款发放条件，以及完善的支付款管理机构与评估机制。[③] 日本的公平竞争审查制度又称政策评价制度，该制度的优越性体现在法律层面的制度确认和实施保障，[④] 如专门出台了《政策评价法》，以法律的形式对公平竞争审查制度作出了全面规定。我国《反垄断法》虽然规定了公平竞争审查制度，但是该制度仅在总则中体现，亟须进一步法治化。综合来看，我国公平竞争审查制度迈出了法治化的第一步，在国际上扮演举足轻重的地位。

竞争倡导制度紧跟国际潮流。美国联邦贸易委员会自 20 世纪 80 年代初期就从事竞争倡导项目，干预了很多行业，并出台了相关的指南。[⑤] 韩

---

① 参见李青、朱忠良《赴韩国参加竞争政策与反垄断交流的考察报告》，《中国价格监管与反垄断》2017 年第 3 期。

② 参见李青，朱凯《关于赴新加坡参加反垄断交流活动有关情况及启示》，《中国价格监管与反垄断》2016 年第 6 期。

③ 参见郑鹏程、黎林《澳大利亚公平竞争审查中的竞争支付制度》，《价格理论与实践》2017 年第 11 期。

④ 参见李慧敏《日本竞争评价制度考察及对我国公平竞争审查制度的相关建议》，载《经济法论丛》2017 年第 2 期，社会科学文献出版社，2017，第 196~198 页。

⑤ 参见尹雪萍《竞争倡导：发展中国家竞争法实施的短板——以印度经验为视角》，《理论学刊》2015 年第 6 期。

国公平贸易委员会通过规定立法事先咨询规则，保证各类规范不得削弱竞争和创新。丹麦竞争机构则定期审查市场，并设计了一套关于各行业标杆管理的竞争指标以确认是否发生市场失灵。在我国，2022 年，北京市反垄断执法机关向 400 余家企业推送《北京市互联网平台领域反垄断合规指引》，上海市持续贯彻全国首个《经营者竞争合规指南》地方标准贯标试点工作，安徽省则编发《经营者竞争合规指引》并组织多家企业开展合规培训。

第三节　中国式现代化语境下公平竞争政策的战略定位

一　公平竞争政策的使命担当

（一）建设高水平社会主义市场经济体制

公平竞争是市场经济的核心，也是我国建设统一大市场，构建高水平社会主义市场经济体制的基本要求。[①] 竞争是市场经济发展的重要条件，竞争机制是市场配置资源的重要动力。从根本上说，市场经济是一种自由竞争经济，自由竞争是市场经济的灵魂。[②] 党的十八大以来，我国公平竞争政策基础地位确立并且不断强化，中国特色的反垄断法律制度体系更加健全，我国坚持系统性层次化举措，竞争政策进入国家宏观经济政策顶层设计的视野。强化竞争政策基础地位，深入推进公平竞争政策实施是完善社会主义市场经济体制的内在要求，也是促进经济高质量发展和助力全国统一大市场建设不可或缺的强大推动力。

党的二十大报告提出中国式现代化新方略，要求在法治轨道上全面建设社会主义现代化国家。面向新时代新征程，我们应将中国式现代化的本质要求贯穿于各领域、各方面、各环节。随着中国经济的快速发展和市场化进程的加速，以公平竞争法治理论为思想内核的公平竞争政策在中国经济中的作用日益凸显，对保障市场经济正常运行、助力全国统一大市场建

---

① 参见谢晓尧《论反不正当竞争法的性质》，《政法论丛》2022 年第 6 期。
② 参见孙晋《竞争法原论》（第二版），法律出版社，2020，第 7 页。

设、促进高质量发展，具有不可替代的重要意义。在推进中国式现代化的进程中，坚持市场化改革方向，准确把握市场环境趋势性变化和建设现代市场体系的新任务新要求，建立自由、有序且公平的竞争环境具有重要的基础性作用，而这必然依赖公平竞争政策的深入实施才能实现。我国构建高水平社会主义市场经济体制，发展和完善社会主义市场经济，核心问题是处理好政府与市场的关系，使市场在资源配置中起决定性作用和更好发挥政府作用，实现有效市场与有为政府的结合。因此，我国实现经济转型的前提是实现理念转变和监管优化。公平竞争政策具有规范市场竞争秩序、保护消费者利益和社会公共利益、规范政府规制权力等多元化功能。以竞争法为制度基础的公平竞争政策着力保障自由公平竞争机制，充分发挥优化配置资源的作用，有效规范政府权力运行。公平竞争政策应坚持市场化原则，充分发挥市场在资源配置中的决定性作用，使得"有形的手"和"无形的手"相互配合、相互协调，从而优化资源配置、促进经济发展和效率提升。综合以上论述，着力强化公平竞争政策的基础地位，深入推进公平竞争政策实施，积极构建公平竞争政策实施机制是不断优化公平竞争环境，建设高水平社会主义市场经济体制的题中应有之义。

（二）促进经济高质量发展

发展是党执政兴国的第一要务，推动高质量发展是进入新时代的必然需求。市场经济的可持续发展必然离不开公平竞争的市场秩序。习近平总书记在中央全面深化改革委员会第二十一次会议上指出，要从构建新发展格局、推动高质量发展、促进共同富裕的战略高度出发，促进形成公平竞争的市场环境。① 高质量发展是全面建设社会主义现代化国家的首要任务和基本路径。我国公平竞争政策的实施与实现高质量发展休戚相关。在社会主义市场经济体制下，深入推进公平竞争政策实施是实现经济高质量发展的必由之路，持续不断为市场主体营造公平公正的竞争环境是公平竞争政策的应然使命。实现共同富裕，是社会主义的本质要求，而推动高质量

---

① 《加强反垄断反不正当竞争监管力度 完善物资储备体制机制深入打好污染防治攻坚战》，《人民日报》2021年8月31日，第1版。

发展，则是进入新时代的必然需求。

我国经济已转向高质量发展阶段，过度依赖传统思维和发展模式实现经济飞速增长的粗犷做法已不合时宜，以公平竞争政策为根本指引，转换经济发展模式、确立竞争为经济增长的内生驱动机制成为客观趋势。公平竞争政策的贯彻落实有利于建立健全竞争法治，竞争法治为高质量发展提供高水平制度保障。当前我国要实现从"有没有"向"好不好"的阶段转变，对公平竞争政策提出了更高的要求。把握公平竞争政策的本质内涵是推进公平竞争政策有效实施的不二法门，我国实行社会主义市场经济，其中蕴含了公平、自由市场竞争的基础理念和基本要求。只有自由、有序且公平的市场竞争，才能实现资源优化配置和经济可持续高质量发展。公平竞争实乃市场经济的内在要求和基本原则，公平竞争政策的实施是建设高标准市场体系的本质需求。

（三）助力全国统一大市场建设

2022 年 4 月 10 日，《中共中央　国务院关于加快建设全国统一大市场的意见》（以下简称《意见》）正式发布。该《意见》因应我国现阶段的发展要求和国际局势的变化，为我国建设全国统一大市场提供最高指引，开启了中国市场经济发展的全新篇章。根据本次出台的《意见》，建设全国统一大市场将着力构建四个方面的统一：一是市场基础制度规则的统一；二是要素和资源市场的统一；三是市场监管的统一；四是商品和服务市场的统一。四个统一的构建为高水平社会主义市场经济体制提供有力支持。全国统一大市场是成熟市场经济的重要标志，竞争是市场经济内在的基本要求，因此须保证竞争机制的有效运作。公平竞争政策能够为建立健全全国既统一又公平的市场基础制度规则提供动力和保护，这对于打破地方保护和市场分割至关重要。

打破各种封闭小市场小循环，消除地方保护和市场分割，是全国统一大市场建设的关键举措之一。① 而公平竞争政策正是打破地方保护和区域

---

① 参见叶高芬《全国统一大市场视域下行政性垄断规制模式的重构》，《法学》2023 年第 3 期。

壁垒的一把利剑，着力于规范政府行为，为打破区域壁垒、建设全国统一大市场扫清障碍。深入实施公平竞争政策，必须进一步清理、废除妨碍统一市场和公平竞争的规定和做法，推动全面落实公平竞争审查制度，着眼于源头治理，加强规范政府行为，及时查处滥用行政权力排除、限制竞争行为，促进提升国内大循环的效率和水平。从企业角度看，贯彻落实公平竞争政策能够有力提升竞争的公平性，对于市场主体来说是重大利好，有利于进一步增强企业的国际竞争力，有利于更多市场主体进入更加公平竞争的市场中。

二 公平竞争政策的角色功能

（一）创造公平竞争的市场环境

作为市场经济的核心，竞争能够带来效率和繁荣，是经济效率与社会福利的基本保障。建设统一开放、竞争有序的市场体系，是使市场在资源配置中发挥决定性作用的基础。公平竞争不仅是市场经济的基本原则，而且是市场机制高效运行的重要基础。公平竞争的市场环境是众多市场主体的追求和期待。国家是市场公平竞争环境的缔造者和维护者，主要是通过制定和实施经济方针政策，颁行相关法律来引导、规范和监督经营者的行为，从而创建竞争性的市场结构和促使经营者的行为合法化。

保护市场公平竞争，不仅要求经营者之间通过公平的方式参与市场竞争，而且要求政府为经营者之间的竞争创造公平的环境和条件。[①] 这些要求都离不开一个市场要素，即自由和公平竞争的市场环境。在已然明确建立和实行市场经济体制的语境下，保护市场主体自由和公平的竞争就当然成为政府的重要职责之一，包括建立和实施良好的竞争制度、制定完善的竞争政策以及推进科学合理的竞争倡导等一系列净化竞争环境的措施，多角度、全方位、深层次维护市场主体可以通过市场进行公平竞争的利益。

近年来，在强化竞争政策基础地位的背景下，我国愈发重视营商环境

---

① 参见王玉辉、雷浩然《竞争中立政策之理论逻辑与本土化路径建构》，《现代经济探讨》2020年第10期。

建设，其中重要的标准就是公平竞争标准。在行政许可、市场监管等方面规范各级政府行为，清理废除妨碍公平竞争、扭曲市场的不合理规定、补贴和做法，公平对待所有企业和经营者，完善市场化、法治化、便利化的营商环境。实践证明，营造公平、高效、有序的市场竞争环境，才能促进各类市场主体更重规范、更重创新、更具活力，实现更高水平、更深层次、更可持续的发展，而健全市场监管长效机制、强化公平竞争政策是营造公平竞争市场环境的重要方面。近年来，随着数字经济飞速发展和经济转型日益深化，市场竞争日趋激烈，对维护竞争秩序的要求越来越高，迫切需要健全并强化公平竞争政策。壮大市场主体需要公平竞争市场环境，只有公平竞争才能实现优胜劣汰、提高生产效率、落实创新驱动、促进科技向善、切实保护消费者利益。通过公平竞争政策为公平竞争加油助力，鼓励市场主体"千帆竞发、百舸争流"，在公平竞争中不断壮大市场主体，持续促进经济高质量发展。①

（二）推进市场主体的平等保护

平等对待市场主体是公平竞争政策的内在要求，也是社会主义市场经济的应有之义。2020 年 7 月 21 日，习近平总书记在企业家座谈会上的讲话指出："社会主义市场经济是信用经济、法治经济。"②"打造市场化、法治化、国际化营商环境。要实施好民法典和相关法律法规，依法平等保护国有、民营、外资等各种所有制企业产权和自主经营权，完善各类市场主体公平竞争的法治环境……对在中国注册的企业要一视同仁，完善公平竞争环境。"③"政府是市场规则的制定者，也是市场公平的维护者，要更多提供优质公共服务。"④

公平竞争政策是民营企业获得与国有企业同等发展机遇的制度保障。目前，在我国经济已由高速增长转向高质量发展的新阶段，在经济潜在增

①　参见孙晋《营造公平竞争环境更大激发市场活力》，《中国市场监管报》2021 年 11 月 9 日，第 1 版。
②　习近平：《在企业家座谈会上的讲话》人民出版社，2020，第 7 页。
③　习近平：《在企业家座谈会上的讲话》人民出版社，2020，第 4 页。
④　习近平：《在企业家座谈会上的讲话》人民出版社，2020，第 5 页。

速下降与外部环境不利等因素的共同作用下，民营企业发展中出现投资不振、信心不足等问题。2023 年 7 月 19 日，中共中央、国务院印发《关于促进民营经济发展壮大的意见》（下文简称《意见》），从民营经济的发展环境、政策支持、法治保障以及促进民营经济人士健康成长等方面，提出 31 条具体举措。依据《意见》要求，推进市场主体保护，持续优化民营经济发展环境，就必须全面落实公平竞争政策制度。强化竞争政策基础地位，健全公平竞争制度框架和政策实施机制，坚持对各类所有制企业一视同仁、平等对待。强化制止滥用行政权力排除限制竞争的反垄断执法。未经公平竞争不得授予经营者特许经营权，不得限定经营、购买、使用特定经营者提供的商品和服务。定期推出市场干预行为负面清单，及时清理废除含有地方保护、市场分割、指定交易等妨碍统一市场和公平竞争的政策。优化完善产业政策实施方式，建立涉企优惠政策目录清单并及时向社会公开。

推进市场主体的平等保护，是公平竞争政策的必然要求，同时要求坚持市场主体规则平等。具体指在市场经济运行过程中，任何一类市场主体的法律地位平等、竞争机会均等、权利与义务关系对等，国家的经济干预不得违背和破坏市场公平竞争，不给予任何一类市场主体不正当的竞争优势或劣势，对各种类型的企业应一视同仁，公平对待。

（三）推进公平竞争监管体制机制改革

当前高质量发展的新形势下，仍然要求进一步深化竞争监管体制机制改革，要求逐步调整已经不能适应新发展阶段、新产业要求和新国际环境的体制机制和政策体系，增强竞争监管的独立性、专业性和权威性。为保障公平竞争政策的落实，应当完善执法权力配置，强化竞争监管的独立性和专业性，增强竞争执法的权威和公信力，赋能经济高质量发展。同时，由于竞争执法工作涉及面广、复杂性强、敏感度高，必须统筹协调各方的执法力量，全力破除地区封锁和行政性垄断，这就要求竞争监管突破地方利益的束缚，坚持反垄断执法权归中央，以反垄断执法中央事权为基础，不断健全完善反垄断执法体制，探索多层次的反垄断中央事权的地方实施机制。

以公平竞争为核心，持续健全竞争执法机构与行业监管机构或行业主管部门之间的协调机制。如何处理管制性行业中的垄断规制问题一直是协调反垄断执法与行业监管须直面的难题。在我国，竞争执法机构与行业监管机构或行业主管部门的权限尚未厘清，两者依据法律法规均有权管辖竞争违法行为。我国在竞争政策与其他经济政策的协调上已经建立了统筹协调机构和公平竞争审查制度等协调机制，但是这些协调机制与"强化竞争政策基础地位"的实践需求相比，依然存在较大的不足，须作进一步补强。

三　公平竞争政策的制度定位

（一）优化协调公平竞争政策和产业政策的关系

产业政策是国家规划、诱导产业的形成、发展，促进或限制产业发展所采取的公共经济政策，其主要作用是在市场机制进行资源配置的基础上对产业结构、产业发展进行干预和影响，以实现产业结构的合理化、现代化并推动产业的协调和可持续发展。[①] 针对竞争政策，学术界的大致共识是，其应当是市场经济条件下一个国家的基础经济政策，贯穿于其他经济政策制定和实施的始终，保障市场竞争不被政府干预经济的行为所扭曲。任何经济政策都有其预设之政策目标，基于不同的政策目标，各种经济政策之间难免会有抵牾。但彼此之间并非水火不容，也不是非此即彼、相互替代的关系，各项政策之间具有协调之可能与空间。

从国家治理和权力配置来看，政府的监管和调控在经济政策冲突中表现出来的，是"政出多门"的产业政策和调控举措，以及竞争监管部门和行业监管部门的不协调，这加剧了经济的效率损耗。鉴于公平竞争政策和产业政策的不协调、不匹配及其带来的效率损耗，思考如何缓解公平竞争政策和产业政策之间的张力、优化产业政策和改善宏观调控成为必要，积极运用公平竞争政策优化协调竞争政策和产业政策的关系尤为重要。

（二）规范政府行为，明确权力边界

我国自培育并建立市场经济体制以来，政府干预经济职能从"大包大

---

① 参见孟雁北《产业政策公平竞争审查论》，《法学家》2018 年第 2 期。

揽"到逐步让市场调节在资源配置中发挥基础作用直至应然的决定性作用。然而，政府的经济权力过大和权力边界不清晰以及越权现象迄今依然存在，政府经济权力的过度行使，抑制了市场调节功能的发挥，不利于经济社会发展。明确政府权力边界的首要原则就是，尊重和维护市场竞争原则，也即竞争性原则。政府经济权力主要是维护市场的正常竞争秩序，而不是在相关市场活动中滥用自己的经营权。只有这样，市场才会变得更加公平，更加富有活力。在此基础上，政府的经济调节权力运行还必须遵循合法性、适度性、中立性、公共性等基本原则。仅仅重视对市场主体开展竞争执法，规制市场主体行为，尚不能充分维护市场竞争，还需要贯彻落实公平竞争政策，限制政府经济权力对市场竞争的损害。因此，要保证竞争秩序不被政府经济权力破坏，不受政府经济权力的扭曲。

公平竞争是有效规制政府不当干预的基本要求，规范政府行为、明确权力边界也是推进公平竞争的重要方面。相较于私人，政府限制竞争行为对市场的危害更甚。如何有效遏制政府滥用权力，如何划定政府权力边界，将政府干预控制在合理范围内，防止恣意影响市场行为，公平竞争政策应当发挥重要作用。确立竞争政策基础地位，建立公平开放透明的市场竞争规则体系，有效实施反垄断和公平竞争审查，改善宏观调控，优化产业政策，减少政府对资源配置的过度干预，可以从根本上打破行政性垄断和抑制寻租腐败，促进社会公平正义。公平竞争审查制度是我国确立竞争政策基础地位的一项重要举措，是从源头上厘清政府与市场边界、规范政府行为，防止滥用行政权力排除限制竞争的顶层设计。随着公平竞争审查制度被纳入反垄断法框架，其法治化和规范化程度进一步提高，在继续推进该制度落实的当下，公平竞争政策有望在规范政府权力方面发挥更大作用。

（三）推动公平竞争合规建设

推动公平竞争合规是竞争政策柔性实施的要求，也是激励性监管、梯次性监管的重要组成部分。公平竞争政策的实施不能仅仅依赖政府推动，历史经验表明，政府威权式、命令式地推进，投入甚巨而收效甚微，而以多元共治、自我规制的路径，寻求监管者和被监管者合作的治理方式，则能有效持续推动公平竞争政策的落实。合规制度作为一种以适应外在要求为目的、以有效改善内部控制和自我约束能力为核心的企业自律行为，是激励性监管的重要体现。应该认识到，企业合规不仅是一种公司治理方式或者规避监管的方式，而是属于可以获得激励的企业自我改进方式。市场主体通过合规指引就经营活动与监管部门进行约定，满足一定的合规条件后则会获得处罚减轻减免的合规激励。推动公平竞争合规体现了执法人员柔性执法的模式和服务式执法的趋势。推动公平竞争合规是转变政府职能的表现，在这个过程中，政府由原来的单一监管者，变为合规推动者和合规建设的指引者，这也是转变监管模式和公平竞争政策的实施机制的体现。

公平竞争合规的对象不仅仅是市场主体，也包括政府机关。政府机关和市场主体在内的多元主体都应当树立公平竞争的原则和理念，以公平竞争为基本准则行事。既要对市场主体进行公平竞争意识和竞争政策法律法规的倡导，引导并促进企业内部建设完善公平竞争合规流程制度，又要对政府机关进行合规培训，营造政府部门内部公平竞争合规氛围，提高政府工作人员维护市场公平竞争的意识。如此才能有效治理经济性垄断和行政性垄断，从而克服市场和政府双重失灵。

第四节　中国式现代化语境下公平竞争政策实施面临的现实挑战

一　国内外竞争格局演进要求我国公平竞争政策加速变革

（一）国际贸易规则变迁影响企业参与国际竞争

随着国际经济形势趋紧和不确定性逐渐增加，各个国家和地区保护境内市场的需求越来越强烈和多元，而"最大公约数"式的国际规则不可能同时满足多元需求。在这样的情况下，动用竞争政策制度工具保护境内市场是合理的选择，但同时也不可避免地使我国企业和产业受到影响。[1] 虽然世界各国对于竞争中立规则的推行并非专门针对我国，但实际上却可能

---

[1]　参见毕莹《国有企业规则的国际造法走向及中国因应》，《法商研究》2022 年第 3 期。

产生将我国排除在市场之外的效果。所以，这种新型全球化的国际格局演进与竞争政策变革之间的交织，正成为我国参与和维护经济全球化、扩大对外开放水平的挑战。而为了推进中国式现代化进程，我国必须坚持高水平的对外开放，因此，完善国内公平竞争政策，深化国有企业改革，以保障我国国有企业和民营企业公平地参与市场竞争，便成为我国一项重要的课题。

（二）经济高质量发展更加考验市场治理能力

高质量发展的关键在于实现国民经济良性循环，这要求形成需求牵引供给、供给创造需求的更高水平动态平衡，这对公平竞争政策的实施、公平竞争的市场环境、竞争规则体系等都提出了更高的要求。首先从需求侧来看，提升消费者的购买力、增加居民总消费需求，需要公平竞争的市场环境，需要维护消费者的公平选择权等权益。其次从供给侧来看，促进企业创新和生产效率，增加高质量供给，需要反垄断法、反不正当竞争法提供有力的规则支撑。此外，破除行政性垄断，降低各类市场参与主体的社会成本，扫除地方保护主义，保障市场公平，促进商品要素在更大范围内自由流通，打通各类市场循环堵点，也有赖于公平竞争政策的完善和落实。[①] 然而，当前高标准的竞争规则体系尚未建立，难以满足高质量发展的现实需求，高质量的竞争政策有待进一步贯彻落实。

二　公平竞争政策基础地位难以全面有效贯彻

（一）公平竞争政策与产业政策之间存在冲突

产业政策与公平竞争政策的关系在历史、理论、实践层面展现出同源异流、弃末返本、富有张力的矛盾运动。在我国社会主义市场经济的背景下，产业政策与竞争政策的目标是高度一致的，这根源于国家利益与企业利益、公共利益与特殊利益的一致性，根源于马克思主义的先进理论指导和党对社会发展规律的科学精准把握。当前，我国的产业政策与竞争政策

[①] 参见吴振国《反垄断监管的中国路径：历史回顾与展望》，载《清华法学》2022 年第 4 期。

的冲突，主要在于公平竞争政策的长期性、全局性与产业政策的短期性、局部性之间的冲突。产业政策在短期内对拉动地方经济增长的作用显著，更容易使地方政府在地方 GDP 竞争和政治锦标赛中取胜，因此，也更受地方政府青睐，令公平竞争政策效应让位于地方经济发展。

具体而言，公平竞争政策与产业政策之间的现实冲突主要体现在以下几个方面。首先，虽然我国已经正式建立起公平竞争审查制度，清理废除了许多妨碍统一市场和公平竞争的政策文件，较好地满足了市场主体对公平竞争的核心诉求。但仍存在较多妨碍公平竞争的政策文件。对上述政策文件进行类型化分析之后可以发现以下几种情况：第一，没有法律、行政法规或者国务院规定依据，直接强制外地经营者在本地投资或者设立分支机构的问题文件；第二，没有法律、行政法规或者国务院规定依据，将在本地投资或者设立分支机构作为参与本地招标投标、享受补贴和优惠政策等的必要条件，变相强制外地经营者在本地投资或者设立分支机构的问题文件，第三，不得限定经营、购买、使用特定经营者提供的商品和服务的问题文件。以上三类问题文件占总问题文件 60% 以上，可以看出产业政策和公平竞争政策存在区域经济保护与全国统一市场、短期利益与长远利益、特定补贴与普惠政策的矛盾问题。其次，在政策贯彻过程中的矛盾，集中体现为不少地方政府产业政策文件有上级政府部门文件作支撑，而作为支撑的该上级政府部门文件与竞争政策相抵触，但是同时该文件又处于公平竞争审查所排除的范围；再次，地方政府部门的产业政策文件在贯彻过程中与上级文件精神不一致，产生地方保护等情形。最后，在产业政策实施过程中，与公平竞争政策相矛盾的问题，主要体现为对统一大市场理解比较模糊，对竞争政策比较陌生，对不同组织形式、不同地区、不同所有制的经营者差别待遇较为明显，传统的本地保护观念较重，公平竞争理念尚未入脑入心。

（二）竞争法律规则体系无法回应快速发展的新业态

以数字经济为代表的经济新业态通过创新和技术驱动，显著提升了市场竞争力和企业效率，成为现代经济发展的关键引擎。但是，在数字经济发展的过程中也产生了许多破坏公平竞争秩序的行为，而面对这些，传统的竞争法律监管体系难免显得捉襟见肘，在许多具体问题上无法给出充分合理的监管规则。

首先，数字市场存在着跨界竞争、动态竞争、赢家通吃等特点，这导致传统竞争分析思路和评估工具已无法妥帖适用，相关市场的界定和市场支配地位的判定可能会产生误差，并进而可能造成在具体行为的反竞争性的认定中出现假阳性或假阴性的错误。

其次，滥用市场支配地位的行为表现日益复杂。与传统企业不同，平台企业覆盖的人群与领域更加广泛，使用的手段与工具更加多样，使得平台企业滥用市场支配地位的行为更加复杂。虽然有学者建议将 SSNDQ 测试方法作为补充替代，但是我们可以发现，SSNDQ 测试方法在具体行为分析中的表现也并不尽如人意。虽然 SSNDQ 测试可以在表面上帮助衡量"免费"产品（服务）的可替代性，但它不能充分评估数据组合的价值和影响。有关报道强调，目前尚不清楚如何将 SSNDQ 测试应用于实践。[①] 可以看出，SSNDQ 测试方法更多的是一种概念指南，而不是竞争主管部门可以应用的客观标准。

最后，经营者集中多样化，数据驱动型经营者集中对现行经营者集中审查框架产生极大的冲击。平台企业对于集中对象的选择更加多样，经营者集中不仅局限于业务成熟的企业，初创企业同样也是平台企业模仿、并购的重点，其目的在于通过技术性收购，应用或雪藏某项新型技术，以维护自己在本领域内的市场支配地位。这类初创企业虽然体量小，但是可能发展潜力巨大、技术创新能力较强，其他经营者选择收购这类企业可能是出于提前"消灭"其未来的竞争对手这一目的，防止该初创企业的颠覆性创新使得其在市场中的竞争优势被削减。这类并购原则上不会引起反垄断执法机构的关注，但是对于相关市场的创新、公平竞争机制都会产生极大的影响。传统的营业额和销售数量的市场份额考量标准已经无法妥帖适用于此种情况之下。

---

① 参见邹开亮、刘佳明《大数据产业相关市场界定的困境与出路》，《重庆邮电大学学报》（社会科学版）2018 年第 5 期。

（三）公平竞争监管与行业监管的分工有待细化

反垄断执法活动作为公平竞争政策的重要组成部分，其和行业监管在被监管的行业中起着相互补充的作用。[①]正如学者所言，"特别行业管制法与反垄断法均以垄断为管制对象，但二者的宗旨、内容和实施手段均不同。前者以承认垄断为前提，而后者以否认垄断为前提；前者以警戒恶果的出现为目标，而后者以禁止谋求和维持垄断为宗旨。"[②]但是，人们不能因此混淆行业监管和反垄断法，因为它们毕竟是两种不同的法律制度，各自承担着不同的任务：（1）两者所依据的法律制度功能和目标不同；（2）两类规制机构所具有的优势不同；（3）两者规制的时间不同。

因为大多数被监管的行业同时又受到了反垄断法的约束，这些行业中就存在着行业监管机构和反垄断执法机构在管辖权方面的冲突，我国的公平竞争政策也面临着如何处理好与行业监管的职权划分、协调问题，避免各类监管机构的监管缺位、越位。在转变政府职能、创新监管体制的过程中，诸多垄断性行业立法均涉及对竞争事务的规范，并赋予行业监管机构"打破垄断结构、维护有效竞争、规制垄断行为"的职权。由此便产生了纵向和横向管辖权力的重叠：反垄断执法机构和各行业监管部门均有权对垄断性行业经营者破坏市场有效竞争，排除、限制竞争的行为进行规制。那么二者的监管权限的边界为何？对于特定类型化的企业经济行为应当由谁监管？如果对企业的同一损害市场公平竞争的行为二者均享有监管权限，那么如果二者的监管活动产生冲突，谁又应当享有最后执法权？这都是目前我国法律规范体系尚未明确解决的问题。

三　公平竞争政策实施不够深入、效果欠佳

（一）公平竞争理念薄弱

部分地方政府还没有充分认识到公平竞争政策的重要性，仍然秉持着唯数字论、唯 GDP 论的落后思想，过分依赖产业政策主导、投资驱动的粗

---

① 参见冯博、于晓淳《数字平台行业监管与市场监管的分工与协调》，《理论学刊》2023 年第 2 期。

② 斯蒂格利茨：《经济学》，姚开建等译，中国人民大学出版社，1997，第 386 页。

放型发展模式，只追求本地经济的短期增长而忽视长期价值，这种落后的认知惯性使得全国统一市场难以形成，造成了社会资源配置效率低下、国家宏观经济增速回落和经济下行压力加大等严重后果。虽然改革开放以来，我国市场经济得到了长足的发展，但是公平竞争理念以及全国统一大市场建设目标与真正内涵却并未得到部分地方政府的同频理解与贯彻，行政性垄断并没有消失反而日渐固化，部分地区和领域的政策环境以及经济生态仍然是"非竞争友好型"的。

此外，在社会端，行业协会是政府与企业之间的桥梁，是重要的社会中介组织。但是我国有些行业协会仍具有官方色彩，如我国个别官员退休之后担任某些行业协会的总干事，然而他们却可能并不了解国内市场，并不精通产品升级换代、产品、行业服务、合规等标准。诸如此类的行业协会组织有关单位和企业签订所谓的"合作协议""自律公约"，已经构成了反垄断法意义上的垄断协议，损害了市场的公平竞争机制。总之，部分地区的行业协会亦存在着公平竞争意识不足的情况，在对反垄断法缺乏了解的情况下，可能成为企业实施垄断行为的"桥梁"。

（二）公平竞争审查制度的实效难以得到保障

公平竞争审查制度在实践中的实际效果难以得到保障是一个普遍存在的问题。首先，主流的自我审查模式具有执行力弱的先天弱点；其次，公平竞争审查制度内容不完善使得该制度难以严格执行；最后，公平竞争审查制度的激励机制缺位也使得各级政府在执行该制度时内生动力不足。

虽然公平竞争审查制度为优化我国营商环境提供了法治化保障路径，但实践中以"自我审查模式"为核心的公平竞争审查制度，却存在一系列的逻辑悖论，导致自我审查流于形式，使公平竞争审查制度陷入了难以高质量落地的困境。① 其一，审查动机悖论。部分地方政府会因狭隘的地方利益、经济竞争、商业贿赂、权力寻租、路径依赖、公平竞争意识淡薄等，而出台违反《公平竞争审查制度实施细则》（以下简称《细则》）规定的四种标准的规范性文件。其二，审查能力悖论。《细则》一共规定了

---

① 参见殷继国《我国公平竞争审查模式的反思及其重构》，《政治与法律》2020 年第 7 期。

4 大类标准，18 个具体标准，每个标准都采用的是"不得…"的刚性说法。也就是说，《细则》为审查机关提供的分析模型更接近于"基于形式的方法"，而不是"基于效果的方法"。似乎只要政策制定机关出台的产业政策的内容符合 18 个具体标准中的一种，就应当被修改或清理。但政策制定机关出台的相关政策措施很可能同时具有正负面经济效果。这样就会产生一种情况，即虽然内容表述违反《细则》规定标准，但是实际上并不会损害市场正常竞争秩序，或影响微乎其微，且反而能给本地区带来巨大的经济利益。对于这类政策，若过分强调其对于标准的违反，而否定其存在的正确意义，显然是不符合比例原则的，会使本地经济造成实质性损失。

公平竞争审查制度内容尚不完备。其一，审查范围不全面，地区和行业实施不均衡。遗漏审查问题普遍存在，一些地方直接将审查对象限定为规章和规范性文件，将其他政策措施排除在外。其二，审查程序不够规范。开展公平竞争审查，应当征求利害关系人意见或向社会公开征求意见，并在书面审查结论中说明。但是《细则》对基本操作的程序和权限等没有具体详细说明。

公平竞争审查激励机制尚不充分。对于地方政府来说，通过主动干预经济等方式实施破坏公平竞争行为可以在短时间内获得大量的政绩提升，而坚持公平竞争审查能获得的利益则太过于遥远和缥缈，因此在没有相应实施激励机制的情况下，坚持公平竞争政策对于地方政府来说是一个过于严苛的任务。目前我国的公平竞争审查的实施激励机制并不充分，缺乏财政转移支付、绩效考核等强有力的直接激励。公平竞争审查固然是政府的必行之举，在制度建设完善的发展过程之中，对地方政府辅以相应的激励机制可以更快促进公平竞争审查的全面覆盖与忠实执行。

（三）企业竞争合规建设不足

公平竞争秩序的构建与长期维护仅仅依赖相关部门的外部监管是不够的，想要公平竞争文化深植于每个企业的基因之中，就必须激发企业公平竞争自我审查制度建设的内生动力，汇聚外部监管与自我监管合力，实现企业合规建设的内外双循环。

目前，国家市场监管总局与各地市场监管局已在各领域发布多部竞争合规指南，为市场竞争作出了良好引导，使企业在竞争自我合规建设过程中有法可依，有效维护了公平竞争秩序。但是在实践过程中，各地颁布的竞争合规指南仍存在部分问题亟待解决，其中最突出的问题就是缺乏合规指南的正向指引，部分合规指南在编写过程中花费太多笔墨于违法行为判定及阐明违法后果上，而在企业如何进行合规建设与合规管理等内容的描述上则过于笼统。

除了合规指南正向指引缺乏外，企业合规建设过程中还面临着多领域合规建设所带来的重复监管以及企业为应付重复监管而将合规建设形式化的问题。企业自我合规建设无疑是目前监管的热点之一，对于市场监管部门来说，在监管过程中只需要关注企业的竞争合规建设成果，但对于企业来说，需要承担的合规建设任务颇为繁多，不仅有竞争合规建设，还包括环境合规建设等，这些合规建设任务虽然在许多方面存在一致性，但毕竟面向不同监管部门，终究存在差异性。如何统筹种类繁多的合规建设任务，就相当考验企业的规划与内部管理能力，但企业毕竟以营利为主要任务，合规建设只是其支线任务之一，能够倾斜的资源也较为有限，因此许多企业在合规建设过程中就会选择以应付各部门的检查为导向的"形式化合规建设"。

四　公平竞争政策的实施机制有待完善

（一）公平竞争政策实施的责任制度不完备

一方面，《反垄断法》虽然专章规定了禁止滥用行政权力排除、限制竞争，但反垄断执法机构只拥有调查权和处理建议权，缺乏实际的执法权，不具有强制力，这意味着，很难对行政性垄断行为予以有效规制，无法对抽象行政性垄断行为构成有效制约，更无法对行政机关之外的其他政府限制竞争行为构成约束。这就令反垄断执法机关在开展相关执法工作时容易陷入被动，造成反垄断执法建议权的虚化。

另一方面，随着公平竞争审查制度在我国的确立并逐渐进入快速发展阶段，制约公平审查制度刚性的深层次问题逐渐显现。第一，公平竞争审查范围仍需进一步扩大以及具体化。目前我国已经实现了对于行政法规层级及以下的规范性文件的公平竞争审查，但是法律却仍旧属于公平竞争审查难以触及的领域，显然这并不利于最大限度地实现公平竞争审查制度的全面有效覆盖。第二，没有明确规定必须豁免的具体产业或行业，也没有就豁免审查标准进行明确归纳。① 这容易导致不同产业或行业的政策制定部门以模糊的"国家经济安全""社会保障目标""社会公正利益"等目标来对抗公平竞争审查制度的施行，从而影响公平竞争审查制度的刚性约束及实施效果。第三，自我审查模式缺乏对地方政府的约束力。如前所说，在现今缺少激励机制和惩戒机制的情况下，对常年习惯于通过发布大量规章文件来干预地方经济发展的各政府部门而言，其通过自查自纠来促进竞争的主观动机难以强化。在程序上，《细则》中虽规定政策制定机关审查后须形成书面审查结论备案，但不要求公开，审查报告的内容也有待细化；其中规定了联席会议指导制度和公众监督制度，但缺少细化规则，仍难以真正发挥外部监督的效力。

（二）反垄断反不正当竞争诉讼机制仍需完善

我国公平竞争执法和司法的衔接并不完善，割裂的问题仍然存在。

首先，法律制度不尽完善，执法与司法在认定标准上存在冲突。我国第一部《反垄断法》施行于 2008 年，与美国、欧盟等国家和地区相比起步较晚、经验不足，对于反垄断法实施和市场竞争的认识仍存在局限性。同时，由于反垄断法的专业性、政策性，其中一些原则性规定容易导致侧重维护公共利益的执法机关和侧重解决双方当事人纠纷的司法机关在面对同一情况时持有截然不同的态度。例如，在新《反垄断法》实施以前，对于转售价格维持的违法性认定问题，我国行政执法和司法裁判常常采取不同理解。行政执法中，通常认为该垄断协议只要不符合豁免范围就构成违法，而法院在审理时通常适用"合理原则"，进而认为其具有合法性。新《反垄断法》对此作出了回应，对于纵向垄断协议的违法性认定问题作出了更明确的规定，同时引入"安全港"制度，但是对于该规则的具体实施，仍待法规的进一步明晰。

---

① 参见叶卫平《财政补贴、产业促进与公平竞争审查》，《交大法学》2021 年第 4 期。

其次，缺乏相应的证据移送制度。《反垄断法》的实施一贯秉持谦抑理念，追求实质正当性，效果分析是违法性认定的重要标准。构建反垄断执法与司法的衔接机制，完善证据移送上的合作机制不可或缺。由于反垄断执法机构的专业性和垄断行为的复杂性，在对垄断行为的调查过程中，相较于单独的原告，反垄断机关的证据搜集能力具有显著优势。如果执法机关搜集的证据能够在司法程序中得到充分的利用，避免证据不足的情况，不仅有利于权益受损的主体维护权利，也有利于制裁垄断行为，维护社会公共利益。但是，在现实中，不论是执法机关对相关信息的披露，还是司法程序中对执法机关证据的使用都存在制度供给不足的问题，反垄断法以及现行其他相关规定并没有就法院如何调取行政机关已取得的证据、证据有效性的认定等做出明确规定。

最后，执法和司法的程序衔接不足。在实践中，可能存在两种情况：一是已经由司法机关受理的反垄断诉讼案件，在审理过程中发现大量损害市场竞争和社会公共利益的情况，而仅靠司法程序无法处理这种违法行为，需要执法程序的介入。二是反垄断执法过程中，需要通过诉讼程序才能更好地对受害者进行赔偿。这种在执法过程中需要启动司法程序以及司法裁判过程中需要行政执法程序弥补相互不足的情况，我国法律并没有规定具有可操作性的衔接机制。由于司法的被动性，在没有具体受害者、受害者不知权益受损、受害者认为胜诉无望而放弃诉讼等情况下，司法程序可能不会启动，侵害其他竞争者、交易相对人以及消费者权益的垄断行为可能逃避法律的制裁。

第五节　域外公平竞争政策实践的经验与借鉴

一　欧盟竞争政策

（一）政策现状

作为欧盟法律规范体系的重要组成部分，欧盟竞争法的首要目标在于维护欧盟内部的统一市场，以促进欧盟的发展和稳定。法律层次包括条约基本规则、理事会制定规则和委员会制定规则。在国家援助方面，《欧盟运行条例》规定了禁止与内部市场不相容的援助类型，并规定了审查程序。欧盟委员会致力于现代化国家援助政策，以提高效率。企业竞争合规方面，欧盟采取专项立法，包括罚款和合规指南。欧盟委员会发布的《2022年竞争政策报告》概述了该年度的政策和执法行动。

（二）实施举措

自欧盟成立以来，竞争政策为维护和促进欧盟经济的繁荣作出了显著贡献。欧盟委员会强有力的竞争执法聚焦于保护欧洲消费者和企业的利益，并帮助欧洲形成了充满活力的经济结构。

欧盟竞争执法涵盖四个方面。首先是禁止限制性商业行为，即对影响贸易并扭曲竞争的协定、决定或行为，予以禁止。其次是禁止滥用市场支配地位，对滥用行为进行审查，确保公平竞争。再次是对合并审查制度进行不断完善；最后则是对国家援助规制进行更严格的监督，以防止不公平的竞争行为。

近年来，竞争政策的执行取得了一定成效。首先，在数字化转型方面，反垄断执法对亚马逊、Meta、谷歌、苹果等公司进行了调查和声明，同时审批了大量并购交易和国家援助措施，支持宽带网络、半导体产业和媒体行业的发展。其次，竞争政策的执行促进了欧盟经济的绿色转型，保障了能源、运输等市场的公平、高效和创新。最后，竞争政策使欧盟经济发展更加服务于人民，强调经济发展应造福于消费者，同时通过国家援助计划增强了金融服务的弹性。

二　澳大利亚竞争政策

（一）政策现状

澳大利亚长期保持高度活跃的竞争监管状态，致力于维护公平竞争秩序以推动经济发展。自1993年起，澳大利亚首次提出竞争中立概念，奠定了竞争政策基础。竞争中立政策通过1995年的《竞争原则协议》和1996年的《竞争中立声明》得以明确定义和确认。其核心内容包括税收、信贷、监管、商业回报率和价格反映成本等。该政策的执行机制包括全成本定价和公司化改革，以确保国有企业和政府商业活动与私营部门竞争时处于公平地位。投诉机制由澳大利亚生产力委员会管理，任何个人和企业均可向其投诉不当竞争行为。

澳大利亚生产力委员会建立了投诉机制，包括投诉、受理、调查和处理四个环节，是同业监督的主要渠道。个人和企业可向竞争中立投诉办公室投诉政府企业的不公平竞争行为，书面说明不当竞争优势及损失。投诉经审查后，办公室提出建议并报财政部长处理。政府组建竞争中立审查秘书处审查制度，可能带来变革。针对数字平台，澳大利亚竞争与消费者委员会持续升级审查，提起诉讼并定期提交报告。政府通过立法加强对数字平台监管，并计划赋予 ACMA 监管权力。澳大利亚竞争合规政策包括自发遵守法律的合规计划，但不提供法律意见。政策要素包括高管层承诺、员工汇报机制等。竞争与消费者委员会发布了合规和执法政策，包括教育活动、审核讨论、法律诉讼等。优先事项包括卡特尔行为、反竞争协议、滥用市场力量等。

（二）实施举措

"竞争中立"要求政府不偏袒国有企业，平等对待私营企业，确保经营者不因所有制而获得优势。澳大利亚自 20 世纪 90 年代起实施竞争中立政策，通过公平竞争审查制度和法规制定确保公平竞争。《竞争与消费者法》适用于所有企业，联邦和州政府达成共识，制定了竞争中立政策。该政策旨在消除政府所有权带来的优势，提高资源利用效率，改善政府商务活动的绩效和透明度。横向和纵向两个维度覆盖各级政府部门和产业部门。澳大利亚建立了竞争审查制度，审查并废除妨碍竞争的法规和政策，通过财政激励机制推动各州实施竞争政策。专职机构审查模式有助于优化营商环境。

澳大利亚根据行业发展状况调整公平竞争审查，最近关注医疗卫生、教育等行业。竞争与消费者委员会提出针对科技企业的反垄断改革建议，包括加强数字平台监管和合并审查制度，以维护市场竞争秩序。企业合规改革是提升经济竞争力的重点，澳大利亚通过建立合规制度和定期审计来评估反垄断合规效果。

三　美国竞争政策

（一）政策现状

美国的反垄断和反不正当竞争政策深入合宪性和合法性审查、政府政策和司法判例等各个方面。美国通过行政命令和法律确立了规制影响分析，对管制体制进行了必要的评估和调整，以消除不合理的竞争限制。《兰哈姆法》和《反不正当竞争法重述》等法律文件明确了商标注册和不正当竞争行为的界定，为市场竞争提供了清晰的规则。从 20 世纪 60 年代的初步承诺到现在具有外部激励的制度，合规已成为企业运营的重要组成部分。《联邦检察官手册》和《联邦量刑指南》进一步推动了合规制度的发展，明确了有效合规制度的关键要素和企业高管的责任。《联邦量刑指南》修正案更是明确了有效合规制度的七大要素，强化了合规的重要性。

（二）实施举措

美国注重防止地方保护主义和市场分割，宪法中的"州际贸易条款"和"休眠贸易条款"授权联邦政府调控州际贸易，确保政策不偏袒本地企业。《州际贸易法案》和《谢尔曼反托拉斯法》等进一步强化了联邦政府的权力。

美国的公平竞争政策体系由法院、竞争主管机关和行政机关共同执行。法院通过司法审查对规范性文件进行竞争审查，判例具有终局性影响。私人诉讼允许利益相关者起诉政策制定机关，并应用"三倍惩罚性赔偿"原则。竞争主管机关如联邦贸易委员会和反托拉斯局提供竞争咨询，管理与预算办公室通过信息与规制办公室对规则草案进行程序性和实质性审查。

面对科技巨头带来了新的反垄断挑战，拜登政府展现出积极的监管姿态，通过立法加强对数字平台的监管，如提出"覆盖平台"概念，明确监管重点，并推动互操作性立法，降低转换成本，促进中小企业发展。同时，新的反垄断立法措施被提出。

企业合规在美国逐渐转变为侧重威慑、预防违法犯罪的内控机制。《反垄断刑事调查中的企业合规体系评估》表明，有效的合规制度是减轻反垄断惩罚的重要依据。反垄断执法机关在合规认定时，重点考察关键要素的建设情况，并考虑减少罚款。有效的合规计划包括高层参与、培训、监督和审计等。行业协会在引导企业合规建设中也扮演重要角色，如通过和解令要求行业协会承担竞争合规责任，提供培训和建立汇报机制。

四　OECD 竞争政策

（一）政策现状

OECD 对管制政策可能对市场竞争造成的负面影响保持警觉，并为成员国提供了统一的竞争评估框架，被全球多个国家和地区采纳。诸如澳大利亚、韩国、日本等国家均制定了自己的竞争评估工具书，并要求政府机构在制定管制政策时进行竞争评估。

OECD 通过发布《竞争评估工具书》及相关指南和原则，提升了竞争评估的实用性，详细说明了评估的范围、方法、流程，并提供了案例研究。2015 年，OECD 颁布了《竞争评估工具书》操作手册，进一步指导成员国进行评估。

在企业合规方面，OECD 自 1976 年起就开始规范企业行为，制定了《跨国企业准则》，并随着经济形势的变化不断更新。1999 年推出的《OECD 公司治理原则》已成为国际公司治理的标准。2006 年，OECD 发布了针对跨国企业的指导方针，涵盖反贿赂、环境保护和税收合规等方面。2010 年，《内控、道德与合规的良好做法指引》提出了预防腐败和建立有效合规体系的十二项准则。

OECD 在 2023 年发布的《竞争趋势报告》中总结了全球竞争执法的发展，并通过竞争开放日等活动促进国际交流与合作。OECD 还提供培训和能力建设项目，帮助成员国提高制定和执行竞争政策的能力。

综上所述，OECD 在全球竞争政策中扮演了核心角色，推动了市场公平竞争。随着经济全球化的深入，OECD 预计将继续引领竞争政策的发展方向，为各国营造公平的市场环境。

（二）实施举措

OECD 致力于帮助成员国制定和协调政策以提高生活水平和保持财政稳

定，并且支持成员国援助发展中国家，改善其经济状况并促进经济发展。面对全球化和技术革新的挑战，OECD发布全球竞争和产业政策趋势报告，为成员国提供全球视野，并开展经济审议，特别关注竞争和产业政策。

OECD的竞争评估框架帮助成员国应对全球化和技术挑战，提供政策建议，协调竞争和产业政策。《竞争评估工具书》提出的"竞争核对清单+竞争效应评估"模式，有效平衡了政策对市场竞争的影响判断和深入评估。该模式通过清单审查政策是否存在限制市场竞争的行为或潜在影响，并在必要时进行竞争效应评估。

OECD的竞争评估模式旨在评估而非审查政策的竞争效应，限制政策对市场竞争的负面影响，优化实施方式。该模式通过简易评估作为深层评估的前置环节，提升评估精确度，减少竞争主管机构的工作量和评估难度。竞争评估制度关注政策对市场竞争的复杂影响，避免审查标准的模糊和流程的缺失。

OECD的框架和评估模式对成员国具有重要借鉴作用，帮助政策制定者高效识别和评估政策对市场竞争的影响，避免损害市场效率和公平性的政策，提高政策制定质量。

第六节　中国式现代化语境下公平竞争政策
实施的具体路径

《推进国家治理体系和治理能力现代化决定若干重大问题的决定》是党的十九届四中全会通过的一项重要决定，旨在进一步完善和提升中国特色社会主义制度，推动国家治理体系和治理能力的现代化发展。其中，特别强调了"强化竞争政策基础地位，落实公平竞争审查制度，加强和改进反垄断和反不正当竞争执法"。这一决定的目的在于通过加强竞争政策，确保市场公平自由竞争，构建法治化、科学化的市场竞争秩序与制度，为经济改革和治理领域的发展奠定坚实的基础。在市场经济的运行中，公平竞争是确保市场有效运转、实现资源优化配置、推动经济持续增长的重要条件。通过实施公平竞争政策，可以防止市场垄断行为，保障中小企业和创新型企业的生存和发展空间，促进经济体系的多元化和健康发展。另外，落实公平竞争审查制度和加强反垄断、反不正当竞争执法也是该决定的重要内容。公平竞争审查制度的建立可以有效监测和评估市场竞争环境，及时发现并解决市场不正当竞争行为，维护公平竞争的基本秩序。同时，加强反垄断执法，防止垄断行为滋生，有利于促进市场竞争，保护消费者权益，维护经济稳定和社会公平正义。

这些措施的实施不仅有助于推进国家治理体系和治理能力的现代化，更为中国特色社会主义制度的完善和发展提供了坚实支撑。通过实施公平竞争政策，中国将更好地适应全球化、信息化、智能化的发展潮流，有利于提高治理效能和社会运行效率，推动经济持续健康发展。

一　落实与推进公平竞争政策的总体安排

（一）以加快建设现代化经济体系为公平竞争政策定位

党的十九届四中全会强调了公平竞争政策的重要性，旨在构建和谐的市场与政府关系，推动经济社会的可持续发展。市场经济的运作需要市场和政府相互配合，通过竞争政策协调二者作用，实现资源的高效配置与经济繁荣。公平竞争政策关键在于维护市场秩序，防止垄断和不正当竞争，增强市场活力和创新力，加速现代化经济体系建设和提高治理能力。

法治是市场经济运作的核心，确保市场主体遵守规则和维护市场秩序。社会主义市场经济的定位为"法治经济"，强调了法治在市场运作中的根本作用。实现法治化市场环境是优化公平竞争政策效用的关键，需要市场参与者遵守法律法规及市场道德标准，避免垄断和不正当竞争行为。

市场经济自身的局限性在于缺乏维护公平竞争的内在机制，特别是在竞争压力下，企业可能寻求垄断地位以排除竞争。因此，构建法治化的营商环境，保证供需在新经济条件下的平衡成为推动经济持续健康发展的关键任务。公平竞争政策和法治经济的结合，旨在保障市场和政府功能的互补，促进经济和社会的全面进步。维护公平竞争，不仅促进经济效率和创新，而且是实现现代化经济体系和高效治理的基石。

（二）以营造创新竞争的法治化营商环境为公平竞争政策定向

数字时代的到来，特别是 5G 技术和人工智能的应用，已深刻改变市场生产、经营和消费关系，推动了市场数字化进程。这一变革带来新挑战，如数据权属和权益分配问题。随着经济从高速增长转向高质量发展，构建统一的法治化市场营商环境成为必要，以应对制度性和非制度性交易成本。

创新对经济发展至关重要，但须避免过度保护创新导致的市场竞争扭曲。全球反垄断调查显示，维护公平竞争确有必要。公平竞争政策的执行应以法治为基础，平衡创新与竞争，推动治理现代化。为建设数字经济的法治化营商环境，须明确数据相关法律规范，加强数字市场监管，维护公平竞争原则。优化知识产权保护，防止权力滥用及市场垄断。建立市场竞争监测预警机制，加强国际合作，共应数字经济挑战，促进全球经济健康发展。总之，法治化营商环境的构建是推动数字经济健康发展的关键。

（三）以事前审查与事中事后监管相结合为公平竞争政策定则

公平竞争政策源于对当前经济态势的分析，强调市场与政府关系的优化和法治环境的建设，以促进经济发展和提高治理效能。在全球化和数字化背景下，市场竞争加剧，凸显了公平竞争政策的重要性。政府不仅应作为监管者，也应作为规则制定者和市场参与者，确保竞争的公平性和开放性。

实施公平竞争政策须通过公平竞争审查制度和反垄断执法来预防和纠正市场失衡，同时降低制度性成本，促进市场效率。政府应采取灵活策略，听取市场主体意见，针对经济多样性和复杂性制定适应性政策。

政府与市场主体应合作，共同营造有利于公平竞争的环境。市场主体应遵循诚信经营原则，参与构建公平竞争市场，而社会各界也应参与监督公平竞争政策的实施。综合来看，公平竞争政策是推动经济持续健康发展的关键，需要政府和市场主体共同努力来确保政策有效实施，实现经济和治理的现代化。

二　全面深入贯彻公平竞争政策的基础地位

（一）推动公平竞争政策法治化建设

《反垄断法》修订后，"强化竞争政策基础地位"在总则第 4 条的加入，使得《反垄断法》的竞争政策属性进一步彰显。在《反垄断法》如何保障和落实反垄断执法，特别是行政性垄断执法的问题上，应当强化反垄断执法机构开展行政性垄断执法的程序性保障，增加行政性垄断行为执法的可操作性和可落实性，同时也要在充实反垄断监管力量的基础上，进一步增强反垄断执法机构的权威性，以强化执法机构在针对大型企业和强势部门开展执法时的调查权。

在《反垄断法》修订后，第 5 条中规定的"国家建立健全公平竞争审查制度"增强了公平竞争审查制度的法定性。此外，我国《反垄断法》中对行政性垄断行为和公平竞争审查制度的审查标准均主要采取了列举式规定，这种规定方式对于快速打击各种明显的滥用行政权力排除、限制行为，尽快改善我国市场竞争的整体状况，不断拓宽市场竞争机制的作用范围，具有相当的合理性和优越性。

（二）统筹公平竞争政策与产业政策的协同发展

为统筹公平竞争政策与产业政策的协同发展，须强化竞争管理、审查、执法、评估与创新能力建设。

首先，应提升公平竞争政策的全面性、可操作性和透明度。依托国家市场监督管理总局统一制定和执行政策，并建立公平竞争审查联席会议等协调机构。加强区域协调机制，如实施区域反垄断执法试点，促进更大范围内的市场公平竞争。

其次，在竞争审查能力上，须分类细化审查标准，健全第三方独立评估机制，并拓宽公平审查对象范围。针对竞争执法，提高反垄断执法的精细化、专业化和信息化水平，确保执法的准确性和效率。

最后，竞争评估方面，应开展市场竞争状况的科学评估，建立社会智库竞争评价激励机制，并针对热点领域进行重点评估。推动公平竞争的制度设计，并深化国有企业改革，逐步规范各类补贴，确保竞争政策与产业政策的有效协同。

（三）优化竞争监管和行业监管的联动协调

随着中国经济转向高质量发展，建立统一高效的竞争监管机制显得尤为关键。目前的监管体系存在分散性，导致监管重叠或监管空白，影响效率和效果。因此，必须优化竞争监管与行业监管的协调，确保市场规则统一和公平。竞争监管应维护市场秩序和公平性，减少不当政治干预，而行业监管须针对行业特性制定监管措施，两者间应明确职能边界，实现互补。

对于建立统一高效的竞争监管机制而言，建立多层次协调机制是关键，包括强化竞争政策基础地位，建立跨部门联席会议，并借鉴国际成功模式进行政策评估和监管审查。解决竞争与行业监管的潜在冲突，通过设立专门协调机构如竞争事务协调员来调解实施中的矛盾。利用信息技术，如大数据和人工智能，优化监管联动，实现信息实时共享和市场异常行为的快速发现，提高监管的科学性和合理性。最终，通过明确职能、建立协调机制和技术创新，提升监管效能，推动公平竞争和经济健康发展，需要政府、监管机构和行业组织的共同努力。

（四）完善公平竞争政策实施激励机制

完善公平竞争政策实施激励机制须关注动机激励和能力激励。在动机激励方面，通过财政补助奖励那些有效实施公平竞争政策的机关，补助额应依政策实施效果而定，初始根据地区人口和经济水平确定，后续则依实施效果调整。在能力激励上，强调实务培训和建立自我审查机制，提高政策制定机关的竞争审查能力，特别是通过专业培训和经验分享来增强审查的精确性和有效性。

公平竞争审查制度的激励应提升审查质量，建议初步政策评估由地方行政机构完成，复杂案件交由反垄断监管机构深入评估。激励机制也应根据地区发展差异化设计，重视动机和能力激励的平衡，特别是在发展快速地区应注重动机激励，而发展缓慢地区则应加强能力激励。

除内部激励外，也应注重通过外部激励建立政策协调机制，减轻公平竞争政策实施压力，明确政策的适用边界和豁免标准。应确保只有影响市场主体经济活动的政策须接受公平竞争审查，同时为社会保障等公共利益目的的政策措施提供适当的豁免分析，确保其在追求社会利益时尽可能竞争友好。

（五）落实公平竞争政策责任追究制度

公平竞争政策实施中的责任追究机制须加强，以促进政策有效执行。

目前责任追究机制较为宽松，缺乏完备的制度和严格的责任必要性考证。应通过司法监督和保障反垄断行政执法，确保法律的严格执行，同时平衡行政裁量权和司法审查权。对政策实施机构的责任追究应强化，特别是对未进行公平竞争审查或违规制定政策的机构和人员，需要依法严肃处理，并加强对反垄断执法的司法规制。

责任追究机制也应关注监察机关监督和公益诉讼的作用，增强监督机制的有效性，并设置严格的责任制度。责任追究的主体应广泛覆盖，包括政策制定机关及其人员、反垄断执法机构、市场监管机构等，确立不同责任类型和承担方式。同时，应采用无过错责任原则，尤其对于干预市场竞争的行为，确保对公平竞争环境的保护。通过这些措施，构建一个多维度、有机的责任制度体系，有效规制行政性垄断，维护市场公平竞争。

三　夯实数字经济、民生等重点领域公平竞争政策实施举措

（一）完善竞争规则以提升实务可操作性

当前，部分公平竞争政策及规则的具体实施需要细化，其与行政性垄断的协调衔接不够流畅。对于类似《细则》审查标准中指代不明、抽象概括、专业程度高的表述，需要细致地进行完善，否则在实践中会阻碍公平竞争政策的有效落实。

数字经济等重点领域的相关立法需要进一步完善。例如在数字经济领域不正当竞争行为规制中，《反不正当竞争法》第 12 条作为互联网专项条款，是对互联网领域出现的新型不正当竞争纠纷作出的集中回应，但其尚未从行为特征的角度将其具体内容类型化。同时，部分公平竞争政策的效力位阶也需要得到提升。仍以公平竞争审查制度为例，虽公平竞争审查制度现已写入《反垄断法》，但其具体实施的依据目前仅是一份国务院的政策性文件，法律属性不足，效力位阶更是存在较为严重的缺失。另外，对于法律责任的规定缺失或畸轻，亟须进一步补强，避免出现各部门为了权力争夺各自为政，或为了规避责任相互推诿，造成效率低下、执法成本高、不利于执法资源优化配置等问题。

此外，竞争规则也需要对标高标准国际经贸规则。全面与进步跨太平

洋伙伴关系协定（CPTPP）的竞争政策、国有企业和指定垄断条款突出强调"非歧视待遇"理念，旨在营造公平竞争的市场环境。① 从实践看，中国现有公平竞争政策与 CPTPP 竞争政策和国有企业规则要求尚有差距，表现在反垄断法等竞争法律体系有待完善，竞争执法中尚未做到完全落实非歧视待遇和公平竞争审查，国有企业改革仍存在一定阻碍，履行透明度或国有企业信息披露承诺义务难度较大。

（二）推动科技监管以适应时代发展需要

随着公共管理和公众参与整合而成的公共治理模式的兴起，以去中心化为特色的网络技术提升了个人自主性，更加速了这一演变态势。由社会广泛参与的多元合作治理，成为现代政府治理模式的必需品，有助于"造就平衡秩序"。②

监管机构要充分运用好技术力量，借助大数据、人工智能和算法等先进技术来提高监管及执法工作的穿透性。采取多种手段、利用创新工具，对市场主体的限制竞争行为及不正当竞争行为进行综合判断和评估。在此基础上，推动企业数据与政府的共享可以极大提升政府基于数据挖掘的精准治理能力，成为提高政府监管效能的重要渠道。尤其是对于监管实践较为艰难的数字平台来说，政府可以通过技术联结授权和赋能于平台。在智慧监管理念下，实现监管机构的技术赋能，还易于实现衍生于技术基础上的信用监管等方式。

（三）指引企业合规以提升风险防范能力

主管部门需要充分发挥财政、税收、金融和荣誉奖励等制度工具作用，以落实反垄断合规激励机制为抓手，落实对反垄断合规开展的引领工作。其中的一大关键是将企业反垄断合规开展情况作为行政处罚的酌定情节予以考虑，这点是企业建立竞争合规机制尤其关心的。

政府和主管部门需要透彻宣传竞争合规必要性，以实际言行指引企业合规。在源头上，政府与主管机关须全面摸底新《反垄断法》实施以来我

---

① 参见刘向东《对接 CPTPP 完善中国竞争规则基础制度的建议》，《全球化》2022 年第 4 期。
② 参见张静《社会治理：组织、观念与方法》，商务印书馆，2019，第 105~150 页。

国各行业企业反垄断合规建设情况，依据不同企业的业务规模、平台功能、商业模式和主要风险来源完善反垄断合规建设的监管制度，主动对不同领域、行业和规模的平台企业开展类别化的反垄断合规风险评估。主管机关可逐级对行业协会和重点企业开展反垄断合规培训，可围绕"建设全国统一大市场""服务经济高质量发展"等主题，依托法律法规修订、各类政策宣传周、国家宪法日等重要时间节点，积极探索创新竞争倡导宣传方式方法，营造知法、懂法、守法、护法的良好氛围。

企业治理层、管理层须积极推动全体员工实践竞争合规。政府及有关部门应加强企业合规师培养及相关人员能力培训，加快监管机构、企业内部、第三方机构等竞争合规法律从业者的培养，帮助企业作出合理的评估。在企业完善合规风险定期动态评估体系过程中，须强调并引导企业加强合规经营过程中的自我保护。企业应根据业务状况、规模大小、行业特性等，建立符合自身特点的反垄断制度。

建立吹哨人举报制度是保障竞争合规有效运行的重要手段。顺畅的举报渠道、完善的举报人保护以及充分的举报人奖励是企业实现其预期效果需要满足的条件。

（四）基于竞争倡导试点建立竞争合规评级制度

近些年，多省市陆续发布竞争合规指引文件，合规指引体系涵盖了从中央级别的《经营者反垄断合规指引》到地方各辖区指引的探索。就目前的各级指引内容上看，都在上述提及的"竞争合规风险""竞争合规管理"等制度上有一般的框架性安排，甚至多数合规指引的文件结构设计具备高度的相似性。与之对应，竞争场景因其泛化规定，也自然在适用场景上进行了限缩，例如针对平台经营者和行业协会的合规管理指引。竞争合规作为反垄断建设的重要组成，其重要性和实际落实效果之间错配严重，现有竞争合规指引体系终囿于实操性而不为企业普遍接受、不为公众关注，无法推动公平竞争理念深入人心、培育和弘扬公平竞争文化。我国可通过渐进式试点并建立竞争合规评级制度来解决上述竞争倡导层面的落实困境。

我国在构筑合规评级标准时，应对行业独特性和推进渐进性予以格外关注。不同评价指标的企业在结果公示时应分开公示，满足大、中、小各规模企业的不同合规诉求，在评级标准中甚至可专设多项用以评价企业竞争合规是否符合自身行业特色、是否能够有效提炼本行业或者企业的竞争风险的指标，这样才能达到柔性合规规定细化入微地调整不同企业的初衷。国内的市场经济体量决定着评级任务需要最终过渡到市场化阶段，但短期由市场监管部门指定评级机构，让渡部分管理权赋予研究机构、行业协会等中间层组织，让它们承担初期评级工作，监管部门对这些中间层组织进行监督的过渡性安排确有必要。

四 完善公平竞争政策法治保障的配套体制机制

（一）协调部署竞争执法司法体制

在行业监管和竞争监管中，均不同程度地存在行政执法和司法的协调问题。这些问题尤其体现在反垄断案件中。反垄断行政执法后，有可能会引发行政诉讼和民事诉讼。在执法和司法衔接不畅的情况下，会产生行政执法认定为垄断行为而法院却判决不构成垄断的情况。要解决此类问题，执法及司法部门可通过案件移送、证据开示、鉴定结果互认、联合调查等机制加强沟通协调。

我国反垄断法实施缺乏公私协调机制，主要依赖行政主导模式。为了解决反垄断案件中法院与执法机构的冲突，我国需要建立信息披露和共享机制。这包括规定法院主动向执法机构查询案件受理情况等机制。我国应协调民事诉讼和行政执法机构的管辖权，并加强执法与司法机关的沟通，以提高办案效率和打破信息壁垒。

同时，需要完善法院与行政执法机构的监督、分责和配合制度。虽然我国反垄断法规定民事诉讼与行政执法并存，但实践中更多地运用行政执法方式处理反垄断案件。因此，为协调两者管辖权，需要明确各自的监督、分责和配合范围。

同时，民事诉讼与行政机构执法是两个独立的救济程序，法院和反垄断执行机构可能作出不同决定。反垄断案件复杂，需要专业审判人员审理。我国法院通过解释和管辖权获得更多反垄断案件处理范围。当法院作出与行政处罚决定不同的裁判结果时，应事先与反垄断执法机构研讨并听取意见，最后向其通报。当二者出现矛盾时，法院应尊重行政机关决定，独立行使司法权；若执法机构认为法院判决不合理，可申请参与民事诉讼。

（二）构建高质量发展下的政府考评体系

目前，我国已经将经济建设、文化建设和法治建设纳入领导政绩考核体系。为进一步推动公平竞争政策落实，可以将公平竞争政策落实情况作为领导政绩考核的经济建设指标之一，这样做可以有效防止地方政府过度关注本地 GDP 建设导致的本地保护主义现象的发生。

为了促进地方经济的健康发展和市场经济的有序运行，将公平竞争政策落实与地方领导的政绩考核相结合是必要的。对此，各级政府及其工作部门在制定规范性文件的审查与备案时，需要将公平竞争政策落实情况作为必要条件。在奖惩机制层面，将制度实施情况纳入政府及相关人员的绩效考核，与官员的任免升迁挂钩，形成约束机制与问责机制，根据落实制度的审查效率和质量情况对相关人员进行奖惩，优异者给予奖励与表彰，怠惰者予以惩处。建立奖励激励机制，对实施公平竞争制度成效明显的单位和个人予以表彰奖励，充分发挥示范带动引领作用，调动审查机关和审查人员的积极性，同时加大审查人员业务培训力度，提高其审查能力，进一步推动制度落地完善。

我国当前对于公平竞争政策的考评体系中，激励措施规定不足，主要关注监督举报机制。为确保制度完善，应加强建设激励机制，使其与监督制约机制相辅相成。为解决公平竞争政策落实自我及外部监督不足的问题，需要建立完善的保障体系。在公平竞争审查中，自我审查模式下难以解决能力不足问题，因此，需要构建激励机制。激励措施能激发内生主动性，提高效率，促进制度健康发展，对公平竞争政策落实具有积极影响。同时，监督机制需要与激励机制相匹配，以避免被监督者产生抵触情绪。

（三）推动竞争执法机构改革完善

竞争执法机构是根据国家法律法规设立的，负责处理竞争案件和事宜的组织。要实现竞争执法权的合理配置，科学持续推动竞争执法机构改革完善必不可少。为此，要建立与竞争政策基础地位相匹配的竞争执法机构，主要分为两个方面。一是成立独立的公平竞争和消费者权益保护机构，统一承担反垄断、反不正当竞争、消费者权益保护、中小企业保护等职能，并在人员编制、经费保障方面给予更大支持，同时赋予更强的跨部门协调能力。二是在全国人大或省级人大中赋予竞争执法机构特别咨询地位，使其在经济领域立法中有更大的话语权，体现竞争政策的基础地位。①竞争执法机构改革虽已施行，但进一步完善仍任重道远。虽然《反垄断法》建立的国家反垄断局目前难以发挥执行《反垄断法》的实质性作用，但是在当下存在多家竞争相关执法机构的情况下，国家反垄断局的协调作用日益重要，今后对其进行针对性改革存在完善空间与合理性。

---

① 参见李青《"十四五"时期强化竞争政策基础地位的几点思考》，《中国市场监管研究》2021 年第 7 期。

第二章 竞争政策在结构性改革中的
重要作用

2015 年 12 月，习近平总书记在中央经济工作会议中提出了"供给侧结构性改革"的概念，这一改革旨在从土地、资本、劳动力、科技创新、制度供给等要素出发，优化供给结构，提高供给体系质量和效率，进一步增强经济持续增长动力。公平竞争政策在结构性改革中发挥着重要作用，竞争是市场经济的灵魂，公平竞争政策是国家的一项基本经济政策，在市场经济中有着基础地位。公平竞争政策能够激发市场的活力与创新力，限制政府不当干预经济的行为，有利于中小企业的发展以及大中小企业之间的良性互动，有效降低市场壁垒；有利于全国统一大市场的形成，增强整个经济体的弹性和竞争力。

本章共分为五节，依据逻辑顺序对竞争政策在结构性改革中的重要作用进行了分析。第一节对供给侧结构性改革的重要作用，也就是为什么要进行供给侧结构性改革进行了说明，供给侧结构性改革的最终目的仍是优化市场调节效率，恢复市场经济活力，而我国当前供给侧管理面临着市场与政府双重失灵的结构性失衡问题。既然供给侧结构性改革的主要目的是恢复市场活力，那么就需要制定与执行有效的政策来实现这一目的，而这一政策则正是竞争政策。第二节主要对竞争政策在市场经济中的基础地位进行了论证，说明了竞争政策的重要性，竞争政策既可以弥补市场失灵，实现市场决定资源配置，也可以弥补政府失灵，完善宏观调控、优化产业政策，还可以推进国家治理能力与治理手段现代化。既然竞争政策在市场经济中具有如此重要的作用，那么旨在提升市场调节效率的供给侧结构性改革就必然要依靠竞争政策，因此第三节论述证明竞争政策是推进我国结构性改革的关键。竞争机制能否得到充分良好的发挥，关乎市场机制能否高效运行，关乎市场能否在资源配置中起决定性作用。当前我国市场经济中存在的许多问题都与竞争制度的不健全有关，而域外许多采取完善与严格的竞争政策的国家则取得了良好的市场反应，因此我国应当在结构性改革过程中坚持竞争政策的基础地位。本章第四节则论述了结构性改革中竞争政策实现的基本路向，即在结构性改革过程中如何贯彻落实竞争政策。在微观层面要保护竞争者，让市场竞争者充分发挥优化市场结构、促进市场有效竞争的作用；在中观层面则要"创造竞争"，即通过竞争法限制公权力对市场经济行为的不当干预，扩大市场机制作用的发挥；在宏观层面则要实现整体竞争，让市场经常通过完全而充分的竞争而焕发活力，就需要继续坚持市场在资源配置中的决定性作用，坚持竞争中立原则，激发微观经济活力，努力提升整体竞争力。

第一节 供给侧结构性改革的主要原因：市场和政府双重失灵

一 经济法框架下的分析起点：市场

（一）市场在资源配置中起决定性作用

中国改革开放四十余年的历程表明，正确处理好政府和市场的关系是经济体制改革成功的核心问题。经过多年的探索，2013 年党的十八届三中全会审议通过了《中共中央关于全面深化改革若干重大问题的决定》（以下简称《决定》），明确指出"要使市场在资源配置中起决定性作用和更好发挥政府作用"。这种市场决定资源配置的"市场决定论"，是中国经济发展中重大的理论突破，为后续的全面深化改革指明了方向。

对于市场调节和政府干预的关系思考，呈现出从两极思维到辩证思维的发展趋势。而至于两者孰轻孰重，中国改革开放之前那段实行高度集中计划经济体制的时代宣告了单一政府决定论的破产。越来越多的中国学者赞同市场在资源配置方面具有极大的优势，是政府不能取代的。20 世纪 70 年代末期开始的经济体制改革，便是朝着市场化的方向发展。1982 年党的十二大提出，要以"计划经济为主、市场调节为辅"。1987 年党的十三大提出，要"发展有计划的商品经济"。1992 年党的十四大提出，"中国经济体制改革的目标是建立社会主义市场经济体制"。1997 年党的十五大提出，要"使市场在国家宏观调控下对资源配置起基础性作用"。2013 年的《决定》则一锤定音，肯定了在资源配置中的"市场决定论"，将近些年的改革理念再往前推了一步，也奠定了后续改革的理论基础。

市场决定资源配置，与市场的形成和发展密切相关。市场就是商品交换的场所，随着生产力的发展，商品经济的范围越来越广，市场也就变得越来越大。在市场中形成的一些机制，就反过来影响着商品经济的发展，两者互相推动。具体讲，市场是通过市场机制即利益机制、供求—价格机制和竞争机制的共同作用而实现资源配置的。①

利益机制指市场主体的逐利性。经济学假设每一个市场参与者都是"理性经济人"，能根据市场的反馈合理安排自身的行为，从而实现自身利益的最大化。哪个领域有盈利的空间，就会有人跟进，就会有资源进入，在每一个个体的利益追求之下，社会资源的利用就能实现效率最大化。这也正是亚当·斯密所讲的，"用不着法律干涉，个人的利害关系与情欲，自然会引导人们把社会的资本，尽可能按照最适合于全社会利害关系的比例，分配到国内一切不同用途"②。所以可以说，利益机制是市场配置资源的基础和前提。

竞争机制是市场配置资源的重要动力。从根本上说，市场经济是一种自由竞争经济，自由竞争是市场经济的灵魂。③ 市场的开放性使得每一个市场参与者都能并且也是被迫展开竞争，在自由公平的环境中相互比拼，

---

① 参见梁睿《中国特色社会主义"资源配置市场决定论"解析》，《北方论丛》2015 年第 1 期。

② 亚当·斯密：《国民财富的性质和原因的研究》（下卷），郭大力、王亚南译，商务印书馆，1974，第 199 页。

③ 参见孙晋、李胜利《竞争法原论》，武汉大学出版社，2011，第 4 页。

优胜劣汰。为了赢得消费者的支持，为了在激烈的市场环境中生存下去，市场经营者们就必须改进自身的技术、服务、管理水平等诸多方面的要素。竞争机制使市场充满活力，资源流动性增强、利用率提高。大浪淘沙，自由公平的竞争对于有些参与者来说或许并不完美，但于整个经济发展而言居功甚伟。

于是，这时的市场就像一只"看不见的手"，在价格机制、供求机制和竞争机制的相互作用下，推动着生产者和消费者做出各自的最佳决策，[1]在宏观上决定着资源的配置。这也是市场调节机制在商品经济中发挥作用的方式。

（二）市场而非政府是经济法的逻辑起点

如前所述，市场在资源配置中起决定性作用，但市场存在缺陷，可能诱发市场失灵，为了规避风险、解决危机，在市场调节的机制之外还须引入国家调节机制。但是，市场固然不完全靠得住，国家就是可靠的吗？恩格斯说，国家是一种"从社会中产生但又自居于社会之上并且日益同社会相异化的力量"[2]。尤其是权力与经济一旦结合，便更易滋生无穷无尽的腐败。于是，与国家调节的三种方式相对应，确认和规范国家调节机制的法律主要包括以下三个方面：市场规制法，国家投资经营法，国家引导调控法，这便是经济法的三个体系构成。[3]

经济法作为国家调节社会经济的法律规范，其目的重在遵循市场基本规律，回应市场基本需求、规制国家经济管理权力，以保障社会公益。表面上看，国家实施调节市场的行为是政府主导型的，但实质上却是市场回应型的。只有在市场已经出了问题或者将要出问题的时候，政府才应该从幕后走向前台，出手对市场采取某种干预手段，回应市场的需要。亦即，当市场运行良好时，政府应该引而不发；当市场恢复原状时，政府应该及时退出。

---

[1] 参见张世贤《西方经济思想史》，经济管理出版社，2009，第 57 页。

[2] 《马克思恩格斯选集》第 4 卷，人民出版社，1995，第 170 页。

[3] 这种"市场三缺陷，国家调节三方式，经济法体系三构成"的逻辑体系即漆多俊教授著名的"三三理论"，参见漆多俊《经济法基础理论》，法律出版社，2017。

所以经济法的逻辑起点是市场，而非政府。在经济法的框架内，分析政府所采取的有关经济方面的举措都应该从市场出发，而不是从政府出发。市场是根本性的、第一位的，政府是辅助性的、第二位的，这与"使市场在资源配置中起决定性作用和更好发挥政府作用"的论断是一致的。强调和遵守经济法的逻辑起点是市场而非政府，在理论上坚持，在实践中落实，对于当下的中国来说尤其具有现实意义。

中国的市场经济不是自发形成的，而是在由计划经济向市场经济转轨过程中，在政府的培育下，逐步成长，从计划经济体制中逐渐剥离和滋蔓。在中国，市场经济是政府体制转型的内生变量，它在天然形态上并没有脱离政府而单独存在。① 中国的经济改革尽管已经走过了艰辛的 40 余年，但健康成熟的市场经济体制还未完全建立。王晓晔教授在 20 世纪就曾指出，行政垄断在我国的经济生活中是影响最大、危害最甚的限制竞争行为。② 2007 年颁布的《反垄断法》将行政性垄断作为一种重要的规制对象，规定行政机关和法律、法规授权的具有管理公共事务职能的组织不得滥用行政权力排除、限制竞争，这是中国经济法治的一大进步。然而时至今日，政府的经济权力依然强大，这仍然是我国市场经济的短板，行政性垄断行为难以断绝，地方经济保护主义、不公平对待市场经营者等行为仍然存在。可以说，中国市场经济在实然层面，离实现市场在资源配置中起决定性作用的目标尚存不小的差距。③ 过于重视政府对经济的行政干预，使政府积极介入市场，透露出将经济法当作是国家建构主义之下的政府主导型法的思想观念。基于对政府过度干预、不合理干预甚至脱法干预市场从而阻碍经济发展的担忧，国务院在 2016 年 6 月 1 日发布了《关于在市场体系中建立公平竞争审查制度的意见》，提出"规范政府有关行为，防止出台排除、限制竞争的政策措施，逐步清理废除妨碍全国统一市场和公平竞争

---

① 参见胡晓鹏《论市场经济的起源、功能与模式——兼论中国特色社会主义市场经济的本质》，《社会科学》2015 年第 7 期。

② 参见王晓晔《社会主义市场经济条件下的反垄断法》，《中国社会科学》1996 年第 1 期。

③ 参见孙晋《经济法视角下政府经济权力边界的审读——以政府职能转变为考察中心》，《武汉大学学报》（哲学社会科学版）2014 年第 2 期。

的规定和做法"。这是中央政府对市场需要的积极回应，也表明政府在逐渐转变思路，以市场为逻辑起点重构国家干预、优化产业政策的有关问题。

进一步讲，把市场而不是政府作为经济法的逻辑起点，更符合经济法的控权属性。20 世纪 70 年代末中国开始的经济改革，实质上就是一个控制权力的过程，[1] 使市场从政府的手中解放出来，划定政府权力的边界，规范政府权力的行使。我国现行法律已经展现了对政府经济权力的控制，但并不充分，比如《反垄断法》第 61 条规定："行政机关和法律、法规授权的具有管理公共事务职能的组织滥用行政权力，实施排除、限制竞争行为的，由上级机关责令改正；对直接负责的主管人员和其他直接责任人员依法给予处分。反垄断执法机构可以向有关上级机关提出依法处理的建议。"该条款关于实施行政垄断行为的机关和人员法律责任承担的规定，素来遭到学界的广泛批评，但仍然沿用至今，可见经济法的控权功能还有待进一步实现，充分发挥它的强制力。

市场作为经济法的逻辑起点，就要求在市场调节和国家调节的二元调节机制中，在政府和市场的双向关系中，抛弃单向度的政府主导型的经济法思维，更多地把经济法看作是一种市场回应型法。充分尊重市场在资源配置中的决定性作用，相信市场的自我矫正和自我修复功能，这也进一步要求经济法具有谦抑性。这种经济法的谦抑性、反垄断执法机构的谦抑执法，是"使市场在资源配置中起决定性作用和更好发挥政府的作用"的制度回应。[2]

总之，以市场作为经济法的逻辑起点，把市场当作经济法框架下的分析起点，既是"市场决定资源配置"的理论推导，也是应对当今中国经济发展现实所必不可少的理论支援。

二　供给侧经济管理的共性：以有效的市场调节为前提

（一）供给侧经济管理和结构性改革

在实际的经济发展过程中，随着全球经济环境的日新月异，经济形势

---

① 参见漆多俊《控权：通向法治之路的关键》，《经济社会体制比较》2006 年第 3 期。

② 参见孙晋《谦抑理念下互联网服务行业经营者集中救济调适》，《中国法学》2018 年第 6 期。

的变化多样，在解决产品与服务如何满足需求即消费的需求侧问题时，同样要考虑供给侧的问题，即"生产什么"和"如何生产"，尤其需要注意的是如何优化制度供给的问题。简单来说，需求侧主要强调"投资、消费、出口"三驾马车，决定了短期经济增长率。而供给侧则主要强调"劳动力、土地、资本、技术创新"等生产要素，在充分有效资源配置条件下，其实现的是长期潜在经济增长率。

因此，供给侧经济管理主要呈现出以下特征。第一，供给管理注重结构优化。从供给侧管理看，经济趋缓或下行是深层次的、长远性的结构性问题，产生这种结构性问题的原因在于低层次产能过剩产业过多、资源配置不合理，然而消费者的潜在需求却无穷无尽。结构优化包括产业结构、区域结构、市场结构、收入分配结构等的优化，以更好地实现社会总供求的结构平衡，为此需要采用协调配合的产业政策、区域政策、投资政策、消费政策、外贸政策等政策体系。第二，供给管理强调长期平衡。供给管理采取的相关调整政策的效应需要一定的时间去逐渐呈现。总供给水平取决于技术水平和可利用资源的规模，所有因素都具有长期发展的特点，因此，供给管理政策具有长期性，供给侧结构性改革亦是一个长期发展、逐步调整和完善的过程。第三，供给管理实行顺周期调节。一方面，通过增加供给管理的针对性和有效性，预调微调，熨平经济增长短期波动，保持宏观经济在合理区间顺利运行。另一方面，增强长期发展的有效供给能力，增强供给结构对需求结构的适应能力，增强微观经济主体活力，提高全要素生产率。第四，供给管理注意解决微观层面的问题。供给管理将经济发展归结于经济主体活力，关注微观市场。供给管理主张的减税，就是要减轻企业负担，促进企业创新，努力创造新供给。第五，供给管理重视增加制度供给。供给理论倾向于让市场机制的作用得以充分发挥。供给理论认为市场上的优胜劣汰是能够产生积极作用的，之所以经济萧条，主要原因在于产能过剩。而在经济萧条的过程中，有效的市场自由竞争能够挤出水分，淘汰落后者，带来结构上的调整、技术上的创新。然而，这种自由竞争的供给保障需要制度上的支持，这就体现了政府的任务和职能。

长期以来，我国经济宏观调控主要采取需求管理的工具和手段。依靠投资、消费和出口"三驾马车"的拉动，依托良好的国际和国内环境，我国经济保持了三十多年的高速增长。但是，自 2008 年世界金融危机以来，全球经济环境发生了重大变化。从外部环境看，世界经济总体增长乏力、复苏疲弱，国际大宗商品价格跌幅明显，经济低迷导致产能过剩。在世界经济"疲态"的背景下，我国贸易出口受到严重影响；消费对经济增长贡献率明显加大，但消费结构发生了明显的变化，社会主要矛盾也发生了根本性的转变，市场上大量低端产品出现过剩，而部分高端产品供给严重不足。可见，当前我国经济在总量上存在问题，但更加突出的是结构性的矛盾，以需求管理为主的国民经济管理方式已经不能很好地适应当前经济社会发展的需要。

在这样的背景下，2015 年 11 月，中央财经领导小组第十一次会议第一次提出"供给侧结构性改革"。同年 12 月，中央经济工作会议正式提出供给侧结构性改革，这也标志着我国的供给侧结构性改革正式拉开帷幕。在此之后，中央经济工作会议及政府工作报告、国家"十三五"发展规划、党的十九大报告等重要场合和文件多次提及供给侧结构性改革，供给侧结构性改革逐渐成为我国经济工作的主线，也成为经济社会各界热议和研究的话题。

政策实施多年，在具体工作实践上取得了一定成效，但经济社会发展中的问题并没有得到很好的解决，阻碍经济高质量发展的体制机制障碍并未完全消除，经济增长的内生动力并未被完全激发出来，经济结构的调整依然任重道远，民生等领域的短板还有不少，金融风险无时不在，实施供给侧结构性改革任务仍然很艰巨。特别是党的十九大后，中国特色社会主义进入新时代，我国经济迫切需要向高质量发展转变，继续深入推进供给侧结构性改革是我国当前和长期发展经济需要坚持的战略选择。同时，国内的学者专家对中国供给侧结构性改革进行了理论和实证方面的研究，关于理论的研究，大多数研究从西方供给学派思想出发，寻找其理论依据，此类研究不足以支撑起中国特色社会主义大背景下中国供给侧结构性改革的内涵和实质；关于实证研究，目前开展的研究较少，相关指标和模型的建立还比较少，难度较大。另外，目前就中国供给侧结构性改革某一方面的研究较多，系统性的研究较少。

事实上，从经济法的角度来说，供给侧的经济问题源于市场失灵的结构性危机，供给侧经济的有效管理应以有效的市场调节为前提。一方面，供给侧经济管理的前提是价格传导机制能有效发挥作用，而价格机制无疑建立在自由、公平竞争的基础之上，只有竞争机制正常作用，价格传导机制才能使要素端的资本、劳动力等生产要素由过剩的领域流向不足领域，最终实现资源的合理分配。另一方面，在有效的市场竞争环境中，生产要素可以实现自由流通，作为市场主体的各类企业也可以及时调整自己的产品和产量。

（二）市场失灵和国家调节

需要注意的是，强调市场的决定性作用不等同于认可市场万能论，市场在资源配置中起决定性作用，而不是唯一性作用。市场调节是市场经济本身具有的内在机制，市场调节机制也有其局限性，即市场缺陷。在特定的条件之下，原先较小的或者说被掩盖的市场缺陷会被放大，从而产生严重的市场失灵。市场失灵就是指在若干领域或情形下，市场机制失去其优化资源配置的作用并因而降低经济运行的效率。[①] 在经济发展中，市场失灵是需要极力去避免的；而一旦产生，就要用正确的手段去纠正它，使市场调节机制回归到能发挥良好作用的状态。要解决这个问题，那么首先，就要认识市场缺陷的类型。

国内外经济学界、法学界关于市场缺陷有多种并不完全相同的表述，漆多俊教授从它们的共性出发，从实践层面和理论层面一同观察，从造成市场失灵的原因着手，将市场缺陷主要归纳为下列三种：一是市场障碍，即在自由竞争的市场上总会存在着一些阻碍市场机制发挥作用的因素，使得在有些经济领域，市场机制不能进入发挥作用；二是由于市场主体具有唯利性，因而市场调节具有非理性因素，即有些领域民间投资不愿意进入，市场机制也不能发挥调节作用；三是市场调节具有被动性和滞后性，它是一种事后调节，通常会在造成严重的资源浪费和经济社会动荡衰退之

---

① 参见张守文《略论经济法的宗旨》，《中外法学》1994 年第 1 期。

后才缓慢恢复正常。[①]

1. 市场障碍

竞争是市场经济活力的源泉，但是市场的自由竞争和有序竞争并不是可持续的，市场障碍就常常表现为竞争出了问题时的竞争失范。竞争失范主要有两种情形：竞争不足和竞争无序。在经济的发展过程中，某些企业因为技术、资金、人才等优势获得比其他企业更大的成功，它们正是自由市场的获益者，是充分的竞争成就了它们。但在获取了某种市场支配地位之后，它们便有可能为了继续维持自己在市场中的优势地位，采取限制竞争的行为，比如与其他企业签订固定价格的垄断协议，或独自制定掠夺性定价排斥竞争对手，从而进一步扩大自己的垄断优势，获取非法利润，这时市场就会出现"竞争不足"。同时，在竞争非常激烈的市场环境中，也有可能会催生不正当竞争的行为，如冒用他人商标售卖商品或提供服务、恶意诋毁他人商誉、虚假商业宣传等，都造成"竞争无序"。小范围的不正当竞争行为或许还无法影响到整个市场的调节功能，但一旦波及开来，大范围、长时间的竞争无序就会引发整个经济结构的失衡。因此，竞争不足和竞争无序这两个方面的问题共同构成了市场本身固有的障碍。当然，国家公权力、社会和国际因素有时也会阻挠市场机制正常发挥作用，但这种因为外部原因形成的市场障碍不在此处所讨论的市场缺陷范围之内。

2. 市场主体唯利性

市场主体具有唯利性，这既是市场调节得以发挥作用的原因，又是可能导致市场调节失效的原因。经济人的理性通常是有限度的，也即受到"有限理性"的束缚，注重眼前的利益多于长远的利益，因此投资经营者们对于投资周期长、风险大的行业常常会踌躇再三，尤其是对于基础建设等公共产品的投资更是不敢进入。而且公共产品与服务极易产生"搭便车"的现象，这会限制私人资本进入的积极性。但有时这些行业的发展恰恰是关乎国计民生的，也可能是后续一些更高端产业想要得到发展、高端技术想要得到应用的基础。市场的调节机制并不能在这些市场经营者们不

[①] 参见漆多俊《经济法基础理论》，法律出版社，2017，第15页。

愿进入的领域内发挥作用，这种市场机制的唯利性限制了经济的均衡发展和深度发展。

3. 市场调节被动性与滞后性

市场调节还具有被动性和滞后性。市场的调节是针对已经发生的经济状况进行调节，是一个过程，这个过程有时很短，有时很长，但在瞬息万变的市场环境中，任何的时间耽误都是有巨大风险的。当大多数市场主体还来不及完成调整时，经济容易发生波动，尤其是在许多主体盲目调整的时候，甚至会引发结构性的经济危机。如由于市场信息不足，某些经营者产生判断失误，大量生产商品，以致供过于求，产品积压，最终面临破产，这又会进一步影响市场的供求关系和市场结构，可能会产生经济震荡。

以上市场本身所具有的"三缺陷"，说明光有市场调节是不够的。为了应对市场失灵的问题，还需要引入另外一种调节机制，这便是国家调节。

与包含市场障碍、市场主体唯利性及市场调节的被动性和滞后性这三个方面的市场缺陷相对应，国家调节也包含三种基本方式：国家对市场竞争强行干预和规制，国家直接参与投资经营，国家对市场引导约束。在三者的综合作用下，协调推动市场经济的发展。

三 我国供给侧问题的特殊性：市场和政府双重失灵导致的结构性失衡

市场虽然是目前人类社会资源配置最为有效的手段，但是市场失灵的存在使得人们认识到市场自身存在着不可克服的缺陷。供给侧管理以有效的市场调节为基础，这一点无论是国内还是国外、理论抑或实践都已反复印证，中国在进行供给侧经济管理时也必须遵循这一前提。[①] 但是，我国在供给侧方面出现的问题与西方主要国家曾经大规模出现的经济危机不同，其呈现出了现实国情下的特殊性，即政府与市场出现双重失灵，这也是我国在现阶段提出供给侧结构性改革的原因。双重失灵的出现导致原先

---

① 参见孙晋、钟原《我国供给侧结构性改革的经济法思考——以漆多俊先生国家调节理论为中心展开》，载《经济法论丛》2017 年第 2 期，社会科学文献出版社，2017，第 5~8 页。

任何一种只针对市场失灵抑或政府失灵的改革手段都无法全面化解我国此次面临的供给侧问题。我们需要在弄清我国供给侧的特殊症结的情况下，找出真正的病因，才能对症下药。

（一）我国供给侧结构性改革的本质症结

中国经济所面临的问题与当年西方进行的供给侧改革症结不同，照搬照套西方供给理论无益于问题解决。西方供给侧经济学理论大致包括以下几类：一是以萨伊定律为核心的新古典理论；二是以传统供给经济学为内核的新供给经济学；三是以发展经济学为核心的各类结构主义；四是以保守主义、货币主义以及供给主义为核心的里根经济学和撒切尔主义；五是以华盛顿共识为核心的新自由主义结构性改革理论；六是以产权理论和制度创新理论为核心的新制度主义。但是，这些理论未能识别出我国供给侧结构性改革的深层因素是政庶失灵与市场失灵的双重叠加，都不能成为中国供给侧结构性改革的理论基础和工具箱。[①]

从表象上来看，当前中国面临的问题与当年西方国家相似，比如经济增速下滑、国有企业效益下降、宏观调控效果欠佳等。但是，我国面临的问题背后的内在机理与西方国家完全不一样，深入研究这些理论，可以发现它们存在共同的问题和困境。西方经济学将供给侧结构性改革进行简单分拆，将"供给侧"等同于供给经济学，"结构性"等同于结构主义，"改革"等同于制度主义。这种简单化、表象化的理论解读具有很强的误导性，容易使公众认为中国供给侧结构性改革等于简单的减税、简单的私有化和市场化或者简单的政府管制或计划。事实上，这些简单化的政策主张都没有抓住中国供给侧结构性改革的核心问题——政府干预与市场失灵，甚至与之南辕北辙。[②] 我国供给侧结构性改革最明显的特殊性在于伴随市场失灵的，是长期以来政府对经济的过度和不当干预，以产业政策而非竞争政策作为基础性经济政策正是该特征的体现。

在我国，由于市场机制未能发挥应有的作用，缺乏竞争，产业政策对

---

① 参见刘元春《论供给侧结构性改革的理论基础》，《人民日报》2016年2月25日，第7版。
② 参见刘元春《论供给侧结构性改革的理论基础》，《人民日报》2016年2月25日，第7版。

特定产业以及企业的扶植并没有实现预期目标，产业结构不合理的问题仍待解决。① 最为典型的例证便是近年来光伏产业的发展，我国光伏产业在中央政府 2010 年"四万亿元巨量投资"前后经历了超高速的扩张阶段，但这种扩张是建立在太阳能屋顶计划、金太阳示范工程、上网电价补贴政策等政府产业政策之上的。也正是因为过度依赖政府政策性补贴，光伏产业面临体制扭曲，② 从而很快在 2011 年之后出现了发展困境，库存压力大幅增加，产能过剩情况非常严重。因此，就我国现阶段的国情来看，供给侧方面的问题尽管集中体现为供给与需求的结构性扭曲，或者说是供给与需求的脱节，但造成这些问题的根本原因是政府对经济的过度干预以及市场机制没有得到有效的发挥，即出现了市场和政府的双重失灵。

在这一背景下，我国学者在分析政府与市场的关系问题时，需要改变重视市场失灵而忽视政府失灵的局面，③ 简单地复制西方供给侧改革的那些措施，很难见效。必须清晰地看到，中国目前面临的问题的根源不仅仅是市场失灵或政府职能转变不到位，更是二者在不同层次的多元叠加。不能把供给侧结构性改革归结为以"市场化+私有化+自由化"为核心的新古典思潮，也不能归结为以"整体主义+政府干预+部分计划化"为核心的左派结构主义。因此，有效之策不是简单地利用政府干预甚至计划模式来取代市场以治理市场失灵，也不是以彻底的市场化来替代政府，而是针对政府与市场双重失灵的现象采用不同工具进行综合治理。

（二）我国供给侧结构性改革中的政府失灵现象

资本主义国家曾长期坚守政府在经济活动中的守夜人角色，使得市场在经济危机初期陷入无秩序的混乱，无法满足一国经济良好运作的需要。仅靠市场的力量无法解决公共物品、外部性、垄断和信息不对称等问题，在市场失灵的情形下引入政府的力量进行干预成为解决问题的必由之路。二战后西方国家广泛采取凯恩斯主义干预政策，的确在一定程度上纠正了

---

① 参见徐士英《竞争政策研究——国际比较与中国选择》，法律出版社，2013，第 26 页。
② 参见江飞涛、曹建海《市场失灵还是体制扭曲——重复建设形成机理研究中的争论、缺陷与新进展》，《中国工业经济》2009 年第 1 期。
③ 参见李东方《政府失灵的原因及其治理探析》，《昆明学院学报》2010 年第 1 期。

市场失灵，国家干预政策从此成了西方国家重要经济政策，用来克服市场失灵，恢复市场的功能，实现社会福利最大化。

我们国家由于历史和体制的惯性，在面对供给侧市场失灵的过程中更为重视政府对经济的调节作用。随着中央对供给侧结构性改革的思想体系逐步完善，我国各部门、各地方陆续出台了供给侧结构性改革实施方案，试图通过政府调节引导市场恢复供需平衡。市场失灵和市场不完善导致了对政府干预的需求，但是，政府失灵同样会因为政府行为的缺陷导致资源配置无法达到最优。长期的政府干预路径依赖导致实际改革过程中出现很多政府失灵的现象，以政府行政命令代替市场机制的运作，违背市场经济规律，使资源的错配更为严重。在某些情况下市场失灵可能是短期的，如经济的短期波动，但政府失灵却可能是一种常态现象，造成的影响可能是长期的，并有自稳固和不断加强的特点，在缺乏公众监督的情况下，政府失灵带来的成本可能远远超过市场失灵的损失。供给侧结构性改革，就是生产端改革，生产端是我国政府传统上干预经济最多的地方，因此也出现了大量的政府失灵，在政府经济职能上主要表现为越位、缺位和错位。[①]

1. 政府经济职能的越位

按照公共选择学派的观点，政府是由人组成的，政府本身也具有经济人的属性。政府出于政治利益、经济利益和官僚利益的考虑，经常以政府垄断来代替市场运行，控制公共资源，而不是纠正市场失灵和改善市场运行，而且政府垄断一旦形成，就很难退出，给经济带来更长远的负面影响。此外，对政府的经济行为一般没有相应规则来约束，政府决策的失误常常导致资源配置进一步扭曲，而决策失误所造成的后果往往由社会公众承担。[②] 实践证明，在所有可以由市场进行资源配置的领域，私人部门都可以迅速高效地提供相应的产品和服务，甚至一些准公共物品也可以由私人部门去运作，而且效率更高、成本更低、效果更好，政府的许多经济职能都超过了应有的界限。在当前的供给侧结构性改革中，钢铁、水泥、煤

---

① 参见李由《发展需求与政府供给——兼论供给侧改革》，《人民论坛》2015 年第 35 期。

② 参见夏永祥《公共选择理论中的政府行为分析与新思考》，《国外社会科学》2009 年第 3 期。

炭、房地产等行业过剩的产能和库存就与前些年政府的过度干预有关，造成大量的无效供给，占用了有效供给的资源。在我国当前供给侧结构性改革中，部分政府在该放手的地方没放手，造成了产能过剩和高库存的结果。在政府过度干预的领域也更容易出现权力寻租、行政成本高昂、政府机构扩张、公共服务效率低下、贿赂行为丛生、资源配置扭曲等问题。

2. 政府经济职能的缺位

我国当前的供给侧结构性矛盾的出现，有经济周期波动的原因，有各级政府对经济过度干预和不当干预的原因，也有国企改革不彻底等体制性因素，但还有一个重要的原因是政府经济职能的缺位。政府职能的缺位既可能是事实的缺位，也可能是效果的缺位。公共选择学派的布坎南认为政府将太多精力放在了收入分配均等的收入调整政策上，而没有尽力避免市场失灵，政府的放任形成了产生市场失灵的环境，政府的主要工作应是避免市场失灵，而不是事后对市场进行修补和纠正。经济危机的频繁爆发，也表明政府并未很好地履行自己的职责，产能过剩、"僵尸企业"、高端产业的缺乏等就是政府职能缺失的标识，如果政府能够完全实现自己的监管职责，现在也不需要通过改革去产能、去库存、去杠杆。去产能、去库存、去杠杆等仅仅是治标，其实治标往往较容易，治本却很难，治标不治本很难解决实际问题，以致问题越积越重，引发深层危机。当前供给侧结构性改革的关键是政府对经济运行的管理模式需要改变，其中最重要的是要制度创新，弥补原来的制度缺失，从根本上改变政府与市场的互动模式，避免在市场失灵的同时再出现政府失灵，导致资源配置的更大扭曲。此外，政府职能缺位造成的环境污染、资源耗竭、贫富差距扩大、食品质量危机、社会信用危机等一系列严重的社会经济问题，给经济和社会带来巨大的成本和损失。[1]

3. 政府经济职能的错位

很多国家都存在政府经济职能的错位，在该管好的领域没有管好，政府部门滥用职权，一些政府认为管理经济就是扩大政府支出，导致低效干

---

① 参见陈奇斌《供给侧结构性改革中的政府与市场》,《学术研究》2016 年第 6 期。

预、无效干预，造成资源配置的损失。受到决策条件和政治周期影响，政府的一些经济政策往往侧重于短期效果，因为短期政策更容易看到成效，政府很少从可持续性的长远角度考虑问题，因此造成经济中的严重问题，如政府债务远远高于警戒线，资源环境的耗竭与破坏，养老和医疗体系中的大量超前负债等，短视政策总是得过且过，一旦问题积累到了经济无法承受时就会演变成经济危机，解决危机的对策可能会进一步扭曲资源配置，最终让社会公众承担损失。此外，政府的错位行为还包括违法设定行政许可、随意设定市场准入、干预司法、对个别利益集团实行政策倾斜、破坏竞争环境等。政府经济职能错位会为社会经济带来高成本，这种成本包括行政运行成本高昂、公众税收负担沉重、福利损失、低效率、丧失公平、资源配置扭曲、被利益集团左右、与各类特权相关的租金等。房地产市场也是资源配置严重错位的领域之一，在政府的干预下泡沫化和高库存并存，形成奇特的土地财政现象。

（三）我国供给侧结构性改革中政府失灵的原因

政府不是万能的，国家调节也有种种风险，调节不当也会发生失灵现象，此即人们所谓的"政府失灵"。一方面，国家长期远离社会经济生活，对于经济状况并不熟悉。因为国家调节是一种新的职能活动，对于如何有效调节缺乏经验，容易发生违背客观经济规律，把社会经济结构和运行搅乱的局面。另一方面，国家乃是权力中心，权力如不加制约，容易随意扩张。特别是权力与经济的结合，容易产生腐败和侵犯民众正当的经济权益。权力部门中有些人除为了经济利益外，还为了自己官场升迁，往往贪大喜功，滥用权力干预经济；或虚报浮夸，提供和发布虚假的经济信息。这些也都会给社会经济正常运行造成损害，甚至可以引发灾难性后果。[①]关于"政府失灵"的原因，可从以下几个方面分析。

第一，从权力模式上看，政府配置资源的模式是一种集权模式。在政府完全掌控资源配置权力的情况下，要实现资源优化配置，就要求政府是一个全能政府，而全能政府本身就是不可能实现的。因此，集权模式配置

---

① 参见漆多俊《经济法学》，高等教育出版社，2014，第10~11页。

资源的效率是比较低的。而市场配置资源的模式是一种分权模式。企业和个人拥有决策自主权，其积极性、主动性、创造性被彻底释放出来。他们根据价格信号以及自身的生产和消费条件，按照利益最大化原则作出最优选择，从而使资源处于合理的配置状态。

第二，从调节手段上看，政府调节经济、配置资源的手段主要是法律手段、行政手段和经济手段。法律手段和行政手段具有强制性、一刀切的特点，无法顾及经济个体的差异，从而影响资源配置效率。即使是经济手段如税收、利率等虽然与法律手段和行政手段相比有较大的灵活性，但仍不能完全摆脱一刀切的局限。市场配置资源的手段主要是价格机制、供求机制和竞争机制。在市场机制调节下，市场主体可以根据自身情况和外部条件，自由作出最有利于自己的选择，实现个体资源的优化配置，同时，社会整体资源配置也能取得较好的效果。

第三，在信息水平方面，在政府配置资源时，信息来源于基层，而决策权则集中于政府特别是中央政府。经济规模越大，经济联系就越复杂，政府掌握充分信息的难度也就越大。加之，基层传上来的种种信息都要经过层层筛选、过滤和整理，其层次和环节越多，信息失真的可能性就越大。因此，政府很难掌握充分信息来作出资源优化配置的正确决策。在市场配置资源时，信息传递具有直接性、及时性和准确性的特点。市场中的生产者和消费者虽然彼此不一定熟悉，但是他们的供求状况可以通过市场价格反映出来，价格信号能够为市场主体的经济行为提供准确的信息指引。①

第四，就决策效率而言，效率的差异主要是由于政府和市场在决策方面存在以下两个差异。一是预算约束不同。在市场经济中，一个企业的支出要受其收入的制约，若其收不抵支，就要倒闭、破产。在此硬预算约束下，企业必须精打细算、提高效率、降低成本。但对政府来说并不存在这个问题。政府是一个非经营性机构其收入来源于税收，支出则用于公共开支等，其预算约束是软的。这样一来，政府也就缺乏提高效率、降低成本的动力。在政府活动中同样的产出往往要用更多的资源。二是时滞不同。

---

① 参见李含琳《论经济运行中的第三种调节形式》，《江汉论坛》1996 年第 6 期。

政府作出一项决策要比私人部门决策慢得多，存在认识时滞、决策时滞、执行与生效时滞等各种问题。由于存在上述时滞，有时某一政策已经作出但尚未真正起作用，情况已发生了变化，政策已经失效。而私人部门的决策相对简单直接，时滞较短，效率较高。①

第五，从利益取向出发，政府调节活动存在双重利益取向。一方面，政府作为社会公共机构，其经济调节活动的目标是公共利益最大化。另一方面，政府经济职能是通过政府工作人员来履行的，而往往有其自身利益，且与公共利益并不总是一致。在市场调节下，市场机制和市场主体只有一个共同目标，即实现市场主体利益最大化，或者说，市场机制其实只是市场主体实现自身利益最大化的一种有效手段。因此市场的效率目标更容易实现。②

政府调控存在的上述困境表明，政府在对经济活动进行干预的过程中也往往会出现失效的情况，导致实际的效果与最初的想法背道而驰。在以效率为目标的一般竞争性领域，政府的局限使它不能有效发挥资源优化配置的作用，即所谓政府失灵。在这些领域，要提高资源配置效率实现发展生产力、推动经济增长的目标，就必须充分发挥市场配置资源的作用。

第二节 竞争政策在市场经济中的基础地位

一 竞争政策基础地位的基本内涵

（一）历史沿革与时代要求

改革开放后中国经济迎来转型期，为了在计划经济逐步退出的同时保证政府在资源配置中的主导作用和更好地管理产业发展，我国于 20 世纪 80 年代引入了产业政策这一概念，不但帮助我国完成了计划经济的转型，更加速推进了我国工业化进程，促进经济快速增长、实现经济赶超。时至今日，我国的产业政策已经形成了一个庞大复杂的、动态化的政策体系，

---

① 参见陈秀山《政府失灵及其矫正》，《经济学家》1998 年第 1 期。
② 参见俞宪忠《市场失灵与政府失灵》，《学术论坛》2004 年第 6 期。

政府通过税收、补贴、市场准入等手段直接或间接地扶持、保护某个产业发展的同时，通过法规、决议等方式限制某个领域的发展。这个庞大的产业政策体系往往倾向于通过税收优惠、出口补贴、设置市场准入门槛等保护国企和大型民企、龙头企业，防止过度竞争带来伤害，扶持国内新兴产业，打开市场并对抗市场中的外资企业。但是，在四十多年经济转型期中，在计划经济强大制度惯性和市场体制本身发展不充分不平衡的双重影响下，政府过度干预、不合理干预和脱法干预比较严重，且经常产生产业政策施行的结果与其设计初衷相悖的情况，这些干预所依据的产业政策和宏观调控举措便成为阻碍各行业、各地区深化市场化改革的重大制度障碍，并成为我国经济转型"最后一公里"的桎梏。

党的十八届三中全会审议通过的《中共中央关于全面深化改革若干重大问题的决定》指出，经济体制改革是全面深化改革的重点，核心问题是处理好政府和市场的关系，使市场在资源配置中起决定性作用和更好发挥政府作用。而党的十九大报告指出我国经济已由高速增长阶段转向高质量发展阶段，同时强调，使市场在资源配置中起决定性作用，更好发挥政府作用。经济的高质量发展阶段要求我们推动形成经济发展的新动力，而新兴产业的发展方向和技术创新并不像传统产业那样易于预测，我们不再需要一家独大、限制竞争、垄断资源实现后发赶超，而需要百家争鸣、技术创新来驱动发展，需要营造更公平的市场竞争环境。

竞争政策基础地位由"竞争政策"本身和该政策在国家所有经济政策乃至社会政策中的"地位和作用"两部分组成。其基本内涵为，第一，竞争政策。一般包括竞争法律法规、有关竞争的规范性文件、竞争执法司法以及竞争倡导举措等以及它们相互之间的关联关系与共振效果；[1] 第二，基础地位。这表明一国对竞争政策的认识和态度，意味着竞争政策在一个国家的各类经济政策体系中居于基础性和前置性地位——"基础"说明任何经济政策的制定实施都要以竞争政策为衡量标准，在竞争政策基础上制

---

[1] 参见孙晋《新时代确立竞争政策基础性地位的现实意义及其法律实现——兼议〈反垄断法〉的修改》，《政法论坛》2019 年第 2 期。

定和实施，实施中发现有违竞争应得矫正；"前置"说明任何经济政策在制定过程中原则上不经竞争评估不得出台实施。

（二）竞争政策

近年来，竞争政策这个词越来越经常地出现在 WTO、OECD 等国际经济组织中，对于正在建立和完善市场经济体制的国家来说，正确理解和制定竞争政策尤为重要。竞争政策是市场经济条件下一个国家为了保护和促进市场竞争而制定的一项基本经济政策。这个定义首先是建立在市场经济条件下的，在非市场经济条件下竞争政策也无从谈起，因为市场经济是一种竞争性经济，竞争是市场经济的灵魂①。之所以说竞争政策是国家的一项基本经济政策，是因为在市场经济条件下竞争的自发、无序，造成了市场的自发性、盲目性和滞后性，所以必须用政策去引导和规范竞争和维护市场秩序。认识竞争政策的含义必须将其区分于竞争法，竞争政策的含义比竞争法要宽泛得多。竞争政策不仅仅限于处理市场竞争或市场竞争之过程的法律条文，其是指建立和维护市场竞争秩序、促进市场开放与自由竞争从而保护市场机制有效运转、保障市场竞争不被政府干预经济的行为所扭曲的一系列法律法规、政策与调整竞争行为的措施。

竞争政策主要从两个角度来维护市场竞争秩序，第一是鼓励良性竞争，它要求改变产业政策在市场准入、生产额度、经营税收、贸易补贴等方面的倾斜性保护和限制，通过保护公平竞争的政策赋予企业平等的竞争环境；第二是限制不当竞争，针对在市场竞争中可能出现的垄断、不正当竞争行为，竞争政策使扭曲的竞争回到公平公正的竞争秩序中来。竞争政策是一个国家根据其经济条件、市场结构和国际市场的竞争态势制定的，其目的是通过保护市场机制的有效运转，让市场在资源配置中更好发挥其决定性作用，从而使资源配置更加有效，实现国家的总体竞争力和社会福利最大化。

（三）竞争政策基础地位

首先，确立竞争政策基础地位是完善社会主义市场经济的必然要求。

---

① 　参见吴汉洪、安劲萍《经济全球化下的竞争和竞争政策》，《湖北经济学院学报》2006 年
第 1 期。

坚持社会主义市场经济改革方向，不仅是经济体制改革的基本遵循，也是全面深化改革的重要依托①。自党的十八届三中全会开创性地提出"建设统一开放、竞争有序的市场体系，是使市场在资源配置中起决定性作用的基础"以来，"市场决定资源配置"就被作为国家重大经济战略摆在首要位置。

市场配置资源的核心就是公平竞争，通过公平竞争实现资源有效配置和企业优胜劣汰。2016年，中央全面深化改革领导小组第二十三次会议提出要确立竞争政策的基础性地位，同年国务院印发《关于在市场体系建设中建立公平竞争审查制度的意见》，2018年12月21日结束的中央经济工作会议提出"强化竞争政策的基础性地位，创造公平竞争的制度环境"措施，是中央首次明确"竞争政策的基础性地位"。党的十九大报告重申"使市场在资源配置中起决定性作用"，要通过市场竞争实现优胜劣汰，通过竞争政策打造良好竞争环境、确立市场竞争的主体地位、促进企业间公平竞争，更加说明了竞争政策基础地位。

应该如何理解竞争政策基础地位呢？竞争政策在经济政策体系中的基础地位，就是用竞争政策来统领和协调其他各项经济政策及法律法规，法律法规、政府条例以及其他经济政策都要建立在竞争政策的基础之上。而把这个"基础"放到资源配置的过程中，就可以理解竞争政策在资源配置中起到的基础性作用。在资源配置中，产业政策、监管政策、贸易政策及宏观调控政策都要服从并遵循竞争政策。在第一次资源配置前，经济法律制度需要划分权利界定，通过市场准入政策将市场分为竞争领域与非竞争领域，依据负面清单对不属于关系国家安全和国民经济命脉的重要行业和关键领域原则上由市场自主配置资源。而市场准入政策就是以竞争政策为基础，服务竞争政策的，它规范了行业领域的进入与退出，进一步降低了市场准入的门槛，有助于保证竞争领域市场的可竞争性。

而最重要的无非是产业政策与竞争政策的关系，竞争政策的基础地位意味着，产业政策必须服从于竞争政策并与竞争政策保持一致。在过去的

---

① 参见国务院发展研究中心企业研究所课题组《进一步落实竞争政策的基础性地位》，《经济日报》，2019年1月30日，第12版。

很长一段时间内，我国产业政策都是优先于竞争政策的，政府的产业政策往往赋予特定产业、特定企业一定程度上的特权、优惠，而歧视甚至限制其他产业、企业。这种产业政策在包括我国在内的很多国家都对生产力的发展产生过积极的效应，例如政府对某些关键产业的基础科学研究的支持，鼓励了该领域的科技创新，在对产业发展有确定预期的情况下增强了产业发展的动力。又如政府对某些发展前景好的、关键产业的核心企业实行补贴政策，也会在短时间内增强该产业或特定企业的发展动力，例如1967 年英国、法国和德国政府联手对"空中客车"公司的科创研发进行补贴，短时间大大促进了"空中客车"公司的发展，使全球民用航空业的产业结构得到了改善，从波音公司独家垄断变成了波音公司与"空中客车"双足鼎立的情况。可是当经济发展到一定阶段或经济发展的国际环境发生较大变化时，产业政策对竞争的抑制作用和负面影响就会逐渐显露出来①。在产业政策下，某个行业可能因政府的扶持使得产值或销售额短时间内得到提高，但因竞争环境的损害，抑制了市场竞争主体的内在创新动力，损害了产业长远的可持续性发展前景，而这样的损失是远远大于产业政策短时间内所带来的红利的。

竞争政策的基础地位要求产业政策只能起到"辅助性作用"，市场能做的政府就不要去做，不利用产业政策与民争利。这意味着，即使要推行产业政策，也应当奉行竞争优先的原则，即产业政策只能是例外，而不能成为常规。政府出台的经济政策首先要保护的是竞争秩序，而不是保护特定的竞争者。竞争政策的基础地位对政府出台产业政策的出发点要求是，政府出于对某个产业扶持而推行产业政策，必须是因为市场中竞争秩序损坏所以该产业竞争不足。比如新能源汽车产业，因其高投入、回报期长而被特斯拉这种资本结构上高杠杆的公司凭借雄厚的研发资本快速占领市场，而传统车企因重资产结构、无充足科研经费等原因对新能源汽车市场望而却步，造成该产业竞争不足，此时政府为了挽救该产业市场竞争不

---

① 参见杨光普、魏加宁《深化对竞争政策基础性地位的认识》，《经济日报》，2019 年 2 月20 日，第 12 版。

足、容易形成垄断的局面方可研究出台产业政策，而不是因为某些汽车企业因对该新兴产业垄断利润的追求而游说政府，出台产业政策限制其他企业，不论它们是不是已经取得垄断地位，更不能是因为政府官员想谋求私利，或是当地政府想通过扶持某个企业在短期内获得更多的税收。

竞争政策的基础地位同时要求产业政策的调整对象必须具有普遍性。我国现行新能源汽车补贴制度就存在这样的政策桎梏，新能源汽车首先要通过审批登上每月发布的新能源汽车名录，才可以获得获取新能源购车补贴的资格。而新能源汽车名录的标准制定，恰是由政府召集几个特定的新能源车企代表该行业协会商讨制定的。产业政策中这样的做法实际上方便了大企业建立垄断优势、攫取垄断利润，而扼杀了该产业市场份额小但发展前景好的小企业，损坏了竞争秩序。

我国在竞争政策基础地位的指导下有几个重要政策，在市场准入方面，我国现行的市场准入负面清单管理制度，是指国务院以清单方式明确列出在中华人民共和国境内禁止和限制投资经营的行业、领域、业务等，各级政府依法采取相应管理措施的一系列制度安排。市场准入负面清单以外的行业、领域、业务等，各类市场主体皆可依法平等进入。① 而公平竞争审查制度作为竞争政策实现的保障工具，则将视角放在具体政策措施上，防止出台排除、限制竞争的政策措施，逐步清理废除妨碍全国统一市场和公平竞争的规定和做法，防止政府部门出台妨碍市场竞争的政策，从源头避免了行政性垄断的产生，避免了政府对市场的干预妨碍良好的市场竞争。②

二 竞争政策基础地位的基本表现

（一）有助于弥补市场失灵：实现"市场决定资源配置"

党的十八届三中全会提出，让市场在资源配置方面起决定性作用，党

---

① 《国务院关于实行市场准入负面清单制度的意见》，国发〔2015〕55 号，2015 年 10 月 19 日。
② 参见孙晋《新时代确立竞争政策基础性地位的现实意义及其法律实现——兼议〈反垄断法〉的修改》，《政法论坛》2019 年第 2 期。

的十八届四中全会提出，"依法治国"作为提高国家治理能力核心的背景下，政府对市场的任何介入干预都应于法有据。那竞争政策的基础地位是怎么帮助市场在资源配置中起决定性作用的呢？

要了解什么是市场决定资源配置，首先需要明晰市场、资源与资源配置的概念。市场的经济学定义是商品交换关系的总和，而经济学语境下的资源指生产过程中的投入。那么什么是资源配置呢？经济学语境下的资源配置是指，由于资源的稀缺性，为了实现不同的社会目标，达到最优利用资源，充分发挥资源的创造价值和效能，并通过特定的方式把有限的资源合理运用到社会的各个领域中去，以最小的成本获取最佳的效益。也就是说，"市场决定资源配置"指庞大市场中需求与供给不断变化的商品交换关系灵敏地反映在价格上，从而把有限的生产过程中的投入更有效益地运用到领域、行业、地区或企业中去，此过程在资源的流动中须起到决定性作用。除了量价反向变动的价格机制外，市场还通过公平竞争的竞争机制与优胜劣汰的退出机制提高资源配置效率、遏制资源占用。

除了市场调节外，资源配置还有另一种模式，就是政府干预。政府为了特定的目标，通过对资源的流动进行间接或直接的干预，促使资源向特定目标流动。因市场对国民经济结构调整和整个国民经济运行的调节具有局限性，需要政府通过宏观调控对市场调节的自发性、盲目性和滞后性加以必要的引导。

然而现实中的市场调节和政府干预都不完美。资源配置需要满足三个方面的要求，即效率、公平和稳定。完美的市场需要达到资源最优配置，对此"帕累托最优状态"阐释为，资源配置已经达到了一种境地，无论做任何改变都不可能使一部分人受益而没有其他人受损，也就是个人行为不会使他人和社会利益受损，不会产生负外部性。市场失灵需要一个判断标准，如果用效率来阐释正义，那正义就是能诱发出好的行为、创造出更多资源的那种做法。市场失灵时，就是资源配置不能更有效率地创造出更多资源，不再能实现"正义"。其表现为个体的经济行为使他人或社会受损的负外部性，这种收益和损失都是在价格机制之外的，不被计入成本和收益，因此市场的价格机制就失灵了。同时，竞争的两面性导致"坏的竞争"抑制社会效率的提高、抑制创新，造成资源配置不合理、产业结构不合理、社会总供给与总需求失衡、社会分配不公、公共物品的缺失及市场秩序混乱和宏观经济波动。此时，因为只有政府拥有合法的强制力和规模优势，所以只有政府干预才可能解决市场失灵，完美的公共政策保证竞争充分，完善资源配置，稳定经济稳定。可是政府干预市场的方式如何，权力边界在哪？政府干预同样会失灵，表现为政府机构规模预算扩大，政府权力扩张、权力寻租，而抑制市场竞争，不能实现"正义"，导致公共政策失灵，资源配置不合理。

市场与政府的同时失灵催生了经济法律制度，它既包括克服市场在资源配置中的失灵而对市场进行规范的法律，也包括公权力直接配置资源中的失灵以及规范公权力的法律，还包括对市场和政府以外的其他方式配置资源进行调整的法律。现代经济法以市场决定资源分配为前提，又要规制市场，保证市场准入退出机制应公平、价格应稳定、竞争应充分；以政府对经济的参与、干预与调整为前提，又要规制政府干预的方式与权力边界，保证宏观调控及政府参与通过符合法律制度的设计的方式来实现。而竞争政策恰是保证市场准入和退出机制的公平、竞争充分，规制政府干预的方式与权力边界的经济政策，竞争政策的基础地位体现在政府出台的所有经济政策都顺应竞争政策所制定的框架与边界，经济政策能够起到使市场主体遵循竞争秩序的作用，并保证宏观调控和政府参与是通过符合法律制度的方式来实现的。

回到"市场决定资源配置"这一命题上来，在理想状态的市场经济中，通过市场价格机制，供求关系和竞争机制的作用，可以使资源自然向获利的领域、行业、地区和企业流动，市场机制能够保证资源配置效率最大化，这就是市场决定资源配置的原因。但如前所述，因为众多市场失灵因素阻碍着资源配置的效率，利用经济政策设计去矫正市场的失灵也就成为必然。那么，既然有了外部因素的干预，为什么还可以说"市场决定资源配置"呢？因为在竞争政策基础地位的语境下，这些经济政策与经济法律制度都是在纠正市场机制的缺陷，它们类似一种市场机制在进行资源配置时的"熔断机制"，确保市场机制在良性范围内发挥作用，而市场机制所发挥的这个作用对资源配置始终是决定性的。

同样，竞争政策对政府干预经济配置资源的调整就更好理解了，他们就是为政府的权力和权力的行使划出的边界线，是对政府行使权力的限制和监督，防止政府权力的膨胀与权力寻租，使得政府研究和出台一切政策、法律法规都需要遵循竞争政策所建立和维护的竞争秩序，始终让市场决定资源的配置。

（二）有助于矫正政府失灵：完善宏观调控、优化产业政策

我国改革开放四十多年来争议最大、最难评价的政策之一莫过于作为政府有形之手的宏观调控和产业政策了，可谓"成也萧何败也萧何"，毁誉参半，难以定论。但政府有形之手对市场竞争机制的扭曲和破坏却是不争的事实。如何协调有形之手和无形之手的关系，把二者的碰撞和内耗转化为经济发展动能的合力？市场调节和政府干预不是非此即彼、只取其一的关系。历经四十多年的市场培育和发展，到了市场决定资源配置、"让市场做主"的新发展阶段了，这就意味着资源配置要以市场配置为主、政府配置为辅，政府的干预要应时而变，要改善宏观调控优化产业政策，使之成为市场友好型干预。欲从根本上解决问题，需要顶层设计和制度创新，实行竞争政策以及通过确立竞争政策基础地位实现竞争政策优先。通过竞争政策发挥"定海神针"的作用，既可以促进经济发展无形之手和有形之手之新旧动能的转换，又可以形成新旧动能的整合，让我们的经济发展获得更加强大的内外驱动合力支持。

竞争政策的基础地位有助于生产要素流动自由，在要素流动的过程中，如果要素流动限制大，市场交易的成本就越高，效率越低，越不利于经济发展，竞争政策的基础地位正是可以通过保障生产要素流动自由来降低交易成本，促进经济的发展。竞争政策还可以保障市场结构的平衡，使大企业不特别大，小企业不特别小，而市场结构很大程度上影响资源配置，供给侧结构性改革也在侧重市场结构的改革，竞争政策在调节市场结构，改变不合理的市场结构，预防即将出现问题的市场结构。如果没有竞争政策调控，企业往往追求自身利益最大化，市场主体注重短期利益而忽视长远利益，市场主体的眼光以及有限理性，使得市场主体忽略自身发展的外部性，忽视整个市场

结构，忽视社会整体理性。这种结构不科学的市场中，企业因为自身禀赋的不同，有的企业可以飞速发展，有的企业裹足不前，这种市场结构的扭曲使得资源不能有效配置，甚至导致有些市场主体不能自由进入交易，比如一些企业占据市场支配地位后出现拒绝交易等滥用市场支配地位的行为，导致新的企业无法进入该领域参与市场竞争。在市场结构的建立中，竞争政策有利于市场信息的透明，可缓解因不完全竞争导致的垄断。

虽然竞争政策与产业政策在价值和制度层面有很大的差异，但是两者并不是对立的。市场调节和政府干预不是非此即彼、只取其一的关系。竞争政策更加强调公平而产业政策更加注重效率，这种效率指的是微观的效率，而竞争政策同样也追求效率，这种效率是宏观层面的效率。微观的效率是指单位时间完成更多的工作量，考量的是成本和收益，但是宏观层面效率是考虑政策规定下的资源配置是否实现帕累托最优①。在经济法的视野下，效率也是重要的法律考量的价值。竞争政策讲求效率可以降低交易成本，可以便利市场交易活动，促进市场培育与发展实现经济增长。竞争政策保障市场的无形之手，让市场机制可以在资源配置中发挥决定性作用，竞争政策会破除一切限制阻碍市场无形之手发挥作用的行为。竞争政策还保障国家调节，国家调节在市场运行过程中也发挥着积极的作用，但是国家调节有可能有两个极端，一个是懒政，法律会赋予政府一定的职责，赋予一定的权力，明确其责任，使得政府成为有为政府。另一个极端是政府认为自己是万能的，过度干预手伸太长，在赋权的同时限制权利，在政府调节市场限制在合理的水平。同时，竞争政策本身也可以成为一种资源禀赋，进而促进经济的发展。

可以说，竞争政策基础地位的确立已成为不可逆转的发展趋势。毫无疑问，竞争政策和产业政策都是我国经济发展中不可缺少的经济政策，二者协调尤为重要。供给侧结构性改革由于其市场主导的基本逻辑，应通过竞争法将竞争政策置于优先地位，同时在改革过程中进一步增加产业政策

---

① 帕累托最优指资源配置达到极致，在不损害某方效率的情况下，已无法提高其他方效率，即为各方之前达到了帕累托最优。

制定的科学性，发挥其引领作用，真正实现"产业政策要准"的要求。

（三）有利于推进国家治理现代化

1. 科学界定政府和市场的关系推进政府职能转变

竞争政策一般包括竞争法律法规、有关竞争的规范性文件、竞争执法司法、竞争倡导举措以及它们相互之间的关联关系与共振效果，将竞争政策置于制定经济政策的基础地位有利于推进国家治理现代化。国外最早对竞争政策研究的探索源于国家竞争执法机构在对待政府运用经济权力限制市场竞争方面所感受到的困难而进行的思考。执法者按照竞争法律法规、有关竞争的规范性文件的规定对违反公平市场竞争秩序的行为进行行政执法，但是只关注执法者对市场行为的执法还远远不够，还需要考量出台的政策性文件和立法者制定的法律本身是否就存在排除限制竞争的情形，进而限制政府抽象法律行为对市场竞争的损害，只有这样才能维护公平的市场竞争秩序。竞争政策从其产生之初就肩负了这样的使命——规制政府经济权力。依法治国是坚持和发展中国特色社会主义的本质要求和重要保障，是实现国家治理体系和治理能力现代化的必然要求。在深入推进全面依法治国进程中，我们"把权力关进制度的笼子里"，强调"依法治理是最可靠、最稳定的治理"。[①] 因此，这种天生具有"控权观"的竞争政策以及确立竞争政策基础地位，与我国当下"全面依法治国"背景下的国家治理现代化目标和法治政府建设任务高度吻合。[②]

实现市场与政府在资源配置中的平衡，是一国经济发展中最基础的问题，由于政府调节和市场调节各自有各自的优势也存在各自的不足，应发挥市场调节和政府调节的优势，规制不足之处。在资源配置中，要坚持市场调节的决定性作用，构建现代市场体系，这样最有利于价值规律和竞争规律作用的发挥，为防止市场失灵，还需要政府及时发挥作用，同时也需

---

① 参见《深入推进全面依法治国（人民观点）——治理现代化的"中国智慧"》，共产党员网，https://www.12371.cn/2019/10/28/ARTI1572217159309481.shtml，最后访问时间：2019 年 10 月 28 日。

② 参见孙晋《新时代确立竞争政策基础性地位的现实意义及其法律实现——兼议〈反垄断法〉的修改》，《政法论坛》2019 年第 2 期。

要对政府干预行为进行监督管理。①

　　确立竞争政策的基础地位有利于科学界定政府和市场的关系，推进政府职能转变。政府"看得见的手"和市场"看不见的手"既不可以偏废也不可以错位。在现实中，"全能型"政府过度自信，认为自己可以掌控整个经济的发展动态，并对其进行正确的操盘，有形之手往往伸得过长，这样的结果便是政府职能严重错位，越位与缺位，市场中资源错配，资源配置效率低下的事情经常发生，阻碍了市场创新发展与生产力的提高。党的十八届三中全会明确了市场在资源配置中起决定性作用，高度肯定了无形之手的重要作用，同时也指明了政府要"放管服"、"简政放权"，转变政府职能，做服务型政府。政府在微观层面要进一步弱化与让位，在社会管理和市场服务方面要强化不能缺位，更好地承担起宏观调控、市场监管、社会管理和公共服务的职能，在需要的时候弥补市场缺陷，矫正市场失灵，在提供公共产品和公共服务上发挥好市场和市场主体不可替代的作用。② 实现政府职能转变，对政府经济权力合理界定十分必要。一个清晰的权力界定框架能给政府起到灯塔的指示作用，政府的经济权力是空前注重经济发展的现代政府所拥有的重要权力之一，政府的经济权力在现代经济运行中不可缺少，但仍需对其边界进行合理界定，这样才能促进经济的健康持续发展。③

　　2. 打破行政性垄断和抑制寻租腐败

　　在我国，关乎国民经济的命脉行业由国有企业掌控，这一点在《反垄断法》中也得到承认④。这意味着在重要领域将维持相当程度的国家垄断和政府管制，政府将使用所掌握的资源来确保国有经济在国民经济中所占的主导地位，虽然各种所有制经济的法律地位是平等的，但是民营经济并

---

① 参见张守文《政府与市场关系的法律调整》，《中国法学》2014 年第 5 期。

② 参见孙晋《新时代确立竞争政策基础性地位的现实意义及其法律实现——兼议〈反垄断法〉的修改》，《政法论坛》2019 年第 2 期。

③ 参见孙晋《经济法视角下政府经济权力边界的审读——以政府职能转变为考察中心》，《武汉大学学报》（哲学社会科学版）2014 年第 2 期。

④ 2007 年《反垄断法》第 7 条规定"国有经济占控制地位的关系国民经济命脉和国家安全的行业以及依法实行专营专卖的行业，国家对其经营者的合法经营活动予以保护，并对经营者的经营行为及其商品和服务的价格依法实施监管和调控，维护消费者利益，促进技术进步。"

不具备优势来抗衡国有经济。国家对于经济的行政干预，一方面，体现了国家干预经济的正当来源；另一方面，在政府权力过于庞大和缺乏有效的法律监管的前提下，在现实的经济活动中成为行政垄断的根源。

竞争文化的淡泊也是阻碍竞争政策基础地位、滋生行政垄断的一大原因。竞争文化的基本内涵是市场竞争意识，具体来说是指在全社会范围内形成的一种维护竞争的机制、尊重竞争规则的共识和氛围。竞争本是市场不可或缺的要素，竞争与市场相伴而生，是市场机制发挥作用的前提和基础，没有竞争就没有发展的动力，资源配置和资本流动就会陷入低效率之中，价值规律和市场机制将无法正常运转。在集权政治存续多年的我国，传统文化中缺少竞争文化，因为官本位的思想背后就是专制集权造成的整个社会对于权力的崇拜与顺从。而竞争文化的培育和形成是多方面因素组合的结果，从政府的职能定位到企业的行为再到消费者的消费观念，还受经济活动中交易规则的运用和经济法律的颁布实施的影响。竞争文化的形成过程实际上也是市场经济走向成熟、竞争法治不断完善的过程。但是当今政府权力仍然过于庞大，许多企业的经营还期望着靠近行政权力以通过寻租获取垄断利益，而不是专注于公平自由的市场竞争，或是通过不断技术创新提高生产力、生产效率来取得长足的发展。[1]

新时代确立竞争政策的基础地位有利于打破垄断和抑制寻租腐败，实现经济民主和实现社会公平正义。政府直接干预微观经济，最大副产品就是行政性垄断与权力寻租，行政性垄断与权力寻租又是市场上的不公平因素。通过确立竞争政策的基础地位，建立公平开放的市场竞争规则体系，有效实施反垄断法和公平竞争审查，可以改善宏观调控优化产业结构，大幅度减少政府对资源的直接配置，可以打破行政性垄断和抑制权力寻租，促进社会公平正义。[2]

2008 年《反垄断法》对行政性垄断的规制的专章规定成为我国《反垄断法》的一大特色，其颁布施行也意味着关于《反垄断法》中是否应该

---

[1]　参见邓志松《论行政垄断成因、特点及法律规制》，法律出版社，2017。

[2]　参见孙晋《新时代确立竞争政策基础性地位的现实意义及其法律实现——兼议〈反垄断法〉的修改》，《政法论坛》2019 年第 2 期。

规制行政性垄断的争论告一段落。在我国的国情下在《反垄断法》中进行规制是有必要的，这体现了确立竞争政策的基础地位，建立公平开放的市场竞争规则体系。但是《反垄断法》中对于行政性垄断的规制仍有不足之处，使得建立公平开放的市场竞争规则体系的执行缺乏约束力。例如，在反垄断执法机构调查后认定存在行政性垄断时，行政性垄断在《反垄断法》的惩罚后果是向行政机关的上级机关提出处理建议，而上级机关酌情采取的处理方式也仅限于行政处分。

2016 年 6 月，国务院颁布《国务院关于在市场体系建设中建立公平竞争审查制度的意见》，对于在市场体系中建立公平竞争审查制度提出纲领性意见。2016 年 12 月 22 日，为贯彻落实《国务院关于在市场体系建设中建立公平竞争审查制度的意见》，切实加强对公平竞争审查工作的协调指导，推动公平竞争审查工作的落实，国务院批复建立由国家发改委牵头的公平竞争审查工作部际联席会议制度，以实现跨部门的有效沟通和高效工作。2017 年 10 月，《公平竞争审查制度实施细则（暂行）》颁布。2018 年 3 月，为保障国家铁路局公平竞争审查工作顺利开展，推动公平竞争审查制度有效实施，国家铁路局印发《国家铁路局公平竞争审查制度实施办法（暂行）》的通知。2019 年 2 月，国家市场监督管理总局在其官网公布《公平竞争审查第三方评估实施指南》，通过细化公平竞争审查第三方评估，解决制度落实中的缺陷，推进公平竞争审查制度的落实。

公平竞争审查制度的建立和一系列文件的出台实施，包括公平竞争审查的落地与发展都是竞争政策基础地位的有力表现。我国发展社会主义市场经济，核心问题是处理好市场与政府的关系，充分发挥市场配置资源的决定性作用和更好地发挥政府职能。"政府与市场是一对辩证关系，二者对立统一，共同服务于经济社会发展。建立公平竞争审查制度，约束政府的行为，体现了深度调适政府与市场辩证关系的思路，防止政府行为不当影响市场，特别是影响市场公平竞争。"① 竞争政策以保障和促进市场机制

---

① 张穹：《实施公平竞争审查制度有力维护市场公平竞争》，《中国价格监管与反垄断》2016 年第 7 期。

不受干预为目标，既防止政府权力对市场运行的不当干预，又遏制企业滥用市场优势排除限制竞争行为。"产业政策着眼于弥补市场缺陷，引导促进市场发展。两者并不是对立关系，是可以相互协调的。通过公平竞争审查，可以确保产业政策在制定和实施过程中都能贯穿公平竞争的理念和要求，体现出竞争政策的基础地位。建立公平竞争审查制度，为协调竞争政策和产业政策提供了制度性的机制。"① 通过确立竞争政策基础地位，建立公平开放透明的市场竞争规则体系，有效实施反垄断和公平竞争审查，改善宏观调控优化产业政策，大幅度减少政府对资源的直接配置，可以从根本上打破行政性垄断和抑制寻租腐败，促进社会公平正义。

第三节　竞争政策是推进我国结构性改革的关键

一　市场主导是我国结构性改革的基本逻辑

（一）我国结构性改革的发展变化历程

我国经济发展长期重视需求侧管理，由"投资、消费和出口三驾马车"拉动经济增长也早已成为社会各界对中国经济发展的共识。我国市场改革集中在供给侧，而有关供给侧方面的改革并非始于现阶段。改革开放之初，我国便尝试从要素端和生产端两个方面进行供给侧管理的革新，不同的是改革开放初期实施的供给侧改革主要是为了增加产量，扩大产能，解决供给不足的问题；而现在更多是解决供给无效、高端供给不足的问题。但改革始终沿着从政府主导到市场主导，从政府干预调整到市场自主调节的基本逻辑演进。而金融危机之后，我国在供给领域、生产领域日益暴露出生产成本不断上升、产品供需错配、杠杆率高等问题。正是在此背景下，我国经济管理的重心开始从需求转移到供给，而供给侧的管理正是以市场为主导。因此，从政府干预经济到通过市场竞争实现资源配置也是我国经济发展的必然趋势。事实上，我国经济建设在改革开放以来取得的举世瞩目的伟大成就，也正是

---

① 张登轩：《中国公平竞争审查制度的完善研究》，山东政法学院硕士论文，2019年，第1页。

自 1980 年国务院颁布《开展和保护社会主义竞争的暂行规定》40 多年来逐步正视并践行市场竞争的结果。尤其是在 1992 年社会主义市场经济体系正式建立之后，党中央和国务院多次进行生产端和要素端的改革，将国有企业以及以往由政府掌控的行业领域推向市场，积极引入竞争，并通过《反不正当竞争法》《反垄断法》等法律法规予以保障，这些改革举措为我国经济平稳、健康发展奠定了基础，也进一步验证了竞争政策可以有效推动国家长远发展的结论。因此，从我国市场经济的发展趋势来看，市场机制发挥主导作用应是供给侧结构性改革的基本逻辑，而用供给管理政策替代长期实行的需求管理政策也标志着我国经济治理思路的重大调整。

（二）发挥市场在资源配置中的决定性作用是结构性改革的关键

承认市场的决定性地位，发挥市场在资源配置中的决定性作用，这经历了漫长的发展历程。纵观人类近代历史，商品经济中资源配置主要是市场与政府二者进行。至于国家根据自身的时代背景、生产力水平、意识形态等因素自主选择经济模式，其结果各相迥异。例如，19 世纪欧洲和北美洲大多数国家在自由市场模式下取得的经济繁荣。但是，市场不是万能的，市场机制也有许多自身不可克服的固有缺陷，以至在资源配置上失灵和失效。[①] 爆发于 1929~1933 年的资本主义世界经济危机说明了这点，暴露了生产社会化同无政府主义的矛盾。政府失灵与市场失灵皆为客观存在，二者之间动态管控比例的把握至关重要。进一步讲，鉴于政府与市场在经济发展中的紧密关联，充分发挥市场在资源配置中决定作用的基础实现途径是严格限制政府干预范围。[②] 而我国在探索如何正确处理政府与市场的关系上经过了漫长艰难的考验，最终成功由计划经济向市场经济转轨，由政府主导培育市场变为市场决定资源配置。这是推行竞争政策的前提，也是实施供给侧结构性改革的关键。只有在市场经济下竞争才有得以萌芽的机会。市场机制才能够有效配置资源，形成兼容的鼓励机制，通过市场竞争形成的价格能反映供求关系，最终实现资源的优化配置。[③] 在市场机制发挥决定性作

---

① 参见王全兴《经济法基础理论专题研究》，中国检察出版社，2002，第 80 页。
② 参见丁茂中《竞争中立政策研究》，法律出版社，2018，第 3 页。
③ 参见吴敬琏《没有竞争的市场更可怕》，《新华日报》，2013 年 2 月 26 日，第 A03 版。

用的基础上，激发市场主体活力，保障市场主体平等地位，激励市场主体创新经济制度，实现权力上的明确分工。市场在资源配置中基础性地位能够为供给侧结构性改革提供保障，竞争政策等各项制度上的完善则能够为供给侧结构性改革提供动力。在推进供给侧结构性改革的前提下，缓解我国经济发展的主要矛盾，平衡供求关系，减少资源错配与浪费，从而助力经济高质量发展。

虽然我国目前经济基本面依然良好，经济运行总体平稳，经济韧性好、潜力足、回旋空间大，经济结构调整优化的前进态势没有变、经济持续增长的良好支撑基础没有变。但是也存在一定问题，如主要经济指标之间联动性出现背离，经济增长持续下行，CPI 持续低位运行。因此，我国面临着资源错配、生产成本持续增长、市场机制运转不畅等结构性问题，经济形势依然严峻。就目前实践经验来看，通过制度保障主体经济地位、调整主体角色配置是确保供给侧结构性改革顺利开展推进的关键。这一是因为经济法从市场和政府两个方向出发，在二元架构的模式下凸显出不平等的特性，而供给侧的改革无疑与二元架构下的经济主体和各主体地位的平等要求相契合。二是政府的过多干预导致市场各主体的角色分工出现扭曲现象，在我国经济转型的过程中，行政性垄断问题表现尤为突出，需要在确立市场主导地位的前提下，充分发挥竞争政策的作用，塑造健康、公平的竞争环境。在经济发展新形势下，传统的需求侧干预已经无法保持我国经济高速增长的态势，在这一背景下，扩大需求的双向拉动成为必然趋势，要充分发挥市场在资源配置中的作用，在此基础上，再确立竞争政策的重要地位，二者相结合共同维护经济健康良好运行。到目前为止，我国市场活力没有得到充分激发，主要是由于市场主导地位没有得到充分发挥、国家干预过多，因此我国应当进一步简政放权，放管结合，充分发挥市场的主导性作用，激发市场活力，通过市场的自由竞争激发经济人的主观能动性，使资源得到优化配置。

实施供给侧结构性改革是我国在中国特色社会主义发展道路上以促进经济发展为目的的一次重大探索性调整，改革应当建立在综合分析世界经济长周期和我国发展阶段性特征及其相互作用的基础上，在承认市场发挥主体地位的先决条件下，充分应用竞争政策，牢牢把握中国特色社会主义政治经济学的几个重大原则：坚持解放和发展社会生产力，坚持社会主义市场经济改革方向，坚持调动各方面积极性，提高人民群众生产生活水平，提升社会福祉。

（三）利用竞争政策推动结构性改革

市场经济是一种受法治保障的竞争经济，竞争在市场经济体制中处于核心地位，是市场经济的最高权威。正如马克思所述："他们不承认任何别的权威，只承认竞争的权威，只承认他们互相利益的压力加在他们身上的强制"①。竞争机制得到充分良好的发挥与否，关乎市场能否在资源配置中起决定性作用，关乎市场机制能否高效运行，关乎在此基础上国民经济能否又好又快发展，其意义重大，影响深远，不言而喻。由此可见，构建一个自由、公平、有序、健康的市场环境，为竞争机制蓬勃发展提供沃壤是当下研究的重要议题。而竞争政策作为国际竞争法在推动市场公平竞争方面的实践成果，同时还伴随深入推进国企改革和如火如荼的国际经贸治理规则的新一轮谈判展开，越来越需要得到我们的重视。②

我国须依托供给侧结构性改革重新选择与构建竞争政策。第一，我国的竞争政策在供给侧结构性改革的背景之下必须坚持公平性的目标。竞争的本质在于公平，只有在保证公平的前提下，竞争的能动性才能被充分发挥。首先，公平性竞争能够实现资源的优化配置，能够使得同质行业利用自己手中掌握的资源进行生产，提升产品服务质量，提升资源配置的效率。其次，竞争政策公平性可以提升经营者的积极性。激励他们不断完善组织结构，应用创新理念进行产业革新，向市场提供性价比更高的新产品。最后，公平性竞争能够有力推动国民经济更好更快发展。竞争政策的制定与施行只有首先确保公平，通过利用良好的竞争政策增进市场健康，激发主体活力，保障合法权益，维护竞争秩序。这是竞争政策在供给侧结构性改革中的可行性路径之一。《反垄断法》的修订、公平竞争审查制度

---

① 《马克思恩格斯全集》第 43 卷，人民出版社，2016，第 372 页。
② 参见白金亚《国有企业竞争中立制度研究》，知识产权出版社，2019，第 1 页。

的法治化，都是竞争政策不断革新的典型。通过这些举措，从顶层设计层面规制我国长久以来由政府不当干预带来的痼疾，为市场主体充分发挥自身活力提供平台，也是对政府优化职能、依法行政的必然要求。第二，竞争政策要突出创新性。创新是企业活力之源，也是提升经济水平的助推器。创新改变了原来财政刺激需求的局面。创新丰富了人们的需求，也为社会日新月异的变化提供了不竭动力。竞争政策突出的创新性特点不仅能够提高自身的普适性、增强自身灵活性，还可以根据客观的实际情况变化而做出适时调整，使其能够在复杂多变的国际国内环境下作用得到充分发挥，与时俱进。这是为了满足现实国情的需要，也是竞争政策自身能够长足发展的必经之路。供给侧结构性改革旨在从生产领域加强优质供给，减少无效供给，扩大有效供给，提高供给结构适应性和灵活性，优化资源配置。我国的竞争政策也可参考这一价值理念。供给的有效性直接决定了资源的配置效率，有效供给所占的份额越高，意味着资源配置效率越高。而供给结构的灵活性恰好在很大程度上避免了无效供给，提升了有效供给的比重。因此，灵活性目标对于经济效率的提升具有很大的意义，对于竞争政策的制定也有重要参考价值。

竞争政策的制定与完善必须符合经济发展和竞争趋势。政府应该明晰自己的权力边界坚守自身职责，依法行政，为经济发展保驾护航；企业主体应该按照国家意志充分发挥其生产积极性进行商品的生产，优化产业结构、推动技术革新，满足人们日益增长的需求。在此背景下，竞争政策的制定与完善应该立足于国情，借鉴国外先进经验，同时，在充分发挥市场决定性作用的前提下，有效规制政府的不当干预，为市场主体提供公平、有序的竞争环境，为供给侧结构性改革提供不竭动力。

二　竞争制度的不健全影响我国市场机制作用的发挥

市场机制之所以能实现优化资源配置的功能，源于充分公平竞争的竞争秩序和竞争制度，但是我国当前的竞争制度尚不健全，这在很大程度上阻碍了我国市场机制作用的发挥。缺乏有效的竞争也导致供给领域出现过多无效供给与低端供给，不合理的重复建设导致产能过剩，落后的企业与过剩的产能却无法通过正常的市场退出机制被市场淘汰出局，无法为先进的、具有创新性的企业与产业留出发展空间，供给的质量与效率低下，有效供给与中高端供给也无法扩大。以上这些原因造成的后果是我国供给结构与需求结构失去平衡。鉴于使市场在资源配置中起决定性作用不仅是供给侧结构性改革的基本思路，更是我国全面深化改革的基本要求，经济体制改革的核心问题是处理好政府与市场的关系，这也是竞争制度作用充分发挥的前提，竞争制度的完善与健全就显得尤为重要。如果以竞争政策为视角进行分析，笔者认为我国竞争制度至少存在以下几个方面的不足。

（一）竞争者的竞争利益没有得到良好维护

从微观层面分析，竞争者的竞争利益没有得到很好的维护。这里的竞争者主要是指中小企业。也就是说，中小企业的竞争利益没有得到很好的维护。在实践中，垄断企业凭借其垄断优势排除、限制相关市场内的竞争，为市场设置不合理的进入壁垒等情形在现实中屡见不鲜，反托拉斯法的产生也与保护中小企业利益有密切关系。这点在我国国有企业身上表现得尤为明显，实践中，大企业、国有企业极易滥用市场支配地位损害其他竞争者的合法权益。大企业本身具有资金雄厚、盈利能力强、信用较好等优势，更容易获得银行等金融机构的青睐，而与政府存在天然联系的国有企业更是金融机构信任与惯常合作的对象。受"肥水不流外人田""肉要烂在锅里"等错误思想的影响，金融机构对大企业、国有企业的审查较为宽松，相较于中小企业而言更倾向于将资金借贷给他们。虽然国家陆续出台相关文件要求为中小企业提供融资支持，然而在现实运行中，银行等金融机构为维护自身利益，降低不良贷款率，并没有因为国家的政策支持而放宽对中小企业的审查，对中小企业的审查依旧非常严格。① 资金是企业发展的命脉，中小企业缺少金融机构资金的支持，在竞争伊始就处于劣势地位，想在后续的竞争中施展手脚、追赶甚至超越大企业，基本上是不可能的。中小企业融资困难一定程度上体现了国家对中小企业竞争利益维护的缺位。例如在国土资源领域，民营企业反映最为集中的问题就是"用地

---

① 参见李舒：《供应链金融视角下中小企业融资法制研究》，《金融经济》2019 年第 16 期。

难"，其中包含两个层面的意思——用不到地和用不起地。与国企相比，民营企业在方方面面都缺少竞争优势。

（二）部分行业经济活动仍然受到政府的过多干预

从中观层面分析，部分行业经济活动仍然为政府所干预甚至可以说被政府紧紧控制，市场机制被公权力所妨碍，资源并没有真正得到优化配置，导致部分行业内竞争不足，资本涌向被政府干预较少的行业，又导致了那些行业竞争过度，滋生不正当竞争现象。因而，创造竞争成为竞争法在中观层面的基本路向。我国当前仍然是一种二元经济体[1]，即包括受到政府监管的子经济体以及相对开放、自由竞争的子经济体，而本次改革所要解决的诸如结构失衡、产能过剩等问题主要集中在受到政府监管的子经济体方面。在这些行业和领域中，市场并没有实现完全开放，私主体被限制进入与发展，我国《反垄断法》通过设立行政垄断专章，对政府滥用行政权力实施排除、限制竞争行为予以了规制，一定程度上限制了政府对市场竞争机制的干预与破坏。

行政行为以其对象是否特定为标准，可分为抽象行政行为与具体行政行为，行政行为带来的行政垄断相应地也分为两种。我国《反垄断法》对具体行政行为导致的行政性垄断设有专章条款，在第五章中规定了滥用行政权力排除、限制竞争，但是对抽象行政行为导致的垄断只有一条（第45条）[2] 原则性规定。然而实际上借助于抽象行政行为实施的限制、排除竞争行为带来的危害性后果远高于借助具体行政行为实施的垄断，因为前者针对的是一系列相同的行为，涉及的是不特定对象，可以重复适用，影响的企业不止一家两家，波及范围可能是某地区内整个行业的竞争秩序，更关键的是，政府确认了某种行政性垄断的"合法性"，为行政性垄断披上了"合法"的外衣。例如，2013 年 4 月内蒙古自治区公安厅印发《全区印章治安管理信息系统整合联网及推广使用新型防伪印章实施方案》（内公

---

① 参见威廉·科瓦西奇、林至人、德里克·莫里斯《以竞争促增长：国际视角》，中信出版社，2017。

② 《反垄断法》第 45 条规定："行政机关和法律、法规授权的具有管理公共事务职能的组织不得滥用行政权力，制定含有排除、限制竞争内容的规定。"

办〔2013〕60号，以下简称"60号文"），直接指定内蒙古恭安金丰网络印章科技有限责任公司（简称金丰公司）统一负责全区新型防伪印章系统软件的开发建设。内蒙古自治区公安厅上述做法排除和限制了印章治安管理信息系统软件市场以及刻章设备、章材市场的竞争，侵犯了各盟（市）公安机关和刻章企业的自主选择权，不合理地推高了印章价格，人为增加了企业刻章生产成本。从本案可以看出，该文件本质上属于政府限制系统软件使用的选择权，经过法定颁行程序"摇身一变"成了合法的规范性文件，有关部门依此文件执行限制竞争行为不仅不会遭受惩处，反而是属于依法行政，为行政法规所认可，抽象行政行为限制竞争的危害性由此可见一斑。国务院2016年6月出台的《关于在市场体系建设中建立公平竞争审查制度的意见》（国发〔2016〕34号，以下简称《意见》）标志着公平竞争审查制度的初步建立。《意见》明确规定，行政机关以及法律法规授权的具有管理公共事务职能的组织在制定涉及市场主体经济活动的政策措施时，必须对照"市场准入和退出标准""商品和要素自由流动标准""影响生产经营成本标准"以及"影响生产经营行为标准"等四大类总共18项标准进行自我审查，具有排除、限制竞争效果的政策不能出台，或者须修订至符合相关要求才能正式颁行。

通过浏览国家市场监管总局反垄断局的官方网站，我们发现，与"行政处罚""附条件批准/禁止经营者集中案件""公平竞争审查"等板块相比，"滥用行政权力排除、限制竞争案件"板块的内容显得过于"寂寥"。这并不意味着我国行政机关滥用行政权力排除、限制竞争的案件比较少，从我国市场机制被公权力妨碍的现状看，部分行业由于行政性垄断存在竞争不足是客观存在的。这也在一定程度上说明我国对于行政性垄断的重视度不够，对行政性垄断进行限制与处罚仍有很大的作为空间，让资源实现优化配置还有作为的余地。

（三）我国在各行业之间欠缺统一竞争体系

从宏观层面分析，我国没有在各行各业建立起统一的竞争体系，也即竞争政策并没有落实到每个行业、每个地区。针对某些企业、某些行业的扶持政策始终存在，针对国有企业的隐性担保也在默默进行，国有企业总是更容易获得融资，其中很大一部分原因在于其背后有政府的隐性担保与背书。这点在本次供给侧结构性改革进程中尤为明显。许多地区仍然在针对某一企业给予补贴，就某一行业制定特殊的扶持政策，而这种以行政手段主导而非市场主导的方式并没有起到很好的效果。就单一企业、单一行业实行特殊的扶持政策会使相关市场内无法实现公平竞争，置未获得扶持的企业与行业于不利竞争地位，导致竞争机制无法发挥作用。同时，由于竞争政策在部分行业、部分地区未能落实，我国市场处于割裂状态，全国统一大市场仍处于建设之中。因而，建立起统一的竞争体系非常有必要。

　　破除产业补贴、产业政策带来的消极影响需要整体竞争体系的建立。所谓整体竞争，是指将竞争政策基础地位落实到各个领域，去掉针对某一企业、某一行业的扶持政策，去掉针对国有企业的隐性担保，以竞争政策为统领，形成多层次、多角度、多方面的政策体系。① 这是供给侧结构性改革作为全国经济改革的应有之义，也是以整体观全面推进本次改革的具体体现。② 在以往的理论研究中，"整体竞争"这个概念较少为人所提及，但笔者认为，在供给侧结构性改革中，整体竞争是必要的，也是竞争法可以帮助实现的。供给侧结构性改革并非针对部分企业、部分行业和部分地区的改革，它是一项针对全国所有领域的改革，目的是通过解决供给侧长期积累的问题，实现全国整体经济的好转。正如前文反复强调的，供给侧问题的解决以市场机制的主导作用为基本逻辑，竞争的缺位只会使该行业供给侧一端的矛盾得不到化解，这显然与本次改革的初衷不符。整体竞争意味着在全国范围内落实竞争政策，这也与世界各国愈发重视竞争政策基础地位的趋势相契合。最为明显的例证便是 2008 年，欧美等发达国家在这次堪比 20 世纪"大萧条"的金融危机中，并没有一如既往地通过政府全面干预的方式化解危机，而是注重运用竞争政策与产业政策的协调以应对本次危机。③ 竞争法是竞争政策最为重要的组成部分，也只有法律才能使

① 参见钟原《供给侧结构性改革的竞争法实现》，《理论月刊》2017 年第 11 期。

② 参见刘尚希《以整体观推进结构性改革》，《财政科学》2016 年第 8 期。

③ 参见孙晋《国际金融危机之应对与欧盟竞争政策：兼论后危机时代我国竞争政策和产业政策的冲突与协调》，《法学评论》2011 年第 1 期。

市场竞争成为可能，并促进和塑造竞争。[①] 通过竞争法确立竞争政策的基础性地位不仅具有法律权威性，能从根本上建立通行全国的整体竞争体系，更符合当前全面依法治国的基本方略，保证了供给侧结构性改革在宏观层面的扎实推进。

三 域外竞争政策在市场改革中起到的积极作用

经济学意义上的供给侧思想有多种来源，其中最为重要的理论是法国经济学家萨伊的萨伊定律，经济学中的新古典理论正是以该定律为核心。萨伊定律认为生产过剩是不会出现的，因为在自由竞争的市场条件下，价格机制的作用将使供求之间短期内的失衡趋于相等，并且供给本身也可以创造需求，因此应从供给侧的角度制定和实施各项经济政策。

在随后的经济大萧条时代，以凯恩斯为代表的经济学家对供给侧管理思想质疑，他们相应提出应以需求侧管理作为摆脱经济危机、克服经济衰退的手段。凯恩斯主义在很长一段时间内成为各主要资本主义国家的经济政策依据，国家对经济的全面干预也成为大萧条后各国经济发展最主要的手段，而通过扩张或者紧缩的经济政策来对需求侧加以调控也是此后对于多数经济问题的有效解决手段。

20世纪70年代由石油危机引发的经济滞胀问题在各主要资本主义国家爆发，以往通过需求侧调控经济的方式遇到了困境，扩张总需求会持续提高价格水平，而收缩则会加剧经济发展停滞的状态。同时，长期、全面的经济干预也使国家经济活力丧失殆尽，这点在美国体现得尤为明显。此阶段最为主要的理论由当时的供给学派提出，也就是以传统供给经济学为内核的新供给经济学。他们认为造成经济滞胀的根本原因在供给侧而非需求侧，政府应该减少对经济活动的干预措施，减轻企业的税务负担，并逐步取消限制市场竞争的系列法规制度。20世纪80年代上台的美国里根政府，以及撒切尔夫人领导的英国内阁都将供给学派的理论作为经济政策制

---

① 参见戴维·格伯尔《全球竞争：法律、市场和全球化》，陈若鸿译，中国法制出版社，2012。

定的理论依据，而注重通过供给侧管理，减少需求侧刺激也成为至今最为重要的经济管理手段。在 2008 年的经济危机中，各国也并没有如以往一样，片面地采取国家干预和调控的方式刺激需求侧，而是重视市场竞争机制的自发作用，通过协调竞争政策与产业政策等方式予以应对。

（一）美国竞争政策：不同时期发挥不同作用

1. 19 世纪下半叶至 20 世纪 70 年代：摸索之中，震慑垄断组织

19 世纪下半叶是美国资本主义自由竞争的鼎盛时期，托拉斯等垄断组织引起公众的反感和恐惧，继而爆发了大规模的抵制垄断运动。于是，美国政府在 1890 年出台了第一部反托拉斯法——《谢尔曼法》。《谢尔曼法》更像是政治宣誓，可操作性较弱，于是，美国又通过了《联邦贸易委员会法》和《克莱顿法》，在实际运行中，它们较为有效地阻止了大型的垄断组织对市场秩序的破坏，维护了市场的公平竞争。

2. 20 世纪 70 年代至 90 年代：宽松执行，为产业发展放行

进入 20 世纪 70 年代以后，由于传统产业的国际竞争力日趋减弱，美国经济出现了大量的财政赤字和贸易赤字，一些重要产业的生产活动向国外转移，历史上通常用"滞胀"一词来概括当时美国经济的糟糕状况。当时美国实施的是世界上最严厉的反垄断战略，这被认为是削弱美国产业竞争力的重要原因。围绕着放松反垄断公共政策，批判和反对结构主义政策论的理论观点开始受到关注，一些新的理论和研究方法也应运而生。其中最具影响力的便是芝加哥学派的理论观点，其逐渐取代了哈佛学派成为影响政府决策的主流经济理论。受芝加哥学派等新自由主义经济学的影响，美国政府开始审慎对待反垄断战略，并逐步消除反垄断中的教条主义倾向，更加关注垄断行为对经济效率的影响。与此同时，美国政府开始实行对私人企业放松管制的政策，对企业兼并行为的控制明显放松，使得美国出现了新一轮的兼并浪潮。

3. 20 世纪 90 年代以来：复归严格，保护消费者福利

20 世纪 90 年代后，经济一体化及国际市场开放，越来越多的国家更倾向于竞争开放，保护消费者福利。美国政府诉微软垄断案备受世界关注，原因在于它一定程度上代表了美国信息产业政策趋向及竞争选择。

1998 年，美国政府递交诉状，控告微软公司"网络探索者"Internet 浏览器，控告它利用其"视窗"操作系统捆绑销售，强迫消费者购买或使用它的其他软件产品。法院判定微软，不正当竞争、滥用垄断地位，后来虽然庭外调解，但也彰显了美国竞争政策在实践中的实施优先于产业保护政策，① 以及重视消费者保护的趋向。

（二）日本竞争政策：缓解产业政策带来的经济矛盾

20 世纪 70 年代以后，日本开始进入发达国家的行列。但随着经济国际化和全球化进程的加快，日本特有的一些有悖于国际竞争规则的交易习惯，也导致国际经济摩擦的加剧。与此同时，日本国内的经济矛盾也日益加深。② 1973 年是日本经济发展的分水岭。经历了石油危机后，虽然日本政府仍保持政府主导的经济干预，但其产业政策已与经济高速增长时期显著不同。政界、学界开始对曾经辉煌的产业政策进行反思，并重新看待产业政策和竞争政策的相互关系。③

改革的方向就是放松政府规制，加大市场竞争的力度，使《禁止垄断法》恢复作用并逐步规范化。20 世纪 90 年代，规制革新进程加快。日本对《禁止垄断法》等竞争政策法规进行了强化性修改。特别是进入 20 世纪 90 年代中期，日本经济萧条的延续使政府意识到结构改革的紧迫性和重要性，规制革新作为政府的一项基本政策加以全面实施。1993 年，首相私人咨询机关——经济改革研究会发表了关于经济改革的最终报告，确定了缓和规制的基本思路：经济规制以原则自由、例外规制为目标，社会规制以必要的最小限度为原则。④ 具体而言，为了适应规制革新的要求并推动规制革新的进程，20 世纪 90 年代日本《禁止垄断法》等竞争政策及其执

---

① 参见明丰《产业政策与竞争政策逻辑分析、优先适用及现实选择路径》，《发展研究》2018 年第 12 期。

② 参见肖竹《竞争政策与政府规制——关系、协调及竞争法的制度构建》，中国法制出版社，2009，第 95 页。

③ 参见李慧敏、王忠《产业政策与竞争政策能否协调——日本产业政策与竞争政策协调机制及其启示》，《日本学刊》2019 年第 2 期。

④ 参见齐虹丽《政府规制与反垄断法的适用除外制度——以日本反垄断法中的适用除外制度为讨论中心》，《法学评论》2004 年第 6 期。

行体制的调整变化主要包括：减少和取消适用除外规定；取消控股公司禁令；强化对反竞争行为的制裁；强化执法体制。

通过上述改革，日本《禁止垄断法》及其相关体制在经济生活中的影响不断增大，在维护市场公平竞争方面发挥着越来越重要的作用。日本公正交易委员会在放松规制的过程之中，积极主动参与，与规制机关共同发布处理规制产业内部竞争行为的指南，例如与经济产业省共同策划制定的《关于合法电力交易的指南》《关于合法燃气交易的指南》，以及和总务省共同制定的《有关促进电器通信事业领域内竞争的指南》。①

而进入 21 世纪，日本产业政策也日趋具有竞争精神。日本经济产业省为了实现顺畅的产业重组进而实现经济的灵活发展，促进市场竞争、强化市场机能，于 2004 年设立了以市场竞争为核心的产业政策的综合部门——竞争环境整备室。该室在对重要的市场进行竞争状况评估的同时，受理各事业者间的竞争纷争和通报。对纷争的解决提供帮助，并拟定强化市场机能的必要的产业政策。伴随着市场运行的完善，产业政策和竞争政策将会共同作用，促进经济的协调发展。②

（三）欧盟竞争政策：实现市场一体化，维护区域自由贸易

欧盟的竞争政策具有自己的独特性。其一，欧共体的竞争政策是在一个特殊的背景下实施的，这一政策的总目标是为实现市场一体化服务的，因而，欧共体的竞争政策带有浓厚的市场一体化的特色。在这一背景下，欧共体的竞争政策属于一个范围很广的制度，旨在消除成员国之间的壁垒以及推动统一大市场的建立。在过去五十余年的历史中人们已经广泛地认同欧共体竞争政策的这一基本目标。为了实现这一总目标，不仅要清除成员国政府设置的限制，还要保证这一空间不被私人的限制性商业做法替代，因为不论是政府壁垒还是私人壁垒都会对实现统一大市场的目标构成障碍。因而，欧共体竞争政策的中心思想是实现市场一体化。其二，由于

---

① 参见根岸哲、舟田正之《日本禁止垄断法概论》，王为农译，中国法制出版社，2007，第 367 页。

② 参见孙亚锋《经济发展中的产业政策与竞争政策——日本的分析与借鉴》，《市场周刊：理论研究》2007 年 2 月。

欧共体竞争政策的主线是为市场一体化服务，所以欧共体竞争政策的制定具有不同于传统竞争政策的模式。这意味着欧共体竞争政策的制定不仅是为了提高效率和确保消费者福利，还在于成为一个落实更广泛政治目标的工具。因此，欧共体竞争政策具有多重目标，这也反映了欧共体规制的模式。

《罗马条约》建立了一个全新的自治体制，以解释、适用和实施欧共体法律。欧共体关于竞争问题的两条最重要的法律条款是《罗马条约》第85条和第86条。这两条法律条款就竞争规定了欧共体所有成员国追求的目标。为此，欧共体体制也就是欧洲法院和欧洲委员会在欧共体竞争政策的解释和实施工作中起到主导作用。作为负责竞争法执法的机构，欧委会在其管辖范围内对第三方提起的案件进行调查并且根据《罗马条约》的相关条款作出相应的裁决。同样，欧委会也可以发起对违反《罗马条约》相关条款的协议进行自主的调查。按照欧委会的想法，为了进一步深化市场一体化，中央体制的欧共体竞争政策执法是实现欧共体主要目标的唯一适宜的制度。作为一项中央体制，欧委会认为，这一体制能够使欧共体竞争政策在各成员国得到统一的适用，通过消除私人壁垒推动市场一体化，创制一个各成员国和产业都能接受的竞争规则主管机关，作为统一大市场良好运行的基础。

20世纪60年代至70年代期间，欧共体的基本目标就是消除成员国之间的贸易壁垒。因此，欧委会把纵向限制以及经销渠道控制作为重点的监督对象。根据欧委会的观点，供应商和经销商之间的协议在阻止国外竞争者市场渗透的同时还具有妨碍在共同体内贸易自由化的效应。欧委会无意专门涉足横向限制或者市场支配地位滥用之类的案件，而各成员国的主管机构则可以在此类案件中自由行事，欧共体希望这一战略服务于下述两个目标：其一，通过反对纵向限制，欧共体内部成员国之间的贸易壁垒得以降低，进而使本地企业尽快适应来自外部的竞争；其二，把横向限制和市场支配地位问题居于次要的监管对象，将有助于更多的欧洲企业的发展，以更好地适应国际竞争。①

---

① 参见白树强《全球竞争政策——WTO框架下竞争政策议题研究》，北京大学出版社，2011，第127页。

（四）俄罗斯竞争政策：促进公平竞争环境的形成

保护市场主体间的平等竞争和机会平等，是反垄断法所追求的重要目标，也是一国反垄断战略应有之义。俄罗斯竞争政策同样具有更加注重形成竞争环境、注重公平的特点，这主要体现在对特殊垄断现象重点严格的规制，以为弱势一方的市场主体提供实质上的竞争性市场环境。俄罗斯竞争政策在市场改革中的作用主要体现在以下几个方面。

1. 大企业限制竞争行为的规制得以强化

与美国的《谢尔曼法》《克莱顿法》所强调的效率竞争政策目标不同，俄罗斯对于不同企业的立法态度是不同的，着眼于实现竞争自由，更加注重市场主体之间的公平竞争，对处于经济强势的主体进行打压，而对处于相对弱势的一方采取支持的政策。在私有化改革的初期，俄罗斯需要面对的是打破旧有垄断、规制新垄断力量的问题。因为不公平的私有化过程，权贵阶层转为"私营企业家"，在大大低估国有资产价值的基础上进行了"资本原始积累"。他们迅速获得权力，形成了各种行业寡头、官僚集团，特别是形成了一些大型的金融工业集团，对国民经济领域的重要行业产生重要影响。对这些大型企业的设立、并购过程实施监管是当时反垄断法的一项重要规制内容，并且在实践中不断强化监管的手段。1998 年，俄罗斯竞争法在进行修订时引入"卡特尔"的概念，明确界定控制权主体的含义，对处于从属关系的经营主体所从事的经营活动进行反垄断规制。在这一点上，俄罗斯反垄断战略是一以贯之的。2006 年，《俄罗斯联邦保护竞争法》将国有化以后所形成的新官僚利益集团作为反垄断法的重点规制对象，通过联邦法律和专门的行政规章对大企业的反竞争行为进行规制，维护公平的交易机会。

2. 对自然垄断行业的反垄断更加严格

自然垄断行业已经根深蒂固于计划经济时期的国家垄断，对于保障国家经济利益和消费者总福利具有重要的战略意义。目前，俄罗斯自然垄断规制通过价格规制、特许制度、非歧视性市场准入制度和其他调整竞争关系的措施展开。这些规制手段与特定市场相结合，以此处理复杂的现实问题。而且产业政策与竞争政策的内在冲突也可能使得竞争政策偏向于追求产业的经济效率，而加大自然垄断规制的难度。但是在自然垄断行业引入竞争也能提高产业效率，特别是区分相关产业环节的具体属性，在不属于自然垄断性质的环节引入竞争机制是俄罗斯竞争政策所坚持的方向。总体上说，俄罗斯运用综合手段严格对自然垄断进行规制，并已经取得明显的成效。

3. 行政机关的反竞争行为受到限制

行政机关享有国家赋予的权力，容易使竞争弱势的经营主体处于不平等的地位，而严重损害诚实经营竞争者的利益。世界多数国家都非常重视对行政机关权力的正当行使进行约束。但是在现实生活中适用统一的规则难以达到最佳规制效果，特别是在进行公共资源分配时，行政机关寻租的风险相对较高，而且行政垄断自身的特殊性决定其必然减损反垄断法的实施效果。在俄罗斯，私有化改革的结果是国家垄断体制的瓦解，垄断的性质、市场结构正在变化。一些商业集团成功消除赤字，产生了最初的竞争市场，但是私有化也没有像预期那样带来市场竞争和经济效率。市场竞争是低水平的竞争，俄罗斯需要面对的却是国有垄断向私人垄断的转变的问题。私有化过程中产生的垄断利益集团多具有政商勾结的特点。1991年《关于在商品市场中竞争和限制垄断活动的法律》强调对行政机关、中介组织和其他具有公共职能的社会团体或者组织的行为实行严格的约束，特别是对行政机关权力实行全面预防和规制。2006年《俄罗斯联邦保护竞争法》将反垄断的目标定位于保障反垄断机构的调查顺利进行和反垄断决议、命令的有效执行，赋予了反垄断机构更多的强有力的职权，强化对行政机关的监督，并对行政机关消极影响市场竞争的行为作出专门的禁止性规定。

4. 中小企业发展获得支持

提高企业的竞争力，需要培育自由、公平竞争的市场环境，良好的市场环境的形成有赖于市场力量的制衡发展。对处于市场竞争弱势的中小企业的扶助，是发挥法律的平衡功能。从竞争法律制度的角度，促进竞争的措施体现为积极的促进和消极的促进。《俄罗斯联邦保护竞争法》的一个主要特点就是将直接促进竞争的措施和间接促进竞争的措施都纳入竞争法的调整范围。俄罗斯除颁布专门针对中小企业的法规和发展纲要外，在联邦保护竞争法的修订中也将国家对中小企业的保护和支持作为重要的目

标。例如，提高监管对象标准，减少行政限制，保障中小企业的经营自由
和增加为中小企业提供国家援助的规定等。

5. 消费者福利保障得到重视

消费者权益保护是多个部门法的共同责任。经济法在消费者权益保护
方面发挥着重要的作用，其中最重要的途径之一就是反垄断。对传统三种
垄断行为的规制都会直接或间接地保护消费者的权利和利益。例如，在价
格规制中，对垄断高价、垄断低价、固定价格以及限制转售价格的行为规
制都使消费者直接受益。1991 年俄罗斯首部反垄断法《关于在商品市场中
竞争和限制垄断活动的法律》，即关于商品市场中的反垄断行为规制的立
法。而且在前述反垄断立法初步建立的一系列其他相关规范性文件，都十
分重视商品价格的规制，尤其是垄断高价的规制。2006 年《俄罗斯联邦保
护竞争法》除了明确禁止垄断高价、垄断低价、固定价格、限制转售价格
行为以外，还将是否保障消费者的需求作为认定经营者行为是否违法的判
断依据。根据俄罗斯竞争法，在可能生产这些商品的条件下，经济上或技
术上不合理地减少或停止生产市场上有需求或者消费者订购的商品构成滥
用市场支配地位。在一些垄断行业，尤其是电力、电信、铁路、邮政、石
油等国家垄断行业，经营者往往凭借垄断地位，实施垄断高价或者制定不
合理的定价规则。在这种情况下，消费者明显处于不平等的地位，被迫接
受价高质次的服务，切身利益受到严重侵害。对此，俄罗斯保护竞争法作
出了制度回应，将对消费者的保护作为反垄断的终极目标。除了司法上的
反垄断公益诉讼，消费者还享有行政程序上的反垄断诉权，即消费者可以
作为反垄断案件审查的提起主体并享有审查程序上的权利。

第四节　结构性改革中竞争政策实现的基本路向

一　微观层面的基本路向：保护竞争者

竞争政策反映了市场经济的基本规律，为市场决定资源配置和资源优
化配置提供了有力的制度保障。借助竞争政策工具可以有效约束部分经营

者利用自身优势地位实施的垄断行为或政府对市场经济的干预行为从而实现维护市场竞争目的。通过维护市场竞争推动创新发展，提高市场竞争的活力。正如前文所言，竞争政策在我国市场经济中处于基础性的地位。在我国经济转型的现实背景下，研究和推进竞争政策有重要意义。因此，在供给侧结构性改革中，我们需要大力推行和实施竞争政策。

结构性改革强调要通过改革驱动创新、提高生产效益和提高产品市场竞争力的方式来促进经济增长。从这个层面上看，竞争政策和供给侧结构性改革的目标在内涵上具有高度统一性，即提升社会的整体福利水平。这种提升主要依靠划清政府和市场的界限、让市场机制发挥决定性作用来实现。① 有效的市场竞争是实现结构性改革的重要前提和保障，为数众多的市场竞争者担负着优化市场结构、促进市场有效竞争的重任。根据竞争理论，市场中的参与主体越多，市场竞争越充分。因此，对竞争者利益进行保护是保证市场竞争活力的重要措施。但目前从竞争者的角度看，他们的竞争利益没有得到很好的保护，目前我国对竞争者竞争利益的保护尚缺乏竞争法上的依据。因此，本书认为对竞争者的竞争利益的保护应成为结构性改革中竞争政策实现的基本路向。

竞争政策将竞争秩序作为其主要的价值目标，关于竞争秩序的讨论众多，目前没有哪一学说能被奉为圭臬。综合现有学说，学界对竞争秩序的理解，至少在以下三个方面达成了共识：一是竞争秩序意味着在市场经济活动中，各市场主体将竞争作为获取有限资源的最主要方式的一种经济秩序，市场在资源配置中起决定性作用根源在于市场竞争机制的良好运行，竞争是市场经济的活力源泉，因此竞争秩序是市场经济秩序的核心；二是当前语境下的竞争秩序是一种受限制的秩序，这种限制来源于政府政策和法律法规；三是竞争秩序本身包含自由、公平、效率、秩序等价值，竞争秩序的具体要求是统一开放、竞争有序的市场体系。②

竞争机制运行良好是市场在资源配置中起决定性作用的重要前提。竞

---

① 参见黄勇《供给侧结构性改革中的竞争政策》，《价格理论与实践》2016 年第 1 期。

② 参见孙晋、钟原《竞争政策视角下我国公平竞争审查豁免制度的应然建构》，《吉首大学学报》（社会科学版）2017 年第 4 期。

争法保护竞争的实质在于保护其创设或建立的一种竞争秩序，以体现对市场竞争的正向引导。因此，竞争秩序应为竞争法最主要的价值目标。对于现在学界所存在的一种反垄断法乃至竞争法只保护竞争秩序不保护竞争者的观点，本书认为，保护竞争并不意味着微观层面竞争者的竞争利益就应为法律所忽视。"保护竞争"和"保护竞争者"不应当被放在对立的两面，"保护竞争"是一种抽象意义上的法律价值目标的表达，而"保护竞争者"则是具体层面上法律价值的体现。反垄断法学理中"保护竞争不保护竞争者"的观点并不符合其立法宗旨和基本价值，同时也不为其具体制度相容。①

（一）保护竞争者符合立法宗旨和基本价值

1. 符合反垄断法立法宗旨

立法宗旨体现了立法者希望通过立法达到的一定目的或价值追求的效果。本书中的竞争者主要指中小企业，对中小企业的保护是反垄断法产生的一个重要原因。反垄断法最早产生于19世纪末的美国，在当时的资本主义经济条件下，美国托拉斯组织联合排挤中小企业，中小企业深受其害，随即联合其他受损阶层向美国政府请愿并施加压力。在这个背景下，《谢尔曼法》应运而生，这标志着现代反垄断法的诞生。因此，反垄断法产生伊始便是以保护中小企业利益为目的。宣称"不保护竞争者"不符合反垄断法的立法宗旨，我国《反垄断法》第1条就规定了防止垄断、促进市场竞争的立法宗旨。对中小企业的保护恰好可以抑制大企业实施垄断协议或滥用市场地位等行为破坏市场竞争秩序，促进市场的自由竞争。"不保护竞争者"观点显然不符合我国《反垄断法》的立法宗旨。

2. 符合反垄断法的价值要求

法律学界将法律的价值概括为"只有当法律符合或满足人们的需要，在人与法之间形成价值关系，法律才有价值可言"②，说明满足人的需要是法律的基本属性。前述法律的各项基本价值是相对于整个法律体系而言

---

① 参见钟原《供给侧结构性改革的竞争法实现》，《理论月刊》2017年第11期。

② 转引自盛杰民，叶卫平：《反垄断法价值理论的重构——以竞争价值为视角》，《现代法学》2005年第1期。

的，各部门法之间基于自身规定和满足人们的需要不同，呈现出具有各自特色的法律价值。在具体的法律中，法律的价值目标是多元的。长久以来，学界对于反垄断法价值目标常有争议，尚未形成一致的观点。目前，多数观点认为反垄断法的价值目标是多元的。"在现代社会，法对人类的价值是多方面的，也是巨大的。从法理学术上的概括，我们把秩序、自由、正义、效益作为现代法律的基本价值。"① 作为法体系一个组成部分，反垄断法的价值体系中也应当容纳自由、效益、公平、秩序等价值标准和追求。公平和自由价值在反垄断法的创设初期被放在崇高的位置，效益价值与经济分析进入反垄断分析的过程同步，并在芝加哥学派影响反垄断实践时期达到顶峰。②

反垄断法本身是在资本主义市场经济条件下发展起来的，自由竞争被视为市场经济的基本属性。竞争自由一方面要求竞争者在市场上享有自由竞争权而不受政府干预，另一方面又要求政府对垄断行为进行规制。自由价值的实现需要依托充分竞争的市场环境。实现反垄断法的自由价值要求将自由竞争规范在良好竞争秩序的范围之内。③

反垄断法的价值体系是多方面、多层次的，在反垄断法价值体系中秩序、自由、公平、效益是反垄断法抽象层面的价值目标，学者们多从抽象层面出发探讨反垄断法的价值。但是反垄断法的价值体系中也应当包含保障权利实现的具体价值目标。抽象目标的实现需要通过对具体价值主体的权利进行保护，没有对具体价值主体权利的保护，抽象价值就会显得空洞无力。经营者是反垄断法的重要主体，享有自由进入市场参与市场竞争的权利，同时也负有不得实施排除、限制竞争行为破坏市场正常竞争秩序的义务。因此，当其他竞争者实施垄断或限制竞争等行为损害竞争者合法的竞争利益时，竞争者有权请求反垄断机关依据反垄断法的相关规定给予救济。这是反垄断法的立法宗旨和价值实现的手段。反垄断法中的自由、公

---

① 转引自徐孟洲：《论我国反垄断法的价值与核心价值》，《法学家》2008 年第 1 期。
② 参见曾翔、曲衍东《论我国〈反垄断法〉的价值取向》，《反垄断论坛》2015 年第 12 期。
③ 参见高宏贵、董小红《论我国反垄断法的价值目标及其实现》，《社会主义研究》2008 年第 4 期。

平、有序、效益等抽象价值的实现依赖于每一次的公正执法和公正审判，依据反垄断法的规定处罚损害市场竞争秩序的其他竞争者的同时，实现了对受损害的竞争者利益的保护。① 因此，反垄断法的立法价值不应仅在于对抽象的竞争秩序的保护，还应当在于对具体价值主体利益的保护也即对竞争者竞争利益的保护。主张"只保护竞争"并试图间接实现对竞争者利益的维护不仅很难实现有效保护目的，甚至可能损害竞争秩序，因为抽象法律价值目标的实现需要依靠多个具体法律价值目标的支撑。故"保护竞争不保护竞争者"的观点显然违反了反垄断法的立法宗旨和基本价值。

（二）保护竞争者与反垄断法具体制度相容

"保护竞争不保护竞争者"的观点不能适用于反垄断法的具体制度。反垄断法的三大制度包括控制经营者集中、垄断协议规制以及滥用市场权利规制。三大具体制度都与保护竞争者利益紧密相关。

"保护竞争不保护竞争者"观点首次出现于美国联邦最高法院一起企业并购案件中的判决中，可以说是从经营者集中制度中发展起来的。"布朗鞋案"是美国《克莱顿法》第 7 条修改后的基于该法所提起的首次诉讼。《克莱顿法》是在面临企业合并规模明显扩大、对经济力量集中的警惕性提高、产业的地域管理和保护小规模企业的背景下通过的。② 可见，美国国会的立法原意之一便在于保护小企业。美国联邦最高法院在审理本案时持相当谨慎的态度，在考虑 Brown Shoe 和 Kinney 公司并购合法性时，整理了美国国会修订《克莱顿法》的考虑要素并采纳第五个要素：对某些具有限制竞争效果的企业并购采取反垄断措施时，也应认识到某些企业的并购行为有促进竞争的效果。基于此，美国联邦最高法院提出了"保护竞争不保护竞争者"。从案件真实背景看，美国联邦最高法院事实上对"竞争者"进行了区分。美国联邦最高法院所指的"竞争者"指的是大企业。美国联邦最高法院指出，美国国会意识到了某些小企业并购可能带来更有效率的竞争，因此对小企业的并购是不应当禁止的。小企业并购后参与竞

---

① 参见吴宏伟、谭袁《保护竞争而不保护竞争者？——对主流反垄断法观点的审视》，《北方法学》2013 年第 4 期。

② 参见吴宏伟、魏炜《论反垄断法的价值目标》，《法学家》2005 年第 3 期。

争将会对大企业造成损害，但是为了保护市场有效的竞争，美国国会不会为保护大企业的利益而禁止小企业之间的合并。因此，美国联邦最高法院所提出的保护"竞争"是指保护小企业通过并购来增强与大企业之间的竞争，"不保护竞争者"是指不保护大企业。小企业的并购有助于提升其自身竞争力，对小企业并购的保护事实上也是对小企业的保护，从这个层面看，竞争者的利益还是得到保护的。当前普遍理解"保护竞争不保护竞争者"与美国联邦最高法院所提出的"保护竞争不保护竞争者"真实含义存在较大的理解偏差。

尽管"保护竞争不保护竞争者"观点从企业并购案件中提出，在审理经营者集中案件时有一定适用空间，但并非完全适用于经营者集中制度。在"Brunswick 案"中美国联邦最高法院确立了一个重要标准，即竞争者只有在证明自己的利益受到垄断损害时才能得到法律的保护。此后，关于原告是否遭受垄断损害，在反垄断案件中几乎都被提及。这说明，如果竞争者能证明自己的竞争利益因垄断而遭受损失，是可以得到法律保护的，若不能证明自己的利益遭受损失，则"保护竞争不保护竞争者"可作为不为竞争者提供保护的理由。因此，"保护竞争不保护竞争者"在经营者集中制度中不能完全适用。

垄断协议是指市场主体之间达成固定价格、串通投标、破坏市场等破坏或限制市场竞争的协议或协同行为。[①] 达成垄断协议是经营者实现垄断最主要、最直接的方式，[②] 垄断协议限制竞争是在市场中最常见、存续最久、危害最严重、存在最隐蔽的一种限制竞争形式。[③] 因此，各国反垄断法都把垄断协议作为规制的重点。垄断协议规制指禁止经营者之间达成某种排除、限制竞争的协议。参与垄断协议的经营者人为地控制了商品的价格、销量、销售市场等，严重削弱了市场的竞争机制，破坏市场的竞争秩序，造成消费者和其他经营者利益的严重损失。垄断协议对在竞争中处于弱势地位的其他竞争者造成了损害，反垄断法因此对此行为进行规制。我

---

① 参见金美蓉《论垄断协议的国际法规制》，《武汉大学学报》2014 年第 4 期。
② 参见韩万江《略论我国反垄断法对垄断协议的法律规制》，《人民论坛》2013 年第 17 期。
③ 参见王长秋《我国〈反垄断法〉"垄断协议"解析》，《法学杂志》2008 年第 1 期。

国《反垄断法》第2章规定了对垄断协议规制的具体制度，其中第17条第1款规定禁止具有竞争关系的经营者之间达成横向垄断协议，第18条规定禁止经营者之间达成纵向垄断协议。我国《反垄断法》设定的垄断协议规制不仅体现了对消费者权益的保护，也体现了竞争者的合法利益的保护。对于一些为达到积极效果的垄断协议，反垄断法将予以豁免。例如，我国《反垄断法》第20条规定了对实施垄断协议经营者的豁免条款，经营者达成的垄断协议有利于促进技术创新、提高产品质量、提高经济效率等的，反垄断机关应当对其予以豁免。《反垄断法》的豁免条款设定了违法门槛，放宽了中小企业的限制，在一定程度上可以看作对中小企业的保护。因此，在垄断协议规制的制度中，竞争者竞争利益得到了保护。

反垄断法禁止具有市场支配地位的企业滥用其市场支配地位排除、限制竞争。市场支配地位是指相关市场上的经营者拥有控制商品价格、销售数量以及交易条件或限制、阻碍其他经营者进入相关市场的市场地位。[1]滥用市场竞争地位可分为"排他性滥用"和"剥削性滥用"，"排他性滥用"指拥有市场支配地位的企业为了减少或规避竞争而采取的掠夺性定价、拒绝交易、阻碍其他竞争者进入相关市场的行为，"剥削性滥用"是指拥有市场支配地位的经营者对下游的消费者和上游的供应商实行不合理的区别对待行为，例如，价格歧视、独占交易等。[2]"排他性滥用"对竞争者利益会造成损害，因此，在规制滥用市场支配地位的制度中，竞争者利益是得到保护的。我国《反垄断法》明文禁止具有市场支配地位的企业滥用市场支配地位实施排除、限制竞争行为。其中第3章第22条第1款规定企业不得无正当理由实施拒绝与交易相对人交易、限定交易人的交易对象等滥用市场支配地位行为。我国《反垄断法》的滥用市场支配地位规制的制度对"排他性滥用"的禁止体现了对竞争者合法权益的保护。

综上，反垄断法三大具体制度都在一定程度上体现了保护竞争者的特点。经营者试图通过达成垄断协议、滥用市场支配地位或利用经营者集中

---

[1]　参见刘贵祥《滥用市场支配地位理论的司法考量》，《中国法学》2016年第5期。

[2]　参见王勇《跨国并购的市场效应与反垄断规制》，《西北大学学报》（哲学社会科学版）2009年第6期。

地位达到排除、限制竞争目的的行为将破坏市场有效的竞争秩序，损害其他竞争者的利益，对此，反垄断法需要对其予以规制，保证市场中的消费者和其他竞争的合法利益都能得到保护。因此，"保护竞争不保护竞争者"不符合实际情况，也背离了反垄断法各制度的本质，不应当成为反垄断法的价值目标。在每件竞争法司法案件中，反垄断机关在执法过程中都应该对竞争者利益进行保护。从当前我国的立法看，竞争法为竞争者寻求利益保护也提供了有效的救济渠道，无论是程序规范或是实体法规都有相应的法律规定，配套的司法解释、执法等也在进一步发展完善。

当然，反垄断法对竞争者利益保护不是绝对的，为了实现技术创新、提高经济效率等目标，反垄断法允许企业在市场中拥有较高的市场份额和市场地位，尽管这一行为将对其他竞争者造成损害。另外，在市场自由竞争的状态下，竞争者利益由于竞争而受到的损害具有正当性，不受反垄断法的保护。

二　中观层面的基本路向："创造"竞争

如前所述，保护竞争者实际上是实现竞争法基本目标的起点，它能够矫正微观市场主体层面上被扭曲的竞争秩序，但仅有微观层面对不公平竞争的规制显然不足以完全实现竞争法的所有目标。从生产行业的角度即中观层面来看，部分行业的经济活动仍存在着受到政府行为妨碍的现象，这使得行业内的市场竞争活力未得到足够的释放，出现了竞争不足。该问题并非近几年才出现，而是一直伴随着我国经济体制的改革与转型，是我国特殊国情下不可回避，也是必须解决的问题。我国《反垄断法》的目的不仅限于保护竞争，同时负有"创造"竞争的使命。所谓"创造"竞争，就是通过竞争法限制公权力对市场经济行为的不当干预，扩大市场机制作用的发挥。① 由于我国经济体制正处于不断转型过程，尽管市场竞争在此阶段已经逐渐冲破旧有模式及体制，释放活力，但毕竟转型升级非一日之功，计划经济时期政府包办一切的"制度惯性"仍将在一段时间内继续存

---

① 参见黄勇《认识中国反垄断法》，《财经》2007 年第 18 期。

在，所以从中观层面来看，重视竞争法更高层次的功能——"创造"竞争，对促进供给侧结构性改革实现更大效用影响重大。

（一）"创造"竞争是对我国政府与市场关系的重构

实际上，对于政府而言，充分尊重并重视市场机制或者说是极力克制自己的行政权力在市场经济中的任性扩张、非必要时刻绝不干预市场经济十分不易。就我国而言，市场经济的发展与资本主义国家甚为不同，对于政府与市场关系的理解也需要结合我国特殊的国情。我国当前实行的是中国特色的社会主义市场经济，但在此之前的很长一段时间内我国实行的是计划经济，我国社会的所有经济行为均由政府计划包办，可以说在此阶段我国并没有"市场"，政府完全承担了市场的功能。伴随着改革开放，国家开始允许和鼓励私营经济的发展，并使政府以及国有企业从竞争性领域有序退出，然而时至今日，政府的经济权力依然强大。应该解释的是，在中国特色的社会主义市场经济的主基调下，我国公有制占主体的经济体制注定了在我国市场经济的发展中离不开政府的作用，供给侧结构性改革下政府与市场关系的并非对市场行为的完全放任，需要保持一定程度的政府干预，正如我国《反垄断法》第8条[1]通过类似宣誓类的语言对关系国家经济命脉、国家安全等特殊行业实行国家干预建立了框架性条款。[2] 诚然，国家需要适度干预，但现实情况却是计划经济体制下的"制度惯性"影响了市场经济体制下政府对自身角色和权力的准确定位与控制，使得一些政府自身对经济的干预超过了当前制度下的必要限度。政府公权力对市场的干预，可能使相关市场内自由、公平竞争无法实现，企业经营者不得不花费更多原本可投入产品研发、科技升级的时间和精力来与政府机关打交道，而如今一些权力寻租、腐败等问

---

①　《反垄断法》第8条："国有经济占控制地位的关系国民经济命脉和国家安全的行业以及依法实行专营专卖的行业，国家对其经营者的合法经营活动予以保护，并对经营者的经营行为及其商品和服务的价格依法实施监管和调控，维护消费者利益，促进技术进步。前款规定行业的经营者应当依法经营，诚实守信，严格自律，接受社会公众的监督，不得利用其控制地位或者专营专卖地位损害消费者利益。"

②　张杰斌：《特定行业的〈反垄断法〉适用问题研究——〈中华人民共和国反垄断法〉第七条评析》，《北京化工大学学报》（社会科学版）2007年第4期。

题也和政府占据过多经济资源有关，可以说这已经成为我国市场经济发展的短板。[①]

针对上述问题，我国竞争法具有的"创造"竞争功能恰是一剂良药。我国《反垄断法》第10条规定，行政机关和法律、法规授权的具有管理公共事务职能的组织不得滥用行政权力，排除、限制竞争。当行政权力不再不当干预市场经济行为时，市场主体则有更大的空间进行自由、公平的竞争，从而为行业和领域"创造"竞争。对于"创造"竞争的理解，对政府来说，首先应积极地将政府职能定位为服务型政府，认识到自身在市场经济活动中应当有所克制，而非主动作为，为市场对资源的优化配置创造良好的制度条件。其次，政府要将原本属于市场的职能逐步还给市场主体，促使经济发展方式实现一系列转变，有效结合政府的宏观调控与市场的价值杠杆。对于市场来说，经过政府的权力解绑后，其中的经营者在积极参与公平竞争、使得市场释放活力的同时，也需要对制度、政策进行深入的剖析，确保不越过竞争"红线"，并结合市场发展的需要，顺利实现企业的转型发展。应当明确，在本次供给侧结构性改革过程中，尽管具备"创造"竞争功能的竞争法是重塑政府与市场关系的重要工具，但由于竞争法"创造"竞争功能的主要作用目标是拥有行政权力的政府部门，明晰政府权力与市场调节的界限的主动权仍在政府部门自身。

（二）"创造"竞争重点在于规制政府限制竞争行为

实现社会经济的稳定良好发展需要将政府宏观调控与市场自由调控相结合，即将"看得见的手"与"看不见的手"相结合。面对市场失灵，政府宏观调控固然能起到一定程度的弥补作用，但当行政机关过度插手市场，以至于形成了行政性垄断时，它自己却成为市场失灵的"幕后黑手"。竞争法产生之初是为了规制企业的反竞争行为，但相较于私人，政府限制竞争行为对竞争的危害更甚。[②] 首先，其最为直接的后果就是破坏市场公平竞争。行政性垄断无论表现为何种形式，其初衷都是排除市场主体交易

---

① 参见孙晋《经济法视角下政府经济权力边界的审读：以政府职能转变为考察中心》，《武汉大学学报》（哲学社会科学版）2014年第2期。

② 参见王晓晔《反垄断法》，法律出版社，2011，第287页。

的自主性。一旦市场主体丧失了交易的自主性，则意味着在市场竞争中某些特定的交易对象就凭借该行政性垄断行为"合理""合法"地获得优势，这对于其他同行来说毫无公平可言，可以说是对市场公平竞争的公开破坏。其次，行政性垄断一定程度上破坏了经济民主和经济公正。民主之所以能进入经济领域，是因为民主内含有促进经济增长的积极因素，即民主具有通过达成共识以解决冲突、尊重人的需求和特性等内容。① 行政性垄断是滥用行政权力的结果，不仅严重违背了经济民主原则，更是对经济公正原则的破坏。最后，非常明显的是，行政性垄断造成了资源配置效率的低下和资源浪费。行政机关滥用行政权力介入原本应当由市场进行资源配置的领域，这与市场主体在自由竞争状态下形成的资源配置相比，产生了人为的限制与障碍，这对市场经济的发展来说是极为不利的。行政性垄断与国家垄断和行业管制虽都为政府干预经济的形式，但其危害性十分明显，且缺乏法律依据，因此竞争法"创造"竞争功能的实现首先便应着眼于行政垄断规制。

尽管我国《反垄断法》对行政性垄断设有专章予以规制，2019 年 6 月 26 日国家市场监督管理总局针对制止行政性垄断行为也专门出台了《制止滥用行政权力排除、限制竞争行为暂行规定》，但从实际效果看，行政性垄断仍大量存在。究其原因，主要体现在反垄断执法机构的权限有限，无论是早在 2008 年就已经开始实施的《反垄断法》，还是 2019 年出台的《制止滥用行政权力排除、限制竞争行为暂行规定》都没有授予反垄断执法机构对实施行政性垄断的政府部门进行处罚的权力，而只赋予了对实施垄断行为主体上级机关的建议依法处理权，同时并且没有规定当上级机关不接受反垄断执法机构建议时应如何处理。在这样一种情况下，尽管能够认定该行政性垄断违法，却并不能保证其完全被制止。也正是由于法律规定不够完善，我国行政性垄断并没有得到十分有效的规制，而行政性垄断的屡禁不止也正是中国反垄断与其他市场经济发达国家的区别所在。②

① 参见梁能《公司治理结构：中国的实践与美国的经验》，中国人民大学出版社，2000，第 63 页。

② 参见许光耀《反垄断法上的行政垄断分析》，《行政管理改革》2014 年第 11 期。

除行政性垄断之外，《反垄断法》第 8 条也为国家干预提供了保护性框架，并为豁免国有企业垄断行为留下了空间。[①] 而国有企业作为本次供给侧结构性改革的重点，正逐步推行混合所有制改革，通过法律制度的修正扫平非公资本进入特殊行业的障碍正是"混改"的核心性框架。[②] 因此，就竞争法"创造"竞争的任务而言，打破部分行业的进入壁垒，使更多私营企业能够进入市场参与竞争也是其应有之义。

三　宏观层面的基本路向：实现整体竞争

"时至今日，市场经济成为现代国家经济发展模式的最优选择，已是共识。"[③] 在经济生活中"生产什么""如何生产"和"为谁生产"等问题主要由市场决定。在市场经济条件下，产品价格由竞争所形成，并承载着某一资源相对于其他资源的稀缺程度信息，而市场参与者依据该信息便可掌握相关市场的竞争态势，作出相应的资源配置决策，从而降低信息成本和交易成本。不可忽视的是市场参与者不仅受到竞争约束，而且要受到产权约束，因此市场经济成为一种静态和动态资源配置效率兼具的经济模式。倘若不建立这样的市场经济模式，社会资源配置缺乏可靠的指引，经济资源也就无法得到有效配置，更不能提整体竞争。

市场经济在配置资源中起决定性作用，以其核心机制竞争机制的全面推进为条件。没有竞争，也就无所谓的市场，更不能提市场经济。政策文件、法律文件上的"市场经济"并不必然意味着市场或竞争能够在现实的资源配置中发挥积极的作用。尤其是对于像中国这样正处于转型时期的发展中国家来说，计划经济的一些习惯，仍然残留在经济政策制定过程之中。这不仅损害市场公平竞争，也损害了市场运行效率。与此同时，竞争的自我摧毁性在我国市场经济运行中也不可避免。《反不正当竞争法》和《反垄断法》的颁布实施，为我国规制政府不当干预经济、保护竞争提供

---

① 参见李国海《论反垄断法对国有企业的豁免》，《法学评论》2017 年第 4 期。
② 参见段宏磊、刘大洪《混合所有制改革与市场经济法律体系的完善》，《学习与实践》2015 年第 5 期。
③ 丁茂中：《竞争中立政策研究》，法律出版社，2018，第 1~2 页。

法制支撑，在矫正竞争扭曲行为、维护市场竞争秩序等方面发挥了不容忽视的作用，并为市场参与主体在公平竞争的市场秩序中不断提高核心竞争力提供了制度保障。因此，在供给侧结构性改革中正确审视竞争机制的重要作用，在供给侧结构性改革各个环节中以保护竞争、促进竞争、倡导竞争理念作指导原则，保证国家调节市场过程中全面去掉特殊行业或企业的扶持政策，在市场经济体制内实现整体竞争是我国经济体制改革中的必经之路。实现整体竞争路径包含几个方面的基本路向。

（一）供给侧结构性改革坚持市场在资源配置中起决定性作用

所谓整体竞争，是指将竞争政策基础地位落实到各个领域，去掉针对某一企业、某一行业的扶持政策，去掉针对国有企业的隐性担保，以竞争政策为统领，形成多层次、多角度、多方面的政策体系。因此，探究能促进整体竞争的实现路径，成为我们迫在眉睫需要克服的重大社会课题，也在很大程度上直接影响我国"经济改革 2.0"版本的成效。

竞争是市场经济的灵魂。"市场机制能够有效配置资源、形成兼容的激励机制的根本原因在于，通过市场竞争形成的价格能够反映供求即资源的稀缺程度，只有通过市场的自由竞争才能形成这一价格信号，才能实现市场所有有效的机制。"[1] 全面发挥市场在资源配置中的决定性作用，是作为市场经济核心机制的竞争机制有序运行的必要条件。市场竞争机制的维护不仅需要政府积极作为预防和制止经营者实施垄断行为，而且需要政府严于律己，限制滥用权力限制、排除竞争的行为。因此，结合目前全国范围推行的供给侧结构性改革，全面推进政府干预市场的负面清单管理模式，通过严格执行《反垄断法》禁止"滥用行政权力排除、限制竞争"的法律规定基础上，秉持市场调节优先、政府干预次优理念的竞争政策。促进竞争为核心导向的竞争执法政策、放松市场管制的竞争推进政策、培养竞争文化的竞争倡导政策。[2]

我国经济发展长期以来高度重视需求侧的作用，并习惯于投资、消费

---

① 吴敬琏：《没有竞争的市场更可怕》，《新华日报》，2013 年 2 月 26 日，第 A03 版。

② 参见徐士英《竞争政策研究——国际比较与中国选择》，法律出版社，2013，第 204～224 页。

和出口来拉动经济增长。① 当然，改革开放以来政府高度重视需求侧的调控措施，有效缓解了多次世界性经济危机对我国经济的冲击，并保证了我国经济在世界经济持续低迷时期仍然能保持稳定的高增长率。"但是，过度注重政府投资、经济政策刺激也出现了负面影响，并且导致其成效不再显著，例如 2014 年之前的需求侧改革并没有达到预期效果，反而使我国城乡差距、行业差距进一步扩大，企业负担日益加重。"② "与此同时，我国在供给领域、生产领域日益暴露出生产成本不断上升、产品供需错配、杠杆率高等问题"③，就在这种特殊背景下，我国经济管理的重心从原来的需求侧转移到供给侧，而供给侧的管理正是以市场为主导。因此，在供给侧结构性改革推行中，要始终坚持市场在资源配置中起决定性作用。

（二）认清供给侧结构性改革对提升整体竞争力的重大战略意义

供给侧结构性改革并不是一般意义上的经济结构的调整，而是以有效制度供给支持国家经济结构的升级优化，以提高我国制造业总体质量为导向的经济结构调整。供给侧结构性改革的宗旨是提升供给质量，提升产品品质，激活和提升全要素生产率，不断拓展国内外需求空间。供给侧结构性改革的核心在于充分发挥市场机制在结构调整中的主导作用以及在效率方面的明显优势，通过创新等手段，激发市场活力，改善生产中的要素投入，消除无效供给，解决供给与需求的结构性矛盾。这是供给侧结构性改革作为全国经济改革的应有之义，也是以整体观全面推进本次改革的具体体现。

改革开放以来，我国制造业发展迅速，在 500 多种主要的工业产品中，我国有 200 多种产量位居世界第一，现已成为世界第一制造大国。但是，随着我国工业化进程步入后期、人口红利逐渐消失以及人口老龄化，制造业劳动力成本快速上升，一定程度上促使制造业企业将生产工厂转移到东南亚等劳动力成本更低的国家和地区。④ 与此同时，随着发达国家纷纷提

---

① 参见钟原《供给侧结构性改革的竞争法实现》，《理论月刊》2017 年第 11 期。
② 张志明、蔡之兵：《供给侧结构性改革的理论逻辑及路径选择》，《经济问题探索》2016 年第 8 期。
③ 冯志峰：《供给侧结构性改革的理论逻辑与实践路径》，《经济问题》2016 年第 2 期。
④ 参见《中国制造业发展现状》，搜狐网，http://www.sohu.com/a/288186167_120043366，最后访问时间：2019 年 10 月 10 日。

出以重振制造业和大力发展实体经济为核心的再工业化战略，短期内实现现代信息技术与制造业相融合、提高复杂产品的制造能力，使得本国制造业重新获得竞争优势。与此相反，我国制造业从结构上看还是以劳动密集型产业为主，智能化水平不高，核心技术优势欠缺，产业整体市场竞争力提升空间较大。因此，在供给侧结构性改革中，整体竞争是必要的，也是可以为竞争政策所实现的。供给侧结构性改革并非针对某一企业、某一行业或者某一地区，它本身是一项涉及全国所有领域的改革，目标是实现全国经济的整体好转。就单一企业、单一行业实行特殊的扶持担保政策会使相关市场无法实现公平竞争，导致竞争机制无法发挥作用。供给侧问题的解决以市场机制的主导作用为基本逻辑，竞争的缺位只会使该行业供给侧一端的矛盾不能得到化解，这显然与本次改革的初衷不符。因此，在供给侧结构性改革推进中，迫切需要我们凝聚供给侧结构性改革对我国经济主体整体竞争力提升的重要意义的共识，从而全面发力于制造业整体竞争力的提升。

（三）制度供给侧严格落实竞争中立来促进整体竞争有序开展

供给侧结构性改革的核心是以政府为核心的各类制度创新与制度供给，改革的目标是通过更好地发挥政府作用进而发挥市场配置资源的决定性作用，提高我国供给体系的质量与效益，进而促进我国各种经济主体在国际市场上的整体竞争力的提高。制度经济学代表人物之一、美国著名经济学家舒尔茨说过："任何制度都是对实际生活中已经存在的需求的响应。"[①] 整体竞争的实现，是国家调节市场的各项制度安排中去掉针对某一企业、某一行业的扶持政策出台实施，去掉针对国有企业的隐性担保，以竞争政策为统领的中立性制度供给为条件。作为经济转型国家，我国政府对经济不当干预导致的竞争限制尤为普遍，甚至形成了制约市场经济发展的障碍。此时就需要在政府运用权力合理干预市场和防止政府滥用行政权力限制和排除竞争之间取得平衡。要实现这一平衡，可行的路径就是在坚持竞争政策基础地位的前提下，通过事前对政府运用权力的行为进行竞争

---

① 参见冯俏彬《供给侧结构性改革的核心是制度创新》，《金融经济》2016 年第 3 期。

评估、事后通过反垄断执法和司法来规制政府不当运用权力的行为。而不论事前的评估或者事后的规制，都需要一个标准作为评价政府干预市场行为正当、合理与否的尺度，这个标准就是竞争政策基础地位。竞争政策基础地位既是政府干预市场的指导性原则，也是制度供给侧创新的目标。国外最初关于竞争中立的实践以及研究，主要基于"国家在市场竞争这一问题上对国有企业和私营企业一视同仁"这个角度来解释及构建竞争政策基础地位制度，但是其核心价值取向在于建立公平的市场竞争环境，且其作为衡量一个国家是否具有公平竞争与良好营商环境的主要标准在世界各市场经济国家已成共识。① 因此，在整体竞争实现过程中，以制度设计是否具有中立性作衡量政府各项制度安排是否促进公平竞争的评判标准，并将竞争政策基础地位这一理念作为政策产出层面的指导性原则，既是在不同类型的市场主体之间开展公平市场竞争的有效路径，又是提高我国经济在国际市场上整体竞争力的制度保障。

（四）激发微观经济活力来推动整体竞争

微观主体是市场经济的细胞。目前，我国各类市场主体已达"一亿级"，它们是否预期向好、是否活力充足既是经济景气度的晴雨表，又是经济能否高质量发展的动力源。② 2018 年底召开的中央经济工作会议连续三次提到"微观主体活力"：将着力激发微观主体活力列入 2019 年经济工作的总体要求；强调增强微观主体活力，发挥企业和企业家主观能动性；在部署加快经济体制改革时，提出要以增强微观主体活力为重点，推动相关改革走深走实。③ 企业是市场经济的第一主体，也是整体竞争实现的第一要素。当前，我国企业效益不佳，投资动能缺失，既是影响经济下行的主要因素之一，又是限制整体竞争力提高的重要原因。若要激发企业市场活力、提高整体竞争力，结合当前企业的实际情况，要从以下两个方面着

---

① 参见孙晋《新时代确立竞争政策基础性地位的现实意义及其法律实现——兼议〈反垄断法〉的修改》，《政法论丛》2019 年第 2 期。

② 参见《由"小"见"大"——从微观主体的活力透视中国经济新信号》，搜狐网，https://www.sohu.com/a/314960346_267106，最后访问时间：2019 年 10 月 28 日。

③ 参见《进一步激发微观主体活力》，人民论坛网，http://www.rmlt.com.cn/2019/0228/540550.shtml，最后访问时间：2019 年 10 月 27 日。

手，切实为企业松绑、减负。一是进一步简政放权，降低门槛、减少企业的准入控制，增加微观经济主体的总数。市场经济中企业竞争力的提升以有效竞争的存在为条件，有效竞争的开展以符合竞争条件的市场主体存在为条件。[①] 结合当前全国范围开展的"放管服"改革契机，创新传统的市场监管方式，不断优化政府的服务职能，推动全国统一的行政审批标准化改革，建立覆盖所有法人、自然人的全国性信息信用系统，最大程度地减少社会交易成本，为微观市场主体的市场进退提供便利，以良好的营商环境来吸引更多国内外微观市场主体参与竞争来改善现有的市场竞争环境。各级政府应将支持民营经济发展、增强微观主体活力作为重要工作来抓落实，为企业主动提高核心竞争力提供制度层面的刺激。二是为进一步增强微观主体活力，要切实抓好惠企政策的宣传与落实，全力打通"最后一公里"，惠企政策得到全面落实，微观经济主体的活力提升，提高资金上的保障，并将微观经济主体市场活力提升变成为企业整体竞争力提升的实现路径。[②] 与此同时，要加强"企业家"合法权益保护，强化"企业家"的安全预期，坚定不同经济成分"企业家"国内投资发展的信心，将市场经济"灵魂"的"企业家"的"创新"职能来提高整体竞争力。[③] 同时，进一步增强政策制定的科学化、规范化，确保"企业家"或"企业家"代表深度参与涉企政策制定，积极采纳企业家的合理建议，避免仓促出台争议较大、对产业与企业发展有较大负面影响的政策举措。

总而言之，整体竞争意味着在全国范围内落实竞争政策，这也与世界各国愈发重视竞争政策基础地位的趋势相契合。竞争法是竞争政策最为重要的组成部分，也只有法律才能使竞争成为可能，并促进和塑造竞争。整体竞争的实现并不是颁布实施哪一部具体法律规范就能实现，而是以竞争法体系构建和严格实施、供给侧结构性改革及"放管服"改革等各项具体改革推进中竞争政策基础地位的尊重及保障为条件。所以，竞争法确立竞

---

① 参见冯俏彬《深化供给侧改革 增强经济发展新动能》，《行政管理改革》2015 年第 11 期。
② 参见《进一步激发微观主体活力》，人民论坛网，http://www.rmlt.com.cn/2019/0228/540550.shtml，最后访问日期：2019 年 10 月 27 日。
③ 参见约瑟夫·熊皮特《经济发展理论》，何畏、易家详等译，商务印书馆，1990，第 2~3 页。

争政策的基础地位不仅具有法律权威性，符合当前全面依法治国的基本方略，也能从根本上建立通行全国的整体竞争体系，保证供给侧结构性改革在宏观层面的扎实推进。

第五节 结构性改革中竞争政策实现的具体建构

一 微观层面的具体建构：竞争执法与私人执行的协调

竞争执法是目前我国最为主要的竞争政策实现方式，目前正常的执法工作日趋常态化，执法队伍专业素质也有了很大程度的提升。在供给侧结构性改革的背景下，竞争者竞争利益的保护将被进一步重视，应允许其能够通过自身力量，也即通过私人执行的方式维护其竞争利益。私人执行以诉讼为最主要方式，它相比公共执行具有救济功能方面的比较优势。这是因为竞争者个人对于竞争利益的损害能够最先发现，同时由于其受到反竞争行为的直接损害，经济利益促使私人原告尽最大努力提起诉讼。在案件调查和证据收集中，其作为当事人有一定的便利条件，并且成本也更为低廉。当然，由于竞争者个人本身不具有执法机构的权威地位，可能部分案件核心证据的收集存在困难，这要求执法机构与其相互配合。因此，这时更需要私人执行作为公共执行的补充来共同实施竞争法。

（一）竞争执法是目前我国最为主要的竞争政策实现方式

市场经济的本质和精髓就是竞争，市场机制发挥作用的关键也是竞争。竞争是在市场机制中发挥决定性作用的关键因素，是市场经济发展的原动力。竞争最基本的功能是优胜劣汰，因此在激烈的市场竞争中，竞争和各种反竞争行为常常相伴而生。

一方面，竞争能够最大限度地调动经营者的积极性，激励企业努力创新、推动技术进步、提高产品质量、满足消费需求、使经济充满活力；另一方面，经营者为了规避竞争的压力和风险，会通过各种手段排除、限制竞争，压制竞争者，抑制潜在竞争对手的成长，也可能产生各种违反诚实信用原则的不正当竞争行为，造成对市场秩序的破坏。① 这些不正当竞争以及垄断等市场自身存在的固有弊端无法通过市场自身来予以解决和克服，且不能任其肆意发展。那么在中国特色社会主义市场经济的大背景下，在结构性改革过程中，要通过制定和执行竞争法律，采取有效措施对市场的失灵问题进行矫正，从而抑制反竞争行为，维护公平竞争秩序。

1. 《反不正当竞争法》的修订带来竞争执法的改变

由于 2017 年 11 月 4 日全国人大常委会通过了《反不正当竞争法》的修改，该次修改对我国《反不正当竞争法》的原有框架和内容体系作了较大幅度的改动和调整，也对执法部门和执法人员在内的竞争执法提出了更高更新的要求。因此，在结构性改革过程中，执法部门和执法人员必须及时转变观念，在提高业务能力的同时，也要迅速调整工作方式和工作思路。

首先，法律在实施过程中，要制定严谨规范的实施细则，为新《反不正当竞争法》的实施提供有力的技术保障。修订后新增了兜底条款，其有利于更加准确认定不正当竞争行为，例如在执法过程中，对于"有一定影响"以及"标识"如何在实践中界定。虽然我国并不是判例法国家，但是在执法过程中，可以将司法案例作为重要的执法参照。不仅如此，对于经济发展中出现的新现象，修订后的《反不正当竞争法》也予以了规制，例如第 12 条增加了互联网不正当竞争行为等。由于互联网是开放且无边界的，其涉及面非常之广，因此违法行为也就无处不在。只有明确了互联网反不正当竞争行为的查处机构的层级和工作原则，才能明确互联网反不正当竞争执法的管辖和调查权限问题。否则就会出现多头执法、一事多罚现象的出现。

另外，在《反不正当竞争法》实施的过程中，要敢于进行执法探索，为其顺利实施和更好开展积累实践经验。由于修订后的《反不正当竞争法》刚刚施行不久，对于行为类型的界定标准存在着许多不明确的地方，

---

① 参见任爱荣《竞争执法工作及面临的挑战》，《工商理论骨干培训研讨班专题》2014 年第 4 期。

例如，在商业混淆行为中，对于标识的界定标准、容易混淆和一定影响的认定标准等问题，以及在有奖销售中研究电子产品、汽车等物品使用权的奖励金额计算需要考虑的因素。[①] 对于上述的问题，应当在实践过程中结合经验细化认定标准，从而增强《反不正当竞争法》的可行性。对于新型的互联网不正当竞争行为，竞争执法部门要加大对其的打击力度，例如，经营者采用的刷单行为以及以链接为手段的新型网络不正当竞争行为等。

2. 稳步推进反垄断执法，适应竞争执法的专业化要求

反垄断执法是反垄断执法机构按照反垄断法的规定，选择恰当的分析模式与分析工具对垄断行为进行认定，并遵循特定的行政执法程序进行执法处理的活动。对于反垄断执法机制的意义，可以借用波斯纳在《反托拉斯法》中提出的观点来说明：反托拉斯政策的健全不但依赖于法律规则，还依赖于执法机制；只有好的规则是不够的，还必须有执法的机制保证法律以合理的成本获得合理程度的遵守。[②] 自 2008 年《反垄断法》实施以来，虽然暴露出一些问题，但我国的反垄断事业也在不断成熟和蓬勃发展。在改革前，我国的反垄断执法工作主要在反垄断委员会指导下，由三个部门负责，分别是：商务部、国家发展和改革委员会以及原国家工商行政管理总局。在 2018 年机构改革后，我国反垄断执法主要由国家市场监督管理总局负责，其承担反垄断统一执法职责，标志着我国的反垄断执法工作进入了一个全新的时代。

我国的反垄断执法机构在规制滥用市场支配地位案件的过程中，取得了一定的成绩和不错的社会效果，但是当我们将视野聚焦于实践时，会发现我国的反垄断执法仍存在着很多问题。首先，在一些地方执法积极性较低，执法水平也十分有限，因此执法效果也不理想。在我国，滥用市场支配地位行为的主体主要是公用企业，这使得情况变得更加复杂，加剧了反垄断部门执法的难度。涉嫌违法者行为背后牵动着更为复杂的利益格局和分配机制，致使以经济垄断为表征的滥用市场支配地位行为在实质上暗藏

---

① 参见韦浩《〈反不正当竞争法〉的修改与竞争执法工作的调整》，《中国市场监管研究》2018 年第 1 期。

② 参见邹婕、洪莹莹《我国反垄断执法效果评估标准之构建》，《法学论坛》2019 年第 2 期。

了行政垄断的因子，更有甚者，其行为俨然是一种行政垄断。①其次，在反垄断执法取得巨大成绩的过程中，也暴露出了我国执法资源、执法力量不足以及在执法过程中出现了信息披露延迟、案久不决、执法效率不高等情况。这些现象折射出在反垄断执法过程中存在的一些问题，一是这些现象的发生与案件本身的专业性和复杂性无关，而是由于执法人员的执业态度和综合素养不符合要求造成的；二是反映出个别地区的反垄断执法资源整体配置不足的问题。

因此，为了提升与改善反垄断执法水平，首先，要传播健康的竞争执法理念。竞争是市场经济运行的重要因素，在结构性改革过程中，合理、公平的竞争环境对促进市场经济的健康发展具有重要意义。这就需要引入合理的法律规范予以规制，这不仅可以促进市场经济的发展，而且有利于正确处理好政府与市场的关系。其次，提高反垄断执法队伍的素质是优化反垄断执法重要的手段之一。只有具备高素质的执法队伍，才能更好地执法。反垄断执法队伍的质量直接决定了反垄断执法的社会效果。

（二）竞争执法与私人执行的有机协调是实现竞争政策的重要举措

1. 私人执行更有利于竞争者实现其竞争利益的维护

尽管在我国，竞争执法是目前我国最为主要的竞争政策实现方式。但是通过了解国外的竞争执法情况我们可以得出，私人执行是国外实现反垄断立法目的的重要方式。所谓私人执行，就是指自然人或法人在遇到垄断、集中等反垄断法限制的行为时，通过诉讼或仲裁等救济方式意图维护自身合法权益的情形。虽然以私人执行的模式启动的反垄断法的主体更多的是为了维护自己的合法权益，更不可否认的是在客观上也产生了维护市场竞争环境自由、效率的效果，这与反垄断法的产生目的达成统一。②

私人执行主要表现为竞争主体的私人诉讼。私人执行制度具有竞争执法所无法比拟的极强优越性。首先，私人执行可以弥补竞争执法的不足和缺陷。由于任何制度都有缺陷，竞争执法也不例外。允许私人执行可以安

---

① 参见陈兵《我国反垄断执法十年回顾与展望——以规制滥用市场支配地位案件为例的解说》，《学术论坛》2018 年第 6 期。

② 参见李冰焰《反垄断法私人制定制度的立法完善分析》，《现代商贸工业》2019 年第 4 期。

抚公众对于不合理的竞争执法行为的不满，从而促进社会的稳定与和谐。其次，私人执行具有效率优势，有利于实现竞争主体的竞争利益。每个人都应是自己利益最佳的关注者和保护者，而私人执行反垄断法主要也是基于自己的合法权益受到违法行为的损害。① 竞争主体也一定会比执法机关更早察觉到自身竞争利益遭到损害。并且在很多情况下，私人竞争主体都更容易收集证据，尤其是对于专业性较强、对技术要求更高的案件来说更是如此。再次，由于诉讼成为目前私人执行最主要的实现形式，受损害的当事人通过直接向法院提起诉讼来寻求赔偿，这将竞争执法机关没有顾及或无法顾及的案件赋予受损害主体私人执行的权利。

《反垄断法》中的宽恕制度对于私人执行具有十分重要的意义。宽恕制度是指执行该宽恕政策的反垄断执法机构对向其报告垄断协议的内部信息和提供证据的该协议的参与者进行奖励，奖励的内容为全部或部分地免除其惩罚的体系。一般来说，垄断协议的参与者需要承认且停止违法行为并与反垄断机构进行充分的合作，而反垄断执法机关应当直接而清楚地表达出具体的惩罚减免政策，并做出保证。我国《反垄断法》在第 53 条第 3 款中规定了宽恕制度，以此来鼓励垄断协议的参加者主动向执行机关提供"重要证据"，并获得处罚的减轻或免除。与欧盟宽恕制度仅限于卡特尔所不同的是，我国《反垄断法》规定的垄断协议不仅包括横向协议，还包括纵向协议，尽管纵向协议通常不具有横向协议的隐蔽性。②《反垄断法》规定的宽恕制度兼具预防和打击的双重作用。宽恕制度的预防作用主要体现在它可以起到威慑作用，因为该制度的设立使得垄断协议的参与者会由于担心处于随时有人"告密"的危险之中而不去参与垄断协议，减少垄断协议事件的发生。宽恕制度的打击作用主要体现在企业、个人等垄断协议的参与者能够意识到如果无法受到宽恕制度免除惩罚，那么反垄断执法部门对于垄断协议的惩罚的执法手段和惩罚方式都是明确且十分严厉的。

---

① 参见马文峰《论反垄断法私人执行之制度构建》，《兴义民族师范学院学报》2019 年第 2 期。

② 参见刺森《宽恕政策与反垄断私人执行中证据开示制度的冲突解决——以欧盟〈损害赔偿诉讼指令〉为例》，《文化学刊》2018 年第 11 期。

2. 私人执行存在的固有问题需要竞争执法来弥补

从过去的执法进程来看，我们可以得出我国的私人执行制度处于起步阶段，竞争执行仍然是我国竞争利益最为主要的实现方式，而私人执行更像是一种口号式的存在，其在实践领域的实用性并不强。虽然为了解决这一问题，最高法院出台了相关的司法解释，在一定程度上弥补了私人执行立法上的空白，但仍然存在着以下诸多无法完全解决的固有问题。

一方面，虽然我国最高法院出台了相关的司法解释，在程序上给予私人执行制度执行的更大可能性。但是该司法解释仍然存在着很大的弊端，即该司法解释并没有给法人提起的诉讼以法条支持，由此造成的结果就是给公司、法人为代表的想通过集团诉讼来维护合法正当权益的主体带来了很大的困难。从我国目前的司法实践来看，竞争执法的比例远远大于私人执行。

另一方面，私人执行制度虽然可以大大激发竞争主体对抗反竞争行为、维护合法权益的积极性，但这一现象也会产生负面效果，那就是私人执行制度会大大降低反竞争案件的门槛，低门槛和高额的赔偿金会刺激私人主体进行诉讼，也会使私人执行制度陷入滥诉的危险之中。

竞争执法和私人执行都有其无法替代的优点和无法克服的固有弊端，因此，在结构性改革的背景下，要做到竞争执法与私人执行有机协调，既要发挥竞争执法的优势，增强竞争执法工作队伍的专业素养和工作水平；也要不断加强私人执行的实现程度，扬长避短，发挥竞争执法和私人执行制度的优势，不断为营造公平合理的竞争环境努力前行。

二　中观层面的具体建构：公平竞争审查制度的落实

市场主体之间的公平竞争是市场经济的精髓，政府作为市场经济的守护者和管理者，维护市场竞争秩序是应有之义。在推进供给侧结构性改革和突出竞争政策作用的背景下，我国初步建立了公平竞争审查制度，以维护竞争秩序、促进市场经济可持续发展。它的有效实施不仅能规制抽象行政垄断，打破部分领域的进入壁垒，促进特殊行业的竞争开展，更能防止公权力对竞争秩序的破坏，保证结构性改革在中观层面的成功推行。当然，由于该制度颁行时间不久，多项规定尚不够成熟，在日后的实施过程中仍应结合理论发展和实践经验进一步完善。如何进一步贯彻落实公平竞争审查制度，使其真正发挥规制行政性垄断、发挥竞争法"创造"与维护竞争的作用，从而在结构性改革的经济背景下落实我国的竞争政策，是需要我们进一步思考的问题。

国务院于 2016 年 6 月颁布的《关于在市场体系建设中建立公平竞争审查制度的意见》（以下简称《意见》）和于 2017 年 10 月发布的《公平竞争审查制度实施细则（暂行）》（以下简称《细则》）标志着我国初步建立起公平竞争审查制度，政策制定机关自我审查为主、外部指导监督为辅的"内部审查"模式就此确立。[①] 对于审查主体制度的选择，学界争论已久，最终在我国法规政策存量浩繁且增量巨大、国家发展和改革委员会等竞争主管机关独立竞争审查能力不足的现实国情的基础上，选择确立了内部审查模式。当下行政性垄断和一些妨碍公平竞争的产业政策严重影响了我国市场经济的健康发展，由政策制定机关自身从源头上进行遏制，确为兼顾行政效率和市场公平的可行选择。

然而我国当前确立的公平竞争审查制度在实践中出现审查机关的能力先天不足、自我审查程序粗糙易导致审查流于形式的困境。全面重构公平竞争审查制度的条件在较长时间内难以成熟，应通过建构政策制定机关激励机制、外部监督惩戒机制以及第三方评估制度来完善现行的公平竞争审查制度。

（一）构建公平竞争审查激励机制

自我审查制度里隐含着两个动机预设假定：审查机关有促进竞争的主观动机和抑制竞争的主观动机。[②] 而当抑制竞争的动机比促进竞争的动机更加强烈时，政策制定机关会让自我审查流于形式，公平竞争审查制度则将会被架空。而在缺少激励机制和惩戒机制的情况下，对常年习惯于通过

---

① 参见孙晋、孙凯茜《我国公平竞争审查主体制度探析》，《湖北警官学院学报》2016 年第 4 期。

② 参见朱静洁《我国行政性垄断的公平竞争审查规制研究》，《价格理论与实践》2017 年第 6 期。

发布大量规章文件来干预地方经济发展的各政府部门而言，其通过自查自纠来促进竞争的主观动机难以强化。[①] 在程序上，《细则》中虽规定政策制定机关审查后须形成书面审查结论备案，但不要求公开，审查报告的内容也有待细化；其中规定了联席会议指导制度和公众监督，但向联席会议进行书面报告的形式和公众监督制度缺少细化规则，仍难以真正发挥外部监督的效力。

要使制度建设发挥预期作用，就必须明确规定制度体系里的各项具体内容，这样才能进一步制定出相应制度的实施办法，以真正发挥制度效力。要建构自上而下的多方位激励机制，具体内容应包括以下四个方面。

1. 各级政策制定机关树立正确的竞争观念

当下，我国不少地区和领域的政策环境以及经济生态仍然是"非竞争友好型"的。在强调发挥竞争政策作用、促进市场经济可持续发展的时代背景下，为能真正落实公平竞争审查制度，首先，各级政策制定机关必须树立正确的竞争观念。在市场对资源配置起决定性作用的形势下，各级地方政府要摒弃"唯GDP论"，一时的GDP高低并不是衡量经济发展水平的指向标。其次，改变习惯通过各种"红头文件"对经济进行过多、过深干预的工作方式，让市场主体之间公平竞争，为市场能发挥其优胜劣汰的作用留出空间。最后，各级地方政府可以定期开展一些专业讲座和专业培训，让各级领导干部和政策制定机关受到正确竞争观念的熏陶，提高政策制定机关的审查能力。

2. 建立审查报告公示制度

近年来判决书公示制度起到了良好的外部监督作用。这是一种"以结果监督过程"的倒逼机制，通过强化说理增强结论的公正性，是以过程正义保障实体正义的社会监督形式。[②] 借鉴法院判决书公示制度的经验以及日本在政府官网上公布《政策评价书》的成功经验，我国可以尝试在建立公平竞争审查制度中的审查报告公示制度时，利用互联网技术，由国家反

---

① 参见李俊峰《公平竞争自我审查的困局及其破解》，《华东政法大学学报》2017年第1期。

② 参见刘继峰《论公平竞争审查制度中的问题与解决》，《价格理论与实践》2016年第11期。

垄断委员会组织构建一个全国公平竞争审查报告公示平台，强制各级各类政府部门接入该平台并及时将本部门的审查报告上传，供市场主体查阅和社会公众监督。① 此外，在细化审查报告内容后可规定上传的书面格式化要求，以便查阅起来达到重点突出且简明扼要的效果。

3. 构建财政激励制度

我国的财税制度决定了地方政府财政常处于紧张状态，通过财政奖励增加地方财政收入必然可以使地方政府落实公平竞争审查的积极性大大提高。因此，我国可以借鉴竞争支付制度的建构经验，为政策制定机关建立动态化和长期化的财政激励制度，以提高其落实制度的积极性。

构建财政激励制度首先要确定财政奖励款的管理机构。由于像澳大利亚一样另行设立一个完全独立于其他行政机关的监督管理机构并确立一套独立的监管评估机制的成本太大，我国的财政奖励款可以由财政部代为管理和统一发放。② 其次，财政奖励的发放条件需要确定。公平竞争审查成效应当成为财政奖励的发放和发放数量的主要评价指标，对于制度落实效果非常不理想的政策制定机关，应当推后或停止发放款项，并将相关情况向社会通报。最后，财政激励制度应与目前《细则》中规定的联席会议制度相结合，将各级联席会议的指导监督情况汇总，引入省内的竞争审查成效评估。

4. 引入竞争审查成效至领导干部政绩考核指标体系

政绩考核一向对地方政府管理起到鲜明的导向作用。党的十八届四中全会提出将法治建设成效纳入领导干部政绩考核体系，这将推动各级政府领导干部保持正确的政绩观，有利于正确行使政府职能、促进经济发展。为充分发挥公平竞争审查效力，在领导干部政绩考核指标体系中将竞争审查成效纳入法治建设的考核指标不仅符合依法治国的要求，也是建构政策制定机关激励机制的必需内容。"据不完全统计，自《意见》颁布以来，全国已有 19 个省（区、市）明确将公平竞争审查成效纳入政府绩效评价

---

① 参见李俊峰《公平竞争自我审查的困局及其破解》，《华东政法大学学报》2017 年第 1 期。
② 参见郑鹏程、黎林《澳大利亚公平竞争审查中的竞争支付制度及其启示》，《价格理论与实践》2017 年第 11 期。

体系。"① 如何将新考核指标与原有考核体系有机融合则是竞争审查成效引入至领导干部政绩考核指标体系后亟待解决的问题。

（二）建立公平竞争审查外部监督机制

要使促进竞争的主观动机大于抑制的动机，无非两种途径：一是强化促进竞争的主观动机；二是遏制抑制竞争的动机。目前《细则》规定了联席会议制度，而在《细则》的规定中丝毫未提及任何激励措施，只以一纸行政命令来要求地方各政策制定机关自觉落实自查自纠的公平竞争审查制度，不免有些理想化。通过建构公平竞争审查外部监督机制并将其放入国家与地方的博弈中的策略组合，使双方利益博弈保持动态平衡，无疑是落实公平竞争审查制度、促使地方行政机关真正发挥审查效力的不二选择。

1. 完善上级行政机关的监督机制

在《反垄断法》对滥用行政权力排除、限制竞争明令禁止和国务院明确要求各级行政机关必须按照规定推进公平竞争审查工作的情况下，"诊断"自己的下级行政机关是否存在或者可能存在滥用行政权力排除、限制竞争以及是否按照要求自我开展了公平竞争审查工作应当成为上级行政机关监督检查的重要事项之一。② 如果上级行政机关在现有行政管理体系内对已经制度化授权下级行政机关负责的事项进行"过滤式"的公平竞争审查，那么这不仅会影响到分工与协作的秩序，而且会影响到体系运作的效率。除非有着特别严厉的惩罚机制或者极大的激励机制，下级行政机关在这种情况下对自己应有的公平竞争审查责任的履行必然将会走向形式化，这就导致了无效的行政管理。因此，基于现有行政管理体系在分工与协作上的秩序需求，上级行政机关对下级行政机关负有的公平竞争审查责任，在制度框架上应当以下级行政机关按照规定必须向上级行政机关报批的范畴为限。

2. 细化公众监督及举报机制

与建立审查报告公示制度类似，细化公众监督及举报机制也应建立一

① 万静：《19省将公平竞争审查纳入政绩考核》，中新网，https://www.chinanews.com.cn/gn/2017/11-02/8367048.shtml，最后访问日期：2017年11月2日。
② 参见丁茂中《论公平竞争审查的责任主体》，《竞争政策研究》2018年第2期。

个全国性的信息处理平台以保障社会监督的渠道畅通、增加公平竞争审查制度实施的透明度。全国统一的信息处理平台下，各省（自治区、直辖市）设立专区，各级地方政府强制性接入相应板块，在调查后及时对社会公众的举报监督做出回应。社会公众可用自己的身份信息登录平台，将自己的举报监督意见及证据上传，案件的利害相关人也可登录平台查看案件进展。① 信息处理平台的后台工作人员可以每一季度定期将省市对公众举报监督的处理情况进行汇总公布，各省市之间进行排名对比，对执行效率非常低下的省市在首页进行点名通报。考虑到国家政务网站的权威性和公平竞争审查工作的专业性，信息处理平台的后台管理人员队伍应由国家反垄断委员会指派技术人才和专业执法人才组成。

（三）探索实施公平竞争审查第三方评估制度

供给侧结构性改革，是我国经济发展方式的重大转变，这种转变是对经济政策、体制以及市场运行方式的调整和优化。当前我国面临较大的经济下行压力，社会矛盾日渐突出，而这种矛盾集中体现在社会资源的过度集中和社会财富分配不均。为缓和化解这样的结构性矛盾，解决政府对市场干预的内源性动力成为市场正常运行的关键。

我国建立的公平竞争审查制度中，政策制定机关对自身制定的政策措施进行自查自纠，这样的确能高效地从源头上遏制政府反竞争行为，但客观上其审查能力存在先天不足。要在自查自纠时将阻碍、限制竞争的相关违法性要素筛选过滤出去很大程度上是识别能力的问题。因为这需要审查机关能准确理解《反垄断法》主旨，并掌握反竞争行为的认定标准及其背后的原理，但这种要求和现实状况显然相差甚远。此时就需要第三方评估加以辅助，以期解决审查中遇到的专业问题。

2019 年 2 月 12 日，国家市场监督管理总局发布了《公平竞争审查第三方评估实施指南》，第三方评估制度的建立正式拉开帷幕，但许多规定仍有待进一步在实践中加以细化。

1. 建立第三方评估机构的遴选制度

《公平竞争审查第三方评估实施指南》第三章对评估机构的选择已经

---

① 参见李俊峰《公平竞争自我审查的困局及其破解》，《华东政法大学学报》2017 年第 1 期。

作出了初步规定。我们注意到公平竞争审查中的第三方评估制度与现实中第三方机构承担的角色存在差异，其与政府之间具有较强的关联性，这必然使其在运作过程存在特殊性。当前环境下，作为政府机构外部监督的第三方机构，其通过专业评估出具政府部门所需的专业意见，这种相互依赖的情形使得市场经济作用得不到发挥，竞争秩序遭到破坏，而最终承担结果的是普通消费者。因此，为了避免第三方机构与政府部门相互依赖的现象，公平竞争审查制度中的第三方评估机制需要建立完善的遴选制度。对第三方评估机构的遴选需要建立在信息公开的基础之上，信息公开是指在遴选第三方机构时需要面向全社会进行征求意见，充分调动社会监督效力。在遴选时，需建立一套明确的遴选标准，从专业性、独立性、客观性出发对第三方评估机构进行筛选。当然，遴选制度并不能完全隔离政府与第三方机构之间的依赖性，因而需要建立政府信息公开机制，对所有涉及法律法规、规章和政策性文件的事项都向社会进行充分公开，以此保障第三方机构的客观性。①

2. 探索建立完善的评估机构责任追究制

责任制度的确立是约束第三方评估质量的最终保障，现实中第三方评估工作存在诸多问题，很大一部分是缺乏相应的责任追究制度。比如一些研究机构或者高校作为相关政府部门的外部评审单位，承担更多的法律文件的审核工作，然而对于评估结果如何，这类外部机构并不承担任何责任。在此情形下，迫于政府机关等给予的隐性的外界压力，第三方机构可能会冒着惩罚的风险而出具不实评估结论，导致在这类工作中责任机制的运行存在严重的权利责任失衡现象。因此，需要在第三方评估制度中引入责任追究制度，通过民事责任和刑事责任来约束第三方机构，同时基于不同的评估对象和造成的影响设定不同的责任等级。但鉴于目前国内实践经验不足，各地区情况差异不同，各方面仍有较大的探讨空间，具体的责任追究制度如何建构并落地实施，仍有待进一步研究。

---

① 参见徐则林《论第三方评估在公平竞争审查制度中的引入》，《广西政法管理干部学院学报》2017年第6期。

三 宏观层面的具体建构：竞争政策基础地位的确立

相较于竞争政策，产业政策常常在我国有着更重要的地位，这首先体现在其确立时间较早，发展也更为迅速。早在"七五"规划时"产业政策"一词就已正式出现在我国官方文件之中，之后原国家计划委员会也专门成立了产业政策司。而竞争政策则是在 2007 年《反垄断法》正式出台之后才逐渐引起重视，但自 2015 年国务院《关于推进价格机制改革的若干意见》中明确提出竞争政策基础地位以来，我国正稳步推行并在经济政策中积极予以落实，公平竞争审查制度正是其关键一步。可以说，竞争政策基础地位的确立已成为不可逆转的发展趋势。毫无疑问，竞争政策和产业政策都是我国经济发展中不可缺少的经济政策，二者协调尤为重要。供给侧结构性改革由于其市场主导的基本逻辑，应通过竞争法将竞争政策置于优先地位，同时在改革过程中进一步增加产业政策制定的科学性，发挥其引领作用，真正实现"产业政策要准"的要求。

（一）产业政策与竞争政策的冲突与协调

1. 产业政策与竞争政策之间存在着较大差异

虽然产业政策和竞争政策均是建立在市场经济基础之上的国家进行规制型的政策，但是共性的存在并不意味着产业政策和竞争政策之间不存在矛盾和冲突，二者在很多方面都存在着很大差异。首先，调整范围上的差异。产业政策调整的对象主要包括产业组织、产业结构、区域经济、产业技术等方面的内容，主要是以政府有形之手对市场进行调节和控制，对市场的固有的内在缺陷和局限性进行弥补，而竞争政策则是以行业与相关市场为调整对象，强调利用市场无形之手来促进市场自发地调节。其次，调整手段上的差异。产业政策的实施主要依靠的是国家的强制力量进行调控，从而对国民经济进行调节和控制。而竞争政策主要采取的是单一的法律规制的方法，对不正当竞争行为以及垄断行为等破坏市场公平竞争秩序的行为予以法律规制，调整手段相对单一，调整内容也相对单调。再次，价值导向上的差异。产业政策的价值导向是通过政策上的强制力量对弱势的企业进行政策倾斜，从而扶持其发展。但产业政策的价值导向也暴露出它的突出的弊端，它过度地关注生产者的发展，以生产者的经济发展为重点，而忽视了消费者利益的保护和实现。竞争政策的价值导向是通过鼓励和支持市场主体之间的竞争来促进公平竞争秩序的形成，其制度的价值导向是宏观上的保护竞争秩序而非个别竞争者。虽然保护竞争秩序在一定程度上就是保护一个个具体的竞争者，但竞争政策出台的最终目的还是维护竞争秩序和保护消费者合法权益。最后，实施机制上的差异。产业政策因可以随时变动和调整而具有较大的灵活性。对弱小产业的扶持、主导产业的支持以及对衰退产业的变化调整都体现出阶段性变化的特点。

2. 产业政策与竞争政策的冲突带来的不利后果

首先，产业政策的长期强势会导致竞争弱化，长此以往，企业会对产业政策形成依赖性，从而缺乏创造性、丧失了抗风险的能力，无法在激烈的经济竞争中具有顽强的生命力。当政府政策或市场需要发生重大情势变更时，企业会因缺乏抗风险的能力而带来严重的损害，从而陷入重大困境。

其次，产业政策的背后实质上就是行政性垄断，强势的产业政策会导致行政性垄断行为与反垄断法的基本精神之间的裂痕越来越深。产业政策与竞争政策之间的矛盾，其实就是政府有形之手与市场无形之手之间的矛盾。产业政策依赖的是行政强制力量对市场进行干预，这就使得行政性垄断有了可乘之机。不仅如此，我国现行的《反垄断法》中对行政性垄断的法律规制本就并不完善，加之产业政策的加持，会使得行政性垄断状况更为严重，反垄断执法机构的执法难度将会进一步加大，从而使得产业政策与竞争政策之间的沟壑越来越深。

最后，产业政策与竞争政策之间的冲突也会导致产业政策的制定机构与竞争执法机构之间产生矛盾和冲突。政府部门之间缺乏交流沟通，意见无法达成统一，使得产业政策制定机构与竞争执法机构之间的矛盾外化，容易引起市场混乱，不利于市场的稳定发展和公平竞争秩序的建立。

（二）确立竞争政策基础地位的法治保障

1. 通过将竞争政策纳入顶层设计，加强竞争政策的法理地位

党的十八大以来，一系列相关政策和文件的出台将竞争政策的基础地位逐步确立，并提出实施公平竞争审查制度，各地也相继出台关于公平竞

争审查意见的实施方案。但为了使各项政策和制度的实施拥有法律上的保障，我国应当在国家治理层面上有计划、有步骤地将竞争政策的基础地位纳入我国的顶层设计之中，在推进依法治国的进程中为竞争政策提供合法性保障。

一方面，充分发挥竞争政策作为基础性经济政策的作用。党的十八大以来，我国强调市场在资源配置中的决定性作用和更好发挥市场作用，而对市场决定性地位的尊重就是对以市场机制和竞争机制为核心的竞争政策的尊重。随着我国从"半市场经济"向市场经济的过渡，通过对竞争评估的法治化构建、对行政干预的合理限制、有效的竞争执法和积极竞争文化的倡导，市场机制将更加健全，从而使得竞争政策通过借助市场无形之手来驱动创新、发展的目标得以实现。最终，竞争政策成为基础性经济政策，并且发挥主导性作用是市场归位的题中应有之义和必然之选。①

另一方面，通过解释宪法为竞争政策的基础地位提供宪法依据。《中华人民共和国宪法》第15条规定："国家实行社会主义市场经济。国家加强经济立法，完善宏观调控。国家依法禁止任何组织或者个人扰乱社会经济秩序。"国家实行社会主义市场经济，而只有在市场经济中才有竞争的概念，竞争政策的存在才有价值和意义。宪法对于与竞争政策紧密相关的国家（主要通过政府）干预市场的权力与行权有授权和拘束力规定，对国家权力干预经济运行范围、程度、方式、责任诸约束也是宪法与竞争政策密切联系的表现之一。我国《宪法》规定"国家完善宏观调控""法禁止任何组织或者个人扰乱社会经济秩序"，表明从应然层面上，国家调节经济的自由和限度应当受到宪法和法律的约束；而竞争政策基础性和优先性实施也是为了防止国家公权力限制竞争或者过度干预市场损害竞争机制，从而破坏社会主义市场经济。②

2. 深入推进和贯彻落实公平竞争审查制度

竞争政策和产业政策应当实现协调，其二者之间并不是互相排斥的关

① 参见黄勇《论中国竞争政策基础性地位的法治保障》，《经贸法律评论》2018年第1期。
② 参见孙晋《新时代确立竞争政策基础性地位的现实意义及其法律实现——兼议〈反垄断法〉的修改》，《政法论坛》2019年第3期。

系，而是应当在相互配合的基础上，既要充分发挥竞争政策的调节作用，又要通过合理程序和适当方式引入产业政策。由于我国长期以来都是产业政策占据着十分重要的地位，在结构性改革过程中，若想让竞争政策完全取代产业政策，成为调节我国经济的唯一手段，显然是不太现实的。然而，2008年《反垄断法》的出台已经为突破产业政策奠定了理论基础。

在我国落实公平审查制度以来，虽然取得了一定成绩，如各地区在市场准入、产业发展、招商引资、招标投标、政府采购、经营行为规范、资质标准等涉及市场主体经济活动制定了政策措施。[①] 但是，在制度实施过程中也暴露出很多问题，亟待我们去解决。首先，不同地区对公平竞争审查制度的落实情况参差不齐，部分地区甚至尚未落实公平竞争审查制度；其次，在落实的过程中，审查的范围也不够全面，一些应当审查的政策措施被遗漏，无法全方位地进行全面审查。最后，审查工作的流程不够规范，没有形成体系化的基本程序规范。

我国公平竞争审查制度不断推进的举措主要有：一是按照竞争中性原则，清理妨碍公平竞争、束缚民营企业发展、有违内外资一视同仁的政策措施；二是严格做好新出台文件的审查，努力实现国家、省、市、县各级政府全覆盖审查；三是进一步改革完善公平竞争审查制度，修订实施细则，建立定期的评估清理机制，推行第三方评估工作；四是强化公平竞争审查的监督机制，定期开展文件的抽查，将公平竞争审查纳入相关考核体系等。[②]

---

① 参见李慧敏、王忠：《产业政策与竞争政策能否协调——日本产业政策与竞争政策协调机制及其启示》，《日本学刊》2019年第2期。

② 参见孟雁北：《我国强化竞争政策基础性地位的多元化路径》，《中国市场监管报》2019年 第7版。

第二部分

公平竞争法律制度及其实施

在中国特色社会主义新时代，破除区域壁垒和地方保护、构建统一开放、竞争有序的全国统一大市场刻不容缓。各类垄断行为对于市场的分割作用是阻碍我国加快构建全国统一大市场的沉疴痼疾，打破垄断促进各类生产要素在更大范围内流动则是构建全国统一大市场的深层逻辑。2023 年 12 月 11 日至 12 日，中央经济工作会议在北京举行，会议强调加快全国统一大市场建设，着力破除地方保护和市场分割。

当前，行政性垄断规制不足和自然垄断行业监管弱化是破坏市场一体建设、阻碍资源流通配置、损害公平竞争秩序的重要因素。长期以来，国内市场分割现象持续存在，商品和要素跨区域流转受阻，极大地阻碍了我国经济发展的进程。一方面，我国经济对于政策具有很强的依赖性，地方政府地位强势，容易诱发行政性垄断行为。由于行政性垄断倚仗的是具有强制性的"行政权力"，相较于经济性垄断，其对市场竞争具有更大的破坏性，是阻碍构建全国统一大市场的主要障碍。在构建全国统一大市场目标下，必须对行政性垄断进行严格的规制。另一方面，自然垄断行业关乎国计民生，具有较强的规模经济属性，对于全国统一大市场建设和国民经济持续健康发展影响重大。正如《中共中央　国务院关于加快建设全国统一大市场的意见》第七部分"进一步规范不当市场竞争和市场干预行为"中所强调的，要稳步推进自然垄断行业改革，加强对电网、油气管网等网络型自然垄断环节的监管。《中共中央　国务院关于新时代加快完善社会主义市场经济体制的意见》也强调，要破除制约市场竞争的各类障碍和隐性壁垒，完善支持非公有制经济进入电力、油气等领域的实施细则和具体办法。可见，新时代破除行政性垄断和推进自然垄断行业改革势在必行。

有鉴于此，第二部分"公平竞争法律制度及其实施"共分为四章，从立法和执法层面分别阐明了新时代竞争法发挥作用的具体路径。首先，在竞争立法层面，第三章阐明了应当如何完善公平竞争审查标准，以此加强对行政性垄断的事前预防，从源头上破除行政性垄断。进而，第四章聚焦于具体行业的公平竞争审查制度实施，通过对交通运输行业政策文件的实证研究，为公平竞争审查制度实施路径的整体优化提供切实可行的对策建议。紧接着，在竞争执法层面，第五章、第六章分别分析了电信、管道燃气等自然垄断行业的高风险垄断问题，总结特定行业的垄断行为特性，并提出相应的反垄断执法对策，为推进关乎国计民生的自然垄断行业改革建言献策。

第三章　公平竞争审查标准的立法完善

公平竞争法律制度，作为社会主义市场经济体系中的基石，其核心功能在于确保市场主体间公平竞争的环境，维护市场秩序的稳定与有序，进而促进经济的持续健康发展，而公平竞争审查标准的立法完善是保障该制度有效运行的关键环节。具体而言，完善的公平竞争审查标准是确保法律制度得以贯彻落实的重要支撑。若审查标准模糊、不具体，不仅会使政策制定机关在执行自我审查时陷入形式主义的窠臼，甚至可能诱发规避审查的行为，从而侵蚀公平竞争的基石，阻碍市场的正常竞争秩序。通过立法途径对审查标准进行精细化与明确化，是提升审查标准适用性与有效性的必由之路。公平竞争审查标准的立法完善旨在构建一套清晰、可操作的评估体系，从而提升审查工作的整体质量和效率，同时更有效地约束政府行为，防止其过度干预市场运作，发挥市场在资源配置中的决定性作用。

本章分为四节，依次是：公平竞争审查标准的适用难题与现实困境、公平竞争审查标准的域外经验与启示、法治化公平竞争审查标准的确定依据与规范特征、法治化公平竞争审查标准的完善路径，系统而深入地探讨了公平竞争审查标准的立法完善路径。首先，第一节通过剖析公平竞争审查标准在实践中的适用难题与现实困境，揭示了当前制度运行中的瓶颈与挑战，为后续改进提供了明确的方向。其次，第二节通过广泛考察美国、澳大利亚、日本、韩国及 OECD 等国家和国际组织的竞争审查或评估标准，提炼出其在制度设计、执行机制及效果评估等方面的先进经验，为我国公平竞争审查标准的完善提供了宝贵的启示与借鉴。再次，第三节聚焦法治化公平竞争审查标准的确定依据与规范特征，强调审查标准的制定必须根植于我国法治实践与社会政策目标，同时以合理原则和本身违法原则为理论支撑，确保标准的科学性、合理性和可操作性。此外，还深入探讨了审查标准应具备的规范特征，为标准的制定提供了理论框架。最后，第四节提出了法治化公平竞争审查标准的完善路径，如明确审查标准的法定要素构成、补充和细化模糊性标准、为兜底条款确立一般性标准、解决标准竞合问题下的体系完善、细化现有列举式标准的修改思路以及构建市场竞争效果评估方法等，为全面提升公平竞争审查标准的适用性和有效性提供指引。总的来说，第三章通过问题导向、国际借鉴与本土化构建相结合的方式，系统地论述了公平竞争审查标准立法完善的必要性与可行性，为推动我国公平竞争法律制度的完善与发展提供了有力的理论支持与实践指导。

第一节　公平竞争审查标准的适用难题与现实困境

一　公平竞争审查标准在实践中的适用难题

《公平竞争审查制度实施细则》（简称《实施细则》）规定了 4 条公平竞争审查标准，即市场准入和退出标准、商品和要素自由流动标准、影响生产经营成本标准、影响生产经营行为标准。尽管公平竞争审查标准具体性和概括性兼备，既有 4 条 18 项 49 目的详细参照，又有"具有排除、限制竞争效果且不符合例外规定的，应当不予出台或者调整至符合相关要求后出台"的宏观总括，但这些标准在运用判断中仍会产生不少问题，无论是学界还是实务界对于公平竞争审查标准仍理解不够深入、适用不甚合理。当前公平竞争审查以自我审查为主，各地对审查标准的把握尚不统一，审查标准把握严格的地方在协调行业主管部门意见时处于较为被动的地位。为进一步提升审查标准的科学性、统一性、适用性，需要检视既有公平竞争审查标准的问题所在，如此才能对症下药，完善和改进标准。

（一）审查标准语义模糊

《实施细则》中虽然列举了 40 多条审查标准，但在具体实践运用时仍稍显不足。其中，审查标准语义模糊是各地对审查标准把握不统一的重要原因。其一，主体要素不确定。例如，审查标准中，"特定经营者"是重要的违法要件，该概念本身内涵并无较大争议，但需要确定其在本法中的具体外延，"特定"意味着具体的且是少数的经营，但多少才是少数？公平竞争既反对针对所有市场主体的不合理规定，也反对针对特定市场主体的歧视与优待。在公平竞争审查标准中，"特定经营者"主要是在生产经营成本标准中需要认定，除此之外，只在准入和退出标准的特许经营权与指定交易的表现形式中出现过两次。对于后者，很容易认定，只要是未经竞争方式而直接将特许经营权授予特定的一个或几个经营者以及指定与一个或几个经营者进行交易，就属于违反审查要求。但是对于生产经营成本标准中的"特定经营者"，则存在较大的讨论空间。一般来说，明确指出某个具体经营者名称，对其进行财政补贴、税收减免等政策优惠的属于"特定经营者"，但文件中出现"龙头企业""领军企业""省级重点企业"等描述时，就存在商榷空间。其二，客体要素不确定。审查标准对于影响公平竞争的客体要素多采用列举方式，并以"等"字来兜底。其三，行为要素不确定。在《实施细则》中对于违反审查标准的判断要件中"不合理"一词出现四处，不同语境中的相同用词，应当有不一样的指代；"不合理"该作何解释，何者为"合理"，这是需要进一步明确的。类似的还有"不必要"等等。不同的审查主体对同一个用词可能有不同的理解，就容易造成分歧。

诸多具体表现形式的结构是按照"没有法律、行政法规或者国务院规定依据+特定行为"作为构成要素。"法律、行政法规或者国务院规定"（简称为"上位依据"）由于存在较大弹性空间，因而是该具体表现形式适用的关键之一。各项审查标准中，部分标准规定"没有法律、行政法规或国务院规定"，将法律、行政法规和国务院规定等上位法作为限制公平竞争之行为的正当化要素。"上位依据"有助于在公平竞争审查制度中协调竞争政策与产业政策的关系。"上位依据"的内容，主要是产业政策，体现了竞争政策为原则、产业政策为例外的政策导向。依据《实施细则》，那么"上位依据"包括"法律、行政法规或者国务院规定"，是否还包含其他，"上位依据"的具体范围是什么，党中央文件、全国人大决定、党政联合发文是否属于"上位依据"？另外，"国务院规定"是否包括"经国务院批准/同意"，"上位依据"能够作为依据的详细程度要求是怎样的，是否只有针对性地明确规定时才可以作为依据？这些都会造成应用标准时的困惑，导致不同主体审查时的偏差。

（二）兜底条款适用困难

各地对审查标准把握不统一的另一原因源于兜底条款。虽然为了保证一定的开放和弹性，在规定中设置了兜底条款，将未穷尽列举的情形涵摄于"包括但不限于"的规定中，但正是这种模糊的表述给政策制定机关造成困惑。诸多审查标准在列举具体的禁止性行为时，会使用"包括但不限于"的表述，作为行为类型的兜底条款，哪些属于未列举但应包括在内的行为，并不清晰。例如在市场准入和退出标准中的第1条"不得设置不合理和歧视性的准入和退出条件，包括但不限于……"下规定了4条，虽然不限于这4条，但并没有规定其他不合理和歧视性的市场准入和退出条件的判断依据，审查时需要遵循哪些一般性的规定，并没有明确。

"包括但不限于"是公平竞争审查标准项内的兜底条款。兜底条款是在列举相关具体行为方式、方法或手段之后所作的概括性规定，兜底条款使条文的界限保持一定弹性，就积极方面而言，它使条文规定更具有社会适应性、稳定性和简洁性，但就消极方面而言，也可能会不当扩大打击范围而侵犯私人权益、不当扩张私人绝对权范围而影响公共利益。

（三）内容之间存在交叉

公平竞争审查的四方面标准并非完全独立且周延的，彼此之间存在不少内容交叉。其一，准入与退出标准和自由流动标准之间的交叉。广义而言，市场准入与退出包括通过设立、注销企业而进入或退出一般性的市场关系和参与或退出特定地域的市场竞争，由此，根据《实施细则》的规定，准入与退出标准的第一种要求是"不得设置不合理或者歧视性的准入和退出条件"，实际上也包括外地企业在本地的进入与退出，这使得准入与退出标准和旨在保障外地企业与本地企业平等待遇的自由流动标准有重合的空间。此外，准入与退出标准还明确要求，不得对"不同地区所有制、地区、组织形式的经营者实施不合理的差别化待遇，设置不平等的市场准入和退出条件",则直接体现了自由流动标准的要求。其二,商品和要素自由流动标准与生产经营成本标准之间存在交叉。前者要求不得对外地和进口商品、服务实行歧视性补贴政策,避免导致外地企业与本地企业在生产经营成本上的不公平待遇,这与生产经营成本标准调整的内容重合。其三,商品和要素自由流动标准还与生产经营行为标准有交叉。前者要求,在制定政府定价或者政府指导价时,不得对外地和进口同类商品、服务制定歧视性价格,后者要求不得超越定价权限进行政府定价,两者在实质上存在重合的可能性。以上内容的交叉容易造成实践中地方认知的差异和混乱。

（四）缺乏效果评价要件

现行的公平竞争审查标准过于刚性,二级标准之下多为"不得……"等禁止性条款。但所禁止的行为后果如何,是否毫无例外都具有反竞争效果,不能一概而论,审查标准的核心依据是《反垄断法》,主要规范对象是地区封锁和行业垄断。

在判断某一行为是否构成垄断时,反垄断法经过长期发展形成了本身违法原则和合理原则两种分析方法,二者的区别主要在于对排除、限制竞争后果的认定。本身违法原则与合理原则是反垄断法上相互对立的两个惯常适用原则,但都用于判断市场主体行为合法性。基于两大原则的共识性理解,在公平竞争审查标准领域,本身违法原则意味着政府的某些政策通常是排除或限制竞争的,因而只要符合公平竞争审查各项标准,就违反了公平竞争审查要求,无需再深究其可能后果;合理原则则认为需要进行实质性的后果分析,而不能仅从其表现形式判断其违法性。

实践中,本身违法原则常面临经验不足的困境,需要合理原则的补充。本身违法原则在公平竞争审查标准中,主要体现在各项目的审查标准中。公平竞争审查体系中 4 条 18 项 49 目审查标准,每一目详细描述了政策内容的要素,根据本身违法原则,政府的政策一旦符合任一项审查标准,则可直接认定为违反公平竞争审查要求。从法律性质上来看,《实施细则》中有关审查标准规定类似于法律规则,政府政策内容能够涵摄于规则要素,则可产生违反审查标准的效果。但对政策文件适用本身违法原则,并不意味着其绝对违法而需要取缔,而是存在豁免的可能性。合理原则主要体现在兜底性规定中。一种兜底性规定是《国务院关于在市场体系建设中建立公平竞争审查制度的意见》（简称《意见》）规定的与四项标准并列的兜底条款："没有法律法规依据，各地区、各部门不得制定减损市场主体合法权益或者增加其义务的政策措施；不得违反《中华人民共和国反垄断法》，制定含有排除、限制竞争内容的政策措施。"另一种兜底性规定是《实施细则》各条标准之下每项规定中与各自并列的兜底条款，语词表征为"包括但不限于"。各自之外的政策内容，即使对市场主体的经济活动产生影响，也不能直接认定其违反公平竞争审查要求，而是要从后果上判断其是否损害有效竞争。由于各自标准中可能具有效果要素，效果要素的考察实质上也是合理性判断，因此，包含效果要素的各项标准适用时也要遵循合理原则。

二　公平竞争审查标准的现实困境

公平竞争审查制度实施中需要审查的文件数量多，审查又具有一定专业性，对政策制定机关来说，审查工作量与审查能力之间的矛盾会使政策制定机关出现一定的抗拒和排斥心理，要求它们对政策文件进行自我审查本身就存在动力不足问题，因而需要一系列机制安排来激励审查。而在进行审查的过程中，标准本身的问题会加剧审查的困难。现行公平竞争审查标准存在的上述问题，导致实践中审查人员对审查标准不敢用、不会用，进一步影响公平竞争审查的质量和制度落实的效果。

（一）选择性适用标准

审查标准语义模糊使得可解释空间较大，政策制定机关难以从中获得明确的依据。而在适用例外规定时，自我审查主体一旦发现存在可以适用例外的空间，便对是否违反标准不置可否，这样的笼统审查不利于违法政策措施的发现和进一步的纠正。归根结底还是标准本身和例外制度不够精确所导致。

列举式标准存在列举不全的明显缺陷，虽然条文表述"包括但不限于"，但"不限于什么"，兜底条款倘若不能给出较为明确的指示，同样可能使审查人员陷入不敢审的境地。例如《实施细则》第15条只规定安排财政支出一般不得与特定经营者缴纳的税收或非税收入挂钩，但实践中的财政奖补可能还会与实缴注册资本、经营贡献、经济贡献、发展贡献等因素挂钩，而税收或非税收入难以涵盖上述因素。

缺乏效果评价要件也可能导致标准适用的模糊。多数情况下，尽管审查标准制定者本身认为已能涵盖大部分情形，但面对千差万别的现实情况时仍会显得捉襟见肘。并且，不是所有的标准都是经过长期的实践检验，不少都需要根据现实情况进行具体判断，而这些标准是很难抽象出具体构成要件，进而形成规范表达的。现行标准缺乏竞争效果评价要件，会使得审查人员只去审查那些表面看上去违法的政策文件，而对于模棱两可但仍有可能排除限制竞争的政策文件，由于标准未给出明确指引，极有可能不加详查而选择性忽略，这就容易造成审查过程中的"假阴性"错误。

（二）未掌握使用标准

1. 标准适用不准

标准适用不准是指政策制定机关在对拟出台或者存量中的涉嫌问题文件积极进行公平竞争审查时，面对原则性、模糊性的审查规定条文时，对于适用此条还是彼条规定不知如何抉择的情形。情况严重可能会向两极发展：一是问题文件逃逸，进而导致一些企业可能会受到不合理的限制或歧视性待遇，而其他企业可能会获得不当竞争优势。二是正向的经济政策文件被错审而禁止出台，合理的竞争被限制或扭曲，进而导致市场的资源配置低下生产和分配效率降低，限制经济增长和企业创新。

适用标准不准的原因不可避免地与审查人员的审查能力有关。除此之外，仍然存在一些客观原因。公平竞争审查大多数是基于规定进行文义匹配的形式审查，尤其是在广大的基层政策制定机关，形式审查的表现更加明显。现行标准的列举性规定更利于基层审查人员进行形式审查，执法或司法判断成本低，行为法律后果的可预见性强，能够有效减少公平竞争审查工作的推进阻力。但是这直接导致了标准适用不准问题：一是列举式标准存在列举不全的明显缺陷；二是列举式审查标准缺乏高度的概括性和普适性；三是标准各项规定的差异性不足。

2. 标准乱适用

标准乱适用是指政策机关在对问题文件进行审查时，对于审查的问题文件适用审查标准随意；或是为了审查而审查，否认本不存在问题的文件的合法性之情形。相比于标准适用不准，标准乱适用更多体现了政策制定机关的消极态度。原因并不是因为审查能力不足，这并非形式审查的方式的问题，而是将公平竞争审查当作形式工作的问题。多数情况下，审查人员可能意识到文件存在反竞争效果，但是消极寻找真正原因，随意将公平竞争审查条文规定进行适用。但是不排除另一种情况，即在《反垄断法》修订后，公平竞争审查制度本身地位得到了提升，政策机关意识到审查很受上级重视，营商环境指标也需要公平竞争审查的工作成绩。因而，有些政策机关为了工作成绩对本不具有问题的文件随意适用审查规定，强求文件不出台或是修改后出台。此类问题产生的原因一是条文规定的过于宽泛，给自我审查主体留下可乘之机；二是公平竞争审查过程中往往需要寻找上位法依据，但是上位法依据规定模糊概括、存在较大弹性空间。

第二节 公平竞争审查标准的域外经验与启示

一 美国公平竞争审查标准

美国是世界上最早关注垄断行为的国家之一，也是最早制定反垄断成文法（1890 年的《谢尔曼法》）的国家之一，悠久的反垄断历史孕育了美国浓厚的竞争文化。在《谢尔曼法》制定初期，美国国内反垄断的重心以规制经济性垄断为主，且美国的反垄断成文法并未区分经济性垄断和行政性垄断。美国在不改变成文法文本条款的前提下，通过司法判例的形式，灵活性地将所有违反市场竞争规则的行为都纳入了其反垄断法的规制范围内。整体来看，虽然美国尚未针对性地创设以"公平竞争审查"冠名的系统性法律制度，但是在实际运行的过程中却存在实质意义上的公平竞争审查体系。

（一）历史演变

从独特的竞争文化背景来看，美国是一个崇尚自由和公平竞争的国家。美国建国较晚，缺少封建行政的影响，长期以来，其国内对任何政治和经济权力的集中以及危害竞争的行为都时刻保持着高度警惕。也正基于此，当19世纪末美国经济进入资本主义垄断阶段，应运而生的托拉斯组织与美国固有的自由贸易和公平竞争观念形成冲突，并威胁到其市场经济的基本架构时，美国能及时行动，制定出世界上第一部反托拉斯成文法。需要注意的是，虽然美国在1890年制定《谢尔曼法》后主要致力于对市场主体垄断的规制，但《谢尔曼法》中所指的"任何人"（即英文"person"）并没有排除政府机关，因此在实践中自然可以将政府机关作为《谢尔曼法》的调整对象。[①]

从独特的司法判例传统上看，"三权分立"政治体系下的美国司法制度对政府权力发挥着长期的制衡作用。当市场主体因政府的限制竞争性行为而受损失时，其可直接向法院提起诉讼要求停止损害并赔偿相应的损失。对于州政府而言，由于联邦制下美国各州拥有宪法赋予的经济管理权，美国司法系统在规制政府限制竞争行为上有着一个动态变化的过程。从1943年帕克诉布朗（Parker v. Brown）案所确立的"州行为理论"（State Action Doctrine）下美国反托拉斯法对州政府限制竞争的行为予以普遍豁免，到加利福尼亚酒类零售商诉米德科铝公司（California Liquor Dealers v. Midcal Aluminum）案中联邦法院对州政府限制竞争行为予以附条件规制，体现着美国司法系统对政府限制竞争行为规制态度的转变。作为判例法国家，美国政府每一个反竞争判例都意味着是一次具有示范意义的公平竞争审查过程。

美国行政机关实施公平竞争审查源于20世纪70年代开始的"放松管制"运动。受美国1929年经济大危机以及二战后国家亟须经济建设的影响，20世纪中叶"凯恩斯主义"在美国极度盛行，政府对经济进行了强有力的干预和管制。但随着70年代通胀、经济危机的到来以及市场经济的逐步完善，管制经济理论逐渐走下神坛，在"新自由主义"思潮影响下，美国开始了"放松管制"运动，市场竞争重新得到重视，竞争政策的基础地位也得以重新确立。与此同时，美国反托拉斯局和联邦贸易委员会在此背

[①] 参见徐士英：《竞争政策研究——国际比较与中国选择》，法律出版社，2013，第171页。

景下开展了竞争审查运动，对美国联邦政府及州政府的经济措施进行公平竞争审查，并提出进一步的竞争建议。虽然该运动并不是长期的制度性要求，对行政机关而言也并不具备强制性，但仍对限制美国政府出台反竞争经济措施起到积极影响。

受独特竞争文化、司法判例传统和政府放松管制运动的影响，美国的公平竞争审查制度在形成路径、价值取向和制度安排上都显著异于其他国家，造就了其别具一格的公平竞争审查模式。

（二）制度优势

从宏观层面看，美国开展公平竞争审查的标准及例外是一个动态变化过程，而该标准的形成和变动受到当时经济思潮和司法判例的影响。

美国公平竞争审查的标准在制定初期以本身违法原则为主，这具有易于操作和执行的优点，但也存在界定过于严苛、忽视竞争效果而导致竞争秩序受损的弊端。从20世纪70年代起，美国反托拉斯法受到芝加哥学派"市场行为或绩效决定市场结构"理论的影响，认定公权力机构的规范性文件是否存在限制竞争的影响时需要综合考虑包括受影响人市场地位、经济实力、文件目的等具体事实和实施效果，而并不以规范性文件是否违反相关竞争条款作为唯一标准，该界定思路常被称为"合理原则"。

在公平竞争审查的例外上，美国呈现出从普遍豁免到附条件豁免的历程特点。从联邦层面看，美国联邦政府的规范性文件可以较好地通过联邦竞争执法机构及三权制衡机制实现竞争审查，很少出现存在大量限制竞争的规范性文件的情况。而对于各州及地方政府而言，基于联邦制的政治体制，各州在美国宪法的授权下拥有较为广泛的经济管理职能，容易产生州政府经济举措与联邦竞争法之间的管辖冲突。在早期美国司法系统处理该冲突时，遵循州政府行为不受联邦竞争法规制的原则，并形成了"州行为"（"State Action"），"州行为"使符合条件的州和地方颁布的法令得到了联邦反垄断法上的豁免。"州行为"这一术语与适用联邦宪法第14条修正案和权利法案的联邦宪法案例上使用相同表述的"州行为"具有不同含义，后者要更为宽泛。许多符合宪法上"州行为"定义的行为并不是可受到反垄断法豁免的"州行为"，因为它们都不足以清晰地规定其构成一项州的政策，或者不够明确地表明所涉行为受到州政府机关的监管。只要满足下列条件，美国联邦反垄断法对州和地方政府的管制行为可以进行豁免，不再考虑该行为是否存在反竞争的效果。

第一，被挑战的行为由"明确规定"（"clearly articulated"）的州监管政策进行授权。

第二，任何经州监管政策授权的私人主体的行为均受到有权的政府机构的"积极监管"。①

随着市场经济的发展，州政府的普遍豁免原则常导致州内市场主体过度凭借州政府权力实施垄断及不正当竞争等损害市场竞争的行为发生，地区壁垒保护和行业垄断层出不穷。针对此现象，美国法院通过加利福尼亚酒类零售商诉米德科铝公司一案，对"州行为"理论的适用进行了一定的限制，限制条件主要包括两个方面：第一，受指控的州行为是由一项"明确表达"的州管制政策授权的；第二，该州政策所授权的所有私人行为，都应受到适当的政府管制机构的"积极监管"。②法院并对"州政府"进行了限缩解释，将其主体界限划定在"州政府、州立法机关和州最高法院及其合法代理人"范围内，而不包括地方政府。

二　澳大利亚公平竞争审查标准

澳大利亚为防止政府颁布限制竞争文件，创造性地构建了一套完整的公平竞争审查制度。从本质上讲，公平竞争审查会制度是规制政府反竞争行为的事前程序，是从"源头"阻断政府反竞争后果的重要举措。澳大利亚建立公平竞争审查制度后，在几年内审查了上千部法律法规。澳大利亚的公平竞争审查制度富有效率，极具特色，值得我们学习和借鉴。

（一）标准内涵

澳大利亚的公平竞争审查标准即为开展公平竞争审查工作时的"参照

---

① 参见赫伯特·霍温坎普《美国反垄断法：原理与案例》（第 2 版），陈文煊、杨力译，中国人民大学出版社，2023，第 567~568 页。

② 参见赫伯特·霍温坎普《联邦反托拉斯政策：竞争法律及其实践》（第三版），许光耀、江山、王晨译，法律出版社，2009，第 816 页。

物"。根据标准详细程度的差异可分为原则标准和具体标准，澳大利亚的公平竞争审查制度主要涉及原则标准。而澳大利亚公平竞争审查的原则标准为公共利益，其《竞争原则协议》第 5 条第 1 款明确规定了所有的限制不能损害公共利益。对于如何理解"公共利益"，原则协议第 1 条第 3 款作了解释，主要包括：衡量某一特定政策或行动方针的收益是否高于该政策或行动方针的成本；某一特定政策或行动方针的优势或者合理性是否确定；是否为实现既定政策目标的最有效手段。上述三个方面的认定需要进一步从与生态可持续发展有关的政府立法和政策方面酌情考虑。考量因素包含六个方面：包括公共服务在内的社会福利和社会公平；与职业健康和安全、劳资关系、准入和公平等事项有关的政府立法和政策；包括就业和投资增长在内的经济和区域发展；一般消费者或某一类消费者的利益；澳大利亚企业的竞争力；资源的有效分配。

公平竞争审查是一项复杂的工作，需要审查人员和指导人员掌握一定的专业方法。首先，公共利益原则标准。根据澳大利亚的公共利益标准指引，形成完整的公共利益标准主要包括以下五个步骤：明确界定当前存在的有限制竞争作用的政策措施；合理设定一项可选择的替代方案供其比较；科学测算用备选方案替代当前方案时的主要实施效果和影响力；对备选方案影响的综合评估、分析；影响力的综合分析并公布结果。其次，清单对照排除法。澳大利亚认为政策措施存在以下情形时就会被认为对竞争产生了限制：（1）限制企业或个人对某一市场的进入或退出；（2）控制价格或者生产数量；（3）限制质量，产品标准或者产品或服务的分配；（4）限制广告和推广手段；（5）限制生产阶段的原料输入和价格；（5）可能显著增加企业成本的规定；（6）歧视性规定，赋予部分企业相对于其他企业的优势。再次，定性与定量相结合的分析方法。当开展立法审查时首先根据对象的性质将之划分到不同性质的分类中，完成"定性"步骤；然后按照限制影响的程度确定审查的优先次序，由高到低依次进行审查，完成"定量"步骤，最后，收益—成本分析方法。澳大利亚在进行公共利益判断时将修改或禁止的标准认定为"对公共利益产生的收益小于限制本身的成本"；在进行特殊限制效果评估时也要求评估机关恪守收益—成本标准，可以说该方法在澳大利亚的立法审查制度中普遍存在又不可或缺。

（二）制度优势

通过设置"政府干预市场之手"的前置审查程序，科学设定标准及流程，并辅以竞争激励和竞争评估机制为保障，澳大利亚构筑了一个体系严密、流程规范、内容合理、契合实际的公平竞争审查制度，在其国内培育出高度竞争的市场体制。

"国家竞争政策审查"（National Competition Policy Review）报告指明，澳大利亚竞争法已无法有效监管政府的商业行为，也难以解决国有企业的成本优势和定价优势等问题。澳大利亚国有企业往往享受税收豁免和财政补贴，并利用这些优势打击竞争对手，其行为实质上扭曲了市场竞争。根据这份影响深远的报告，澳大利亚联邦与各州、地区政府联合组成政府理事会，并召集各成员政府签署了《竞争原则协议》。澳大利亚的立法审查制度在《竞争原则协议》中以公共利益为原则性审查标准，根据《竞争原则协议》第5条的规定，澳大利亚政府承诺对已存在的含有竞争限制因素的现行立法进行审查，然后进行相关的改革，并且逐步推动至地区政府立法的审查。《竞争原则协议》第5条第1款规定了竞争审查和改革的指导原则，即立法不能限制竞争，除非限制竞争对整个社会所造成的利益大于损失，且该立法目标必须通过限制竞争的方式才能实现。该制度模式的优势在于既能依靠具体标准处理常见的立法审查问题，也能利用原则性标准解决一些尚未遇到的"疑难杂症"，充分使得其审查效果最大化。此外，通过运用定性与定量的分析方法，澳大利亚将待审查的立法文件按照限制竞争程度的高低依次排序，率先审查竞争损害程度高的文件，从而将限制竞争的市场损害降至最低。

三　日本竞争评价制度

（一）立法沿革

2009年，日本在OECD《竞争评估工具书》的基础上，汲取他国的有益经验，并结合国情着手建立竞争评价制度。2010年，日本总务省行政评价局在日本公正交易委员会（JFTC）的协助下，公布竞争影响评价的实施方案。2011 年，日本的竞争评价制度最终建立。

日本的政策评价制度、政策的事前评价制度、竞争评价制度是三种不同的制度，试行和实施的时间各不相同。但是，这三种制度相互关联，后一种制度的建立总是以前面制度的建立为基础和前提。政策评价制度于 2001 年建立，由于时代的发展变化，政策一定会有与时代不相适应的部分，政策评价制度就是对这一不相适应的部分予以协调的制度。政策的事前评价制度是日本在借鉴多国实施的 RIA 制度分析方法的基础上建立的，即客观分析一项政策实施时可能会带来的成本及收益，并将分析结果向社会公开，使政策制定客观、透明化。竞争评价制度主要从规制政策对市场主体竞争手段和活动，竞争动力或回避竞争的意图，提供的产品、服务的品质、种类，市场竞争参与者数量及市场结构，潜在市场参与者，消费者转移购买成本等方面的影响来对该政策进行评估。

竞争评价作为政策评价中事前评价的一部分，于 2009 年通过对《关于对行政机关实施的政策的评价的法律实施令》修改后开始试行。2009 年 10 月后，各地方委员会拟制定或修改、废止规制时，有义务对规制进行事前评价，并且在《关于实施规制的事前评价的指南》中指出，作为社会性费用的一部分，应对竞争产生的影响进行评估。之后，日本总务省基于 OECD 发布的《竞争评估工具书》，协同 JFTC 共同制定了竞争评估核对清单。JFTC 将制作竞争评估核对清单的运用手册并发放给各行政机关的政策评价负责人，开办关于竞争评价实施的说明会并对各行政机关所提出的清单回答内容进行核查。

（二）制度优势

日本竞争评价制度具有以下特点：第一，竞争评价制度是在政策事前评价时，以竞争状况为标准进行考量，当政策的设、改、废会对竞争状况造成影响时，该影响应当纳入政策的考虑范围，以提高政策的质量；第二，这项制度是日本各省厅各部门开展自我竞争审查；第三，制度已经在法律层面上予以确认，获得法律保障；第四，该项制度还有相应的配套制度和法规规章等下位法体系予以支持。

如前所述，日本公正交易委员会（JFTC）主张在制定新的政策法规时，应当对于各方因素进行讨论，尽量制定竞争限制效果较小的政策，通过竞争评估制度进行事前政策评价，具体包括以下三个标准。

1. 是否直接或间接限制经营者数量

通常而言，具有限制竞争效果的政策法规会减少市场中的经营者数量（竞争单位），从而造成市场中的商品与服务多样性下降，竞争压力下降，形成市场垄断支配力等不良效应。政策制定者需要就以下问题进行回应，具体包括：（1）政策是否导致只有特定的经营者或特定的经营集团才能参加经营活动；（2）政策是否只限定于满足许可要件的经营者，而导致经营者数量大幅减少；（3）政策中是否限制或固定经营者活动的地理范围；（4）政策是否使经营活动所需的成本较之新设、改变或废止政策前大幅提高，既要考虑现有经营者的成本也要考虑新进入经营者的成本，是否因成本大幅增加而阻碍经营者进入或大量经营者退出市场。

2. 是否限制经营者的竞争活动

如果政策法规对于经营者正常的竞争活动进行不当限制，则会使得经营者竞争状态不活跃，通过竞争机制传导的价格下降、商品质量提高等社会福利就会产生减损。因此，政策中涉及对经营者价格、种类、品质、制造方法、广告方法等方面的限制需要进行评估，考察政策法规是否把经营者所提供的价格、种类、品质、制造方法、销售方法、广告方法限定于特定的标准或范围。

3. 是否减少经营者的竞争意愿

政策的内容本身不构成对经营者竞争手段、活动的限制，但也有可能会影响经营者的竞争意愿，包括回避竞争。是否构成这种情形，通过以下三个标准进行判断：（1）政策是否要求经营者向其他经营者披露商品或服务的价格、生产成本、数量等信息或促使企业交换信息，使得经营者减少竞争意愿；（2）政策是否增加商品或服务消费者的转向成本，导致竞争意愿减弱；（3）政策是否限制消费者可以获得的有关商品和服务的选择或信息，使得经营者竞争意愿减弱。

四　韩国竞争评估标准

韩国于2004年建立了立法优先咨询制度。根据该制度，政策制定机关在制定含有可能排除、限制竞争的适用于全国范围的法案时，必须提前向公平交易委员会（KFTC）咨询意见。韩国的竞争评估制度作为规制影响评估制度的组成部分，于 2009 年以制定《竞争评估指南》的形式正式建立。韩国政府政策协调办公室修订《拟实施管制措施影响评估指南》，明确要求各级政府部门拟定的管制政策必须接受 KFTC 的竞争评估，KFTC 有权对管制政策是否限制竞争发表意见，并提出整改建议或竞争损害更小的替代方案。

（一）标准内涵

韩国的竞争评估框架主要包含评估对象、评估方式和评估效力三部分。

第一，评估对象。根据韩国《行政规制基本法》第 2 条规定，评估的对象是"国家或地方自治团体为实现特定的行政目的，而以限制国民权利或附加义务为内容在法令等或条例、规则中作出规定的事项"，由此可见，韩国竞争评估的对象包括了所有的政府行政规制。

第二，评估方式。韩国的竞争评估方式采用的是"外部评估制"，即由竞争执法机构主导，规制部门共同参与、共同进行竞争评估。具体而言，韩国的竞争评估由 KFTC 主导，其有权最终决定评估结果。规制部门主要发挥辅助作用，以减轻 KFTC 的工作量和工作压力。

第三，评估效力。KFTC 虽然掌握竞争评估的主动权，但是它出具的评估意见不具有法律约束力，政策制定机构没有必须接受的义务，可作为政策制定的参考。

韩国的竞争评估程序主要分为初步评估和深入评估两个阶段。

第一，初步评估阶段。韩国的初步评估标准与 OECD 的标准类似，同样制作了竞争影响核对清单，通过对照清单上的项目，初步判定某法律是否限制了竞争。韩国的初步评估主要包括以下四个维度：（1）是否限制供给者的数量或范围；（2）是否限制供给者的竞争能力；（3）是否减少了供给者的竞争激励；（4）是否限制消费者选择或更换供应者的能力以及限制向消费者提供信息。

第二，深入评估阶段。主要通过以下五个步骤提高判断的针对性和准确性：（1）充分了解政策意图；（2）界定政策发挥作用的相关市场；

（3）明确该相关市场内的竞争状态；（4）对政策在该相关市场可能产生的影响作全面分析；（5）寻求对竞争机制损害最小的替代政策。最关键的是第四步，其结果将直接影响整个深入评估的结果。这里，韩国采用不断修正的 SCP 范式的分析路径，虽然市场结构和企业行为两者谁先因为受到公共政策的影响而发生改变不固定，但这种改变一定会影响另一方，最终两者都会发生改变。因此，只要对政策实施后相关市场的结构以及企业行为的改变做出预测，进而与当前的情况进行比对，就可以推断政策可能对竞争产生的影响。

（二）制度优势

韩国的竞争评估与 OECD 的评估模式十分相似，其审查标准基本上是借鉴了 OECD 制定的标准。但在评估方式上韩国的竞争评估也有其独特之处。例如，韩国的竞争评估过程以 KFTC 为主导，政策制定机关在制定含有可能排除、限制竞争的适用于全国范围的法案时，必须提前向 KFTC 咨询意见。各级政府部门拟定的管制政策必须接受 KFTC 的竞争评估，KFTC 有权对管制政策是否限制竞争发表意见，并提出整改建议或竞争损害更小的替代方案。我国现阶段公平竞争审查主要以自我审查为中心，实践中虽然也存在第三方评估机构承担一些审查工作，但该第三方一般是在受委托的情况下进行审查，其审查结果缺乏独立性，审查效果也难免受到委托方的影响。总体而言，这种外部审查机制可以同时确保外部审查机构与政策制定机关保持独立性，通过此方式可以减少竞争评估的阻碍，提高评估的质量和效果。

五　OECD 竞争评估标准

OECD 积极倡导竞争评估制度。竞争评估是指竞争主管机构或者其他专门机构通过审查和评价正在制定中的或者现行的法律法规和政策可能对竞争产生的影响，在不影响达到预期政策目标的前提下寻求减少或者消除对竞争的潜在危害的替代方案或者确认其无效的制度或者过程。

（一）标准内涵

OECD 竞争评估制度可以从评估对象、评估主体、评估标准三个方面来考察。首先，OECD 竞争评估的评估对象主要包括三个方面：（1）法律、规章制度和条例；（2）现行政策和新政策；（3）全国性政策、地区性政策和本地政策。其次，关于评估的主体，OECD 认为，为了确保政策制定者考虑政策的竞争效应，应该要求制定政策的政府部门实行竞争评估，同时强调要保障审查机构的独立性。最后，OECD 竞争评估的标准根据程序的不同而有所区别。

OECD 的竞争评估程序可分为初步评估、深入评估、事后评估三个阶段，每个阶段的评估标准也有所不同。

初步评估阶段的有四大标准：限制供应商的数量或者经营范围、限制供应商的竞争能力、打击供应商参与竞争的积极性、对消费者可获得信息及其选择的限制。根据这些标准，OECD 制作了"应用于识别限制竞争法律的核对清单"，用于初步识别某些法律是否具有限制竞争的内容，如果某部法律违反了清单中的任一项目，即意味着法律限制了竞争，需要对该法律进行深入的评估。

深入评估可分两个步骤展开。第一步是分析法律对竞争的影响效果。通过分析制度因素直接或间接产生的竞争影响，判断法律是否严重损害了竞争。第二步是分析替代性方案对竞争的影响效果。该分析旨在预估替代方案对竞争的影响，并将替代方案竞争影响的预估结果与原来方案的竞争影响结果相比较，看是否真的能够减少对竞争的损害。

通过事后评估，以评估在审查过程后选择的方案是否达到了预期的效果，是否为最合适达到预期效果的政策措施。事后评估可以使评估主体发现潜在问题及原因，从而改进竞争评估过程。为了确保分析是公正和客观的，事后评估的主体应当区别于原来评估的主体。事后评估的结果也可能受到自作出决定以来所经过的时间长短的影响。如果时间过短，可能就没有足够的数据来正确估计所选方案的所有影响。如果时间过长，就很难将政策的影响与可能影响该部门的其他事件分开。

在例外规定方面，当政策措施进行深入评估程序时，应当结合四类标准判断政策措施能否适用例外规定。首先，判断政策措施的出台是否出于公共利益的考量。其次，寻找是否存在其他替代方案。再次，对替代方案竞争效果进行分析并根据效益最大化原则进行排序，并在 RIA（Regulatory Impact Analysis）框架下进行政策措施的成本收益分析。最后，根据以上分析结果，确保选择的政策措施是限制竞争最少的方案。

（二）制度优势

首先是评估对象的范围，例如我国公平竞争审查的审查对象主要包括规章、规范性文件及其他政策措施。"法律"现阶段还没有被纳入我国公平竞争审查的审查范围。而 OECD 在《竞争评估工具书》中明确规定"法律"属于竞争评估的对象。虽然现阶段要将"法律"纳入公平竞争审查的审查范围还存在很大的困难，但可以考虑逐步扩大审查对象的范围，使更多与市场活动有关的对象接受公平竞争审查。其次，在初步审查的标准方面，OECD 强调了对消费者的保护，而我国公平竞争审查并无与消费者保护直接相关的内容，今后可以考虑加入此项内容。最后，OECD 的竞争评估程序包含了事后评估，而我国公平竞争审查并未强调事后评估，事后评估的确会成本更大，但其也有助于提高评估的质量和效果，我国也可以适时引入事后评估程序。

六　完善我国公平竞争审查标准的启示

（一）考虑繁简分流分阶段制定公平竞争审查标准

在实践过程中，各级政府相关部门特别是市场监督部门由于编制有限，往往难以设置专门岗位去负责公平竞争审查工作，通常是由其他科室的工作人员兼任此职务。面对这种资源有限与任务繁重所形成的矛盾，有必要考虑通过繁简分流来分阶段制定公平竞争审查标准，以此提升公平竞争审查效率。可以考虑借鉴澳大利亚的相关经验，运用定性与定量的分析方法，通过分级分类，将待审查文件按照限制竞争程度的高低依次排序，率先审查竞争损害程度高的文件，从而将限制竞争的市场损害降至最低。

在审查过程中，也可根据审查阶段的不同而采取不同的审查标准。在 OECD 出台的相关报告与指南中，将公平竞争审查中的竞争评估程序分成了初步评估、深入评估、事后评估三个阶段，且每个阶段的评估标准也有所不同。在初步评估阶段，OECD 制定了专门的审查清单，如果文件违反了清单中的某一标准，就进入对该文件的深入评估。深入评估旨在判断法律对竞争限制的合理性，以 SCP 范式为核心判断原则，首先分析法律对竞争的影响效果，判断是否严重损害竞争以及政策文件能否实现立法目的。其次是分析替代性方案对竞争的影响效果，能否有效降低竞争损害。最后通过事后评估，以评估在审查过程后选择的方案是否达到了预期的效果，是否为最合适达到预期效果的政策措施，从而改进竞争评估过程。

此外，有必要针对各阶段出具不同的审查实施指南，从而消弭因分阶段而增加的学习成本。日本的公平竞争审查工作大体可分为政策的事前评价、政策评价、竞争评价三阶段。日本公平竞争审查机构 JTFC 出台了多部相应的配套制度和法规规章等下位法体系文件对公平竞争审查工作不同阶段分别予以细化规定，如针对事前评价阶段的《规制事前评价实施指南》以及针对政策评价的《政策评价法》《竞争评价 Checklist 活用手册》等。我国也可以考虑借鉴日本的审查经验，依据不同阶段与不同类别制定不同的官方评价标准与实施指南。

（二）完善审查标准体系与细化列举式条款

完善审查标准体系，进一步提升公平竞争审查制度法治化水平，实现对政府干预权力的控制和优化。减少审查标准的模糊表述空间，在满足建设全国统一大市场的需求的前提下，充分考虑各区域经济发展的实际情况，逐步减少直至消除具有"政策洼地"和排除、限制或扭曲竞争效应的地方奖补政策措施，加快清理存量政策。现行的公平竞争审查标准刚性有余、差异性不足，不利于更好地发挥政府作用，根据上述域外国家和组织在开展公平竞争审查所运用的标准和做法，我国可以借鉴相关做法，进一步完善审查标准体系的层次感。

对于现行标准中的列举式条款的细化，关于市场准入和退出标准方面，在实践中对于市场准入和退出标准的适用难点比较多地涉及国有与非国有企业在准入上的不同待遇。为了扶持国有企业发展，或者作为国有企业承担某些社会职能的一种补偿，地方政府比较普遍的做法是直接赋予国有企业某些准入特权，或者直接授予特许经营权。国有企业在我国发挥独特的作用，对于某些与国家安全、经济安全、能源、基础设施、民生等密切相关的行业予以适当扶持也符合我国制度特征和既有的国有经济政策。可以参照澳大利亚相关制度，在明确公共利益的内涵与外延的基础上，以是否符合公共利益、促进有效竞争为基本原则，由竞争主管部门与国企主管或国资部门联合出台指引，进一步明确方式和手段。

关于商品和要素自由流动标准方面，实践中对于商品和要素自由流动标准的适用主要面临的是本地歧视性待遇问题。这个问题在认识方面争议不大，主要解决机制需要从破除地方利益壁垒、严格执法出发。公平竞争审查制度实施细则已经对影响商品和要素自由流动情况做了相对清楚、具体的说明，完善细则的方向是主管部门与招投标、建设等主管部门出台指引。政府采购公平竞争审查可借鉴 OECD 组织发布的《竞争评估工具书》的原则卷中的"竞争核对清单"和《政府采购协议》中的国际政府采购经验，并结合自身特点细化审查标准。在招标文件中，应要求编制出完整、严谨的招标文件，明确确定供应商资格、技术规格等信息的基本原则。

关于影响生产经营成本标准，可以参考上述域外国家的做法，进一步明确特定经营者的范围。《公平竞争审查制度实施细则》第 15 条第 1 款第 1 项规定，"不得违法给予特定经营者优惠政策，包括但不限于：1. 没有法律、行政法规或者国务院规定依据，给予特定经营者财政奖励和补贴"，其中有三个方面的表述有待进一步明确。一是在地方制定政策措施文件时需要明确可依据的国务院规定的范围。二是地方政府所谓的依据是指明确规定，还是根据其精神即可，这是需要进一步细化的地方。三是需要在平衡维护公平竞争与保持地方发展经济的积极性和主动性之间关系的同时，细化特定经营者的内涵与外延。

（三）优化兜底条款适用与完善补充性原则审查标准

我国公平竞争审查的标准采用的是列举式体例，在《关于在市场体系建设中建立公平竞争审查制度的意见》中，国务院将审查标准划分为市场准入和退出标准、商品和要素自由流动标准、影响生产经营成本标准和影响生产经营行为标准 4 大类及旗下 18 小类标准，这无法满足市场中政府限制竞争的认定需求。为了进一步明确审查标准，国家发展和改革委员会等五部门联合印发《公平竞争审查制度实施细则（暂行）》，将公平竞争的审查标准细化为 4 大类、18 种类和 45 小类，基本上涵盖了市场中常见的政府限制竞争行为。但对于一些罕见的规范性文件类型，上述细化后的审查标准仍然无法做到"对照审查"，并且对于切除自身"利益蛋糕"的公平竞争审查制度而言，政府"创造"新的竞争限制内容并非仅存有理论的可能。面对此情形，如何优化公平竞争审查兜底条款的适用以及补充原则性审查标准就显得尤为重要。

从内容上看，兜底条款分为两部分：一是只有在法律法规的效力范围内，政策措施才能对于市场主体的合法权益进行处置；二是强调了政策措施均不得违反反垄断法的规定，且在此语境下重点关注的是通过政策文件实施的行政性垄断。虽然兜底条款的设计具有一定的实践性与针对性，但不可避免地存在语义不清晰、适用不明确的问题，应当进一步优化。

一是应当明确公平竞争审查制度的法律刚性效力与优先性。虽然公平竞争审查制度已经写入反垄断法，但兜底条款的适用涉及与其他法律法规和政策性文件之间的协调性，只有首先明确公平竞争审查制度优先性，才能解决适用兜底条款的前置性问题，否则就会出现审查漏洞，即只要没有违反一般标准，就会自动忽视兜底条款的适用，这是公平竞争审查制度权威性不足所导致的解释力不足的必然结果。

二是需要明确适用兜底条款的方法与标准。可以参考澳大利亚竞争原则协议中以公共利益为原则性审查标准，作为适用兜底条款的规则补充，并在立法审查指南中列举详细的具体标准配合实施。该模式的优势在于既能依靠具体标准处理常见的立法审查问题，也能利用原则性标准解决一些尚未遇到的"疑难杂症"，提高审查效果。虽然如何准确界定公共利益在法律上同样存在困难，但具体到公平竞争审查领域中的公共利益标准可以参照反垄断法上已有的理论与实践，这是因为对于如何界定公共利益，学界已有了理论积累与相对明确的类型化标准，且公平竞争审查制度与反垄断法在价值、理念、原则上具有天然的相似性，或者进一步讲，公平竞争审查制度就是反垄断法具体实施制度中的关键一环，因而可以进行有效的借鉴与优化。

（四）建立标准配套制度细化标准适用情形

通过建立公平竞争审查标准配套制度，细化标准的适用情形，可以进一步提高公平竞争审查标准的可操作性，也能促进各地对审查标准的统一理解与统一适用，有助于解决实践中审查标准适用困难的问题。

OECD 先后发布了三卷《竞争评估工具书》，分别为《原则》《指南》《操作手册》三卷。在第一卷《原则》中介绍了竞争评估制度和竞争核对清单，并单设一章结合案例说明竞争如何有利于消费者，同时从五个方面概述了如何将竞争评估纳入政府的日常运作。在第二卷《指南》中进一步解释了竞争评估中的关键概念，如市场特权、进入壁垒、企业退出、创新与效率等，同时结合案例对四大类竞争评估标准作了更细致的解释，另外还提出了监管竞争评估的一般性框架，如分析监管可能对企业经营、市场进入、价格与生产、创新等方面的影响。在第三卷《操作手册》中，规定了竞争评估的操作步骤，包括：选择公共政策进行审查、使用竞争清单、确定备选方案、选择最佳方案、实施最佳方案、效果评估。

我国也可以借鉴以上经验，建立相关配套制度，对公平竞争审查中的关键概念进行界定，例如特定经营者、市场准入与退出、特许经营、商品和要素自由流动等。同时可以结合案例对审查标准做进一步解释和细化，并列举相关考量因素。还可以进一步完善并细化审查流程，为审查人员提供更具操作性的审查步骤。同时，健全完善公平竞争审查指导性案例制度，定期发布各种指导性案例。

（五）健全例外规定评估制度

1. 完善可替代措施分析具体标准

我国公平竞争审查制度例外规定制度的构建，很大程度上参考了经济合作与发展组织（Organization for Economic Cooperation and Development，OECD）的《竞争评估工具书》。如前文所述，当政策措施进行深入评估程序时，应当结合四类标准判断政策措施能否适用例外规定，涉及的考虑因素包括政策措施的出台是否出于公共利益的考量；是否存在可达政策目标的其他替代方案，然后对替代方案竞争效果进行分析并根据效益最大化原则进行排序，同时应当在 RIA（Regulatory Impact Analysis）框架下进行政策措施的成本收益分析，最后根据以上分析结果确保选择的政策措施是限制竞争最少的方案。我国公平竞争审查的制度设计者遵循上述基本思路，并结合实际，设计了例外规定：首先，不完全地列举了数项"合格"的政策目标；其次，要求不存在不损害竞争的替代方案，且被审查方案不能严重地、无期限地损害竞争。我国的公平竞争审查制度虽然与 OECD 的例外制度有着相似的分析思路，但是在对于替代方案的评估上存在差异。尽管 OECD 也强调备选方案的意义，但 OECD 所指的备选方案以"能同样实现政策目标"为前提，而我国所指的备选方案以"是否会损害竞争"作为评价标准。在实际运行过程中，方案（或称手段）之间的比较不仅要考虑对市场竞争的影响，还需考虑对政策目标的实现程度，仅仅根据前者来评价政策措施的好坏是过于片面的。此外，相较于 OECD 的例外制度，我国例外规定只提到了不能严重地损害竞争，但是对于何为严重存在较大模糊性。在公平竞争审查中，损害的大小对于政策措施的豁免而言本应是非常关键的考量因素，OECD 明确地对替代方案竞争效果进行分析并根据效益最大化原则进行排序。同时在 RIA 框架下进行政策措施的成本收益分析的范式，值得我国借鉴。

2. 加大例外规定适用审查力度

我国的审查模式以自我审查为主，对于适用例外规定的审查往往流于形式。由于《实施细则》例外规定中对于社会公共利益的不完全列举，行政机关往往具有较大的裁量权。在公平竞争审查的过程中，只要政策制定机关认可某项公共利益的存在，相关政策措施的出台便能符合例外规定对于公共利益的要求。在此情况下，例外规定就存在着被滥用的风险。为了避免此种风险，澳大利亚、欧盟及韩国设计了较为严格的例外规定适用审查制度。澳大利亚规定，政策制定机关以追求公共利益为由适用豁免条款的反竞争政策需要经竞争和消费者委员会审查批准后方可推行实施；欧盟规定，成员国对国家援助措施需先自我审查，当认为符合"可以豁免"情形时，需提交欧委会进行个案评估以决定能否适用；韩国规定，行政机关初步审查认为有限制竞争内容后须提交公平贸易委员会进行深入评估，对排除、限制竞争效果进行分析并提出整改方案或寻找替代措施。以上规定都为例外规定的适用设计了复审制度，避免了仅由政策制定机关进行审查，有效性不足的局限。我国可以借鉴其思路，通过上级机构或外部机构进行复审的方式，促进防范滥用，审慎适用例外规定制度。

第三节　法治化公平竞争审查标准的确定依据与规范特征

一　审查标准确定应立足我国法治实践与社会政策目标

（一）市场自由方面

公平竞争审查标准应当牢固立足于法治实践，充分结合社会政策目标来确定。当前，我国经济的发展仍然需要政府部门对市场进行适当的科学干预和规范。基于此，公平竞争审查标准应当避免封闭性思维和"一刀切"行为，而应该根据经济社会发展的现实需求，灵活地进行调整和补充。同时，在制定公平竞争审查标准时，亦不能单纯考虑市场自由而忽视社会公共利益，必须坚持以人民群众福祉为出发点，完善社会保障和安全体系。这方面在《实施细则》第14条以及第16条中也有体现。

市场自由方面的公平竞争审查应注意以下几个方面。首先是市场准入。在市场准入方面，应该注重扩大市场对外开放，稳步推进市场自由化改革。要按照依法平等、公正透明的原则制定准入规范和标准，特别是针对国家经济发展战略需求的产业，需要精心设计相应的准入门槛和条件，保证市场主体充分参与竞争和创新，同时尊重企业和产业发展的多样性，促进高质量发展。其次是产品定价。在调整市场价格的同时，应该考虑到产品资质、科技含量、市场情况及行业发展可持续性等多种因素，合理地确定产品价格，并防止形成价格垄断和诱导消费，造成不良影响。此外，在转型升级和提高产品质量等方面帮助企业，形成健康有序的市场竞争环境，也是可行的途径。最后是市场监管。市场监管是以维护市场秩序和保障公共利益为目的，必须坚持从源头治理、全过程监管。应当加强行政执法机关队伍建设，提高执法效能和服务水平。针对违规行为和不良竞争，加强惩戒措施，逐步形成有利于市场运行的合理监管体制，能够更好地保障消费者权益和提高市场效率。

（二）开放竞争方面

公平竞争是市场经济中关键的法治理念，不仅涉及经济利益和产业发展，也对社会公正和政治稳定产生深远影响。国家法律描绘了竞争的一般性规则，在实现社会公义、促进经济繁荣和维护消费者权益方面具有重要意义。在确定公平竞争审查标准时，必须充分考虑我国法治实践和社会政策目标。虽然在《实施细则》第 13 条规定了"不得设置不合理或者歧视性的准入和退出条件"，但距离彻底的开放竞争还有一定的距离。

开放竞争是公平竞争原则的核心之一。在开放竞争环境下，所有参与者都有平等的机会去追求自身利益以及给市场带来新的潜力和创造性。国家应该采取措施确保各个市场领域的公平公正，并将其作为保障发展的优先责任。政府可通过市场准入制度、反垄断监管、知识产权保护、统一认证和流程简化等手段来确保市场的公平和透明。此外，推进技术创新和市场升级也是重点。市场动态变化速度快，因此需要将制度设计和调整纳入旨在提升我国品质和效益的目标中。这种创新方式可以更加有力地适应市场竞争的需要，并满足消费者更高的需求。在整个制度框架下，中国政府正在推出一系列计划，以支持技术创新和市场升级，如"双创"政策、数据安全法、数字经济发展战略、5G 建设等。

此外，公平竞争审查也需要考虑到社会公正问题。我们必须采取有效措施，把开展规范股权激励、用好社会领域的规划创新、完善风险分散和多项保障措施放在首要位置，以及认真实行防范金融乱象的新举措，切实做好保护消费者权益、维护最低限度生活、法治化劳动关系等制度建设。公平竞争审查标准的确定必须充分考虑我国特殊的地方要求。据此，应当在客观性和灵活性上找到一个平衡点。社会多元和经济发展不同阶段各具特色，因此制定标准时应注重区域和行业差异，避免简单粗暴地强调统一性。政府可以通过制定差别化的制度、推进市场营销、改进产业结构调整等方式来进行普及。公平竞争是确保市场正当运行与长期稳定发展的重要保证。在确定公平竞争审查标准的过程中，需要立足我国法治实践和社会政策目标，在加强开放竞争、支持技术创新、关注社会公正方面下功夫，从而促进中国市场更加公平、稳定、可靠地运行。

（三）竞争便利方面

竞争便利政策是指政府制定和实施的针对市场竞争中的不公平问题和扭曲现象的政策，其目的是促进公平竞争和市场稳定。近年来，我国推行竞争体制改革、加强市场监管、促进自主创新，不断完善竞争便利政策，并致力于确定公平竞争审查标准，以保证市场公正竞争。

公平竞争审查标准的确定应当立足我国的法治实践和社会政策目标，包括但不限于保护市场公正竞争、维护消费者权益、促进经济持续健康发展等。公平竞争审查应当遵循我国法律法规的规定。我国《反垄断法》《反不正当竞争法》等法律法规已经对垄断和不正当竞争行为进行了明确规定，公平竞争审查标准应当在保证法律合规性的基础上，充分考虑行业特点和实际情况，确保市场的公正竞争。例如，在企业合并和收购方面，应当审查该行业的市场集中度、企业关系、技术革新等因素，以确定是否对竞争构成不利影响。公平竞争审查也应当注重保护消费者权益。保护消费者是公平竞争的一项基本原则。在审查过程中，应当充分考虑受影响的消费者的权益。在避免出现垄断或不正当行为的情况下，还应当确保消费者能够享受更好的商品和服务。我国经济已经进入了高质量发展的新阶段，公平竞争政策应当有助于促进市场资源的合理配置，激活市场主体的创造力和活力，从而增强经济的竞争力。

此外，公平竞争审查标准的制定应当充分考虑科技创新等新兴领域的特点。随着新技术和新产业的不断涌现，竞争便利政策也需要适应新形势。公平竞争审查标准应当根据新领域的特点和需求进行调整，以更好地适应市场变化。

（四）充分竞争方面

2020年7月30日召开的中共中央政治局会议指出，当前经济形势仍然复杂严峻，不稳定性和不确定性较大，我们遇到的很多问题是中长期的，必须从持久战的角度加以认识，加快形成以国内大循环为主体、国内国际双循环相互促进的新发展格局。这是党中央基于国内外形势作出的重大战略部署。《中共中央关于制定国民经济和社会发展第十四个五年规划和二〇三五年远景目标的建议》提出，畅通国内大循环。依托强大国内市场，贯通生产、分配、流通、消费各环节，形成需求牵引供给、供给创造需求的更高水平动态平衡，促进国民经济良性循环。党的二十大报告中将"加快构建新发展格局，着力推动高质量发展"当作全面建设社会主义现代化国家的首要任务。

要加快构建新发展格局，畅通国内大循环，就需要打破制约市场竞争的障碍和壁垒，在预防和制止经济性垄断的同时克制政府滥用权力排除、限制竞争的冲动，从而促进市场主体在开放、有序的市场中开展充分竞争，这也体现在《实施细则》第 15 条中。国内大循环和国内大市场首先是一个统一的整体，不应当被人为地分割或是由多个标准不同，出入不自由的传统市场组合而成。公平竞争审查是维护市场竞争秩序的重要制度安排，通过对地方政府制定的市场准入、产业发展、招商引资、招标投标、政府采购、经营行为规范、资质标准等涉及市场主体经济活动的规章、规范性文件和其他政策措施进行审查，避免行政性垄断，促进生产要素在全国范围内自由流动，构建充分竞争的全国统一大市场。因此，公平竞争审查标准应当立足于促进市场充分竞争，防止政府出台地方保护、区域封锁、行业壁垒、企业垄断，违法给予优惠政策或减损市场主体利益等不符合建设全国统一市场的相关政策，保障各类市场主体平等使用生产要素、维护市场公平充分的竞争。

（五）激励创新方面

创新是推动经济结构调整和生产率增长的重要因素，提高创新能力是我国"十四五"时期经济社会发展的主要目标。当前我国经济发展进入新常态，必须靠创新驱动来推进经济持续健康发展。我国经济发展正处于动力转换的关键时期，大力培育新动能，改造提升传统动能，都需要充分激发市场主体活力。企业是市场主体，更是创新主体，要激励其创新，就需要为其消除影响公平竞争、妨碍创新的各种制度束缚，并营造公平竞争的市场环境，充分调动市场主体的积极性和创造性，培育和催生经济发展新动能。

公平竞争审查标准的制定应当考虑如何激励创新，促进创新能力的提升和创新产业的发展。具体来说，公平竞争审查制度不仅需要消除市场失灵造成的资源配置失灵，完善市场竞争机制，预防政府滥用权力排除、限制竞争，还应当充分考量我国经济发展形势复杂多样，地区、行业发展不平衡，战略性新兴产业和传统产业、优势产业与弱势产业之间发展不平衡的实际情况，为能够有效激励创新，实现资源更合理地配置的政府政策出台预留制度空间。换言之，公平竞争审查标准的制定应当平衡有效市场和有为政府，厘清其边界，框定政府介入市场竞争的合法区域与程度。在维护市场公平竞争，激发市场活力，充分调动市场主体创新能动性的同时，允许政府制定合理且对市场竞争损害较小的激励政策和扶持政策，最终实现创新能力的提升和创新产业的发展。

（六）提升竞争效率方面

2021年国务院发布的《"十四五"市场监管现代化规划》指出，在"新产业新业态新模式不断涌现，效率和公平、创新和保护的需求更趋多元"的背景下，要"打通各类循环堵点、规范市场竞争秩序，在市场平稳运行中保障经济循环效率和活力"。提升竞争效率是指在有效市场和有为政府的共同作用下，让市场资源的配置更加优化，让市场经营主体能够在效益、质量、技术和服务等方面展开竞争，为消费者提供更多更好的选择，并获取更多的经济效益。

防止政府过度和不当干预市场，保障资源配置依据市场规则、市场价格、市场竞争实现效益最大化和效率最优化，是建立公平竞争审查制度的总体要求和基本原则。因此，公平竞争审查标准的制定应当反映资源配置优化、提升竞争效益和效率的目标。这就意味着，一方面，审查标准应当包括禁止阻碍市场高效实施等相关规定，防止地方政策制定机关出台不必要的事前审批程序等政策，以降低行政审批成本和时间、压缩审批流程、减少不必要的监管干预。另一方面，公平竞争审查还应当为"使市场在资源配置中起决定性作用，更好发挥政府作用"扫清障碍，排除行政机关滥用行政权力，排除、限制市场竞争，打破地区封锁和行业垄断，清除市场壁垒。通过规范行政机关的行为，降低制度性交易成本，克服市场价格和行为扭曲，以深入推进经济体制改革，建设竞争充分、公平、有序、高效的全国统一大市场。《实施细则》目前还没有明确的关于提升竞争效率方面的内容，建议在附则中增加"竞争效果评估"的相关内容。竞争效果评估的引入可以帮助监测和评估竞争政策的实施效果，从而及时发现并解决审查中存在的问题，进一步优化市场环境，提高市场竞争的效率和水平。

二　审查标准确定应以适用合理原则和本身违法原则为理据支撑

（一）合理原则和本身违法原则的定义及适用范围

合理原则和本身违法原则是反垄断法在传统的法律体系之外发展出来的针对垄断行为违法性的分析原则。大多数经济行为对市场的影响是多元的，其经济效果难以判断。借助于合理原则和本身违法原则两种分析模式，可以把具有不同危害程度的行为区别开来，达到分类规制的目的。这种行为类型化的规制思路有效节省了案件处理成本，并提高了行为后果的可预期性。

这两种模式最初起源于《谢尔曼法》第1条"任何以托拉斯或其他共谋方式限制州际或对外贸易的协议或联合均被宣告为非法；任何订立这类协议或进行这类被宣告为非法的联合或共谋者均被视为犯有重罪而受到惩罚"如何适用的争议。一种观点主张，该条禁止"任何""一切"限制贸易的协议、联合与共谋；另一种观点则认为，如果限制贸易是为了达到某种积极的社会目的，而这种社会目的抵消或超过了对竞争所造成的损害，则不违反《谢尔曼法》。以此为基础，形成了判断限制竞争协议是否违法的两种标准即本身违法原则与合理原则。后来，这两种分析模式被扩张适用到其他垄断行为的判断当中。

本身违法原则将经济行为直接推定为具有排除限制竞争的效果，认为这些行为本身会危害竞争且缺乏补救措施，因而是非法的。反垄断执法机构只需证明垄断行为存在即可，随后由被调查的企业来证明其行为要么不具有严重的排除限制竞争的效果，要么所产生的促进竞争的效果大于排除限制竞争的效果。由此可见，本身违法原则的特点，在于从性质上判断垄断行为的违法性，之所以不必关注其对竞争产生的实际效果，是因为从其性质就可以推定其产生的积极效果不可能弥补其对竞争造成的损害。例如，只要两个具有竞争关系的经营者进行了共谋定价，无论共谋定价是提高价格还是降低价格或者固定价格，均将会被认定构成横向垄断协议。

适用合理原则的行为则不存在这种推定，其分析过程遵循"谁主张谁举证"的逻辑。换言之，反垄断执法机构不仅要证明垄断行为存在，还需要证明该行为存在排除限制竞争的效果；随后由被调查的企业来证明其行为促进竞争的效果大于排除限制竞争的效果。例如，即便是在相关市场上的市场份额超过50%的企业以低于成本的价格销售商品，这也未必就属于法律所禁止的掠夺性定价；只有其缺乏必要的合理性时，此举才将会被严格禁止。

从逻辑分析即可推知本身违法适用于排除限制竞争效果特别严重的行为，而合理原则适用于排除限制竞争效果并非截然明确的行为。从当前的实践来看，本身违法原则一般适用于垄断协议的竞争规制。垄断协议主要可以分为横向垄断协议和纵向垄断协议。对于具有竞争关系的经营者达成的具有排除或者限制竞争效果的协议、决定或者其他协同行为的横向垄断协议的违法性认定中，适用本身违法原则并无争议。对于上下游经营者达成的具有排除或者限制竞争效果的协议、决定或者其他协同行为的纵向协议应当适用何种原则进行分析，存在争议。合理原则主要适用于滥用市场支配地位和经营者集中的竞争规制。只要经营者能够证明实施该行为具有正当理由或可以提高经济运行效率、有利于消费者利益或社会公共利益的，就不会受到禁止和处罚。

在公平竞争审查中，本身违法原则和合理原则的适用至关重要。一方面，公平竞争审查的目的是防止排除、限制市场公平竞争的政策措施的出台，本身违法原则的应用为违反公平竞争审查的抽象行政行为设定了一条清晰的红线。通过将某些类型的政策措施直接界定为违反公平竞争审查，能够极大地提升审查的可操作性和效率，保障市场竞争的公正性和开放性。另一方面，竞争中性原则要求经济政策遵循普惠性、无歧视原则的同时，应当考虑到政策措施可能带来的复杂经济效应，允许必要的差别化经济政策的出台。此时，合理原则的应用变得尤为重要。合理原则要求对政策措施的整体影响进行全面评估，包括其可能对市场竞争带来的正面和负面效果，这是因为并非所有限制竞争的措施都是有害的，某些措施可能在短期内限制了竞争，但从长远来看却能促进市场效率、创新或消费者福利。因此，通过合理原则的应用，可以确保那些在总体上对市场竞争产生积极影响的政策措施得以实施，即使它们可能在某些方面限制了竞争。

（二）审查标准中合理原则和本身违法原则的体现

目前，我国通过颁布《国务院关于在市场体系建设中建立公平竞争审查制度的意见》、《公平竞争审查制度实施细则》、《公平竞争审查第三方评估实施指南》（以下简称《第三方评估实施指南》）确立了公平竞争审查制度和具体实施机制，并在 2022 年将该制度写入《反垄断法》总则之中，将该制度法律化，进一步增加了制度的刚性约束力。《公平竞争审查意见》和《实施细则》中都对违反审查标准的政策措施采取了原则禁止的态度，但基于经济现实的复杂性，为实现更大的公共利益或者经济效益，需要通过设置兜底条款和对某些特殊政策做出例外规定来确保制度的灵活性和平衡性。

《公平竞争审查意见》规定："没有法律法规依据，各地区、各部门不得制定减损市场主体合法权益或者增加其义务的政策措施；不得违反《中华人民共和国反垄断法》，制定含有排除、限制竞争内容的政策措施。"这两项兜底条款，可以扩大公平竞争审查标准的涵盖范围，并保障作为"有形之手"的国家对市场的资源配置进行合法干预时的基本条件与具体方式，使得审查机制能够灵活应对各种新出现的、可能影响市场公平性的情况。同时，《实施细则》从市场准入和退出、商品和要素自由流动、影响生产经营成本、影响生产经营行为四个方面出发，提出了 18 条审查标准，对其中 12 条标准以"包括但不限于"这种不完全列举的方式进行了具体释义。这种形式的规定意味着其允许审查者根据政策措施的实质内容和实际影响进行评估，而不仅仅是依据事先确定的行为清单。当待审核政策措施的具体内容并不能与审查标准列举的行为完全对应时，如若该政策措施实质上产生了限制公平竞争的影响，也应当被认定为违反审查标准。在判断市场干预行为是否可以适用上述兜底性规定时，需要在国家利益、社会公共利益、法律行政法规特别规定等正当目的和行为已经或可能造成的市场竞争损害之间运用合理原则进行衡量。换言之，当某项政策措施不符合公平竞争审查标准中的列举行为，但对市场竞争产生了影响时，应当运用合理原则，在该政策维护的利益、实施目的和对市场竞争带来的影响之间进行权衡，并判断干预行为是否属于政府可以干预市场的合理范畴之内，即其是否既能够满足政府的行政需求，也能够保障市场的职能。

公平竞争审查适用例外制度同样也是合理原则的体现，其可以从两个方面阐述。（1）满足以下四种情形之一：一是为保障国家经济安全、文化安全、国防安全的情形；二是为保障社会目的，例如扶贫开发、预防灾害等情形；三是为保障社会公共利益，例如节约资源能源等情形；四是法律、行政法规所要求的，不属于上述三类情形的其他特殊情形。（2）同时满足以下三个条件。一是限制竞争对实现政策目标不可或缺。要实现相关政策目标，就必须在一定程度上限制竞争，而且所带来的效益效率足以抵消限制竞争造成的效率损失。二是不会严重排除、限制市场竞争。实现政策目标的诸多方案中，选择对市场竞争损害最小的替代方案。三是有明确的实施期限。对在一定程度上限制竞争的政策措施，应当有明确的实施期限，给予市场主体明确预期，不能无限期执行下去。

公平竞争审查的例外规定制度是在基于对政府出台的措施对于市场竞争、消费者利益和社会公共利益利弊的正确衡量后选择性适用的一种豁免，是控制垄断与竞争，实现规制与放松之间平衡的重要手段。这一制度建立在保证市场竞争为原则的基础上同时以允许政府实施干预行为为例外，符合现阶段各国追求自由市场的目标。

三　审查标准确立应具备的规范特征

（一）规范特征的应然状态

1. 公平竞争审查标准应具有明确性和透明性

公平竞争审查标准应当具备明确性和透明性，以确保其适用的一致性和可预见性。明确性体现在审查标准应明确，包括但不限于市场准入和退出、商品要素自由流动、影响生产经营成本标准、影响生产经营行为标准等具体要求。透明性体现在审查标准的制定和适用过程应当公开透明，标准制定和执行的过程对外开放、可查，公众和相关利益方可以清楚地了解这些过程，使受影响的各方能够了解审查标准的要求和适用情况。明确性和透明性有助于避免主观解释和随意操作，确保审查标准的公正性和可信度。监管机构可以发布指导文件和经典案例，对复杂或模糊的概念进行具体、详细解释。这样做有助于减少审查标准的解释空间，减少主观性，提高法律规定的明确性和可操作性。此外，应当建立公开征求意见、听证会等机制，广泛收集各方意见和建议，以确保审查标准的广泛代表性和合理性。

2. 公平竞争审查标准应具有综合性和全面性

公平竞争审查标准应当具备综合性和全面性，覆盖经济活动的各个方面，包括市场准入、商品流动、经营成本和行为准则。公平竞争审查标准的综合性和全面性有助于确保公平竞争原则在不同情况下的适用和执行。这要求审查标准不仅要考虑市场行为的直接影响，还要考虑潜在的市场影响和后果。例如，在考虑市场准入时，不仅要关注现有参与者的条件，还要考虑潜在参与者面临的障碍；在评估生产经营成本时，不仅要考虑企业的实际成本，还要考虑其对市场竞争的影响；在审查经营行为时，不仅要关注行为本身，还要考虑其可能产生的市场效应。因此，审查标准的综合性和全面性有助于确保公平竞争原则在多种情况下得到贯彻，为市场经济的健康发展提供了坚实的保障。

3. 公平竞争审查标准应具有灵活性和适应性

公平竞争审查标准应当具备一定的灵活性和适应性，以应对不断变化的市场环境和新型反竞争行为的出现。灵活性体现在审查标准应能够随着市场的发展和变化进行调整和修订。适应性体现在审查标准应能够适应不同行业、不同市场和不同类型的反竞争行为。

灵活性和适应性使得公平竞争审查标准能够跟上市场的发展和变化，确保其有效性和适用性。例如，在平台经济领域，由于网络效应和平台经济的特点，传统的市场准入和退出标准可能并不完全适用，需要调整审查标准来保障公平竞争。灵活性和适应性的审查标准能够更好地平衡公平竞争和市场效率之间的关系。在一些情况下，为了促进市场创新和效率，可能需要对一些竞争限制进行宽松处理；而在另一些情况下，可能需要采取更严格的措施来保护竞争和消费者利益。因此，审查标准需要能够根据具体情况进行灵活调整，以实现公平竞争和市场效率之间的最佳平衡。

4. 公平竞争审查标准的证据导向和经济分析

公平竞争审查标准的证据导向和经济分析是确保审查过程科学、客观和有效的关键因素。通过注重证据导向，审查机构能够更加客观地基于实际数据和事实进行评估，避免主观臆断和不合理的偏见。同时，经济分析作为一种基于经济学理论的方法，有助于深入理解市场机制和竞争的运作，为审查提供更为全面的视角。

证据导向的审查标准强调收集和分析实际数据和案件材料。这有助于排除对竞争状况的主观猜测，并为审查提供具体、可验证的依据。例如，通过市场份额、价格变动、市场进入与退出等数据的分析，审查机构能够更准确地评估市场结构和企业行为，从而作出更为科学的判断。此外，证据导向也促使审查机构与各利益相关方充分合作，以获得更全面的信息，提高审查的准确性和公正性。经济分析在公平竞争审查中也具有重要作用。经济学的工具和理论可以帮助审查机构深入理解市场的运作机制，分析企业行为对市场的影响，并预测可能的市场结果。例如，在考虑市场准入时，经济学分析可以揭示市场结构对竞争的影响，指导政府制定合理的准入规定。

证据导向和经济分析相互结合，使审查更加科学和全面。通过收集大量实际数据并运用经济学工具进行深入分析，审查机构能够更全面地了解市场的动态和竞争的实质。这不仅有助于科学判断市场行为的合规性，也为未来的政策制定提供了有力的经验和依据，使公平竞争审查更具效力和可操作性。

（二）规范特征的实然表现

1. 适用范围的广泛性

其一，适用层级的广泛性。依据《公平竞争审查制度实施细则》（以下简称《实施细则》）第 6 条规定，当前的公平竞争审查标准适用于所有行政机关及法律法规授权的具有管理公共事务职能的组织制定的涉及市场主体经济活动的具体政策措施。2022年新《反垄断法》发布后，公平竞争审查制度被纳入其中，这就给公平竞争审查标准提供了法律层级的上位法依据，使其获得了更加广泛的适用范围，为审查标准的普及、全国统一大市场的建设打下了坚实的基础。同时，新《反垄断法》第5条通过"规定"这一表述，将审查标准的适用范围几乎囊括了国内所有有关市场主体经济活动的法规、规章、规范性文件等。

其二，适用领域的广泛性，无论是在新兴的数字经济领域，还是在容易遭受行政性垄断侵害的天然气、电信等传统领域，审查标准都可以提供一套普遍适用的准则和要求，全方位、全链条地保护市场主体正常生产经营活动，创造宜商环境。

2. 标准制定的法定性

现行《实施细则》中的审查标准严格遵循《国务院关于建立公平竞争审查制度加强市场监督管理的意见》中的制度框架和基本规则。同时，公平竞争审查标准也注重与《反垄断法》《优化营商环境条例》《重大行政决策程序暂行条例》等现行法律法规和国务院规定做好衔接。对上位法的严格遵循，使审查标准具有了法定性的特征，符合依法行政的基本要求。

除此之外，该版审查标准的制定主体是国家市场监督管理总局，是国家授权的国务院直属机构，旨在贯彻落实党中央关于市场监督管理工作的方针政策和决策部署，在履行职责过程中坚持和加强党对市场监督管理工作的集中统一领导，充分彰显了该审查标准制定主体的法定性与权威性。

再者，标准的法定性也可通过其适用程序的公正性来体现。审查标准的制定和应用过程应该遵循公正、透明和程序正义的原则。这包括公开征求意见、听证程序、独立性和中立性等，确保参与方的权利得到尊重和保护，以及决策结果的合理性和可信度。在《实施细则》的第二章，通过征求利害关系人的意见，向社会公开征求意见，咨询专家学者、法律顾问、专业机构的意见，向本级联席会议办公室提出咨询，对本年度公平竞争审查工作进行总结并以适当方式向社会公开，对其影响统一市场和公平竞争的情况进行定期评估等程序性规定为标准在实践中的适用充分打下了基础，也从侧面彰显了公平竞争审查标准的法定性。

最后，当前公平竞争审查标准被《公平竞争审查制度实施细则》所规定，属于政府规范性文件中的内容，基于《实施细则》的法律效力而在全国被推行适用，也体现了其所具有的法定性特征。

3. 具体标准的动态性

当前的公平竞争审查的具体审查标准体现出明显的动态性特征，这主要体现在以下几个方面。

一是审查标准的不断细化。在 2016 年的《国务院关于在市场体系建设中建立公平竞争审查制度的意见》中，共有 4 个一级标准，18 个二级标准；到 2017 年的《公平竞争审查实施细则（暂行）》时，共有 4 个一级标准，18 个二级标准，并首次出现了三级标准，共有 44 个；再到现在正在实行的《实施细则》的 4 个一级标准，18 个二级标准，49 个三级标准，审查标准正伴随着经济社会发展变化不断进行细化，符合立法应一切从实际出发的要求。

二是关于公平竞争审查标准的规定的制定具有弹性立法的特征。虽然没有关于公平竞争审查原则的条款规定，但仍然可以通过文本的规范以更好地适应动态变化的国际环境、经济社会环境、法律环境。例如关于"没有法律、行政法规或者国务院规定依据"的文本表述，以及规定中的诸如"包括但不限于"等兜底条款等，通过此类表述来保证标准具有适应复杂多变的审查现实的能力，保障审查单位能够有法可依，以增加审查人员的可操作性。

三是对公共利益、社会福祉关注上的变化。社会对某些问题的认识和关注可能会随时间而变化，因此审查标准需要考虑和回应公众的新需求和利益。审查标准几次增修积极回应了在数字经济时代发展下出现的种种变化，以问题为导向，充分保障市场经营者、消费者等多方主体的自由生产经营权益。

4. 法律接口的开放性

其一，根据《实施细则》，当前适用的公平竞争审查标准中有多处提到关于"没有法律、行政法规或者国务院规定依据"等相关表述，这也体现了审查标准严格遵循上位法依据的特征，但同时也使公平竞争审查标准展现出开放性的特点。《实施细则》并未对上位法律、行政法规、国务院规定的范围进行限制，同时在标准中还涉及了技术转让、商业秘密保护、进出口贸易、社会保障、环境保护、安全生产等方面，这使标准涉及了知识产权法、招标投标法、环境保护法等多个法律法规，在经济活动中的众多领域都可以进行适用，能够灵活地应对经济社会中复杂多变的现实条件，更好地解决经济社会过程中不断出现的新问题，满足经济发展的法律制度需求。

其二，开放性也体现在公平竞争审查标准的实施上。开放性的审查标准应该设立监督和评估机制，确保其执行和应用的公正性和有效性。监督机制可以包括独立的监管机构、投诉渠道、监察机构等。在《实施细则》中的第五章第三方评估及第六章监督与责任追究中，通过诸如高等院校、科研院所、专业咨询公司等第三方机构对有关政策措施进行公平竞争评估，或者对公平竞争审查有关工作进行评估；任何单位和个人可以向政策制定机关反映，也可以向政策制定机关的上级机关或者本级及以上市场监管部门举报，向政策制定机关的上级机关核实；国家市场监管总局负责牵头组织政策措施抽查等方式充分保障了公平竞争审查标准能够在多方主体的监督下落到实处，是制度民主的体现。

第四节　法治化公平竞争审查标准的完善路径

一　明确审查标准的法定要素构成

公平竞争的认定标准实质上是对涉及市场主体经济活动的政策性文件进行公平性判断过程中所应遵循的准则和尺度。一方面，公平竞争审查制度的目的是防止政府决策行为不当干预市场，造成市场的不公平竞争，就此而言，公平竞争审查标准应采取不当影响市场公平竞争标准。另一方面，鉴于我国行业垄断和地区封锁等垄断行为频发，限制了商品和要素在地区之间的自由流动，影响了市场的高效实施，针对我国全国统一大市场建设的实际诉求，应当采取影响市场高效实施标准，为全国统一大市场的实施提供坚强的保障。

（一）不当影响市场公平竞争

判断一项政策措施是否违反公平竞争，首先要判断其是否具有消极性或负面的竞争影响，是否排除、限制了竞争产品或服务产品类别、地域范围、竞争者数量、竞争机会、竞争程序等。行政机关主要通过施加竞争限制与赋予竞争优势两种手段来干预市场。对于施加竞争限制而言，对企业造成的影响主要是消极的：准入与退出标准直接通过设置不合理或者歧视性的准入条件限制了企业进入市场获得交易并营利的机会，或者通过行政许可、行政检查等方式设定市场退出障碍；生产经营行为标准则强制经营者实施排除、限制竞争的垄断行为，超越政府定价权限限制企业的自主定价权，进而影响了公平交易。对于赋予竞争优势而言，对企业造成的影响主要是积极的：赋予竞争优势主要体现在生产经营成本标准上，政府对特定经营者在财政奖励、补贴、土地、劳动力、资本、技术、环保标准、行政事业收费、税收、社保费等方面的优惠政策，都会给企业带来不合理的竞争优势。而生产经营成本标准给市场主体带来唯一消极影响的是保证金条款，该条款通过提供或者扣留经营者各类保证金增加了企业经营成本。

作为行政性垄断的一种形式，行政机关出台的政策措施只有对市场经营活动达到排除、限制的后果才有规制的必要，申言之，政策措施的实施可能干扰市场的价格形成机制和要素配置机制，导致在相关市场其他市场主体无法决定自身的生产活动和定价行为，才应当由公平竞争审查制度在事前予以制止。但是，作为事前预防行政性垄断的手段，公平竞争审查制度无法在文件出台前就对政府有形之手作用于市场的效果进行准确预判，而是否排除、限制竞争通常是一个精确的经济学判断过程，在事前通过公平竞争审查制度预判政策措施的实施是否将造成排除、限制竞争的后果存在操作上的困难。因此，对于行政机关出台的政策措施只需要达到实质上影响市场的公平竞争即可，而无需通过市场势力的测算认定达到排除、限制竞争的程度。应当注意的是，在判断是否对市场造成不利竞争时，仍需要界定相关市场。一项政策措施影响的市场可能是多个产品或多个服务市场，也可能是潜在市场。判断是否影响市场公平竞争主要根据政策措施的实施对正常市场竞争状态的改变情况，即是否对特定市场主体赋予了竞争优势，是否限制其他市场竞争参与市场竞争。

不当影响市场公平竞争中的"不当"蕴含着抽象行政行为和具体行政行为实质合法性的判断。"不当"指的是不合适、不妥当、不具有合理性，是对行为性质的判断，而非结果的认定，表现为行政行为违反法律的禁止性规定，或者超越法定职责、法定权限，或者虽然符合上位法规定但明显不合情理、不符合公正要求。因此，对于"不当影响市场公平竞争"中不当的判断不能仅仅局限于合法性的范畴，要进行合法性扩张，即使形式合法，也要进一步进行合理性的实质判断，当然，此处的不当应当是明显不当，即通过不合理或者歧视性待遇等不当行为对市场经济活动进行无序干预。质言之，不当影响市场公平竞争中的"不当"包括不合法和明显不当，对不合法和明显不当应当以公正和非歧视原则为核心进行把握。

（二）影响高效市场实施

市场经济运行原理是减少政府对资源的直接配置，不断健全要素的市场化配置体系，充分发挥市场化交易的价格发现和资源配置功能，公平竞争审查制度基本功能是保障市场主体的公平竞争，其最终目的是优化资源配置，实现经济效率的提升和消费者福利的增加。因此，违反公平竞争标准的法定要素需要综合考量，既要考虑一项政策措施在实施过程中是否存在可能影响公平竞争的因素，也要考虑该政策措施实施后是否有利于促进统一大市场的自由竞争，以及该政策措施是否能够有效地提高效率，实现资源有效配置。这里的"高效"可以从自由、开放、充分、创新、提效五个方面理解，也即有利于市场自由、有利于开放竞争、有利于充分竞争、有利于激励创新、有利于提升竞争效率，这些都是我国统一大市场建设的根本要求。当前，我国经济步入高质量发展时期，行政性垄断造成的地方保护和市场分割是制约我国经济高质量发展的主要因素。统一大市场建设不仅仅是建立一个完整、统一的市场，更重要的是建设一个充分开放且具有持久吸引力的市场，通过营商环境的优化来吸引市场主体的长期投资和经营，真正为经济发展提供不竭动力和强大支持，为高效市场实施保驾护航。

公平竞争审查标准应当在避免排除、限制竞争影响的基础上进行延伸，运用公平竞争审查制度进一步促进、增进、提升竞争效率。具体而言，在商品和要素自由流动标准中要贯彻影响高效市场实施标准，限制外地和进口商品、服务进入本地市场或者阻碍本地商品运出、服务输出，排斥、限制或者强制外地经营者在本地投资或者离任分支机构，都影响了商品和要素在各区域之间的自由流动，影响了统一开放、竞争有序的现代市场体系的建设和高效市场的实施。因此，应当通过影响高效市场实施的标准将该行为予以禁止。据此而言，《实施细则》第14条第1款、第3款和第5款则同时违反了影响公平竞争标准和影响市场高效实施标准。

此外，影响市场高效实施标准在公平竞争审查的例外适用中也有运用的空间。例如在招商引资过程中通过优惠政策或者便利条件吸引外地企业，可以优化本地产业结构，促进本地产业转型升级，市场公平竞争标准就应当在特定条件下让位于高效市场实施标准。同时，影响市场实施标准适用也应当严格适用条件，运用比例原则作为公平竞争审查的分析工具。如在扶持一个无市场主体进入有必要发展的产业时，应当根据不同的企业规模来制定相应的政策，并对其给予一定的扶持。应该根据企业的实际情况，采取有针对性的措施，如提供贷款、税收减免等，以鼓励企业积极参与市场竞争。另外，政府应该建立有效的监督机制，确保政策措施能够切实有效地发挥作用。此外，还应加大政策监管力度，确保政策措施在实施过程中不会影响到其他企业和消费者的利益。

二　对模糊性审查标准进行补充和细化

如前所述，尽管就《意见》《实施细则》中很多条文而言，其具体解释有章可循，但是一些与竞争审查相关的基本专业术语以及一些基础概念还处于含混的状态，并且无法律法规进行专门解释，例如公平竞争、市场、经营者、限制竞争、排除竞争、限定、不合理、歧视性、特定经营者等基础概念，这产生了过大的解释空间，使竞争审查的实践存在过大的差异性。而这种差异化的解读在审查实践中则会进一步演化为审查结果的差异化，实际上也是竞争审查标准在适用上的差异性和不确定性，也会进一步衍生规则公平性以及公平竞争保障的实质性实现问题，因此亟须对这些模糊性的审查标准进行解释与细化。

（一）对"特定经营者"表述的解释

"特定"的文本含义为"某一种或某一个"，因此对含有"特定经营者"并涉嫌对竞争造成不利影响的政策性条文需要逐项分析。例如在北上广这样的一线城市，世界 500 强企业数量居多，此时受到优惠政策的市场主体就不是"特定"的，但是在三线城市的县级市，世界 500 强企业经过排查只有 1 家，那么该政策文件中提及的经营者就为"特定"。另外，此处的"特定经营者"既可以理解为单一经营者，也可以理解为某一类经营者，例如，"在深圳港完成集装箱量超过 1000 标准箱（含）的海铁联运或海江铁联运公司"此项表述涉及的经营者有很多，看似并不特定，但其同样也规定了只有装箱量超过 1000 标准箱（含）的公司才能获得补贴，那么需要判断装箱量在 1000 标准箱以下的公司在相关市场的数量从而分析获补贴企业数量占企业总量的比例。以分析该比例是否在一定合理的范围，来确定补贴对象是否属于"特定经营者"，因而对某一类经营者进行奖补是否属于特定经营者的范畴需要具体情况具体分析。

但总体来说，判断是否"特定"只是第一步，只有这一条款涉嫌对竞争秩序造成不利影响，才能被纳入公平竞争审查范围之内。对于判断是否造成了排斥、限制竞争的消极影响，可以考虑根据"由窄到宽、由易到难"的思路，采取分步走战术解决这一问题。地方政府一般直接指定某一个或者某几个企业予以较大金额的奖励措施，这往往会产生排除、限制竞争的效果，应予禁止；对通过事先确定的标准来遴选出一批企业予以奖补的，有可能对公平竞争及全国统一市场建设形成妨碍，也有可能弥补此类企业的竞争劣势，从而具有一定的促进竞争的效果，故应进行公平竞争审查范围之内；以优化当地产业结构为目的补贴特定产业（如高新技术产业、战略性新兴产业等）可能会使得接受补贴的本地企业获得相对于其他地区同类产业及企业的不公平竞争优势，应作公平竞争审查；对本地所有企业（不区分所有制、规模、行业、经营状况等因素）予以公平奖补的，由于单个企业也难以借此获得较大的竞争优势，也可不作公平竞争审查。

但需要说明的是，如果政策表述是"本土企业"而不是"本地企业"，由于地方并不是只有本土企业，同时还有各地过来投资的经营者，其中就会涉及特定经营者的问题，便可能违反公平竞争审查。

（二）对"在本地注册"表述的解释

在公平竞争审查实务中，经常会遇到政策制定机关制定的文件里出现"本地区注册企业"这样的表述，其中可能会涉及影响商品要素自由流通或是影响经营者生产成本的问题。其中最为突出的问题为将在"本地区注册企业"作为获得财政奖励补贴的必要且首要条件之一，不在本地区注册的企业则被排除在优惠待遇之外。这样设定是否违反了《实施细则》第16条第1项第1目"没有法律法规依据或者国务院规定，给予特定经营者财政奖励和补贴"的规定呢？

政策措施起草人员普遍认为，在地方事权范围内通过本地财政收入给予本地注册的企业奖励和补贴，符合本地产业政策和发展定位，不应当认定为违反公平竞争审查标准和要求；行政法、民商法领域专家学者也有部分认为"给予本地注册企业财政支持"并不违反有关法律规定，将注册地作为标准有利于法律一致性，并且可以减轻企业申报时提交材料的负担。但是，竞争法领域的专家学者普遍认为如无上位法规定，给予本地注册企业财政补贴和奖励是对非本地注册企业的歧视，违反公平竞争审查标准。

下面提出相关的分析流程，来探讨在何种情况下将"本地注册企业"作为奖补条件就违反公平竞争审查标准，而在何种情况下却不违反的内在逻辑。首先，违反《实施细则》第16条第1项第1目的关键是因为政策措施的奖补对象出现特定性，差异化的补贴增加了未获得奖补主体的生产经营成本，从而违反了公平竞争审查。因此在分析的过程中我们需要通过具体的政策来判断，将"本地注册企业"作为奖补条件是否会出现上述差异化补贴的情形。如果政策所涉及的市场行为必须是在本地注册的企业才能完成的，那么该项政策的奖补对象就涵盖了所有企业，并不涉及特定经营者，因而不违反公平竞争审查。另外，如果政策所涉及的市场行为外地的经营者也可以参与竞争，而该政策只向本地的经营者进行奖补，那就出现区别对待的情形，进而会违反公平竞争审查。综上，分析政策措施奖补所针对的市场主体经营行为的结果是否可以合法地在本地发生是关键。

例如，某省为了鼓励本省创制标准的能力，支持本省各单位制定、修订国际标准、国家标准、行业标准、地方标准、团体标准的行为，对有上述行为的单位进行财政补助。政策措施表述中"本省注册的企业"是申领财政补助的条件之一，面对此种情形，首先判断省外企业是否可以参与其中，虽然非本省注册登记的企业也可以参与制定、修订标准，但是由于制定、修订完成后的标准归属权不属于该省，其行为的结果无法在该省发生。因此奖补的对象包含了所有企业，不会涉及特定的经营者，所以不违反公平竞争审查。某市为了鼓励家政服务企业春节期间仍有足够人员留守本市提供服务，出台了相应政策。政策措施中财政奖励适用于"春节期间为本市提供家政服务的企业"，这项政策就与上述政策有一定的差别，因为提供家政服务的企业不仅可以有本市的也可以有市外的，但该政策只要对本市提供家政服务的企业就可以给予奖励，其完全覆盖了所有奖励对象，因此不违反公平竞争审查。

（三）对"不合理""歧视性""明显不必要"等抽象用语的分析

"不合理""歧视性""明显不必要"等专业术语的解释缺失，会导致全国各地在适用审查标准使用不一，产生"同案不同判"的问题。所以，我国应当进一步细化二级和三级审查标准，对相关术语进行专业界定，避免"同案不同判"的问题，避免市场经营主体为规避地方法律，实行市场投机行为，增加审查难度。

澳大利亚量化分析方法自适用以来成效明显，使竞争评估工作事半功倍。具体而言，澳大利亚的竞争评估制度主要包括建立审核、进行审查和实施审查建议三个阶段，第一阶段建立审核主要是指在对立法政策进行竞争评估前，应该确定要解决的问题，如确定审查评估的重要性；确保审查指导委员会的独立性；确定适当的审查模型；确定明确的职权范围等。第二阶段进行审核主要是在评估机关依据大量确定的评估标准对立法政策进行分析，判断其对市场活动的影响，确定是否具有限制市场竞争的可能性。第三阶段实施审查建议主要是指当一项立法政策经过前两个阶段评估后确认其具有排除、限制竞争情形，在实行替代性审查方案后，克服其在实施过程中出现的障碍。其中竞争评估标准的制定和实行主要集中在第二个阶段，也是本阶段重点所在。根据《竞争原则协议》（CPA）大致可以将澳大利亚竞争评估标准分为两个阶段。第一阶段是初步评估阶段。该阶段评估比较简单便捷，主要包括两部分。第一部分主要是确定立法政策的实施目标；根据政策目标旨在解决的问题对其进行分类；最后确定需要进行竞争评估立法政策的优先性。该部分进行评估时，主要以政策目标和政策旨在解决的问题为标准开展竞争评估。另一部分是识别竞争限制的性质。澳大利亚在这一部分主要就是通过回答一系列的是非题判断一项立法政策是否在市场进入或者退出、生产和价格控制、质量、广告、输入类型、巨额费用及区别优势等方面存在排除、限制竞争的可能性。第二阶段是深入审查阶段。经过第一阶段的分析后，可以确定具体的限制类型，第二阶段的深入评估则是从评估限制影响和政策效益成本两个方面进行。

虽然我国的《实施细则》是以澳大利亚的国家竞争政策为蓝本制定的，但是由于起步晚，再加之市场经济运行规律的独特性，在审查标准的制定和适用上面过于笼统，因此，2020 年出台的《关于进一步推进公平竞争审查工作的通知》要求进一步充实和细化审查标准，使其更加具有可操作性。澳大利亚这种量化分析方式适用性强，根据各地经济水平、市场经济活动规律差别化地制定审查标准，包容性大，对进一步细化"不合理""歧视性""明显不必要"等专业术语提供了方法指导。

三　为兜底条款确立一般性审查标准

（一）一般性审查标准的内涵

《实施细则》中的公平竞争审查标准掉入了具体类型规制的窠臼，毋宁说其实施对涉及市场的行政行为符合公平性的汇编。第 13 条市场准入、退出标准中，第 2 项是依据《基础设施和公用事业特许经营管理办法》对特许经营权的相关规定，第 3 项是以《反垄断法》第 32 条限定交易规定为直接渊源，第 4 项是依据《行政许可法》中对行政许可的设定以及有关规定；第 14 条商品和要素自由流动标准中，第 1、2、3 项的直接法律依据为《反垄断法》第 33、34 条的地区封锁规定，而第 4、5 项则以《反垄断法》第 35 条的区别对待规定为直接依据；第 15 条影响生产经营成本标准中，各项具体规定则分别与财政、劳动、保险、行政收费等方面的规定有关；第四类影响生产经营行为标准中，第 2 项直接来源于《反垄断法》第 36 条关于禁止行政机关对经营者施加外部压力要求其实施垄断行为的规定，第 3、4 项则是直接遵照《价格法》第 3、4 章关于政府定价和价格调整的有关规定，等等。

《实施细则》四大标准的规定都仅以政策措施的适用对象作为规定的主体和主要内容，缺乏一般性审查标准的公平竞争审查制度更像是反垄断法和相关法律法规的汇编，而这一问题的破除则需要标准制定方式的理性回归。《实施细则》的主要任务不是对典型行为的列举和针对性打击，审查标准的制定规则需要重回"具体到抽象"的基本规则。因此，公平竞争审查标准应从形式化的具体实践类型回归到实质化的概括性抽象。在搭建好审查标准的整体框架体系之后，应当在具体标准的基础上提炼一般性审查标准，通过审查标准的要件式解构，增强公平竞争审查标准的自主性、整体性和体系性。对于审查标准外部具体行业领域的规定，可以通过转介条款对一般条款进行扩充和细化，增强审查标准的可操作性。

尽管《意见》规定了"没有法律法规依据，各地区、各部门不得制定减损市场主体合法权益或者增加其义务的政策措施；不得违反《中华人民共和国反垄断法》，制定含有排除、限制竞争内容的政策措施"，但该条规定过于抽象只能作为总则的内容。在《公平竞争审查条例》的制定中应当继续吸纳该条作为总则条款，一方面作为原则性规定统帅分则的一般性标准，另一方面可以作为分则审查标准的兜底性规定，实现体系逻辑上的融贯和操作适用上的便利。目前《实施细则》的四大标准的划分只指明了该类型标准项下政策措施的作用对象，但是该政策措施的竞争影响及其规制方式、判断标准并未被包含，造成一般性标准内容不完整，因此应当针对市场准入和退出、商品和要素自由流动、生产经营成本、生产经营行为四大标准分别设置一般性审查标准，一般性审查标准的内容应当包括审查对象、竞争影响和判断标准。

（二）一般性审查标准的具体展开

"影响市场准入和退出"标准中，其适用对象是"涉及市场主体市场准入和退出的各类政策措施"，行为是"没有法律、行政法规或者国务院规定，以行政检查、行政处罚、行政强制等方式，对不同所有制、组织形式的经营者实施不合理的差别化待遇，设置不平等、不合理的市场准入和退出条件"，竞争影响是"排斥或者限制经营者或潜在经营者进入相关市场和公平参与竞争"，核心判断标准是"是否对市场主体形成歧视和差别化待遇，市场准入和退出条件是否合理且必要。"综上所述，"影响市场准入和退出"的一般审查标准可以概括为，在涉及市场主体市场准入和退出的各类政策措施中，没有法律、行政法规或者国务院规定，不得以行政检查、行政处罚、行政强制等方式，对不同所有制、组织形式的经营者实施不合理的差别化待遇，设置不平等、不合理的市场准入和退出条件，排斥或者限制经营者或潜在经营者进入相关市场和公平参与竞争。

"影响商品和要素自由流动"标准中，其适用对象是"涉及市场主体商品和要素自由流动的各类政策措施"，行为是"通过歧视性价格、享受补贴和优惠政策、参加招标投标条件或者技术性措施"，竞争影响是"限制外地和进口商品、服务进入本地市场或者阻碍本地商品运出、服务输出"，核心判断标准是"与在行政审批、监管标准、税费缴纳等方面是否与本地经营者提出不同的要求，是否影响全国统一大市场建设和高效市场的实施。"综上所述，"影响商品和要素自由流动"的一般审查标准可以概括为，在涉及市场主体商品和要素自由流动的各类政策措施中，不得通过歧视性价格、享受补贴和优惠政策、参加招标投标条件或者技术性措施等，限制外地和进口商品、服务进入本地市场或者阻碍本地商品运出、服务输出，影响全国统一大市场建设和高效市场的实施。值得注意的是，"影响商品和要素自由流动"标准只定位于对阻碍资本、劳动力、技术等要素自由配置和对市场主体生产的商品、提供的服务进行限制的禁止性规定，而对市场主体本身设立阻碍或限制的内容可以合并到"影响市场准入退出"当中，防止标准适用中重叠。

"影响生产经营成本"标准中，其适用对象是"涉及市场主体生产经营成本的各类政策措施"，行为是"没有法律、行政法规或者国务院规定依据，给予特定经营者财政奖励或补贴，减免、缓征或停征事业性收费、社会保险费、有偿使用费等各类费用",竞争影响是"对特定经营者赋予竞争优势或者施加竞争限制,导致市场资源的调节作用扭曲或失灵",核心判断标准为"是否为了克服市场失灵,而需要政府运用经济手段、行政手段和法律手段进行干预和调控,政策措施作用对象是否具有选择性和针对性",即仅有部分且能够特定或相对特定的市场主体享受到该类政策措施的优惠。综上所述,"影响生产经营成本"的一般审查标准可以概括为,在涉及市场主体生产经营成本的各类政策措施中,政策制定机关不得通过财政奖补、税收优惠、要素获取优惠等措施对具有选择性和针对性的特定经营者赋予竞争优势或者施加竞争限制,导致市场资源的调节作用扭曲或失灵。可见,"影响生产经营成本"采取的是合理性审查标准,只有通过综合分析政府奖补的正面效应和负面效应,证明政策制定机关的奖补行为产生弊大于利的效果,才能认定该行为扭曲了市场竞争,在实践中应当被予以禁止。

"影响生产经营行为"标准中,其适用对象是"涉及市场主体生产经营行为的各类政策措施",行为是"通过商品或服务价格,生产、销售、进口数量等控制或者变相控制经营者的经营行为,强制、组织或者引导经营者达成垄断协议、滥用市场支配地位和实施经营者集中等垄断行为",竞争影响是"不当干预经营者的自主经营,破坏市场竞争秩序",核心判断标准为"是否在市场竞争领域限制企业的自主经营权,限制公平竞争",综上所述,"影响生产经营行为"的一般审查标准可以概括为,在涉及市场主体生产经营行为的各类政策措施中,不得通过商品或服务价格,生产、销售、进口数量等控制或者变相控制经营者的经营行为,强制、组织或者引导经营者达成垄断协议、滥用市场支配地位和实施经营者集中等垄断行为,不当干预经营者的自主经营行为,破坏市场竞争秩序。

四　标准竞合问题下公平竞争审查标准的体系完善

(一)商品和要素自由流动标准的"特殊"界定

公平竞争审查标准的最初制定思路是从《关于在市场体系建设中建立公平竞争审查制度的意见》中的4项一级标准、18项二级标准的体系中传承下来的,在《公平竞争审查制度实施细则》中将4项一级标准18项二级标准进一步丰富扩展，形成目前的 4 项一级标准、18 项二级标准、49 项三级标准的体系。从标准体系形式上来看，4 项一级标准是从市场主体准入、准营到退出全周期全链条进行设计的，但是 4 级标准之间存在形式不统一的地方，如"市场准入和退出标准""商品和要素自由流动标准"采取的是名词结构，"影响生产经营成本标准""影响生产经营行为标准"采取的是动宾短语结构。18 项二级标准采取的均是禁止性规定，规定了政府出台政策措施中违反审查标准的负面清单。列举式规定存在明显的局限性，因为任何列举都是不完全列举，难免会出现遗漏的情况，尤其是在最具有创造力和活力的市场领域，列举式规定显然难以涵盖所有的排除、限制竞争的表现形式，如第 15 条第 2 款，只规定了安排财政支出一般不得与特定经营者缴纳的税收或非税收入挂钩，在实践中安排财政支出还和市场主体的注册资本，资金投入量、经营效益等因素挂钩，而税收和非税收入难以涵盖上述因素。49 项三级标准实际上均是对实践中常见情形的不完全列举，也存在不周延的地方。并且有些二级标准项下有三级标准，有些则不然。可见，三级标准并没有独立的含义，主要是围绕二级标准进行展开或解释。

从企业生产经营的全生命周期来看，市场准入和退出标准、生产经营成本标准、生产经营行为标准三者构成了逻辑圆融、体系周延的链条。市场准入是市场主体入场经营的起点，决定了市场主体的数量、结构和交易机会。市场经营成本是市场主体的核心竞争力，市场主体获取竞争优势的重要方向就是通过技术革新、供应链整合持续降低生产经营成本。市场经营行为是通过市场监管规范市场主体的行为，维护市场竞争秩序。通过市场准入和退出、生产经营成本、生产经营行为三个方面的公平竞争审查，确保政府出台的各类政策措施不产生歧视对待，共同营造公平竞争的法治环境。在当前建设全统一大市场的大背景下，破除地方保护和区域壁垒，畅通各地人为设置的自我小循环，成为全国统一大市场工作的重点。因此，激发全国统一大市场的潜力和活力，保障商品和要素自由流动被放置到了市场建设前所未有的高度。从这个意义上来讲，商品和要素自由流动相对于其他三大审查标准具有特殊的市场地位和法律意义，将商品和要素自由流动标准直接并列嵌入其他标准，标准之间的重复难以避免。因此，应当在公平竞争审查中明确商品和要素自由流动标准的"特殊"属性，建立一般标准和特殊标准的双层结构，优化审查标准的适用逻辑。

（二）公平竞争审查标准体系的完善思路

公平竞争审查标准体系经过近几年的推广和普及，具备一定的实践基础，改变太大不利于审查人员对审查标准的熟练掌握和运用。应当尽量在不发生太大改变的情况下对当前的审查标准体系进行优化。基于此，建议将《实施细则》第14条"商品和要素自由流动标准"修改为"限制商品、服务和要素自由流动标准"，同时置于三大标准之后。并在"限制商品、服务和要素自由流动标准"中增加一款，"违反该标准同时违反其他三条标准的，应当优先适用本条标准"。因为，如果政府出台政策措施的行为同时违反了"限制商品、服务和要素自由流动标准"和其他三条标准，意味着该行为不仅损害市场主体之间的公平竞争，也导致了地区之间商品、服务和要素自由流动受阻，破坏了全国统一大市场的完整性，影响全国统一大市场的高效设施，其他三条任何一条标准都难以对该种行为进行全面评价，所以产生审查标准适用竞合时，优先使用"限制商品、服务和要素自由流动标准"。如此一来，限制商品、服务和要素自由流动作为独立的审查标准，可以让审查人员清晰地认识到该标准的特殊性及其对全国统一大市场建设的关键性要求，同时也不至于产生与其他三条标准混淆和误用的情况。实际上，公平竞争审查标准之间的竞合是难以避免，可能也存在同一行政行为同时违反多个标准的情形，但并不会标准适用的重复而对问题文件的修改或者废止产生实质影响，审查标准的主要作用在于让审查人员有更系统、更明确的指导。因此，没有必要完全避免审查标准的重复，只需要对其审查标准之间的适用逻辑进行明确，并在审查标准的结构上明确其特殊性即可。

同时，列举式规定难以穷举的问题，导致审查标准的形式化严重，建议对四大审查标准进行提炼，进行一般性概括。"限制市场准入退出标准"概括为，在涉及市场主体市场准入和退出的各类政策措施中，没有法律、行政法规或者国务院规定，不得以行政检查、行政处罚、行政强制等方式，对不同所有制、组织形式的经营者实施不合理的差别化待遇，设置不平等、不合理的市场准入和退出条件，排斥或者限制经营者或潜在经营者进入相关市场和公平参与竞争。"影响生产经营成本标准"可以概括为，在涉及市场主体生产经营成本的各类政策措施中，政策制定机关不得通过财政奖补、税收优惠、要素获取优惠等措施对具有选择性和针对性的特定经营者赋予竞争优势或者施加竞争限制，导致市场资源的调节作用扭曲或失灵。"影响生产经营行为标准"可以概括为，在涉及市场主体生产经营行为的各类政策措施中，不得通过商品或服务价格，生产、销售、进口数量等控制或者变相控制经营者的经营行为，强制、组织或者引导经营者达成垄断协议、滥用市场支配地位和实施经营者集中等垄断行为，不当干预经营者的自主经营行为，破坏市场竞争秩序。"限制商品和要素自由流动标准"可以概括为，在涉及市场主体商品和要素自由流动的各类政策措施中，不得通过歧视性价格、享受补贴和优惠政策、参加招标投标条件或者技术性措施等，限制外地和进口商品、服务进入本地市场或者阻碍本地商品运出、服务输出，影响全国统一大市场建设和高效市场的实施。

对于审查实践中适用较为频繁的标准进行重点凸显和细化，如第 15 条第 2 款实践中运用较频繁，并且存在遗漏部分典型情形的情况，可以将该项二级标准进一步细化为三级标准，"根据特定经营者缴纳的税收或者非税收入情况，采取列收列支或者违法违规采取先征后返、即征即退等形式，对特定经营者进行返还，或者给予特定经营者财政奖励或补贴、减免土地等自然资源有偿使用收入等优惠政策。"作为第 1 项，增加"安排财政支出一般不得与特定经营者的实缴注册资本或经营贡献、经济贡献挂钩"和"没有法律、行政法规或者国务院规定，安排人才奖补资金不得与特定经营者挂钩"。同时，也需要对于审查实践中适用较少的标准进行合并，如第 15 条第 4 款可以删去三级标准，修改为"没有法律、行政法规依据或者经国务院批准，不得要求经营者提供或扣留经营者各类保证金"。

另外需要强调的是，三级标准的作用在于对二级标准进行解释，没有独立的意义，在审查适用过程中，只需要具体到二级标准即可。

为了防止政策制定机关从文义上和形式上规避目前的列举式审查标

准，建议增加兜底性标准，同时将市场竞争效果标准融入其中，在形式审查存在偏差时进行校正，兜底性标准规定为没有法律法规或国务院决定和命令，不得制定减损市场主体合法权益或增加其义务的政策措施，并产生限制、扭曲市场竞争的效果。

五 细化现有列举式标准的修改思路与具体建议

（一）针对实践审查重点对列举式条款进行补充

在实践审查的过程中，有针对性地对列举式条款进行补充是至关重要的。这一过程不仅有助于确保所有的规定和要求都被全面覆盖，还能够加强条款的适用性和执行力。《实施细则》列举式条款通常明确具体，列出了必须遵守的标准或行为准则，因此，对这些条款的精确补充能够为实践审查提供坚实的基础。通过详细审视现有条款并根据实践经验和最新法律发展进行实时更新，可以确保条款既具有前瞻性又符合实际应用需求，具体表现如下。

将13条第1项第2目、13条第3项第2目中增加"经营规模"的表述，原因在于实践中地方政府对一些"龙头企业""世界500强"或者是营业额销售额达到一定条件的大型企业不仅是奖励补贴上的优待，同时在市场准入、招投标和政府采购方面都给予了优待，因此在上面两项内容中加入"经营规模"的表述值得考虑。

13条第1项第4目，将"企业搬迁转移"的表述放置在了最首位，原因是实践中很多涉及违反公平竞争的政策文件特别是招商引资的文件都对企业迁出本地进行了限制，具体来讲就是在一定年限内获得奖补的企业不能迁出本地，如若迁出则需要全额返还所获得的奖补。这很明显违反了13条第1项第4目的规定，但由于该标准列举了很多限制的情形，并把企业搬迁转移放在最后一位，在实践适用的过程中比较难以寻找。所以为了突出重点，可以考虑将"企业搬迁转移"的表述放置在了最首位。

13条第1项第5目中增加了"土地、数据等生产要素"的表述，考虑到土地、数据等生产要素的巨大价值，地方政府可能要求经营者想要在本地经营必须要求经营者将自身的经营数据共享给本地，通过数据的价值来提高本地的发展，但这样的政策要求会导致经营者拒绝提供内部的重要数据信息，从而限制了经营者准入或者退出市场。

13 条第 5 款，涉及地方政府通过"提高进入门槛的"方式来限制经营者进入相关市场，典型案例是深圳市交通局对于泥头车的管理，其要求泥头车运输企业名下自有产权、自主经营、统一管理的泥头车总核定载质量不低于 400 吨，从而限制了小规模运输企业、个体运输司机进入本地市场从事砂石渣土运输。

第 14 条第 1 项，原规定只将外地和进口商品或服务的歧视性待遇进行了单独规制，忽略了企业这个生产、交易、流通商品或服务最重要的市场主体，显然是不全面的，对外地企业及其分支机构的歧视性待遇与第 15 条生产经营成本标准基本不会重合，二者侧重点不同。另外，原规定只对歧视性价格和歧视性补贴政策进行审查是不周延的，在收费、税收方面也应当进行规制。

第 14 条第 2 项，第 14 条的目的是防止妨碍商品和要素的流动。生产要素指进行社会生产经营活动时所需要的各种社会资源，是维系国民经济运行及市场主体生产经营过程中所必须具备的基本因素，包括土地、劳动力、资本、技术、数据等。但是本条只提及了商品和服务的进入与输出，忽略了各种生产要素的自由流通，应予以修改。

对于第 14 条第 2 项第 5 目进行了调整，首先将"在道路、车站、港口、航空港或者本行政区域边界设置关卡"类型化为"通过设置区域壁垒"有利于标准的周延。其次，增添"或者采用指定特定的运输公司或运输方式等其他手段"这一表述。本项标准的设置旨在防止通过区域性物流管制的方式阻碍商品和服务的流动，最后，增添"生产要素"相关表述的原因如前所述，不再赘述。

对于第 14 条第 3 项第 2 目，将"直接规定"修改为"以明确要求、暗示或限定范围的方式"。除了"直接规定"外，在现实的规范性文件中还存在着其他限制外地经营者参与本地招标投标活动的手段。但是现行的审查标准中缺乏与之相对应的依据，导致该类政策措施逃避公平竞争审查。

第 15 条中关于税收方面也进行了一些完善，在实践审查过程中存在大量未直接说明以经营者缴纳税金为依据的财政奖补，例如依据企业营业额、固定资产投资数额等，这些其实本质上都指向企业对当地的经济贡献，通过间接方式与税收或非税收入挂钩，同样违反公平竞争审查制度。针对这些情形在标准中进行了具体的呈现。

第 16 条第 2 项规定对生产经营敏感信息的定义模糊，语义泛化，没有建立起保护经营者生产经营敏感信息的制度基础，反而造成生产经营敏感信息保护的弱化。基于此，建议将生产经营敏感信息修改为竞争性敏感信息，竞争性敏感信息，顾名思义，就是对经营者之间相互竞争具有关键作用和重要意义的敏感信息，通过竞争性的特征将原来的生产经营敏感信息范围限缩，达到对经营者涉及竞争的敏感信息的有效保护。

（二）发现标准未涵盖的情形新增列举式标准

在制定和执行标准的过程中，经常会遇到新的情况和挑战，这些可能未被现有标准所涵盖。因此，为了确保标准的全面性和适应性，发现并新增列举式标准以覆盖这些未涵盖的情形变得尤为重要。这不仅有助于填补现有规范的空白，还能提高标准的适用性和有效性，确保它们能够应对不断变化的环境和需求，具体表现如下。

在《实施细则》第 13 条第 3 项中增加了通过设置不合理的消费券，排斥或限制潜在经营者提供商品和服务。实践中，比较多地方政府通过发放消费券、科技创新券的形式，来要求消费者选择特定的经营者，从而变相限制了未在消费券范围内商家提供商品和服务的机会，应考虑将此种实践中地方政府常发生的违反公平竞争的行为纳入细则中。判断是否为"不合理的消费券"，应当考量消费券的设置是不是公平的、普惠的，其消费对象是否限定在某一个或某几个经营者，是否不公平地排除了其他经营者获得消费券消费的资格。

在第 14 条第 1 项中增加对外地和进口商品、服务设定歧视性税收标准；是基于地方政府在制定税收政策时，可能出现对外地和进口商品、服务设定歧视性税费减少或税费免除的情况，违规增加地方财政收入的同时，也限制商品和要素的自由流动。

新增对外地和进口商品、服务设定歧视性收费项目、实行歧视性收费标准。同样也涉及出现对外地和进口商品、服务设定歧视性收费项目、实行歧视性收费标准的情况。另外，《反垄断法》第 41 条第 1 款规定，"行政机关和法律法规授权的具有管理公共事务职能的组织不得滥用行政权力，实施下列行为，妨碍商品在地区之间的自由流通：（一）对外地商品设定歧视性收费项目、实行歧视性收费标准或者制定歧视性价格"，在国家市场监督管理总局颁布的《制止滥用行政权力排除、限制竞争规定》中同样沿用了上述表述。

在第 14 条第 2 项中新增"通过给予奖励补贴、设置就地转化要求等方式限定或变相限定与本地或本区域市场主体进行交易"的情形，这主要是基于目前实践中比如汽车领域的补贴政策，地方通过政策对购买本地车企商品进行一定的购买补贴。另外，有些地方设置就地加工转化率的要求变相限制经营者去外地经营，同样有悖于公平竞争审查。

另外在第 14 条第 3 项中新增"要求经营者必须以特定方式购买招标文件或者企业法定代表人现场参加开标活动"的违法情形，这是考虑到国家发改委 2023 年发布的《关于完善招标投标交易担保制度进一步降低招标投标交易成本的通知》强调，依法必须招标项目的招标人不得强制要求投标人、中标人缴纳现金保证金；《关于促进政府采购公平竞争优化营商环境的通知》对于供应商法人代表已经出具委托书的，不得要求供应商法人代表亲自领购采购文件或者到场参加开标、谈判等。

（三）删除、整合标准中重复、适用少的条款

在不断变化的环境中，为保持标准的相关性和效率，删除或整合其中重复且使用频率低的条款成为必要的过程。这不仅可以消除冗余，减少混淆，还能提高标准的清晰度和操作性。通过对标准进行仔细的审查和分析，可以识别出哪些条款是过时的、重复的或者很少被实际应用的。通过删除这些条款或将它们与其他更为相关和高效的标准整合，可以构建更加紧凑、高效且易于执行的规范体系。

将第 14 条第 5 项的内容进行整合同时合并到第 1 项中，公平竞争审查实践中第 14 条第 1 项和第 5 项都是关于歧视性待遇的标准，但前后距离过远，在适用理解上存在困难，另外这两项在实践中运用非常少，可以将两

款进行合并，使标准更体系化同时更简洁。

将第 14 条第 2 项的 1、2、3 目合并，这三目标准都是政策制定不同类型的商品和服务与本地同类商品、服务不同的歧视性技术措施的违反行为，标准存在比较大的重复性，可以将这个三目进行合并为一条就足以表述相关的内容。

删除第 14 条第 3 项的第 1 目，因为该条不涉及公平问题，这属于招标投标信息程序的透明度问题，公平竞争审查只能对文件进行书面审查，书面审查背后利用行政权力排除、限制竞争的行为，超出了公平竞争审查制度的范畴，属于行政性垄断管辖范围。

删除第 14 条第 4 项的第 4 目，因为"在本地投资或者设立分支机构作为参与本地招标投标的必要条件"在上一项已经规定了，内容为"没有法律、行政法规或者国务院规定依据，要求经营者在本地注册设立分支机构，在本地拥有一定办公面积，在本地缴纳社会保险等，限制或者变相限制外地经营者参加本地招标投标活动"。

"将在本地投资或者设立分支机构作为享受补贴和优惠政策等的必要条件"在修改后的第 1 款第 5 项已经有规定，内容为"对外地经营者在本地的投资或者设立的分支机构在经营规模、经营方式、税费缴纳、监管标准、奖励补贴等方面实行歧视性待遇"。

以上是针对比较典型重要的情形，对现有列举式条款进行补充的主要内容，全部修改意见没有全面进行列举。

六 构建市场竞争效果评估方法

（一）我国公平竞争审查竞争效果评估的具体标准

尽管公平竞争审查制度的引入在理论与实践上均具有积极意义，但在其落地实施过程中亦暴露出一系列问题与挑战。其中，最为突出的问题之一便是缺乏对政策后果的综合与系统评估。现行的审查机制往往过于侧重于政策措施的形式与程序合规性，而较少深入探讨这些措施可能对市场竞争产生的实质性影响。这种状况导致即便某些政策措施在形式上通过了公平竞争审查，其在实施过程中仍可能对市场竞争造成不可预见的负面影响。此外，现行审查机制的另一大问题在于其刚性与僵化，往往无法灵活适应经济社会发展的快速变化，缺乏对复杂经济现象的深入理解与分析，从而在一定程度上限制了政策创新与经济活力的发挥。

在上述背景下，引入效果评估要件成为优化公平竞争审查制度的关键举措之一。效果评估要件的核心在于强调对政策措施可能产生的经济后果进行科学、系统的分析与预测，从而确保政策制定既符合法律法规的基本要求，又能充分考虑其对市场竞争的实质性影响。通过引入效果评估要件，可以促使政策制定者在政策设计阶段就充分考量政策对市场结构、市场行为以及市场绩效可能产生的影响，从而在更大程度上预防政策实施可能带来的反竞争风险。此外，效果评估要件的引入亦有助于提升政策透明度与可预测性，增强市场主体的信心与参与度，为市场经济的健康发展提供更为坚实的政策保障。

在进行公平竞争审查时，政策制定机关必须采取一种全面且精确的方法来理解和分析审查对象。这一过程不仅涉及对政策措施文本的细致审读，还要求审查者深入挖掘政策的背景、目的以及预期的经济社会影响。全面准确地把握审查内容意味着不仅要关注政策措施的直接影响，还要评估其可能产生的间接或长期效应。这要求政策制定机关具备跨学科的知识结构和高度的分析能力，能够在宏观和微观层面上理解政策与市场动态之间的相互作用。此外，全面准确地理解审查内容还涉及对相关市场定义的准确把握，包括市场范围、市场参与者、供需条件等关键因素，这些都是评估政策影响时不可或缺的要素。

因此，将竞争效果评估标准定义为："政策制定机关在开展公平竞争审查时，应当全面准确把握审查内容，科学评估有关政策措施对公平竞争的影响。必要时应当进行竞争效果评估，分析政策出台的目的、性质、对象以及可能对市场结构、市场行为和市场绩效产生的影响，综合评估政策是否限制、扭曲竞争。市场结构评估要素包括相关市场集中度、市场进入壁垒、市场中产品的差异化程度等；市场行为评估要素包括市场中价格与质量的变化程度、技术发展水平、创新影响等；市场绩效评估要素包括市场中资源配置效率、市场竞争力、对消费者的福利影响等。"

（二）我国公平竞争审查竞争效果评估的考量因素

1. 市场结构因素

市场结构是指特定行业中企业之间的数量、规模、份额等关系以及由此决定的竞争形式。政府在制定管制政策时，对市场结构的影响是显而易见的，包括市场集中程度、企业间市场份额比例、市场进入与退出壁垒以及规模经济等因素。在我国的公平竞争审查制度中，政府通过限制企业的竞争激励和竞争资格来控制市场竞争状况。不公平的政策可能对企业的竞争激励和竞争资格产生不良影响，改变市场的竞争结构模型，导致不公平的竞争环境。

首先，企业竞争激励要素对公平竞争审查标准的优化产生影响。企业竞争激励要素包括产量、价格、销售额和政府豁免等因素，它们对企业的市场份额和市场集中程度等市场结构产生影响，从而形成不同的竞争状况。政府可以要求企业披露产量、价格、销售额和成本等信息，这会影响市场竞争主体的竞争激励要素，从而导致不公平竞争现象的发生。此外，政府对特定行业或企业给予竞争法上的一般豁免，也可能影响市场结构，导致不平等的竞争状况。其次，企业竞争资格要素对公平竞争审查标准的优化产生影响。市场竞争主体参与市场竞争必须具备一定的资格，包括进入和退出市场的条件以及经营权等关键指标。政府在进行市场管制时常常通过控制竞争资格要素来实施管制。例如，政府的审批制度和特许经营权的授予条件都会对市场竞争产生影响。此外，政府对商品流动的限制也可能影响市场结构和竞争状况。

总之，在公平竞争审查标准优化的过程中，需要关注政府对竞争激励要素和竞争资格要素的影响。政府在市场进入与退出审批、特许经营权授予和商品流动限制等方面的行为都应成为审查标准的重点。政府在行政审批改革中应减少不适应市场经济规律的审批事项，避免对市场竞争的不当干预，特别是关键项目的投资审批和资质审批应进行改革。此外，政府在授予特许经营权时应遵循法律法规或国务院规定，确保授权的合法性。特许经营权具有排他性，对市场竞争和垄断形势产生重要影响，因此政府在授予特许经营权时需审慎考虑。此外，政府应促进商品要素的自由流动，避免地方保护主义导致对外地企业的限制，从长远来看有利于形成统一开放和公平有序的大市场。

因此，在公平竞争审查标准优化的过程中，需要重点关注政府要求市场竞争主体披露敏感信息、授予特许经营权以及限制商品要素流动等行为。政府应确保竞争激励要素和竞争资格要素的公平和透明，避免不当的干预和歧视性行为，以促进公平的市场竞争环境的形成。

2. 市场行为因素

市场行为是指企业在充分考虑市场供求情况和与其他企业关系的基础上，采取的各种战略性行为，旨在获取更大利润和市场份额。在自由公平竞争条件下，企业的市场行为包括定价、产品（服务）营销和设计等。政府对市场行为的控制可能影响市场竞争状况。影响公平竞争审查标准优化的因素包括政府对产品质量标准的管制、产品价格的管制和对广告宣传与营销行为的限制。政府管制对市场竞争的影响应当避免干预市场主体自主决定竞争行为，并考虑对竞争资格、创新和市场竞争状况的潜在影响。公平竞争审查标准优化应综合考虑这些因素，以促进公平竞争环境的形成。

首先，在市场竞争中，政府管制产品质量标准的影响因素需要谨慎考虑。不同产品标准会导致不同的竞争状况。政府对产品质量标准的过度干预可能损害市场竞争环境，限制市场主体的竞争资格，并扰乱市场需求所决定的标准选择过程。其次，政府对产品价格的管制是影响公平竞争审查标准的关键因素。价格管制可能对市场主体的创新积极性产生负面影响，并导致价格同盟的形成。政府在管制价格时应谨慎分析具体市场竞争状况，避免遏制市场主体创新和削弱竞争。最后，政府对市场主体的广告宣传和市场营销行为的限制也是影响公平竞争审查标准优化的因素。广告宣传是市场主体争取竞争优势的重要手段，政府的限制可能损害市场竞争环境，使市场主体无法充分选择营销策略。因此，在优化公平竞争审查标准的过程中，应充分考虑政府对产品质量标准、产品价格和广告宣传与营销行为的管制对市场竞争的影响，以确保公平竞争环境的形成。

3. 市场绩效因素

市场绩效也是 SCP 分析框架的要素之一。市场绩效在市场结构中表现为市场主体的价格、产量、成本、利润及技术等形成的经济成果，其是市场主体市场行为的最终呈现。市场绩效在经济法领域的运用，主要从消费者福利的角度出发，指市场为消费者提供利益所取得的成功。上文中阐述市场结构与市场行为对于市场竞争状况影响的分析，主要是从市场供给侧的角度出发。不可忽视的是，市场需求侧对于市场竞争状况的影响同样重要。行为经济学的研究表明，在市场需求侧一端，消费者是影响市场竞争程度的重要因素。基于此理论，如果消费者能够充分、明确地掌握市场主体的信息，将更方便地对市场主体进行选择、转换，极大地促进市场的竞争程度。政府在市场需求侧对经济的干预，应当以确保消费者能够对市场竞争产生积极影响为目的，避免对消费者限制。该限制具体而言则包括两方面的内容：对消费者选择权的限制；对消费者可获取信息的限制。

阐述市场绩效因素对市场竞争格局的具体影响，可以以携号转网政策为例进行说明。所谓携号转网，是指手机用户在不改变自身使用的手机号码的情况下，就可从原有的通信服务商转换到另一通信服务商，实现与原有通信服务提供商的脱离，并完全享受另一通信服务提供商所提供的各类服务。该项服务在欧盟实行多年，并取得了良好的效益。在我国推行的过程中，曾以海南、天津两地作为试点，最终只有少量用户实现了携网转号。携网转号在我国试点结果欠佳的原因在于：一方面，通信服务运营商在新用户入网时签订了许多协议，消费者的知情权未得到充分保障，而监管机构在消费者知情权问题上也未能对运营商进行监管；另一方面，在具体携网转号的过程中，通信服务运营商为留住原有客户，在客户办理携号转网业务的过程中会设置重重阻碍，而监管机构未能发挥在减少限制、降低转网成本方面的作用，这就使得消费者的选择权未得到保证。市场主体通过对消费者知情权与选择权的限制，来实现其自身的市场绩效极易造成市场竞争中垄断的形成，不利于自由市场的公平竞争。

从消费者角度实现对市场绩效的解释，是对市场竞争的重新解读。政府在进行监管的过程中，只有充分对消费者的知情权与选择权进行保障，才能构建公平的市场竞争环境，防止市场垄断行为的发生。市场绩效中消费者的选择权与消费者获取信息的能力是否受到限制，应当作为评估市场竞争环境的重要标准，并在优化我国公平竞争审查标准的过程中予以考量。

4. 三大因素的指标呈现

A. 市场结构判断标准

a. 集中度指标

（a）赫芬达尔-赫希曼指数（HHI）：HHI 是通过对所有参与市场的企业的市场份额的平方和进行计算得出的。其值的范围从接近 0（市场高度分散）到 10000（市场完全垄断）。低 HHI 值表明市场竞争激烈，而高 HHI 值则可能指示市场控制集中在少数企业手中，增加了垄断或寡头垄断的风险。

（b）集中比率（CRn）：这是通过计算市场上前 n 家最大企业的市场份额总和来评估市场集中度的指标。例如，CR4 计算市场份额最大的四家公司的总份额。较高的集中比率表明市场可能受到少数企业的主导。

b. 市场进入壁垒

（a）许可要求：评估进入特定市场所需的法律和规章要求，高的许可要求可能阻碍新企业的进入，限制市场竞争。

（b）资本需求：分析进入市场所需的资本量。如果所需的初始投资很高，可能构成新竞争者的显著壁垒。

（c）技术壁垒：考虑到达市场最低标准或与竞争对手竞争所需的技术能力。高技术壁垒可能阻止新企业进入市场。

c. 产品差异化程度

（a）产品种类：评估市场上产品的多样性。多样性较高的市场可能表明较低的市场集中度和较高的竞争程度。

（b）品牌忠诚度：分析消费者对不同品牌的忠诚程度。高品牌忠诚度可能表明市场中存在较强的差异化，可能为新进入者设置障碍。

（c）消费者偏好：考察市场上产品是否符合消费者的多样化需求和偏好，以及企业如何通过产品差异化来满足这些需求。

使用这些指标对市场结构进行细致的评估，可以帮助审查人员深入理解市场的竞争状况，评估补贴或其他政府政策可能对市场结构造成的影响，有助于确保政策制定既促进经济发展又保护市场竞争的健康。

B. 市场行为判断标准

a. 价格变动趋势

（a）价格指数监测：跟踪和分析价格指数，如消费者价格指数（CPI）或特定行业的价格指数，以监控价格水平的变化。这有助于识别价格的长期趋势和周期性波动。

（b）价格波动率：计算价格波动率，以评估市场价格的稳定性。高波动率可能表明市场竞争激烈或市场受到干扰。

（c）价格控制和竞争力分析：评估是否存在价格控制行为，例如垄断定价或价格战，以及这些行为对市场竞争的影响。

b. 产品和服务质量变化

（a）客户满意度调查：定期进行客户满意度调查，收集消费者对产品和服务质量的反馈。满意度的改变可以指示市场上产品质量的整体趋势。

（b）产品缺陷率：统计和分析产品缺陷率或质量投诉数据，以评估产品和服务质量的变化。

（c）质量改进措施：考察市场参与者是否投资于质量改进和控制，如获得质量认证、实施质量管理系统等。

c. 创新活动水平

（a）研发投入占比：计算企业研发投入相对于其总收入的比例，以评估企业对创新的承诺程度。

（b）新产品推出频率：追踪市场上新产品和服务的推出频率，以衡量创新活动的活跃程度。

（c）技术发展趋势：分析技术发展趋势，如专利申请数量、研发成果的商业化速度，以及新技术对市场的影响。

借助细化的市场行为判断标准，审查人员可以更精准地评估市场参与者的行为变化和市场动态。这有助于识别政策对市场行为可能产生的影响，确保市场维持健康竞争和有效运作，同时有助于监测和预防可能的反竞争行为，保护消费者利益和促进市场的持续创新。

C. 市场绩效判断标准

a. 资源配置效率

（a）产出与投入比率：评估市场的总体生产效率，通过比较产出（如销售额、服务量）与投入（如资本、劳动和原材料）的比率。较高的比率通常表明资源被有效利用。

（b）成本效益分析：进行成本效益分析，以确定市场参与者如何在成本控制和资源利用方面进行优化。这包括评估生产成本、运营成本与市场产出的关系。

（c）投资回报率：分析市场参与者的投资回报率，以评估市场对资本投资的效率和吸引力。

b. 市场竞争力

（a）市场份额变化：监控不同市场参与者的市场份额变化，以评估市场竞争格局的变动和市场力量的分布。

（b）出口比例：分析市场参与者的出口比例，以衡量国内市场与国际市场的竞争力。较高的出口比例可能表明市场参与者在全球竞争中具有较强的地位。

（c）国际竞争力指标：参考国际竞争力排名和报告，评估市场在全球范围内的竞争地位和表现。

c. 消费者福利

（a）消费者剩余：计算消费者剩余，以评估消费者从市场交易中获得的总福利。消费者剩余通常通过分析产品价格、质量和消费者支付意愿来估计。

（b）价格水平和稳定性：监测市场的平均价格水平及其波动性，评估消费者面临的价格负担和市场价格的稳定性。

（c）产品多样性和质量：评估市场提供的产品多样性和质量，以及这些因素如何满足消费者需求和偏好。产品多样性和高质量通常与较高的消费者福利相关联。

通过对这些市场绩效指标的细致分析，审查人员可以全面评估市场的整体表现和健康状况，从而识别市场活动中可能存在的效率损失、竞争限制或消费者福利降低的问题。市场绩效判断标准的应用确保政策制定者能够基于市场的实际表现来调整和优化政策措施，进而促进市场效率、激发市场竞争力，并提高消费者的整体福利。

（三）我国公平竞争审查竞争效果评估的标准应用分析

在公平竞争审查的体系中，综合评估政策是否限制或扭曲竞争的过程，是确保市场公平性和效率的关键环节。这一评估过程要求审查者采用一种多维度、跨学科的分析方法，不仅要关注政策可能直接引起的市场竞争局面的变化，还需要深入分析政策背后的动机、目标及其在不同市场环境下可能产生的多重效应。这种综合性的评估涉及对政策对市场结构、市场行为以及市场绩效的潜在影响的全面考察，旨在构建一个全面评价政策影响的框架。

首先，从市场结构的角度进行评估，需要考虑政策如何影响市场的集中度、是否引入或加剧市场进入壁垒，以及产品和服务的差异化程度。市场集中度的增加往往意味着市场力量的过度集中，可能导致价格操纵、减少产品选择和降低服务质量等反竞争行为。政策制定者需要深入分析政策措施是否无意中为某些市场主体提供了不正当的竞争优势，或者是否限制了潜在的新进入者，从而损害了市场的公平竞争环境。

其次，从市场行为的角度进行评估，关注点在于政策如何影响企业的经营决策，包括定价策略、产品质量、创新活动和市场营销等方面。政策措施可能会间接影响企业的成本结构、风险偏好和投资决策，进而影响其市场行为。例如，某些补贴政策可能会促进企业在研发和创新方面的投入，但也可能导致市场竞争的扭曲，如通过补贴形成的低价格策略可能会排挤没有得到补贴的竞争对手。因此，评估政策对市场行为的影响，要求审查者具有对市场经济运作机制深入的理解，熟悉特定行业的特点。

再次，从市场绩效的角度进行评估，需要考虑政策如何影响资源的配置效率、市场的创新能力以及消费者福利等方面。资源配置的效率直接关系到经济的整体表现和增长潜力，而市场的创新能力则是推动长期经济发展和提高生活标准的关键因素。政策措施如果能够促进更有效的资源利用、激发市场创新和提升产品服务质量，即使短期内对某些市场主体构成挑战，长期来看也可能对市场竞争和经济发展产生积极影响。相反，如果政策措施损害了市场的效率和创新能力，即使短期内看似有利于某些经济主体或行业，最终也可能对整体经济造成负面影响。

在进行上述评估时，还需考虑政策在不同时间尺度上的影响，包括短期、中期和长期效应。短期内的政策影响可能与长期影响截然不同，有时甚至是相反的。因此，审查者需要具备前瞻性思维，能够在复杂的经济环境中进行灵活应变，综合考虑政策在不同阶段可能产生的效果。此外，综合评估还需要考虑到政策实施后可能出现的非预期后果。在政策设计和实施过程中，总存在着信息的不对称和不确定性，这可能导致实际效果与预期效果之间存在偏差。因此，政策评估不应仅限于对预期效果的分析，还应包括对非预期后果的监测和应对策略的制定。

最后，综合评估的过程还应当是动态的，需要不断地根据市场反馈和经济环境的变化对政策进行调整和优化。这要求政策制定者和审查者保持开放的态度，需要根据实际情况和市场反馈对政策进行必要的调整，确保政策既能达到其既定目标，又不会对市场竞争造成不当影响。通过这种动态的、综合性的评估过程，可以最大限度地发挥政策的积极作用，同时最小化可能的负面影响，从而在更大程度上促进公平竞争和经济的健康发展。

在公平竞争审查的框架内，对于那些既可能损害市场竞争又可能在一定程度上促进经济发展的政策措施进行效果评估，是一项复杂而细致的工作。这种评估要求审查者在分析过程中不仅要识别政策可能带来的直接和间接效应，还需要在评估中平衡考量政策的正负效应。这种平衡分析旨在确保政策措施在实现其经济发展目标的同时，不会对市场竞争造成不可接受的损害。

首先，评估要明确政策出台的具体目的和预期目标，包括对政策背景、立法意图以及政策期望解决的问题进行深入分析。理解政策的动机和目标是评估其可能效果的基础，有助于识别政策实施可能影响的市场领域和经济活动。

其次，评估需要深入分析政策的性质，包括政策的类型（如补贴、税收优惠、监管改革等）、实施方式以及目标群体。不同类型的政策措施对市场的影响机制和影响程度可能大相径庭。例如，直接财政补贴可能立即影响市场的价格体系和生产激励，而监管改革可能通过改变市场准入条件或竞争规则，逐渐影响市场结构和行为。

最后，审查者需要对政策可能对市场结构、市场行为和市场绩效产生的影响进行全面分析。这包括评估政策如何影响市场参与者的数量和种类、市场进入和退出的难易程度、产品和服务的多样性以及创新激励等。同时，还需考虑政策如何影响消费者选择、价格水平、质量和服务等方面。

在分析政策对市场竞争的影响时，特别需要关注政策可能产生的任何负面效应，如市场力量过度集中、排除或限制竞争的行为以及对消费者福利的潜在损害。同时，也需要考虑政策可能带来的正面效应，如促进技术创新、提高生产效率或增强国际竞争力等。

此外，审查过程还应包括对政策长期和短期效果的评估。短期内，政策可能会对市场竞争产生直接和显著的影响，而长期效果可能包括市场适应政策变化、新的市场平衡建立以及政策对创新和技术进步的潜在影响。

在进行这种复杂的效果评估时，审查者需要依赖于经济学理论、实证研究以及相关市场和行业的具体数据。使用定量和定性分析方法相结合，可以提供更全面和深入的政策影响评估。此外，考虑到市场环境的多变性和不确定性，审查过程中还应采用多种情景分析，评估政策在不同市场条件和假设下的潜在影响。

总之，对于那些既可能损害市场竞争又可能促进经济发展的政策措施进行综合效果评估，是确保政策既能实现其发展目标又能维护市场公平竞争环境的重要步骤。这种评估不仅要求审查者具备深厚的经济学知识和分析能力，还需要对相关市场和行业有深入的了解，以及对政策影响的敏感性和前瞻性。通过这种综合性和多维度的评估，可以帮助政策制定者优化政策设计，避免不必要的市场扭曲和竞争限制，从而在促进经济发展的同时，保护市场的健康和活力。

（四）我国公平竞争审查竞争效果评估标准实践——以新能源汽车补贴评估为例

1. 明确补贴目的和性质

政府提供新能源汽车补贴的目的通常是多方面的，包括促进环保、推动技术创新、增加就业以及提升国际竞争力等。首先，环保目标是补贴政策的重要推动因素，通过减少传统汽车的使用并鼓励新能源汽车的采纳，政府旨在减少温室气体排放，提高空气质量。其次，技术创新是补贴政策的另一个核心目的，新能源汽车产业的发展依赖于持续的技术进步和创新，补贴可以作为刺激研发投入和加速技术成熟的手段。此外，新能源汽车产业的发展能够促进就业，为经济提供新的增长点，同时提升国家在全球新能源汽车市场的竞争力。在详细分析政府补贴目的时，需要考虑补贴政策如何与国家的长远经济发展规划和环境保护目标相协调。这包括对补贴政策的经济效益、社会效益和环境效益进行全面评估，确保补贴既能促进产业发展，又能符合可持续发展的原则。

补贴的性质包括其形式、规模、持续时间和受益主体。补贴形式可能包括直接的财政补助、税收减免、低息贷款、研发资助等。每种形式都有其特定的影响机制和适用场景，例如，直接的财政补助可能立即降低消费者的购车成本，而研发资助则更侧重于长期的技术进步和产业升级。补贴的规模和持续时间需要与政策目标和预算限制相平衡。过大的补贴规模可能导致政府财政负担加重，而补贴的短期性可能影响企业的长期投资决策。因此，设计补贴政策时，需要综合考虑其经济可持续性和市场影响，确保补贴既能刺激市场需求，又不会造成市场失衡或财政压力。受益主体分析要考虑补贴政策对不同市场参与者的影响，包括制造商、消费者、供应链企业等。补贴可能直接针对消费者，降低他们的购买成本，或者针对制造商，减少其生产成本。补贴的设计需要确保公平性，避免对市场竞争产生不正当的干扰。通过对补贴目的和性质的深入分析，可以确保补贴政策的设计和实施既符合国家的长期战略目标，又考虑到市场和财政的可持续性。这样的分析为后续的市场结构、市场行为和市场绩效评估提供了坚实的基础。

2. 市场结构评估

市场集中度的评估主要用于判断新能源汽车市场是否被少数企业所控制以及补贴政策对市场集中度的影响。通过计算赫芬达尔-赫希曼指数（HHI）或集中比率（如 CR4，即市场份额最大的四家企业的总份额），可以量化市场集中度的变化。补贴政策如果导致市场集中度显著增加，可能会降低市场的竞争程度，增加垄断或寡头垄断的风险。审查时需要关注补贴是否有利于某些大企业进一步巩固或扩大其市场地位，或者是否对中小企业构成不公平的竞争障碍。

市场进入壁垒的评估涉及补贴政策对新竞争者进入市场的影响。高的市场进入壁垒可能阻碍新企业进入，限制市场竞争。需要考察补贴政策是否降低了技术、资本、规模经济等方面的进入障碍，或者是否存在补贴导致的"锁定效应"，使得新进入者难以与受补贴的既有企业竞争。同时，分析市场退出机制，评估补贴是否使一些效率低下的企业得以维持运营，从而影响整个市场的健康和动态平衡。

产品差异化评估是分析新能源汽车市场内产品多样性及其对消费者选择的影响。补贴政策应促进产品创新和多样化，满足不同消费者的需求。如果补贴仅集中于少数车型或技术路径，可能会限制市场内的产品差异化，降低企业进行技术创新和开发新产品的动力。审查过程中需要评估补贴政策是否鼓励或限制了车型和技术的多样性，以及这种多样性如何影响消费者的选择和市场的竞争态势。

通过深入的市场结构评估，审查人员可以识别补贴政策可能带来的市场集中、进入壁垒以及产品差异化方面的问题，确保补贴措施不会对新能源汽车市场的健康竞争产生负面影响。这种评估有助于调整和优化补贴政策，以促进市场的长期稳定和繁荣。

3. 市场行为评估

在新能源汽车补贴的市场行为评估中，价格影响是一个核心考量因素。补贴政策可能直接影响新能源汽车的销售价格，使其更具吸引力，从而刺激需求和市场扩张。然而，需要仔细分析补贴对价格机制的长期影响。如果补贴导致价格人为压低到低于成本的水平，可能会扭曲市场竞争，使得没有补贴支持的企业难以在市场上竞争，从而减少市场竞争力度。审查时应评估补贴对整个行业价格结构的影响，确保补贴不会导致不公平竞争或长期市场失衡。

补贴政策可能影响新能源汽车制造商的生产和销售决策。审查过程中需要考察补贴是否促使企业增加对新能源汽车的生产投入，提高产品质量，或加速技术创新。同时，要分析补贴是否导致企业过度依赖政府资助，忽视市场需求和成本效率的优化。补贴可能造成的"道德风险"，即企业依赖补贴而减少自身努力，也是审查时需要警惕的问题。因此，市场行为评估应综合考虑补贴对企业战略决策的影响，确保补贴政策能够真正促进行业的健康和可持续发展。

新能源汽车行业的发展依赖于持续的技术创新。补贴政策应鼓励企业进行研发和创新活动，推动技术进步和产业升级。审查过程中需要分析补贴如何影响企业的研发投入、创新项目的启动以及新产品的开发。补贴是促进了技术的多样化发展，还是导致企业仅集中于特定技术或市场领域，也是评估的重要内容。创新活动的评估不仅要考量研发投入的数量，还要关注研发质量和产出，包括专利申请量、研发转化率以及新技术对市场的实际影响。

通过对市场行为的综合评估，可以确保补贴政策不仅促进了新能源汽车行业的即时增长，也有利于行业的长期创新和竞争力提升。这种评估有助于识别和预防补贴可能带来的负面经济效应，确保补贴政策在促进产业发展的同时，维护市场的公平竞争环境。

4. 市场绩效评估

评估新能源汽车补贴政策对资源配置效率的影响是核心的市场绩效评估内容之一。这涉及分析补贴是否促进了行业资源（包括资本、劳动力和原材料）的有效利用。有效的资源配置意味着生产资源被用于最能增加社会福利的方式和领域。审查时应考虑补贴是否导致资源从其他更有生产性的用途被错误地转移至新能源汽车产业，或是否促进了该产业内的优化资源配置。衡量资源配置效率可以通过比较投资回报率、生产效率变化以及行业内部的资本和劳动力流动来进行。

创新和技术发展是新能源汽车产业竞争力的关键驱动因素。补贴政策的目的之一是促进技术创新和快速发展，因此，评估补贴对创新活动的影响至关重要。这包括分析补贴政策是否激发了企业的研发投资，是否促进了新技术的开发和应用，以及这些技术创新对产业竞争力和市场绩效的长期影响。此外，还需考察补贴政策是否有助于形成健康的技术创新生态系统，包括支持初创企业、研发机构和高校之间的协作与知识转移。

消费者福利的评估聚焦于补贴政策如何影响消费者的福祉，包括价格可负担性、产品多样性和质量。补贴可能降低新能源汽车的购买成本，从而提高消费者的购买力和市场的总体需求。消费者福利评估需要仔细评估这种价格变化是否持久，以及补贴是否导致市场对特定技术或产品的过度依赖，限制了消费者的选择。此外，还应考虑补贴对产品创新和质量提升的潜在影响，以及这些变化如何最终反映到消费者的实际体验和满意度上。

通过对市场绩效的全面评估，可以确保新能源汽车补贴政策不仅在短期内促进市场增长，而且在长期内提高产业的整体效率和竞争力，同时增进消费者福利。这种评估有助于发现和调整补贴政策中可能的不足，确保政策的有效实施与持续改进。

5. 收集和分析数据

数据收集是进行新能源汽车补贴竞争评估的基础。这一过程需要收集关于市场结构、市场行为和市场绩效的广泛数据。具体来说，需要收集以下类型的数据。（1）市场结构数据。包括企业的市场份额、行业内企业数量、新进入和退出市场的企业数据等。这些数据有助于评估市场集中度和市场进入壁垒。（2）市场行为数据。涵盖产品价格、销售量、生产成本、研发投入等信息。这些数据有助于分析企业的定价策略、生产决策以及创新行为。（3）市场绩效数据。包括行业的总体效率、技术创新成果、消费者福利指标等。收集这些数据有助于评估补贴政策对资源配置效率、技术进步和消费者利益的影响。数据来源可以多样，包括政府统计数据、行业协会报告、市场研究机构发布的数据，以及直接从企业收集的数据等。

此外，需要系统分析收集到的数据，以支持对新能源汽车补贴政策的评估。分析过程包括以下四个方面。（1）定量分析。使用统计和经济学方法对收集到的数据进行处理和分析。例如，通过计算市场集中度指数（如HHI）来评估市场结构，或者分析价格趋势和成本结构来评估市场行为。（2）定性分析。基于行业知识和市场经验进行分析，以理解数据背后的市场动态和行业趋势。这包括对政策变化、市场反应和技术发展趋势的解释性分析。（3）比较分析。在可能的情况下，比较补贴前后的市场状况，或者与未实行补贴政策的其他市场或国家进行比较，以识别补贴政策的具体影响。（4）模型构建。在某些情况下，可能需要构建经济模型来模拟补贴政策的潜在影响，特别是对市场行为和市场绩效的长期影响。

进行数据分析时，可能需要依赖特定的工具和技术，如统计软件（如SPSS、Stata）、数据可视化工具（如 Tableau、PowerBI），以及经济建模软件等。这些工具可以帮助审查人员更有效地处理大量数据，发现数据趋势，以及构建和测试各种市场假设。通过详细的数据收集和分析过程，审查人员可以获得对新能源汽车补贴政策影响的深入理解。这不仅有助于评估政策的当前效果，还能为政策的调整和未来规划提供数据支持。收集和分析的数据应是透明的和可验证的，以确保竞争评估的客观性和准确性。

6. 结论

进行新能源汽车补贴的竞争评估是一个复杂但必要的过程，它确保补贴政策能有效促进产业发展，同时维护市场的公平竞争。通过明确补贴的目的和性质，细致评估市场结构、市场行为和市场绩效的影响，以及系统地收集和分析相关数据，政府和决策者可以获得补贴政策的全面视图，识别并调整可能的市场失衡。新能源汽车补贴的竞争评估应是一个持续的、动态的过程，它要求决策者具有前瞻性和灵活性，以便在促进产业发展的同时，保护和促进市场竞争，从而实现经济和环境的双重目标。通过综合评估，可以确保补贴政策在促进新能源汽车产业发展的同时，不会对市场竞争产生不利的长期影响。

第四章　我国交通领域公平竞争审查
制度实施

新时代背景下，中国交通领域的发展呈现出多元化、智能化、绿色化的特点。随着经济的快速发展和科技的不断进步，交通领域作为关乎国计民生的重点行业，正经历着前所未有的变革。新时代背景下维护交通领域市场公平竞争的重要性在于促进资源的有效配置，激发市场主体的创新活力，保障消费者权益，推动行业的健康发展。公平竞争审查制度的实施，有助于消除行政垄断和市场壁垒，防止不正当竞争行为，确保所有市场主体在公平的环境中竞争。这对于促进交通领域的技术创新、服务创新、管理创新具有重要意义。公平竞争还有助于提高交通服务的质量和效率，降低成本，最终使消费者受益。基于此，在"公平竞争法律制度及其实施"这一部分下设专章，探讨了在新时代背景下，中国交通领域如何通过公平竞争审查制度来促进市场公平竞争，保障消费者权益，以及推动行业的健康发展。本章紧密围绕全书的主题，即在全球化和市场经济深入发展的新时代，中国如何通过竞争法的战略功能来维护市场秩序，促进经济的可持续发展。

首先，本章着眼我国交通领域公平竞争审查的现状与依据，梳理交通领域政策文件的基本情况和国家层面对于公平竞争审查的法律、法规和政策指导，这些依据为交通领域的公平竞争审查提供法律支撑。公平竞争审查的基本流程包括审查的启动、实施和结果反馈等环节，以上共同构成一个清晰的审查框架。其次，我国交通领域政策文件的公平竞争审查值得进行细致的梳理。通过对国家铁路运输、公路运输、水路运输、民航运输以及邮政运输等不同运输方式的政策文件进行公平竞争审查梳理，本章揭示了各领域在政策制定和执行过程中可能存在的不公平竞争问题。这不仅说明公平竞争审查在实际操作中的复杂性，也突出了审查工作对于维护市场公平竞争的重要性。再次，聚焦于我国交通领域公平竞争审查的完善方向，本章提出了加强市场准入和财政补贴标准上的公平竞争审查，以确保所有市场参与者在同等条件下公平竞争。同时，贯彻落实负面清单制度和公平竞争审查例外规定等具体措施具有必要性，这些措施有助于进一步规范市场秩序，防止滥用市场优势地位。

第一节　我国交通领域公平竞争审查的现状与依据

一　交通领域政策文件的基本情况

全国范围内，在交通运输领域具有法律效力的政策文件包括法律、行政性法规、部门规章和各类规范性文件等。

通过交通运输部网站的查询，全国人大常委会共颁布关于交通运输的法律八部，其中包括《中华人民共和国航道法》《中华人民共和国海上交通安全法》《中华人民共和国邮政法》《中华人民共和国公路法》《中华人民共和国海商法》《中华人民共和国民用航空法》《中华人民共和国铁路法》和《中华人民共和国港口法》，其涵盖了该领域的方方面面。当然，其他法律中也有关于交通运输的相关规定，如《中华人民共和国网络安全法》《中华人民共和国安全生产法》等，但是这些法律仅某一条或者某几条涉及交通运输领域，而不是专门的领域性立法，因不成体系而不被本书统计在内。从目的上看，大部分法律的颁布都是为了社会主义建设的需要，为了保障某项交通领域的事项顺利进行，具备浓厚的公法特征。以《铁路法》为例，其立法目的是保障铁路运输和铁路建设的顺利进行，适应社会主义现代化建设和人民生活的需要。值得一提的是，《海商法》的目的是调整海上运输关系、船舶关系，维护当事人各方的合法权益，促进海上运输和经济贸易的发展，这样的立法目的兼具公法和私法的特点。

截至 2019 年，国务院行政法规涉及交通运输领域的共有 57 部，其中包括了《中华人民共和国国际海运条例》《中华人民共和国道路运输条例》以及《国内水路运输管理条例》等。《中华人民共和国立法法》规定，行政法规的制定是为了执行法律的规定和履行国务院行政管理职权，但这些职权立法的条件尚不成熟，因而需要制定行政法规进行"试验"。具体来说，这些行政法规的制定目的是保障各种交通运输的工作推进和稳步发展，更为细化，同时也需要遵循法律保留原则。

据交通运输部网站统计，截至 2019 年，交通运输部部门规章共有 300 余部（包括试行规定和补充规定），其中包括了《港口经营管理规定》《公路水路行业内部审计工作规定》和《民用航空器驾驶员合格审定规则》等规定。根据《立法法》，部门规章的目的是执行法律或者国务院的行政法规、决定、命令。

此外，规范性文件的数量不胜枚举，交通运输部下属的各个司局单位都有权制定规范性文件，仅以民用航空局为例，其自创办至 2019 年发布的规范性文件的数量一共有 812 件（包括已失效和废止的文件），该类文件数量庞大、涉及内容较多，其目的也是保障法律、行政法规和规章的实施。

二 公平竞争审查的政策依据

2016 年 6 月，国务院颁布了《国务院关于在市场体系建设中建立公平竞争审查制度的意见》，对在市场体系中建立公平竞争审查制度提出了纲领性意见。2016 年 12 月 22 日，为贯彻落实《国务院关于在市场体系建设中建立公平竞争审查制度的意见》，切实加强对公平竞争审查工作的协调指导，推动公平竞争审查工作的落实，国务院批复建立由国家发改委牵头的公平竞争审查工作部际联席会议制度，以实现跨部门的有效沟通和高效工作。2017 年 10 月，《公平竞争审查制度实施细则（暂行）》颁布。2018 年 3 月，为保障国家铁路局公平竞争审查工作顺利开展，推动公平竞争审查制度有效实施，国家铁路局印发《国家铁路局公平竞争审查制度实施办法（暂行）》的通知。2019 年 2 月，国家市场监督管理总局在其官网公布了《公平竞争审查第三方评估实施指南》，通过细化公平竞争审查第三方评估，解决制度落实中的缺陷，推进公平竞争审查制度的落实。

（一）《国务院关于在市场体系建设中建立公平竞争审查制度的意见》

《国务院关于在市场体系建设中建立公平竞争审查制度的意见》（以下简称《意见》）规定了建立公平竞争审查制度的宏观指导思想。其阐明了公平竞争审查制度的建立的动因是深入推进经济体制改革的客观需要，是全面推进依法治国的有力保障，是实现创新驱动发展的必然选择，是释放市场主体活力的有效举措。《意见》指出公平竞争审查制度建立的总体要求是"建立公平竞争审查制度，要按照加快建设统一开放、竞争有序市场体系的要求，确保政府相关行为符合公平竞争要求和相关法律法规，维护公平竞争秩序，保障各类市场主体平等使用生产要素、公平参与市场竞争、同等受到法律保护，激发市场活力，提高资源配置效率，推动大众创业、万众创新，促进实现创新驱动发展和经济持续健康发展"。《意见》在指导思想部分还明确了公平竞争审查制度建立的四项基本原则，分别是：尊重市场，竞争优先；立足全局，统筹兼顾；科学谋划，分步实施；依法审查，强化监督。

《意见》规定了公平竞争审查制度核心内容。公平竞争审查制度的审查对象是"行政机关和法律法规授权的具有管理公共事务职能的组织（以下统称政策制定机关）制定市场准入、产业发展、招商引资、招标投标、政府采购、经营行为规范、资质标准等涉及市场主体经济活动的规章、规范性文件和其他政策措施。"审查方式是自我审查，并明确了市场准入和退出标准，商品和要素自由流动标准，影响生产经营成本标准，影响生产经营行为标准。除此以外，《意见》规定了公平竞争审查制度适用的例外：在维护国家经济安全、文化安全或者涉及国防建设的；为实现扶贫开发、救灾救助等社会保障目的的；为实现节约能源资源、保护生态环境等社会公共利益的；法律、行政法规规定的其他情形下可以不适用公平竞争审查，但是政策制定机关应当说明相关政策措施对实现政策目的不可或缺，且不会严重排除和限制市场竞争，并明确实施期限，并对实施效果进行逐年评估。

《意见》规范了公平竞争审查制度的实施路径。包括推动公平竞争审查的制度建设步骤和推动公平竞争审查的制度建设保障两部分。在公平竞争审查制度建设步骤中要求明确工作机制、有序清理存量、定期评估完善、制定实施细则以及加强宣传培训。在推动公平竞争审查制度保障方面明确了要健全竞争政策、完善政府守信机制、加强执法监督和强化责任追究。

（二）《公平竞争审查制度实施细则（暂行）》

《意见》构建了公平竞争审查制度的基本框架，具体推进落实公平竞争审查制度，在这之后，相关部门又出台了具体的实施细则，即《公平竞争审查制度实施细则（暂行）》（以下简称《实施细则》）。《实施细则》主要从以下几个方面强化了公平竞争审查制度的落实。

一是严格细化审查程序。现阶段，我国公平竞争审查主要采取自我审查的方式。为避免自我审查沦为不审查，并使之具有实质意义，必须严格并细化相关审查程序。《实施细则》充分体现了"强化程序约束"的特点和要求，在审查程序方面作出了更为细致、更具针对性的制度安排。

二是全面细化审查标准。全面细化18条审查标准是《实施细则》的一大亮点。国务院《意见》从维护全国统一市场和公平竞争的维度，确立了四个方面18条审查标准，可以说基本涵盖了当前政府部门妨碍市场竞争的主要行为类型，为竞争影响评估创设了一套完备的标准体系。但是，公平竞争审查毕竟是一项专业性审查，政策性、专业性很强，大多数行政机关尚不具备竞争方面的专业知识和相关经验，造成审查能力不足，影响了制度的实施效果。解决这一问题的重要途径是进一步细化审查标准，使其更加具体化，便于理解和把握。为此，《实施细则》将18条审查标准细化成为50余条二级标准，进一步明确了概念内涵、列举了表现形式，对政策制定机关在实际审查中准确理解把握相关标准、不断提高自身审查能力具有重要作用。同时，为了弥补政策制定机关审查能力不足的问题，《实施细则》还建立了专家咨询机制，政策制定机关开展公平竞争审查可以咨询专家学者、法律顾问、专业机构的意见。

三是《实施细则》在完善监督与评估方面也作出了进一步规定。一是健全监督举报机制。对未进行审查或者违反审查标准出台政策措施的情况，任何单位和个人都有权监督举报，可以向政策制定机关反映，也可以向上级机关或反垄断执法机构举报。二是明确责任追究问题。政策制定机关首先要主动纠正，未审查的补做审查，违反标准的停止执行或调整修改；上级机关要责令政策制定机关改正，拒不改正或者不及时改正的要依法追究相关人员的责任，相关的处理决定要依法向社会公开。三是完善定期评估机制。定期评估实际上是二次评估或者后评估，是对政策措施出台前公平竞争审查的补充。在自我审查模式下，定期评估非常重要，可以弥补事前审查的遗漏或不足，同时还可以应对政策措施实施中市场环境出现的新变化。《实施细则》对定期评估进行了细化，包括明确了定期评估的时限要求、机制建立要求，并提出鼓励委托第三方评估等，便于定期评估的实际操作与运行。

四是加强反垄断执法机构的指导与监督。公平竞争审查与反垄断执法是实施竞争政策的两大工具：一个是事前防范，有违公平竞争的政策措施无法出台；一个是事后确保，及时制止有违公平竞争的政策措施。而反垄断执法在纠正行政垄断行为的同时，也是对公平竞争审查的有效监督。通过有力的执法活动，形成倒逼效应，督促行政机关认真开展审查，促进公平竞争审查制度的贯彻落实。因此，反垄断执法机构在落实公平竞争审查制度中发挥着非常重要的作用。《实施细则》进一步明确和强化了这一作用，主要体现在两个方面。一是指导，即建立了向反垄断执法机构咨询的机制。反垄断执法机构相较于其他政策制定机关，在竞争专业知识上更有优势，且拥有丰富的反垄断执法经验，对审查标准和例外规定的理解和把握更加准确深入。政策制定机关在公平竞争审查过程中遇到疑难问题，可以向反垄断执法机构提出咨询。反垄断执法机构基于政策制定机关提供的材料，提出咨询意见，加强对公平竞争审查工作的实体指导。二是监督，即进一步强化执法监督。反垄断法赋予了反垄断执法机构调查行政机关滥用行政权力排除、限制竞争行为的职权。从近年来执法效果看，反垄断执法对预防和制止行政垄断行为发挥了重要作用。《实施细则》进一步强化了反垄断执法机构的监督问责作用。

（三）《国家铁路局公平竞争审查制度实施办法（暂行）》

在审查机制和程序方面规定了国家铁路局实行起草部门自我审查工作机制，由负责起草政策措施的业务部门或单位开展公平竞争自我审查。国家铁路局设立公平竞争审查办公室，日常工作由科技与法制司承担。并列举了详细的审查标准、例外规定以及社会监督和责任追究机制。

（四）《公平竞争审查第三方评估实施指南》

《公平竞争审查第三方评估实施指南》实施的目的是建立健全公平竞争审查第三方评估机制，鼓励支持政策制定机关在公平竞争审查工作中引入第三方评估，提高审查质量，确保审查效果，推动公平竞争审查制度的深入实施。《公平竞争审查第三方评估实施指南》对评估机构提出了较高的要求。尽管评估机构的范围较为宽泛，包括政府决策咨询及评估机构、高等院校、科研院所、专业咨询公司、律师事务所及其他社会组织等实体性咨询研究机构，但要求在法学、经济学、公共政策等领域具有一定的影响力，拥有专业的研究团队，具备评估所需的理论研究、数据收集分析和决策咨询能力。《公平竞争审查第三方评估实施指南》对评估程序和方法明确提出了较高标准，避免评估流于形式。通过政府采购程序确定评估机构，事前评估与事后评估不应为同一家机构、制定评估方案、验收评估成果。开展评估工作部分提出了相应的具体要求：第三方评估机构通过全面调查、抽样调查、网络调查、实地调研、舆情跟踪、专家论证等方式方法，汇总收集相关信息，广泛听取意见建议，全面了解真实情况，深入开展研究分析，形成评估报告。评估报告一般应包括基本情况、评估内容、评估方法、评估结论、意见建议、评估机构主要负责人及参与评估工作人员的签名、评估机构盖章以及需要说明的其他问题等。评估成果鼓励政策制定机关通过合适的方式共享，但也强调评估机构的保密与纪律，以及对违约和失信行为的通报。评估经费纳入政府预算。

三　公平竞争审查的基本流程

对于行政机关和法律法规授权的具有管理公共事务职能的组织制定的规章、规范性文件和其他政策措施，首先应判断其是否涉及市场主体的经济管理活动，是否属于市场准入、产业发展、招商引资、招标投标、政府采购、经营行为规范、资质标准等范畴的规章、规范性文件和其他政策措施。如果不属于涉及市场主体经济活动的规章、规范性文件和其他政策措施则不需要进行公平竞争审查。如果是涉及市场主体经济活动的规章、规范性文件和其他政策措施，则需要进行公平竞争审查，下一步就应该对照《实施细则》规定的 18 条标准逐条进行比对审查。如果满足规定的标准，不违反 18 条标准中的任意一条，该规章、规范性文件和其他政策措施就可以出台实施，如果违反任何一项标准，就要详细说明违反的是哪一项标准并说明对市场竞争的影响。在此情形下，还要考虑对标准的违反是否适用例外规定，如果适用例外规定，该规章、规范性文件和其他政策措施可以出台，但要充分说明符合例外规定的条件，并逐年评估实施效果。如果不符合例外规定的情形，那该规章、规范性文件和其他政策措施不能通过公平竞争审查，则不允许出台，或对其进行调整，将调整之后的内容重新与 18 项标准进行核对审查。

第二节　我国交通领域政策文件的公平竞争审查梳理

一　国家铁路运输政策文件的公平竞争审查梳理

1.《国家铁路局关于公布〈铁路工务计量器具运用管理办法〉的通知》第 8 条规定，公务计量器具按照国家和铁道部有关规定实行准入制度。

该条疑似违反了《关于在市场体系建设中建立公平竞争审查制度的意见》第三点"审查标准"的第 1 点的第（5）小点，即不得对市场准入负面清单以外的行业、领域、业务等设置审批程序。由于 2018 年版《市场准入负面清单》在交通运输业一类中仅仅表达出了"未获得许可，不得从事铁路运输业务"，后标注说明"为铁路运输企业准入许可"。从这两句话并不能推断出铁路工务计量器具需要行政许可制度设置市场准入。也许《标准化法》第 10 条（对保障人身健康和生命财产安全、国家安全、生态环境安全以及满足经济社会管理基本需要的技术要求，应当制定强制性国家标准）阐述了铁路工务计量器具需要设置一定标准实行市场准入的理由，但是上述条文似乎没有提及，"国家和铁道部的有关规定"的表述太过于泛化，并不能让人信服。因此，建议将该条修改为："根据标准化法（或者其他更细致的行政法规和部门规章）的要求，铁路工务计量器具按照行政许可的规定实行相应的准入制度。"这样在提高了法律的明确性的同时，也为适用准入制度提供了法律依据。

2. 《关于进一步鼓励和扩大社会资本投资建设铁路的实施意见》第23项规定，实行税收优惠、社会资本投资的铁路项目符合《公共基础设施项目企业所得税优惠目录》规定条件的，自项目取得第一笔生产经营收入所属纳税年度起，第一年至第三年免征企业所得税，第四年至第六年减半征收企业所得税。

该条可能违反了《关于在市场体系建设中建立公平竞争审查制度的意见》第三点"审查标准"的第3点的第（1）小点，即不得违法给予特定经营者优惠政策。因为根据税收法定主义的理念，税收基本制度需要由狭义的法律规定，这包括了减税和免税的一系列规定。虽然《企业所得税法》第27条第2项规定了基础设施项目的减免税事由，而《企业所得税法实施条例》第87条规定了税收优惠的幅度和细节，这在立法的逻辑上是周延的；虽然该文件符合《企业所得税法实施条例》规定的标准，也符合《公共基础设施项目企业所得税优惠目录》（以下简称《目录》）中确定的铁路建设事项，但《目录》中并没有表述出"社会资本投资的铁路"的字样，《企业所得税法实施条例》也没有该表述。根据《目录》，其仅为"铁路新线建设项目"和"既有线路改造项目"，其符合该《目录》规定的要求的，都可以享受减免税的待遇，而并不仅仅是社会资本投资建设的铁路。因此，建议删去"社会资本投资"的字样，这有助于平等地对待所有可以实行在基础设施建设领域享有税收优惠的企业，防止给予特定经营者优惠政策造成不公平待遇。

3. 《铁路专用计量器具新产品技术认证管理办法》第7条第（一）项规定，申请铁专量具新产品技术认证的企业应具备以下条件：……具有企业法人资格。

根据《铁路专用计量器具新产品技术认证管理办法》第7条第（一）项的规定，申请铁路专用计量器具（以下简称"铁专量具"）新产品技术认证的主体必须具备企业法人资格。实际上，企业的组织形式和内部治理结构完全属于发起人和投资人意思自治的范畴，与其提供的商品或服务质量的高低之间不存在必然关系。除法人企业外，发起人和投资人还可以选择创设个人独资、合伙等组织形式的企业，在新产品技术认证标准事先确定的情况下，如果没有法律限制主体资格，很难说这些企业就不能设计和制造符合法定标准的产品。特别是对于一些初创型企业而言，由于合伙企业往往在节省运营成本、保护商业秘密及提升决策效率等方面相比法人企业更有优势，投资人有时更青睐企业采取合伙的组织形式。更进一步来讲，将申请铁专量具新产品技术认证的主体限定在企业范围内也是不无疑问的。相比一般的企业，一些科研机构、高校等事业单位可能在设计制造新的产品方面拥有更强的能力。根据《铁路工务计量器具管理办法》第8条的规定，铁路工务中的通用计量器具同样须取得相应的型式批准证书，但作为其设立依据的《计量法》《计量法实施细则》却并未明确限定生产制造通用计量器具的主体范围，二者在谈到制造计量器具的主体时，只是将其笼统地描述为"企业、事业单位"。可见，该办法第7条第（一）项将申请铁专量具新产品技术认证的主体局限于企业法人的做法会不当地缩小生产铁专量具经营者的范围，从而对相关市场产生严重排除、限制竞争的效果。同时，无论申请主体为何，只要新的铁专量具通过同等条件的技术认证就表明其可以在铁路工务中发挥应有的计量作用，即技术认证本身才是确保铁专量具质量的必要手段，而对申请主体的限制并非为保障铁专量具质量安全的必要和重要措施，其也并不存在维护国家安全和社会公共利益方面的抗辩理由。因此，该项规定属于设置消除或者减少经营者之间竞争的市场准入条件，应当予以纠正，建议删除该项内容，并参照《计量法》，将该管理办法中的"企业法人"统一改为"企业、事业单位"。

4. 《关于进一步鼓励和扩大社会资本投资建设铁路的实施意见》第20条规定，加强政府资金引导。对社会资本控股的城际铁路和中西部干线铁路项目，中央预算内投资可以视情况通过贷款贴息、投资补助等方式给予支持。对社会资本承担的公益性运输，按照事权与支出责任相适应的原则，建立合理的补偿制度。鼓励各地研究建立相应的政府资金支持政策。

《关于进一步鼓励和扩大社会资本投资建设铁路的实施意见》第20条

的规定，实际上是一种以政府之手代替市场进行资源配置的手段，从而严重干预市场机制的正常运行。具体而言，政府的补贴和资金支持政策会直接降低企业的融资难度和生产经营成本，会导致铁路建设领域形成过多的市场准入。这种情况下，一方面，最终很可能在铁路建设领域形成过度投资和重复投资的局面，同时增加相关的钢铁、水泥等产业出现产能过剩的风险；另一方面，会影响不同产业间的公平竞争和协调发展，由于本行业融资难度大、生产经营成本较高，一些企业会转换本来的经营方向而进入融资难度和生产经营成本都较低的铁路建设领域，从而抑制原本所在行业的发展，而有些行业实际上可能是充满潜力的。可见，政府的补贴政策不仅直接进行资源配置，而且甚至可能传递错误的信号，导致人力、物力的异常流动，扭曲市场后续配置资源的功能。同时，相比该《意见》第23条的税收优惠措施存在《企业所得税法》第27条和《企业所得税法实施条例》第87条的实证法依据，该条的补贴并无相关法律和法规依据。而且在已经有税收优惠和当前基础设施建设领域产能过剩的情况下，再对铁路建设领域实施补贴和资金支持也谈不上保障公共利益。综上，建议取消该意见对于社会资本投资建设铁路的补贴和资金支持。

5. 《铁路机车车辆设计制造维修进口许可办法》第6条第（八）项、第7条第（七）项、第8条第（七）项和第9条第（三）项设置不合理的准入条件。

《铁路机车车辆设计制造维修进口许可办法》第6条第（八）项、第7条第（七）项、第8条第（七）项分别规定申请取得铁路机车车辆型号、制造、维修这三种许可证的企业均不得有知识产权侵权行为，第9条第（三）项则规定申请进口铁路机车车辆的企业应当证明制造企业无知识产权侵权行为。然而，一方面，从事设计、制造、维修铁路机车车辆运用的知识产权是多种多样的，尤其是在前两种情况下涉及的知识产权更是可能多达成百上千种；另一方面，从行业特性来看，其属于技术和资本密集型行业，前期需要大量科研和资金投入，存在巨大的沉没成本，因而存在规模经济的特点，由此从事设计、制造、维修铁路机车车辆的企业规模通常也较大。基于这两个方面，这些企业往往很难避免卷入知识产权纠纷当中，而这些企业一旦被确认构成知识产权侵权，即使仅有一次，也不可能在以后取得新的许可证，从而无法再生产和提供新的产品或服务。可见，这种做法会严重限制相关市场上的企业数量。具体而言，一来，使得有知识产权侵权记录的既有企业退出相关市场，二来，使得有知识产权侵权记录的其他企业无法进入市场，最终，抑制、排除相关市场上的竞争。同时，这种做法使得企业可能仅因一次侵权而使自身前期的巨额投入全部转化为沉没成本，显然也有违比例原则的要求，企业违法的后果远远重于其违法行为造成的损失，实质上相当于给市场主体的民事侵权行为附加了行政责任，涉嫌行政权的滥用。此外，知识产权侵权的界定本身也具有很大的模糊性，是仅以法院的司法判决结果为准还是将当事人之间的和解也算作侵权存在的证明？如果后者不属于侵权的话，企业很可能通过寻求与权利人和解而规避该办法有关知识产权侵权的限制性条件。况且企业有无知识产权侵权行为与其提供的产品或服务质量高低之间也并无必然联系，因而要求申请相关许可证的企业无知识产权侵权并非保障其产品或服务质量的必要条件。综上，该办法中申请取得铁路机车车辆型号、制造、维修及进口许可证时，要求相关企业无知识产权侵权属于设置明显不必要或者超出实际需要的准入条件，排斥、限制了相关经营者参与市场竞争，建议予以取消。

二 国家公路运输政策文件的公平竞争审查梳理

据统计，到 2019 年为止，交通运输部官方网站上发布的关于公路运输的规范性文件和部门规章一共 161 件，其中包括规范客车旅客运输、出租车、网约车、高速公路设施、公路工程建设、道路货运等行业的文件，根据五部委联合印发的《实施细则》中关于审查机制和程序、审查标准、例外规定、社会监督、责任追究等方面的细化规定，我们可以发现，这些文件大部分是符合公平竞争审查要求。但是，仍然存在着一些具有排除限制竞争效果的政策和规范性文件，对于这些文件应当及时进行废止，或经过调整符合相关要求后出台。

已经出台的 91 个城市的网约车实施细则，没有一家行政机关主动说明是否进行了公平竞争审查。而在这些城市出台的细则中，有不少城市对网约车的车型规格、驾驶员籍贯等作出了限制，有排除限制竞争之嫌，也一定程度上影响了民众的出行便利，对共享经济的发展有阻碍作用。故在网约车领域引入公平竞争审查制度有其必要性。近年来，网约车在经济分工的趋势下迅速发展，网约车市场的当地法规也已实施。对于现有的各地区的网约车实施规则按照审查标准来核查，我们可以发现下列问题。

首先，由于项目众多、管理不统一，交通运输部出台了许多规范性文件，许多市场准入条件有违背公平竞争的嫌疑，《公平竞争审查制度实施细则（暂行）》第14条对市场主体的准入和退出标准进行了较为详细的阐述——不得设置不合理和歧视性的准入和退出条件，包括但不限于：（1）设置明显不必要或者超出实际需要的准入和退出条件，排斥或者限制经营者参与市场竞争；（2）没有法律法规依据或者国务院规定，对不同所有制、地区、组织形式的经营者实施差别化待遇，设置不平等的市场准入和退出条件；（3）没有法律法规依据或者国务院规定，以备案、登记、注册、名录、年检、监制、认定、认证、审定、指定、配号、换证、要求设立分支机构等形式，设定或者变相设定市场准入障碍；（4）没有法律法规依据或者国务院规定，设置消除或者减少经营者之间竞争的市场准入或者退出条件。其中包含了行政法的内在逻辑体系，同时是为了实现反垄断法与反不正当竞争法的立法目的——预防和制止垄断行为，保护市场公平竞争。市场如果连进入都被设置了"玻璃门""天花板"，那何谈自由、充分的竞争？因此，在公平竞争审查制度下，对交通运输部文件在市场准入的方面的审查可以从两个方面来看，第一，如果该法律文件属于"首创行政许可"的类型，则主要审查该法律文件本身是否具有《行政许可法》所授予的创设权限。例如，根据《行政许可法》第14~17条的规定，规章及其规章以下的规范性文件是无权创设行政许可的。依据交通运输部《外商投资道路运输业管理规定》（交通运输部令2014年第4号）第4条"外商投资道路运输业的立项及相关事项应当经省级交通运输主管部门批准。外商投资设立道路运输企业的合同和章程应当经省级商务主管部门批准"对外商投资道路运输业进行立项审批并没有《行政许可法》授予的权限，不符合行政许可合法性标准，对外商投资道路进行了附加的审批条件，也违背了政府对市场主体不得设置没有法律法规依据的审批或者具有行政审批性质的事前备案程序。同时，因为设置需要批准的事项，给外商投资进入道路投资无形中设置了"天花板""玻璃门"，具有限制竞争的风险与效果，违背了政府不得设置不合理和歧视性准入和退出条件的规定。第二，如果相关法律文件属于"具体规定行政许可"的类型，则主要审查其规定的行政许可是否严格遵守上位法，是否与上位法所创设的行政许可相冲突。例如，《公路法》仅规定了县级以上人民政府交通主管部门应当履行监管公路建设、维护公路建设秩序的职责，并未授权其他文件设定公路建设监管行政许可。但交通运输部随后发布的《公路建设市场管理办法》（交通运输部令 2011 年第 11 号），设定了收费公路项目建设管理单位和建设项目法人进入公路建设市场需要备案、收费公路建设项目可行性研究报告需要批准或依法核准、项目建设管理单位的有关情况需要报送交通运输主管部门备案等规定。从法律层级来讲，《公路建设市场管理办法》违背上位法规定，属于增设行政许可的情形，"没有法律法规依据或者国务院规定，以备案、登记、注册、名录、年检、监制、认定、认证、审定、指定、配号、换证、要求设立分支机构等形式，设定或者变相设定市场准入障碍"的规定，也违反了政府应该保持公平竞争的中立态度。

其次，从具体来分析，《北京市网络预约出租车经营服务管理实施细则》（以下简称北京市网约车细则）第 8 条规定："在本市申请网络预约出租车驾驶员证的驾驶员，应当符合下列条件：（一）本市户籍……"此条规定违反了《公平竞争审查制度实施细则（暂行）》第 14 条市场准入和退出标准中的第一款，即不得设置不合理和歧视性的准入和退出条件。而北京市设置明显不必要或者超出实际需要的准入和退出条件，排斥或者限制经营者参与市场竞争。北京市对于网约车运营的上述规定，符合文件中列举的两个方面：设置明显不必要或者超出实际需要的准入和退出条件，排斥或者限制经营者参与市场竞争；没有法律法规依据或者国务院规定，对不同所有制、地区、组织形式的经营者实施差别化待遇，设置不平等的市场准入和退出条件阻止外地户口进入网络汽车市场，从而保护传统本地的出租车和网约车，在一定程度上，竞争被限制了。虽然限制户籍可以缓解城市交通压力，但减少城市压力并不意味着可以排除或限制竞争。而那些无法继续进行网约车运营的人将继续开车，且随着经济的发展，更多人将选择开车，增加了城市的压力。这违反了公平竞争的原则，是政府过度干预市场的表现。此外，本地汽车管理系统基于与该地区传统出租车管理模式采取的相关措施，模糊了汽车运输和出租车之间的界限。在网络汽车市场上，包括各种形式的出租车、特快车和拼车，不同类型的网约车的市场不同，对互联网车辆的驾驶员和车辆的要求也应该不同。

《北京市网约车细则》第 7 条规定："在本市申请从事网约车经营的网约车平台公司，应当符合下列条件：（一）具有企业法人资格……"从运营商运行监管的角度来看，虽然网约车管理和服务管理复杂，网络订单的临时措施对网络汽车平台公司提出了更高的要求，但措施中规定的要求仅为法人实体，且必须具备一般条件。平台对网约车的管理许可证要根据当地法规的具体要求。同时，细则没有对网络运营商与车辆平台司机之间的法律责任分担做出具体细致的划分规定。而且，细则不区分不同类型的网络接收订单的责任，并混淆了各种形式的网络车辆，使基于网络的车辆平台的责任更具风险性。虽然这项立法促进了消费者权利保护，但它确实造成了运营平台与司机之间风险分担的不平衡。从市场监管的角度来看，这些措施不仅阐明了平台机构在网络汽车市场中的作用，而且还强调了平台机构的责任，但并没有针对争议的问题，进行具体的解决程序和处罚措施。

综上，交通运输部关于公路方面的规章或者规范性文件众多，因为我国幅员辽阔，而公路这一运输体系灵活机动、迅速方便，覆盖了我国几乎所有区域，其投资建设以及后期维护运营，包括在公路上的交通工具都由交通运输部门来规范管理，在公路已经不完全是由政府垄断供应的情况下，社会资本进入公路投资建设以及交通工具市场是众多企业参与竞争的区域，交通运输部在没有法律或国务院的许可下，在许多方面设置了不合理的市场准入门槛，不符合行政法的规定，同时违反了竞争中立政策，因此建议重点对市场准入的规定进行删除或者修改，还一个各主体能够自由进出的竞争性市场。

三　国家水路运输政策文件的公平竞争审查梳理

根据交通运输部网站统计，关于水路运输的规章和规范性文件（包括规定公路的文件）共有 186 件（包括试行规定和补充规定）。并且随着时间的推移，很多的文件中强调了公平竞争的作用。例如《关于贯彻实施〈中华人民共和国国际海运条例〉有关事项的通知》《关于国际集装箱班轮运价备案实施办法的公告》《交通运输部关于实施国内水路运输及辅助业管理规定有关事项的通知》《交通运输部关于推进珠江水运科学发展的若干意见》等许多文件中，都对公平竞争审查制度的相关精神有所提及。

可以发现，在涉及水路运输的文件中，许多文件的精神和内涵是鼓励水路运输事业发展的，许多地方提到了鼓励竞争、鼓励经济体的进入，鼓励社会资本投资和政府投资。因此，在社会经济发展的今天，现行存在的文件在整体上是鼓励水运的经营的。此外，对于许多重要的港口，例如长江流域以及京杭运河周边等地，有单独的文件对该地的运输业务进行更加严格的规定。由于我国地大物博，不同地方港口的经济情况不同，对于不同地区适用不同的准入标准，符合我国目前正处于社会转型期的现状。我国现在市场主体呈多元化趋势，随之而来的就是经营方式的多样化。在良好的法治环境下，每个市场主体是平等参与市场竞争的权利，鼓励每个市场主体合法追求各自利益的最大化的。但应该强调的是，不能以结果公平否定起点公平，应当在实质上倡导和保护起点公平，从而实现起点公平与结果公平的良性互动。所以，对于不同领域的地方因地制宜，没有违反公平竞争的，反而有利于国家的整体经济事业发展。

总体上，水路运输的文件基本上符合《公平竞争审查制度实施细则（暂行）》《国务院关于在市场体系建设中建立公平竞争审查制度的意见》的规定，但是在一些文件中，还存在一小部分问题，需要进行改正。

1. 《国内水路运输经营资质管理规定》第 6 条规定，除经营单船 600 总吨以下的内河普通货船运输外，经营国内水路运输应当取得企业法人资格。自然人经营单船 600 总吨以下的内河普通货船运输应当办理个体工商户登记。

根据《国内水路运输经营资质管理规定》第 6 条第（一）项对于经营

资质的条件认定，除经营单船 600 总吨以下的内河普通货船运输外，经营国内水路运输应当取得企业法人资格。但根据《公司法》对于不同企业组织的认定，企业的组织形式和内部治理结构是属于发起人和投资人意思进行自治的范畴，并且对于航海运输，船舶的质量和经营者的资质能力的高低实际上是无法完全与经营者是否为法人企业相关联的。对于经营者而言，除了选择法人企业外，发起人和投资人还可以选择创设个人独资、合伙等组织形式的企业。此外，事实上，现在许多企业法人的创立只是为了满足政府对于特定行业或者特定领域的交易要求，并不一定有实际运作。而此类规定则会导致许多个人创办空壳公司进行运营，到最后实质上还是个人在进行经营运作，反而会对一些除了公司形式外其他方面都符合要求的经营者造成市场准入壁垒。比如，对于一些刚刚成立的企业，类似于合伙企业，往往在节省运营成本、保护商业秘密及提升决策效率等方面相比法人企业都更有优势，但规章则限制了他们只能经营单船 600 总吨以下的内河普通货船运输。但是在实务中，经营者往往可能更喜爱企业采取合伙的组织形式。

此外，对于自然人经营单船 600 总吨以下的内河普通货船运输应当办理个体工商户登记的规定而言，它明确表示了 600 总吨及以上的单船是不允许以自然人资格运营的，只能以企业的资格进行运营。然而，笔者认为，船舶的重量与资质并无必要的联系，反而该规定第七条的资格条件应该属于重点考察和关注的点。同时，办理个人工商户登记与有利于运输的正当性，也并无必然关系。反而第 6 条的规定使得竞争的公平性有所不对称。

综上，根据《关于在市场体系建设中建立公平竞争审查制度的意见》第三项科学建立公平竞争审查制度中的规定，审查对象、行政机关和法律法规授权的具有管理公共事务职能的组织（以下统称政策制定机关）制定市场准入、产业发展、招商引资、招标投标、政府采购、经营行为规范、资质标准等涉及市场主体经济活动的规章、规范性文件和其他政策措施，应当进行公平竞争审查。《国内水路运输经营资质管理规定》中的第 6 条规定属于设置消除或者减少经营者之间竞争的市场准入条件，应当予以纠正，建议删除该项内容，并将该管理规定中的"企业法人"统一改为"企业、事业单位"。

2.《外商独资船务公司审批管理暂行办法》第9条规定，独资船务公司根据业务需要，可申请在其他港口城市设立分公司。独资船务公司设立分公司需满足以下条件：……（二）独资船务公司的母公司在拟设分公司所在对外口岸开放城市具有稳定的货源或者客源。

根据《关于在市场体系建设中建立公平竞争审查制度的意见》规定，在建立公平竞争审查制度的要求中，需要尊重市场，竞争优先。尊重市场经济规律，处理好政府与市场的关系，着力转变政府职能，最大限度减少对微观经济的干预，促进和保护市场主体公平竞争，保障市场配置资源的决定性作用得到充分发挥。

而竞争优先的一个前提条件便是给予经营者相同的准入条件和资格认定，第9条规定则违反了公平竞争审查制度的原则。可以发现，该规定中提到了独资船务公司的母公司在拟设分公司所在对外口岸开放城市时候，是需要具有稳定的货源或者客源的。但是什么是稳定，并没有明确地指出和认定，这便会造成在进行市场准入的时候对部门经营者造成壁垒，而这样的壁垒很容易因人为产生。竞争优先的一个要点便在于促进良性竞争的，而此规定中提到的内容在一开始便使得许多经营者无法进入该市场。如果企业没有稳定的资源或者客源，但是具有高标准的业务能力、高水平的操作能力，完全可以在一个地方运作，并且很大可能会取得很好的成绩，经济市场的运作模式更多是依靠经营者能力进行运作，这样才能够让整个市场向更加积极、更加繁荣、更加创新的方向前进。

可以发现，如果将客源或者货源作为壁垒，政府企业也很容易更多地参与到市场经济中，这是因为，这个资格审查是由政府的相关部门进行处理和审核的，在此时便很容易被政府所控制，不仅仅无法准确定性"稳定"一词，也无法很准确地鉴定何为满足条件的客源和货源。

此外，《关于在市场体系建设中建立公平竞争审查制度的意见》中对商品和要素自由流动划定了标准：（1）不得对外地和进口商品、服务实行歧视性价格和歧视性补贴政策；（2）不得限制外地和进口商品、服务进入本地市场或者阻碍本地商品运出、服务输出；（3）不得排斥或者限制外地经营者参加本地招标投标活动；（4）不得排斥、限制或者强制外地经营者在本地投资或者设立分支机构；（5）不得对外地经营者在本地的投资或者设立的分支机构实行歧视性待遇，侵害其合法权益。同时，该意见还规定，市场体系应该立足全局，统筹兼顾。着力打破地区封锁和行业垄断，清除市场壁垒，促进商品和要素在全国范围内自由流动。统筹考虑维护国家利益和经济安全、促进区域协调发展、保持经济平稳健康运行等多重目标需要，稳妥推进制度实施。然而现实生活中，一个企业在当地有客源或货源往往都是基于已有的社会关系，并进行延伸和扩展。一个企业一直在甲地生产经营，在乙地获得客源或货源本来就很难。

综上，建议将本条内容中关于需要有稳定的货源或者客源的规定予以删除，使得在现今地方与地方越来越小的中国，更多的有资质的企业能够参与到市场竞争中来。

四　国家民航运输政策文件的公平竞争审查梳理

（一）《民用机场管理条例》部分条文涉嫌违反公平竞争审查制度

2009 年 4 月 1 日国务院第 55 次常务会议通过的《民用机场管理条例》第 15 条规定，"运输机场的安全和运营管理由依法组建的或者受委托的具有法人资格的机构负责"，因此，我国机场管理机构不仅承担机场建设的责任，同时也是机场的最主要的经营和管理者。因此，在开展市场竞争时，机场相对航空公司或第三方处于明显的优势地位。在这样的管理体制之下，《民用机场管理条例》第 38 条前半句规定："机场范围内的零售、餐饮、航空地面服务等经营性业务采取有偿转让经营权的方式经营的，机场管理机构应当按照国务院民用航空主管部门的规定与取得经营权的企业签订协议，明确服务标准、收费水平、安全规范和责任等事项。"该条文可能不符合《公平竞争审查制度实施细则（暂行）》中第 17 条影响生产经营行为标准的规定："……（四）不得违法干预实行市场调节价的商品和服务的价格水平，包括但不限于：1. 制定公布商品和服务的统一执行价、参考价……"

（二）民用航空领域政府补贴政策即使于法有据也要慎之又慎

中央与地方各级政府一直都对民航业的发展给予了有力的财政支持，2014~2017 年，国内四大航空公司共获得各类财政补贴 372 亿元，占利润总额的 36%，其中最高的东航达到 69%；各种形式的补贴更是机场建设和运营的重要资金来源。政府"有形的手"是强力的指挥棒，当财政资源较多地介入和引导市场行为时，会对企业的经营策略乃至发展战略产生影响。以南航为例，为落实"广州之路"战略，2010 年至 2014 年 5 月，新增的 8 条洲际客运航线中 7 条是广州始发的直达航线。但从 2014 年 6 月各地补贴大战起，洲际客运航线运力逐渐分散，随后两年开通的 11 条洲际客运航线只有 4 条是广州始发的直达航线，这无疑会分流广州的中转客源，削弱广州的枢纽地位。但航空公司却是不得不为之，自己不飞，其他公司在补贴吸引下也一样会飞，枢纽地位同样难以保持。主动执飞至少还能获得补贴，也更易于协调补贴航线与自身枢纽航线之间的竞争关系。政府合理引导市场与过度干预市场没有明显的界线，很难说巨额的财政补贴扭曲了市场资源配置，但从结果来看，确实与企业的一些既定战略方向产生了冲突。

（三）《中国民航国内航线航班评审规则》第二部分基本原则中的分级分类管理涉嫌违反公平竞争审查制度

该评审规则根据民航局的部门规章《中国民用航空国内航线经营许可规定》而制定的，尽管我国民航局于 2018 年 11 月对之前的《中国民航国内航线航班评审规则》进行了重新修订，但是该评审规则中的"分级分类管理"① 规定有可能违反了《公平竞争审查制度实施细则（暂行）》第三章审查标准第 14 条市场准入和退出标准中的不得设置不合理和歧视性的准入和退出条件的规定，"包括但不限于：……3. 没有法律法规依据或者国

① 分类管理，是指将国内航线分为核准、登记两类。核准航线是指涉及北京、上海、广州机场（以下简称"北上广"）之间及北上广连接部分国内繁忙机场的客运航线，其他客运、货运航线为登记航线。对核准航线实施核准管理，登记航线实施登记管理。分级管理，是指国内航线由民航局和民航地区管理局两级管理。核准航线及其他涉及北上广的跨地区管理局航线由民航局管理；其余航线由地区管理局管理。

务院规定，以备案、登记、注册、名录、年检、监制、认定、认证、审定、指定、配号、换证、要求设立分支机构等形式，设定或者变相设定市场准入障碍"。从《中国民航国内航线航班评审规则》的分级分类管理原则可以看出，民航局将北京、上海、广州等大城市间的"黄金"航线划定为核准航线这一类，其他类型航线则按评审规则归入登记航线，这意味航空公司在申请上述"黄金"航线的经营许可时仍需获得民航局形式上的同意，或许民航局这样的分级分类管理是出于调控整个航空资源、优化配置以及便于安全管理等因素的考量，但在该规则的具体评审条件中仍为航空公司申请获得这样的核准航线航班制定了附加条件。这样的附加条件对于早已在"黄金"航线资源方面具有先发优势，并占据着大部分优质国际航线经营权的三大国有航空集团（国航、南航、东航）来说，想要进入该航线进行经营轻而易举，但对中小型航空公司来说，航班航线和航班时刻本就是其在市场竞争中生存下来的稀缺资源，该规则为核准类航线制定的经营许可附加条件极有可能成为限制其进入该市场的"行政门槛"，核准航线上的市场竞争也很有可能因为该门槛而经营者数量不充足，最终难以达到公平竞争的效果。

（四）《民用机场收费改革方案》对非航空性业务收费项目的收费标准、机场收费管理方式涉嫌违反公平竞争审查制度

根据《民用机场收费改革方案》的规定，非航空性业务重要收费项目（不包括国际及港澳航班的地面服务收费）的收费标准实行政府指导价；国际及港澳航班的地面服务收费实行市场调节价。非航空业务其他收费项目的收费标准，原则上以市场调节价为主；对于市场竞争不充分的收费项目的收费标准，依据《中华人民共和国价格法》，按照定价目录来管理。

随着国内航空市场和机场业务的快速发展，非航空性收入占比逐年提高，特别是上海浦东、首都、深圳等旅客吞吐量排名靠前的大型机场，非航空性收入占机场总收入的比例已超过50%。非航空性业务重要收费项目出于公共服务的行业性质实行政府指导价具有一定的合理性，民航局对于非航空性业务其他收费项目实行市场调节价的原则，在此之外仍做了例外规定，即对于市场竞争不充分的收费项目需要按照定价目录来管理。实际

上，非航空性业务的其他收费项目如商品零售、餐饮、物业出租、广告、停车等基本上采用了市场竞争的方式用以吸纳经营者，与此相应的收费标准也均为市场竞争的结果，《民用机场收费改革方案》的原则性规定是符合社会现实情况的，但既然非航空性业务其他收费项目并不像航空业务那样主要承担公共服务的角色，那么民航局可以考虑从其商业经营性的本质出发，放开对非航空性业务其他收费项目的收费标准的规定，使其完全适用市场调节价。

如果仍按照现在的例外性规定，可能造成一些商业行为行政化，脱离市场调节，无法激发市场活力，并且也可能不符合《公平竞争审查制度实施细则（暂行）》中第 17 条影响生产经营行为标准的规定："……（四）不得违法干预实行市场调节价格的商品和服务的价格水平，包括但不限于：1. 制定公布商品和服务的统一执行价、参考价……"

（五）《外商投资民用航空业规定》部分条文涉嫌违反公平竞争审查制度

2002 年 8 月 1 日起施行的民航规章《外商投资民用航空业规定》第 5 条规定了优先资格："外商投资公共航空运输企业和民用机场，在同等条件下，对具有国际先进经营管理水平的外国同类企业予以优先考虑。"不过在实践中，由于对于国际先进经营管理水平的界定非常抽象，没有行业标准及市场反响加以对比，该规定仿若一纸空文。主管部门的自由裁量很可能涉及不公平不合理的市场准入要求。该规定第 8 条规定了价格标准："外商投资的民用机场企业，其航空业务收费执行国家统一标准，非航空业务收费标准由企业商请当地物价部门确定。外商投资的公共航空运输企业和通用航空企业，必须执行国家价格政策。"这条标准鲜见于航空业发达国家的法律法规中，这个规范还带有强烈的计划经济色彩，体现了政府对市场的绝对把控的现实，可能不符合《公平竞争审查制度实施细则（暂行）》中第 17 条影响生产经营行为标准的规定。

《外商投资民用航空业规定》是我国对外商投资公共航空运输公司市场准入的相关问题规定的最为具体的一部部门法规，但即便如此，仍旧较为粗糙简单，该法规不仅暴露了我国外商投资民航企业市场准入的立法短板，还显现出我国航空产业的行政性审批的庞杂性，加之各个法条的规定对外商投资的限制，使得我国航空业虽然开启了吸引外资的市场化的大门，但是仍旧被相对繁重的行政审批牵制着。从当今的中国民航市场以及目前的国际航空形势来看，这无疑是不利于我国航空业的快速成长的。

五 国家邮政运输政策文件的公平竞争审查梳理

（一）邮政领域政策文件现状

中华人民共和国成立之初，由于我国实行计划经济体制，并且经济水平十分落后、邮政基础设施匮乏，立法遂将邮政业务规定为国家专营，并由国家给予财政支持。中华人民共和国成立后，尤其是改革开放30余年以来，我国逐步建设社会主义市场经济体制，经济水平有了大幅度的增长，邮政基础设施建设日趋完善。在此背景下，《中华人民共和国邮政法》（后简称《邮政法》）得以顺利颁行，但关于邮政业限制竞争、垄断经营的评论不绝于耳。此后，我国进一步实施改革，政企分离成为社会主要论调，国家取消邮政业专项财政补贴，但保留了邮政业的专营权。就在这样拥有专营权的绝对优势下，邮政业不仅没有发展得越来越好，反而趋于惨淡。这是因为邮政业务没有引进竞争机制，邮政业凭借垄断的地位，不寻求创新、发展，以致在充分竞争的市场经济条件下，对日益激烈的竞争无所适从，不得不借助其支配地位的优势限制竞争。

通过国家邮政局网站的查询，目前全国人大常委会制定的对这一领域进行规制的法律并不多，其中统领我国邮政领域规制管理的法律是《邮政法》。《邮政法》自1986年12月第六届全国人民代表大会常务委员会第十八次会议通过以来，在2012年10月经过第一次修正，而后根据2015年4月24日第十二届全国人民代表大会常务委员会第十四次会议《关于修改〈中华人民共和国义务教育法〉等五部法律的决定》又进行了第二次修正。《中华人民共和国网络安全法》中的部分条文也对邮政行业的用户信息保护等方面也产生着不可估量的规制作用。另外，《中华人民共和国反恐怖主义法》对邮政行业也起到了一些规制作用。

在邮政行业中，快递业是非常重要的组成部分，它连接供给侧和消费侧，是推动流通方式转型、促进消费升级的先导产业，在稳增长、调结构、惠民生等方面发挥着重要作用。近年来，我国快递业迅猛发展，快件业务量连续四年居世界第一。规范快递业的运营刻不容缓，2018年3月27日，《快递暂行条例》公布，自2018年5月1日起施行，构成电商时代快递行业管理的"支柱"性法规。部门规章自然也不会在这一重要领域缺席。交通运输部于2015年10月公布了《邮政普遍服务监督管理办法》保障邮政普遍服务，提高邮政普遍服务质量。

集邮是很多人的爱好，但是国内集邮市场还非常不规范，于是交通运输部于2016年6月1日出台了《集邮市场管理办法》。2018年10月，新修订的《快递业务经营许可管理办法》颁布，规范快递业务经营许可管理。为了保障寄递渠道安全和寄递用户信息安全，规范邮件、快件实名收寄活动，《邮件快件实名收寄管理办法》已于2018年10月颁布。随着菜鸟驿站等快递末端网点的快速发展，乱象频出，亟待规范，国家邮政局《快递末端网点备案暂行规定》在2018年5月的出台十分应景。

邮政行业涉及范围广阔、发展迅猛，而由于立法的滞后性，规范性文件也成了规范邮政行业的重要"力量"，近年来，政府部门对邮政行业的重视程度与日俱增，2015年10月，国务院发布了《关于促进快递业发展的若干意见》，2017年1月国家邮政局发布《关于推动邮政业服务农村电子商务发展的指导意见》，希望通过邮政业推动农村电子商务的发展。消费者福利也是规范性文件关注的一个重要方面，根据《中共中央　国务院关于推进价格机制改革的若干意见》（中发〔2015〕28号），为了促进邮政企业积极参与市场竞争和向消费者提供质优价廉的邮政服务，国家邮政局发布《关于调整完善邮政普通包裹寄递资费体系结构有关问题的通知》调整完善邮政企业普通包裹寄递资费体系结构。

2017年底，《国家邮政局关于推进邮政业服务"一带一路"建设的指导意见》出台，全面落实党中央作出的"一带一路"倡议，加快了邮政行业引进来和走出去充分发挥邮政、快递互联互通作用，更好地服务于国家全面开放新格局。2018年1月国务院办公厅发布了《关于推进电子商务与快递物流协同发展的意见》，2019年5月国家邮政局等七部门联合发布了国邮发2019年36号文件，推进邮政业服务乡村振兴。

不仅仅是国家层面对邮政行业出台了各方面的法律、行政法规、规范性文件，各地方也根据地区特点，出台了很多地方性法规、规范性文件，比如山东省政府于2015年1月通过《山东省寄递安全管理办法》，2015年2月，黑龙江省邮政管理局制定出台《黑龙江省邮政行政执法责任制（试行）》，2016年11月1日福建省人民政府出台了《福建省邮政普遍服务保障办法》等，文件数量庞杂。

（二）《邮政法》限制竞争的表现

在国家出现之初，由于经济水平落后和人口流动较少，传口信或者是托人带封书信就可以满足人们彼此之间的信息交流的需要，不需要建立专门的邮政系统。但随着生产力的发展，经济水平的提高，人口流动量增大，彼此交往的需求增大，邮政业务才得以发展并扩展至民间。国家市场监督管理总局1993年12月发布的《关于禁止公用事业企业限制竞争行为的若干规定》将公用企业界定为："涉及公用事业的经营者，包括供水、供电、供气、供热、邮政、电信、交通运输行业的经营者。"由此规定可以看出邮政具有公用企业的性质。但在实践中，我们可以看到邮政业在拥有专营权的绝对优势下不仅没有发展得越来越好，反而经营愈加惨淡。作为肩负着服务于人民、维护国家安全重任的邮政业，其发展现状堪忧。笔者认为公用企业并非当然不受竞争法规制，在市场经济条件下，也需要引入竞争机制加以规制。但是新《邮政法》的颁布只是赋予了民营快递公司法律地位，并没有从本质上改变邮政专营的局面，甚至有限制竞争之嫌。

1. 经营许可制度的建立

新《邮政法》第51条第1款规定："经营快递业务，应当依照本法规定取得快递业务经营许可；未经许可，任何单位和个人不得经营快递业务。"第52条规定："申请快递业务经营许可，应当具备下列条件：（一）符合企业法人条件；（二）在省、自治区、直辖市范围内经营的，注册资本不低于人民币五十万元，跨省、自治区、直辖市经营的，注册资本不低于人民币一百万元，经营国际快递业务的，注册资本不低于人民币二百万元；（三）有与申请经营的地域范围相适应的服务能力；（四）有严格的服务质量管理制度和完备的业务操作规范；（五）有健全的安全保障制度和措施；（六）法律、行政法规规定的其他条件。"新《邮政法》明确了民营快递公司的合法地位，值得肯定的。在新《邮政法》出台之前，民营快递公司的设立和其他普通的公司没有区别，都实行登记制度，若是设立有限责任公司，最低只需注册资本 3 万元。但是新《邮政法》出台之后，直接明确民营快递公司需要经过行政许可程序才可以开办公司，并且明显提高了民营企业进入邮政行业进行邮件递送的门槛。

2. 邮政专营范围

新《邮政法》第 55 条规定：快递企业不得经营由邮政企业专营的信件寄递业务，不得寄递国家机关公文。什么是邮政企业专营的信件寄递业务，新《邮政法》并没有明确规定，而是授权由国务院另行规定。在 2009 年 4 月，新的《邮政法》颁布不久，国务院随即出台《邮政企业专营业务范围的规定（草案）》。该草案中明确规定，单件重量在 100 克以内（国家规定的特大城市市区内互寄的单件重量在 50 克以内）的信件国内快递业务由邮政企业专营。此草案由于民营快递公司等各方的强烈反对而暂缓执行。该草案暂缓执行的消息让广大民营快递公司松了口气，但是此草案只是暂时搁置，在暂缓执行期间没有一个确定民营企业经营业务合法与否的标准，邮政管理部门按照地方的法规或者是本部门的规定对民营企业"执法"。这种规定本质上是在确立行业进入门槛之后，又进一步地限制同行业竞争者竞争资格的规定，笔者认为，这是明显违背公平竞争原则的。

（三）在邮政业引进竞争机制的建议

自中华人民共和国成立至改革开放之初，由于计划经济的体制还没有被完全打破，加之当时我国的科技水平不是很发达，电话、电子计算机等先进的通信工具尚未普及，企业与企业之间的交流很少。同时，由于户籍制度的限制，个人的流动在很大程度上受到限制，所以当时在邮政行业中不需要也形成不了竞争格局。但是，当前我国的科学技术水平高度发达，移动电话和电子计算机广泛普及，传真和电子邮件逐渐更新换代，人们可选择的信息交流方式多种多样。目前，我国邮政行业多元化的竞争格局已经形成，尽管不是很规范，但是开放的局面已经不可阻挡，这就要求从市场需求、行业发展和行业管理角度，通过立法规范企业行为，促进企业健康有序地发展，而不是简单粗暴地把别人推出门外。如果再强调邮政的专营只会限制经济和科技的发展，总体上是弊大于利。事实上，在邮政行业引进竞争机制是可行的，首先，网络覆盖全面。在中华人民共和国成立之初，国家就大力支持邮政基础设施的建设，现今已能覆盖全国范围甚至是最不发达地区。其次，服务领域广阔。邮政行业不仅经营信件等普通邮政业务，而且现在还有邮政储蓄等经营业务。借助其覆盖全面的网络，邮政储蓄业务蒸蒸日上。再次，信誉度高。邮政业具有公用企业性质，出于维护国家安全的考虑，政府官文等的寄递需要由邮政行业专营，从侧面论证其邮政业务的安全性。加之我国邮政行业经过半百年的锤炼，其信誉度是极其高的，尤其是现在我国的诚信体系还不完善，人们往往会出于信任考虑，在同等服务质量条件下会优先考虑邮政行业。笔者就将介绍邮政行业引进竞争机制的几点建议。

1. 转变经营理念

现在的邮政行业不再是"邮老大"，随着科学技术的进步和经济的快速发展，人们可以选择的通信方式种类繁多，邮政行业面临的竞争无疑十分残酷。事实上，民营快递公司之所以能够很快速地进入邮政行业的领域，邮政行业自身的弊因不可忽视。我们知道，民营快递公司不仅价格低而且速度很快，在高速发展的当今，一切都是"快餐主义"，效率就是最大的竞争力。在此背景下，邮政行业应该积极转变经营理念。具体而言，邮政行业亟须转变观念，不能一味地遏制竞争，而应该从以下几点逐一进行突破：第一，提高邮件投递效率；第二，建立合理的价格机制；第三，提供更加人性化的服务。

2. 加强监督管理

当前，管理邮政行业的职责由邮政管理部门承担，但实施效果显然不够理想。如上所述，邮政管理部门会出于本部门的利益考虑，不仅不对邮政行业限制竞争的行为加以管制，反而会帮助其限制其他经营者的竞争。笔者认为，可以引进没有个人利益冲突的社会团体，如行业协会对邮政行业进行监管。并且，在立法的过程中，要明确规定邮政行业实行竞争机制，而不是在法律规范中明确规定邮政行业的专有权，所以在制定与邮政行业利益相关的法律法规的过程中，就要有相关的听证制度，并在一些与邮政行业有着利害关系的部门中依照法律法规的制定过程实行回避制度。

3. 落实公平竞争审查

在我国实行市场经济之初，大规模的政企改革即已施行，在此期间，邮政行业也由原先的政企不分到政企分开。但是，时隔30余年，政企分开的效果并不理想，邮政管理部门与现在的邮政集团仍出于一家，面对利益冲突时自然是维护自己的利益。因此，在邮政行业引进竞争机制，首先需要全面落实公平竞争审查制度。《公平竞争审查制度实施细则》第2条规定："行政机关以及法律法规授权的具有管理公共事务职能的组织（以下统称政策制定机关），在制定市场准入、产业发展、招商引资、招标投标、政府采购、经营行为规范、资质标准等涉及市场主体经济活动的规章、规范性文件和其他政策措施（以下统称政策措施）时，应当进行公平竞争审查，评估对市场竞争的影响，防止排除、限制市场竞争。"因此，关乎邮政行业的法律法规以及政策性文件，不论存量还是增量，均需经过公平竞争审查。经审查认为不具有排除、限制竞争效果的，可以实施；具有排除、限制竞争效果的，应当不予出台或者调整至符合相关要求后出台；未经公平竞争审查的，不得出台。如此，邮政行业才可以摒除竞争不足、效率低下的艰难局面。

第三节　我国交通领域公平竞争审查的完善方向

一　重点加强涉及市场准入、财政补贴标准上的公平竞争审查

我国交通领域公平竞争审查的重点之一是加强市场准入标准方面的公平竞争审查。市场准入标准作为经营者参与经营活动的前置性标准，对市场公平竞争的影响显著。交通领域中市场准入规制本是为了防止潜在竞争者对既存垄断行业的经营者造成威胁，使其无法以边际成本价格或者盈亏相抵价格维持生存，通过限制潜在竞争者的进入，对既存垄断行业经营者进行保护。随着经济技术条件和市场需求等因素的变化，出于市场机制本

身的缺点以及国家安全等方面的考虑，交通领域也已由完全垄断变为垄断业务与竞争业务并存的行业。在当下的部分竞争性业务中，突出存在一些在市场准入标准上设定或变相设定歧视性标准的情形。如，《国家铁路局关于公布〈铁路工务计量器具运用管理办法〉的通知》第8条对公务计量器具规定应按照国家和铁道部有关规定实行准入制度，这一要求是否设置了明显不必要或者超出实际需要的准入和退出条件值得关注；《铁路机车车辆设计制造维修进口许可办法》第6条第（八）项、第7条第（七）项、第8条第（七）项分别规定申请取得铁路机车车辆型号、制造、维修这三种许可证的企业均不得有知识产权侵权行为，第9条第（三）项则规定申请进口铁路机车车辆的企业应当证明制造企业无知识产权侵权行为，这一规定设置了明显不必要或者超出实际需要的准入和退出条件，将严重限制、排除铁路机车车辆型号、制造、维修市场的竞争；《中国民航国内航线航班评审规则》规定的分级分类原则将北京、上海、广州等大城市间的"黄金"航线划定为核准航线这一类，其他类型航线则按评审规则归入登记航线，这意味着航空公司在申请上述"黄金航线"的经营许可时仍需获得民航局形式上的同意，实质上设定了市场准入障碍，导致北京、上海、广州等大城市间的"黄金"航线已存的垄断经营者面临较小的竞争压力，享受到市场准入障碍带来的垄断保护，不利于"黄金航线"的充分竞争，使得消费者难以享受到竞争带来的福利。

此外，在交通领域的财政补贴标准上也需要加强公平竞争审查工作。例如，在民航业，中央与地方各级政府一直都对民航业的发展给予了有力的财政支持，各种形式的补贴更是机场建设和运营的重要资金来源。政府"有形的手"是强力的指挥棒，当财政资源较多地介入和引导市场行为时，会对企业的经营策略乃至行业发展产生影响。考察近年来我国政府补贴政策的实施效果，不仅存在风能、光伏等新兴产业一哄而上以致出现产能过剩的情况，而且出现政府补贴资金流向与补贴目标背道而驰的情形。以前述南航公司为例，为落实"广州之路"战略，2010年至2014年5月，新增的8条洲际客运航线中7条是广州始发的直达航线，但从2014年6月各地补贴大战起，洲际运力逐渐分散，随后两年开通的11条洲际客运航线只有 4 条是广州始发的直达航线，这无疑会分流广州的中转客源，削弱广州的枢纽地位。但航空公司却是不得不为之。因此，政府在民航业的补贴实际上是一种以政府之手代替市场进行资源配置的手段，容易严重干预市场机制的正常运行。具体而言，政府的补贴和资金支持政策会直接降低企业的融资难度和生产经营成本，会导致民航领域形成过多的市场进入或航线开辟。这种情况下最终很可能形成过度投资和重复投资的局面。政府大量的财政补贴在合理引导市场与过度干预市场之间没有明显的界线，既与市场中部分企业的既定发展目标产生了较大的冲突，也存在巨额的财政补贴扭曲市场资源配置之嫌。因此，应当将政府补贴限定于市场不能的领域范围，同时，在该种需要政府介入的领域中，如能采用其他对市场机制影响更小的产业措施，则政府补贴手段应当居后。有学者根据产业发展的不同阶段提出使用不同的补贴方式，值得肯定。

二　贯彻落实负面清单制度、公平竞争审查例外规定等具体措施

市场准入负面清单制度是指国务院以清单方式明确列出在我国境内禁止和限制投资经营的行业、领域、业务等各级政府依法采取相应管理措施的一系列制度安排。市场准入负面清单以外的行业、领域、业务等，各类市场主体皆可依法平等进入。负面清单主要包括市场准入负面清单和外商投资负面清单。市场准入负面清单是适用于境内外投资者的一致性管理措施，是对各类市场主体市场准入管理的统一要求；外商投资负面清单适用于境外投资者在华投资经营行为，是针对外商投资准入的特别管理措施。我国《市场准入负面清单（2018 年版）》第（七）项对交通运输和邮政业禁止或许可准入措施进行了描述，这是坚持权利平等、机会平等、规则平等，废除对非公有制经济各种形式的不合理规定，消除各种隐性壁垒，制定保障各类市场主体依法平等进入自然垄断、特许经营领域的具体办法。我国 2018 年发布的《外商投资准入特别管理措施（负面清单）（2018 年版）》是对《外商投资产业指导目录（2017 年修订）》中的外商投资准入负面清单进行的修订，该负面清单也大幅度放宽市场准入，其中包括取消铁路干线路网的建设、经营须由中方控股的限制等改革举措。

因此，我国交通领域市场准入改革中如何更好地实施竞争政策，如何实现竞争政策与其他经济政策的融合，如何减少对市场竞争不必要、不合理的影响，重要的抓手在于市场准入负面清单制度。交通主管部门要按要求清理和废除制约市场在资源配置中发挥决定性作用、妨碍全国统一市场和公平竞争的各种规定和做法，严禁和惩处各类违法实行优惠政策行为，反对地方保护，反对垄断和不正当竞争，防止相关政策妨碍全国统一市场和公平竞争。

此外，交通领域政策制定机关在对政策措施进行公平竞争审查时，政策措施即使具有一定限制竞争的效果，但属于《意见》规定的为维护社会公共利益以及法律、行政法规规定的例外情形，在同时符合条件的情况下可以实施。如何在审查时切实落实好例外规定的要求，可以适用比例原则作为分析工具。宪法与行政法视域下的比例原则主要是要求国家对基本权利的限制与由此得以实现的社会利益之间具有合理的、适度的、成比例的、相称的、平衡的关系，力图确保基本权利即使在"必要"的情况下受到限制，也不会受到"过度"和不当的侵害。比例原则作为利益衡量的分析工具，可以考察交通领域不同的规制方式、手段和行为对不同利益的增进、损害，并进而权衡利益得失，以寻求最合适的方式，其最大的优点在于将抽象标准具体化，增强了制度实施的可操作性。我国交通领域公平竞争审查工作可以运用比例原则的四阶子原则（目的正当性原则、妥当性原则、最小损害原则和均衡性原则）构建具体分析框架：（1）分析制定交通行业规制政策的目标是否具有正当性；（2）分析交通行业规制政策选择的措施手段是否可以实现规制政策的目标；（3）分析交通行业规制政策所选择的政策措施是否对市场竞争"损害最小"；（4）分析交通行业规制政策要实现的目标与竞争损害之间是否能够达到利益"均衡"。

三　充分借鉴国际经验完善交通领域公平竞争审查工作

交通领域行业规制措施的公平竞争审查已有国际经验可供借鉴。公平竞争审查制度的内涵广泛，各国（地区）的竞争评估制度以及竞争咨询制度，都是贯彻竞争中立原则，落实公平竞争审查制度的应有之义。经济合作与发展组织（OECD）专门颁布了《竞争评估工具》（2007）、《竞争评估指南》（2010）、《竞争评估原则》（2010）、《竞争评估步骤》（2010）等文件，阐明了竞争评估范围、方法、流程等制度要素，可以为我国交通领域竞争评估制度的构建和实施提供参考。在美国，司法部反托拉斯局有权介入或参与联邦电信委员会、联邦能源委员会、联邦海事委员会等机构任何涉及反垄断法或竞争政策的程序；有权向总统、国会和其他政府部门提出任何对于影响竞争的行为、程序合理性的观点和建议。在日本，产业主管部门在电信、天然气、电力和交通领域采取影响竞争的措施前，都需要咨询公正交易委员会的意见。公正交易委员会以反垄断法为依据，展开调查，在必要情况下提出相应的意见，或者在存在进一步改善空间的情形下提出建议。日本《政府政策评估法》也要求行业主管机关在拟定相关产业法规时，即应评估各种规制政策对市场竞争的利弊，这样既能达成政策目标，又能维护市场竞争机能。

从未来发展的大方向看，反垄断主管机构参与到交通领域公平竞争审查机制当中，增加有效的外部控制机制显然是必然选择。应当利用这次反垄断主管机构改革的契机，重塑国家市场监督管理总局的反垄断职权，明确其享有对政策措施开展竞争评估和竞争倡导的职能，构建交通领域公平竞争审查制度的外部控制机制。因此，未来反垄断法应当就公平竞争审查制度建立"自我控制+外部控制"的有效实施机制，即一项交通领域政策措施在出台前首先交由政策制定机构进行自我审查，然后再由反垄断主管机构进行竞争评估，如果经评估认为具有排除、限制竞争效果，则要通过竞争倡导的形式对其进行修正。反垄断主管机构既可以在交通领域政策措施制定阶段开展竞争倡导，即"规则制定层面的竞争倡导"，又可以在交通领域政策措施实施后，根据其对市场竞争产生的实际影响开展倡导活动，即"规则实施层面的竞争倡导"。由此，反垄断主管机构才能一直实时控制交通领域政策措施的制定和实施过程的，防止其产生对市场竞争的不正当限制，助推交通领域民营经济发展壮大，构建长期、稳定、优化的政策环境。

第五章　城市管道燃气供应行业竞争问题

城市管道燃气供应行业作为城市基础设施的重要组成部分，直接关系到居民生活、工业生产和商业活动的能源供应安全与稳定。然而，由于其基础设施建设的特殊性和规模经济效益，城市管道燃气供应行业具有显著的天然垄断性。首先，燃气管道网络的建设需要大量的初始投资，包括铺设管道、建设储气设施、安装计量设备等，这些投资成本高昂且固定，一旦形成便难以在短期内复制或替代。这种高投入成本使得单个或多个企业能够更有效地提供服务，形成市场进入壁垒。其次，燃气管道网络具有自然垄断的网络效应。随着用户数量的增加，网络中的每条管道都能为更多的用户提供服务，而不需要额外增加太多的成本。这种规模经济效益使得已建立管道网络的企业能够以更低的成本运营，从而在与新进入者的竞争中占据优势。最后，燃气管道网络的布局和运营还受到地理、城市规划、安全等多方面的限制，这些限制进一步增强了行业的天然垄断性。因此，本书第二部分"公平竞争法律制度及其实施"下设专章，讨论"城市管道燃气供应行业竞争问题"，以梳理城市管道燃气供应行业发展与竞争现状、存在的问题，并讨论加强行业反垄断执法的对策建议和行业改革路径。

第五章"城市管道燃气供应行业竞争问题"的逻辑结构清晰，层层递进，旨在深入分析该行业的竞争态势、垄断问题、执法挑战，并借鉴国际经验提出改革对策。首先，在第一节中，通过"城市管道燃气供应行业发展与竞争现状"的阐述，为读者构建了行业的基本框架。该部分从行业发展现状入手，概述了行业规模、技术进步、市场需求等关键要素；随后，转向竞争状况的分析，揭示了行业内企业间的竞争格局、市场份额分布及主要竞争手段，为后续探讨垄断问题奠定基础。接着，第二节聚焦于"城市管道燃气供应行业的垄断问题与行为表现"，直接切入主题核心。此节不仅概述了行业垄断问题的总体情况，还细分为滥用市场支配地位行为和行政性垄断问题两大方面，通过具体案例或现象，深入剖析了垄断行为的表现形式及其对市场公平竞争的影响。第三节则转向"反垄断执法面临的难题"，从实践层面探讨了反垄断工作面临的挑战。包括垄断案件高发、执法力度不足、行业体制机制不健全以及垄断认定难度大等具体问题，这些问题相互交织，共同构成了反垄断执法的复杂环境。为寻求解决之道，第四节引入了"域外城市管道燃气供应行业监管经验的启示"。通过对比分析国际上的成功案例和先进做法，提炼出对我国具有借鉴意义的监管模式和执法策略，为后文的对策建议提供了国际视野和参考依据。最后，第五节提出"加强行业反垄断执法的对策建议和行业改革路径"。该部分基于前文分析，从加强反垄断执法和行业深化改革两个维度出发，提出了具体可行的对策建议，旨在推动城市管道燃气供应行业形成更加公平、开放、有序的竞争环境，促进行业健康可持续发展。

第一节　城市管道燃气供应行业发展与竞争现状

一　城市管道燃气供应行业的发展现状

（一）城市管道燃气的界定与行业分类

城市燃气是指用于生产、生活的天然气、液化石油气、人工煤气等气体燃料的总称，是重要的城市基础设施。城市燃气行业是国家重要的能源生产和供应行业，城市燃气的推广应用对改善能源结构、保护大气环境、缓解石油供应紧张、提高能源利用效率，进而实现国民经济的可持续发展，具有重要的保障和促进作用。

随着西气东输、海气登陆、进口 LNG 等各大项目工程的建成与投产，我国城市燃气市场发展迅速，用气人口规模持续扩大，用气总量迅速增长，城市燃气行业总体上保持着较快的发展速度，竞争也日益激烈。

1. 城市管道燃气的界定

严格来说，城市燃气是指供应城镇居民家庭、商业及工业等使用的气体燃料，包括可燃气体和不可燃气体。目前我国使用的城市燃气种类主要包括天然气（NG）、人工煤气（MG）和液化石油气（LPG），具体分类如图 5-1 所示。

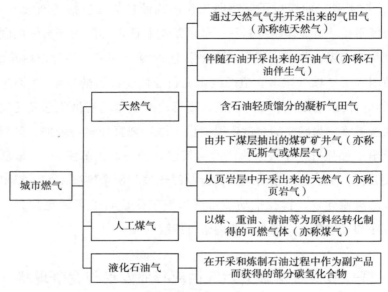

图 5-1　城市燃气的分类

在能源运输方式上，城市作为一个较大的人口聚集空间，对既便捷又安全的能源运输方式需求强烈；而消费者则对能源价格有着较强的敏感度。对比各个能源种类及运输方式，管道燃气运输往往比瓶（罐）装燃气、车载煤炭更加便捷、安全，长期看，管道燃气的单位能源价格更低。加之，考虑到当下环保的生活消费趋势及我国《高层民用建筑防火设计规范》4.1.9 条"高层建筑内使用可燃气体作为燃料时，应采用管道供气"的硬性规定，城市管道燃气在城市居民能源消费特别是小区高层居民中占据着绝对的使用份额。整体观之，管道已然成为城市燃气的主要运输方式。

在燃气种类上，随着全球经济的迅速发展，能源需求持续上涨，其中热值高又具有清洁能源特性的天然气能源日益受到重视，使得虽然城市燃气还包含人工煤气和液化石油气等能源类型，但发展天然气已成为各国改善环境与促进经济可持续发展的重要途径。主要生活能源的特性见表5-1。

表5-1　主要生活能源特性比较

	使用方便性	经济性	安全性
天然气	管输，方便	较好	较安全
液化石油气	多数瓶装，少数管输，较方便	一般	较安全
人工煤气	管输，方便	一般	一般
煤炭	需堆放，较不方便	最好	一般
电力	电线输送，方便	一般	较安全

具体到本书的研究对象上，本书所称"城市管道燃气"主要是指以管道方式运输的供城市居民、企业消费的气体燃料，主要为城市管道天然气和城市管道煤气，现实中我国城市燃气行业既有最早的人工燃气生产供应，亦有更为先进的天然气生产供应。

2. 城市管道燃气的行业分类

燃气行业产业链可分为上游生产、中游运输和下游分销综合应用三个环节。如图5-2所示，上游产业主要为燃气的勘探与开发，包括天然气的开采和净化加工等；中游产业主要为将燃气输送至各城镇的长输管道；下游产业主要将燃气输送至终端用户，主要包括居民用户及工商业用户等，涉及交通运输、化工、机械、餐饮等各行各业。

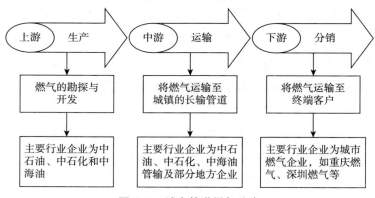

图5-2　城市管道燃气分类

本书所说的城市管道燃气供应行业，主要是指城市内担负燃气运输、燃气供应、管道基础设计维护等职责的行业。

（二）城市燃气行业发展状况

1. 全球城市燃气的发展历程

城市燃气行业在全球已有 200 余年的发展历史。1812 年德国工程师温泽在英国伦敦创建世界上第一家煤气公司"威斯特敏斯特煤气照明与煤炭公司"，人工煤气成为最早投入使用的一种城市燃气。1862 年，香港中华煤气有限公司在香港开业。1895 年，美国人从石油加工中获得液化石油气并于 1902 年供应市场。20 世纪初，随着汽车、电力的大力发展，石油和天然气在一次能源消费中的比例快速上升，但是由于受到运输限制的影响，在城市燃气消费结构中天然气消费量的占比一直低于石油；20 世纪中期，随着管输技术的进步以及人们对于清洁高效能源的需求日益增强，天然气行业取得了长足的发展，天然气很快成为城市燃气中最为重要的来源之一。

未来，随着全社会对环保要求的日益严格和人们环保意识的增强，具有洁净、高效、资源丰富以及方便储运等诸多优点的天然气，将在城市燃气的发展中发挥更重要的作用，天然气也将成为保持较快需求增长的能源，其市场份额仍将继续稳步扩大。

2. 中国城市燃气行业发展状况

中国的城市燃气大致经历了人工煤气、液化石油气、天然气三个发展阶段。1980 年起，以人工煤气为主，城市燃气开始在全国各地大规模兴起。20 世纪 90 年代，随着炼油工业的崛起，液化石油气供应量不断增长，尤其在国家准许液化石油气进口并取消配额限制后，广东省等沿海经济发达但能源相对缺乏的地区，开始大规模进口液化石油气，城镇燃气随之进入以液化石油气为主的时代。

20 世纪 90 年代中期，以陕甘宁天然气进京工程为代表的天然气供应逐步开始，天然气在能源发展规划中被提升到战略高度。过去 10 年，随着中国经济快速发展以及城市化和工业化的快速推进，中国的能源消费总量处于持续快速增长阶段。近年来，在中国城市燃气行业取得较快发展的同时，天然气凭借其经济、方便、清洁、安全等诸多优良特性成为城市燃气行业重点发展的气源。目前中国城镇燃气已经从以人工煤气为主、天然气和液化石油气为辅转向了优先采用天然气的发展格局。

2004 年西气东输一线工程全线贯通，极大促进了天然气资源在城镇燃气行业中的规模化利用。此后，陕京二线、忠武线、川气东送以及西气东输二线等骨干管线陆续建成，沿海液化天然气接收站布局投运，使得天然气资源供应渠道多元化和天然气供应量大幅增加。

《天然气利用政策》将天然气用户分为城市燃气、工业燃料、天然气发电、天然气化工和其他用户；并综合考虑天然气利用的社会效益、环境效益和经济效益以及不同用户的用气特点等各方面因素，将天然气用户分为优先类、允许类、限制类和禁止类。而在天然气四大利用领域中，城市燃气被列入优先和允许类。近 10 年来，中国天然气消费结构不断优化，形成了以城市燃气为主的利用结构，城市燃气成为拉动天然气需求增长的主要动力。

初步核算，2019 年全年能源消费总量 8.6 亿吨标准煤，比上年增长 3.3%。煤炭消费量增长 1.0%，原油消费量增长 6.8%，天然气消费量增长 8.6%，电力消费量增长 4.5%。煤炭消费量占能源消费总量的 57.7%，比上年下降 1.5 个百分点；天然气、水电、核电、风电等清洁能源消费量占能源消费总量的 23.4%，上升 1.3 个百分点。重点耗能工业企业单位电石综合能耗下降 2.1%，单位合成氨综合能耗下降 2.4%，吨钢综合能耗下降 1.3%，单位电解铝综合能耗下降 2.2%，每千瓦时火力发电标准煤耗下降 0.3%。全国万元国内生产总值二氧化碳排放下降 4.1%。2015~2019 年清洁能源消费量占能源消费总量的比重见图 5-3。[①]

2019 年 12 月 9 日，国家石油天然气管网集团有限公司（简称国家管网集团）成立。国家管网集团主要从事油气干线管网及储气调峰等基础设施的投资建设和运营，负责干线管网互联互通和与社会管道联通，以及全

---

① 参见《中华人民共和国 2019 年国民经济和社会发展统计公报》，国家统计局官网，ht-tps://www.stats.gov.cn/sj/zxfb/202302/t20230203_1900640.html，最后访问日期：2024 年 8 月 30 日。

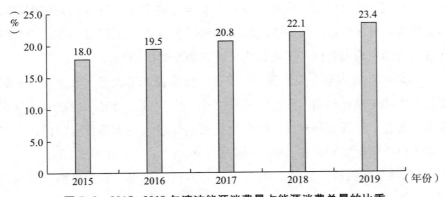

图 5-3　2015～2019 年清洁能源消费量占能源消费总量的比重

国油气管网的运行调度，定期向社会公开剩余管输和储存能力，实现基础设施向用户公平开放。这是我国在油气领域实现"管网分离"的标志性一步，也会对城市管道燃气行业市场竞争产生重大影响。

目前中国的城市燃气销售价格遵循《价格法》《城镇燃气管理条例》等有关法律法规的规定，由县级以上地方人民政府价格主管部门确定和调整。

在天然气发展初期，为了培育天然气市场以及提高天然气行业竞争力，国家发改委实行了严格的价格管制，采用以成本加成为主的定价机制。结果，未能如实反映天然气的价值，进口气价格按照国产气价格执行，随着进口气量的增加，进口高气价与国产低气价的矛盾日益显现；而且国产天然气价格与其他同热值的可替代能源价格相比偏低，各地争上以天然气为原料或燃料的高耗能项目，纷纷进行煤改气、油改气，极易造成天然气供求矛盾。随着中国燃气管道进入快速发展阶段，逐渐形成多路径的供气网络，进行天然气价格改革，完善价格形成机制，理顺天然气与可替代能源比价关系，建立并完善天然气上下游价格联动机制，更有利于发挥价格杠杆的作用，正确引导投资需求。

《全国城镇燃气发展"十二五"规划》提出"十二五"期间要建立天然气上下游价格联动机制，研究差别性气价政策，引导天然气合理消费，提高天然气利用效率。

2011 年 12 月 26 日，国家发改委下发《国家发展改革委关于在广东省、广西壮族自治区开展天然气价格形成机制改革试点的通知》（发改价格〔2011〕3033号），在广东、广西两省实行天然气价格改革试点。（1）将定价方法从"成本加成"改为"市场净值"，选取上海（中心市场）作为计价基准点，中心市场的天然气价格暂按进口燃料油和液化石油气加权平均价格的90%测算。（2）发改委确定广东和广西两省的最高门站价格分别为2.74元/米³和2.57元/米³，并且在天然气价格改革全国推广之前，"两广"门站价格不再作调整，保持基本稳定。（3）将现行区别气源、路径分别制定出厂价格和管道运输价格的做法，改为分省制定统一的门站价格。（4）天然气门站价格实行动态调整机制，由每年调整一次，并逐步过渡到每半年或季度调整。（5）每省仅存在一个最高门站价格，并且不再进行居民和工商业用气的分类。下游销售价格由地方政府制定，可建立天然气上下游价格联动机制并进行听证。（6）放开页岩气、煤层气、煤制气等非常规天然气出厂价格，实行市场调节，进入长途管道混合输送的，执行统一门站价格。

2014年3月，国家发改委发布《关于建立健全居民生活用气阶梯价格制度指导意见》（发改价格〔2014〕467号），部署建立健全居民生活用气阶梯价格制度。该意见规定，第一、二、三档用气量分别覆盖80%、95%、100%的居民用户，各档气量价格实行超额累进加价，第一、二、三档气价原则上按1∶1.2∶1.5左右比价安排阶梯气价的实施。此举作为天然气市场化定价改革重要一步，展现出政府对于推动天然气定价市场化改革的决心，有利于促进移峰填谷，引导合理消费，符合国家发改委推行差别性价格的政策思路。

2014年8月10日，国家发改委发布《国家发展改革委关于调整非居民用存量天然气价格的通知》（发改价格〔2014〕1835号），自2014年9月1日起，非居民用存量气门站价格适当提高。非居民用存量气最高门站价格每千立方米提高400元。广东、广西存量气最高门站价格按与全国水平衔接的原则适当提高。居民用气门站价格不作调整。需要进入管道与国产陆上气、进口管道气混合输送并一起销售的，供需双方可区分气源单独签订购销和运输合同，气源和出厂价格由市场决定，管道运输价格按有关规定执行。

2015 年 2 月 26 日，国家发改委发布《国家发展改革委关于理顺非居民用天然气价格的通知》（发改价格〔2015〕351 号），自 2015 年 4 月 1 日起采暖基本结束后将存量气和增量气门站价格并轨，理顺非居民用气价格，同时试点放开直供用户用气价格，居民用气门站价格暂不作调整。具体包括增量气最高门站价格每千立方米降低 440 元，存量气最高门站价格每千立方米提高 40 元（广东、广西、海南、重庆、四川按与全国衔接的原则安排），实现价格并轨。放开天然气直供用户（化肥企业除外）用气门站价格，由供需双方协商定价。

2015 年 11 月 18 日，国家发改委发布《关于降低非居民用天然气门站价格并进一步推进价格市场化改革的通知》（发改价格〔2015〕2688 号），自 2015 年 11 月 20 日起，非居民用气最高门站价格每千立方米降低 700 元。将非居民用气由最高门站价格管理改为基准门站价格管理。降低后的最高门站价格水平作为基准门站价格，供需双方可以基准门站价格为基础，在上浮 20%、下浮不限的范围内协商确定具体门站价格。门站价格自 2016 年 11 月 20 日起允许上浮。

《中共中央　国务院关于推进价格机制改革的若干意见》（中发〔2015〕28 号）要求按照"管住中间、放开两头"总体思路，推进电力、天然气等能源价格改革，促进市场主体多元化竞争，稳妥处理和逐步减少交叉补贴，还原能源商品属性，尽快全面理顺天然气价格，加快放开天然气气源和销售价格。

《天然气发展"十三五"规划》指出，"十三五"期间将放开非居民用气价格，进一步完善居民用气定价机制，加强天然气管输价格和成本监审，有效降低输配气成本；建立完善上中下游天然气价格联动机制，加大天然气下游市场的开发培育力度，供气企业合理承担普遍服务义务，形成终端市场的竞争环境。

2016 年 11 月 26 日，上海石油天然气交易中心投入运行，标志着中国能源市场化改革迈向纵深。交易中心正式运行有助于加快中国天然气价格改革步伐，通过市场化公开透明的交易平台，发现真实价格，促进资源顺畅流通、合理配置；有助于加快中国能源市场化改革，进一步完善油气价格形成机制，促进我国积极融入国际市场，深化能源国际合作。

2017 年 6 月，国家发改委发布《关于加强配气价格监管的指导意见》（发改价格〔2017〕1171 号），旨在加强城镇燃气配送环节价格监管，促进天然气行业健康发展。指导意见要求：（1）配气价格按照"准许成本加合理收益"的原则制定，其中，供销差率（含损耗）原则上不超过 5%，三年内降低至不超过 4%，管网折旧年限不低于 30 年；（2）准许收益按有效资产乘以准许收益率计算确定，准许收益率为税后全投资收益率，按不超过 7%确定；（3）配气价格按企业年度营业总收入除以年度配送气量计算确定，配气价格应定期校核，校核周期原则上不超过 3 年；（4）新建城镇燃气配气管网，核定价格时，全投资税后内部收益率不超过 7%，经营期不低于 30 年。

3. 中国城市燃气行业发展趋势

随着市政公用事业改革的不断深入，中国城镇燃气行业积极稳妥地引入了市场机制，国有、民营和境外资本积极投资城镇燃气行业，各类资本通过转制、合资、合作等方式参与城镇燃气建设运营，逐步形成了多元化的发展格局。由于城镇燃气管网设施建设投资大，资产专用性强，且投资建设需与城市规划建设保持同步，具有前瞻性的特点。为了发挥资产的使用效率，降低燃气供应的单位成本，必须体现其规模经济性。在一定条件下，一个或多个城市逐步进行燃气行业内的兼并整合，实现规模化经营，可以共享多渠道的燃气资源和管网基础设施。同时，城镇燃气行业关系到城镇的经济社会发展和居民正常生活，必须打造优质的品牌，才具备发展壮大的良好基础。

具体到管道天然气领域，目前天然气的运输手段主要有管道运输和 LNG 运输两种，管道运输是最为传统的方式，迄今已有上百年的历史。LNG 运输问世于 20 世纪 50 年代，是将天然气液化成 LNG，使天然气的体积骤减为原先的 1/600，采用专门容器盛放，并通过船舶或车辆运送到目的地的 LNG 接收站的运输方式。建立有效的天然气输配系统对于天然气运用具有极其重要的作用。天然气输配系统包括中长输管道和城市管网，即先通过天然气中长输管道，然后通过城市管网或大型门站实现向最终客户的供气。

根据《中国天然气发展报告（2019）》统计，2018 年工业用气和城市用气是我国天然气消费的两大主要支柱，消费量合计占比超 70%。具体来看，受城镇化推进和"煤改气"开始推行等因素影响，2018 年工业燃料用气明显增长，消费量约 900 亿立方米，同比增速 18.4%，占比升至 33.2%；城镇燃气和天然气发电依然保持较快增长，消费量分别约为 1050 亿立方米和 500 亿立方米，占比分别达 38.7% 和 18.5%；化工用气态势持续低迷，消费量约 260 亿立方米，占比不足 10%。① 近年来，我国天然气消费结构不断优化，形成以城镇燃气为主的利用结构，2013 年以来，随着天然气管网的进一步完善和大气污染治理要求的提高，我国燃气行业将继续保持快速发展，成为我国天然气消费增长的主要动力。

未来中国将继续推进建设天然气主干管网建设，进一步完善西北通道，并加快沿海天然气管道及其配套管网、跨省联络线建设，逐步形成沿海主干管道。全面建成更加合理完善的全国性管网系统，实现国产气与进口气，常规气与非常规气等不同属地、不同气源间的联通，最终形成多气源供应，多方式调峰，平稳安全的供气格局。此外，还要进一步完善长三角、环渤海、川渝地区管网，基本建成东北、珠三角、中南地区等区域管网。积极推进省内管网互联互通。

（三）城市燃气管道燃气供应行业立法现状

我国在管道燃气供应行业的国家立法主要是国务院《城镇燃气管理条例》《国务院关于促进天然气协调稳定发展的若干意见》，国家发展改革委、住房和城乡建设部、国家市场监管总局《关于规范城镇燃气工程安装收费的指导意见》，国家发展改革委《关于加强配气价格监管的指导意见》，国家发展改革委、财政部、住房和城乡建设部、交通运输部、水利部、中国人民银行《基础设施和公用事业特许经营管理办法》以及国务院住房和城乡建设部《市政公用事业特许经营管理办法》。

---

① 参见《关注能源安全与粮食安全》，中国能源网，https://www.china5e.com/weekly/news-1040021-1.html，最后访问日期：2024 年 8 月 29 日。

在国家发展改革委《关于加强配气价格监管的指导意见》（2017 年 6 月 20 日发布）中明确指出"加强配气延伸服务收费监管"（取消没有提供实质性服务的，以及成本已纳入配气价格的收费项目；收费偏高的要及时降低；不得向红线外延伸收取居民燃气工程安装费；不得收取已纳入房价的燃气安装费）、"制定出台配气价格监管规则"、"开展成本监审和核定配气价格"、"推动信息公开强化社会监督"（城镇燃气经营企业要定期通过公司门户网站等指定平台公布收入、成本等相关信息，推进价格信息公开透明，强化社会监督；对故意瞒报、虚报信息的行为，价格主管部门要依法查处并公开曝光，纳入企业不良信用记录，并可视情况采取降低准许收益率等措施）。

在《国务院关于促进天然气协调稳定发展的若干意见》（2018 年 8 月 30 日公布）中，国务院提出由各省级人民政府、国家发改委、市场监管总局进行指导监督天然气的价格机制。要求加快建立上下游天然气价格联动机制，完善监管规则、调价公示和信息公开制度，建立气源采购成本约束和激励机制。推行季节性差价、可中断气价等差别化价格政策，促进削峰填谷，引导企业增加储气和淡旺季调节能力。加强天然气输配环节价格监管，切实降低过高的省级区域内输配价格。加强天然气价格监督检查，严格查处价格违法违规行为。

随后，国家发改委、住房和城乡建设部、国家市场监管总局为落实该《意见》，于 2019 年 6 月 27 日发布《关于规范城镇燃气工程安装收费的指导意见》，明确指出"燃气企业不得滥用市场支配地位垄断经营范围内工程安装业务，或指定利益相关方从事燃气工程安装，妨碍市场公平竞争""合理确定城镇燃气工程安装收费标准"。

二　城市管道燃气供应行业的竞争状况

（一）行业竞争格局和市场化程度

中国城市燃气行业的竞争格局体现为垄断与竞争并存的特征。一方面，城市燃气行业关系民生且投资大，初期大多由政府出资的地方国有天然气公司投资并独家运营，由于燃气管网等基础设施在特定区域内具有不可复制的自然垄断特性，因此地方国企背景的城市燃气企业凭借先发优势在特定的区域内占据相对垄断经营的地位。另一方面，在政策鼓励下市场竞争因素日趋增强。2002 年 3 月，国家发改委发布新的《外商投资产业指导目录》，将原禁止外商投资的燃气、热力、给排水等城市基础设施首次列为对外开放领域，这一政策大大加快了外商进军城市燃气市场的步伐，燃气行业由政府和国有企业垄断经营的局面成为历史。2002 年 12 月，建设部下发了《关于加快市政公用行业市场化进程的意见》，文件规定：市政公用设施建设将公开向社会招标选择投资主体，原市政国企、外资、民资在同一平台上竞争，由政府授予企业在一定时间和范围内，对某项市政公用产品或服务进行特许经营。城市燃气行业需求稳定、盈利稳定、波动小、风险小和自然垄断特性等特点吸引了各类所有制成分的投资商加入，城市燃气市场活跃着地方国有企业、外资企业、中央企业、民营企业等各类经营者。

（二）行业内的主要企业

我国城市燃气行业从最初的"跑马圈地"到"群雄逐鹿"，再到目前国有燃气企业、外资（港资）燃气企业、民营燃气企业"三足鼎立"的局面，市场竞争格局已基本形成。各城市为引入天然气，吸引有实力的企业进行城市燃气基础设施建设，通过引资改制、并购重组、授予城市燃气专营权等市场化方式，快速推进城市气化。

中国主要的城市燃气经营企业大致分为两大类：一是历史承袭下来的在一些地区（如京、沪、津、渝、穗、蓉、深等）拥有燃气专营权的地方国企，如北京市燃气集团有限责任公司、上海燃气（集团）有限公司；二是跨区域经营的燃气运营商，如中国燃气控股有限公司、中石油昆仑燃气有限公司、港华燃气集团。同时，由于近年来政策的放开，民营城市燃气企业也崭露头角，例如新疆东方环宇燃气股份有限公司、新疆浩源天然气股份有限公司、新疆火炬燃气股份有限公司。

（三）行业进入壁垒

由于城市燃气行业关系民生，且燃气管网等基础设施投资较大并在特定区域内具有不可复制性，为避免重复投资、提高资源利用效率、实现成本最低化和安全保障最大化，通常各地在确定城市燃气投资及运营方后均会授予其在该区域较长时间的具有一定独占性质的特许经营权。因此中国城市燃气企业在特定区域取得特许经营权后，经营具有一定程度的独占性。

根据《城镇燃气管理条例》《基础设施和公用事业特许经营管理办法》等相关法律法规，国家对燃气经营实行许可证制度。从事燃气经营活动的企业，必须具有符合国家标准的燃气气源和燃气设施，建立完善的安全管理制度，并且企业的主要负责人、安全生产管理人员以及运行、维护和抢修人员需经专业培训并考核合格。符合条件的由县级以上地方人民政府燃气管理部门核发燃气经营许可证。

天然气属于国家战略性基础能源，中国的天然气气源供应目前主要由中石油、中石化、中海油三家大型中央企业掌控。根据《城镇燃气管理条例》，从事燃气经营活动的企业，应当有符合国家标准的燃气气源。根据国家发改委于 2012 年 10 月 14 日发布的《天然气利用政策》，天然气坚持以产定需，所有新建天然气利用项目（包括优先类）申报核准时必须落实气源，并签订购气合同；已用气项目供用气双方也要有合同保障。如果企业不能从上游供气企业获得充足的气源配给，则城市燃气行业新进入者的投资计划将受到极大制约。

城市燃气行业属于典型的资本密集型行业，初始的天然气管网等基础投资巨大且建设周期相对较长，在管网建成且投入正式运营前无法产生收益，因此，对经营者的资金实力提出了很高的要求。如果企业缺乏较强的资本实力，难以完成建设期的天然气管网等基础投资，则将难以进入城市燃气行业。

城市燃气企业是否能稳定、高效、安全、环保地运行，关乎广大用户的利益，城市燃气技术本身是一套标准要求严格的系统工程，涉及燃气气源、输配与储气、燃气应用、安全管理、信息化系统、新设备（新工艺、新材料）应用等诸多环节，需要有长期经营的经验摸索和技术沉淀，因此对新进入者形成了较高的管理及技术壁垒。

（四）行业利润水平

城市燃气行业的利润由四个因素决定：燃气采购价格、燃气销售价格、燃气销售量和场站、管网折旧。在市场化改革的背景下，当前燃气采购价格、销售价格仍然实行政府调控的政策，由政府定价或确定指导价。

燃气采购价格由燃气基准门站价格和管道运输价格组成。燃气上游批发价格即基准门站价格，为国产陆上或进口管道燃气的供应商与下游购买方在燃气所有权交接点的价格。现行燃气基准门站价格由国家发展和改革委管理，实行政府指导价；管输运输价格由相关政府价格主管部门制定，实行政府定价。

城市燃气属于公用事业，地方政府物价主管部门会综合考虑企业的经营成本、居民和非居民的承受能力等因素对销售价格进行一定程度的管制。在销售定价方式上，居民用户采用当地政府核准固定的配气价格，非居民用户销售价格通常可以当地政府价格主管部门制定的销售指导价格为上限协商定价。

城市燃气行业属于资本密集型行业，前期需投入大量资金用于城市燃气场站、管网建设，造成城市场站、管网折旧占成本比例较高。对于新建管网，折旧会出现较大增长，占成本比例上升，随着管网运营负荷增加和区域燃气用户数量不断增长，折旧占成本比例逐渐下降。

燃气采购价格和销售价格具有相对稳定，波动不大的基本特征。在城市场站、管网建成折旧不变的前提下，初期折旧占成本的比例上升会导致毛利率的下降，随着用户数量不断增加致使输气量不断上升，毛利率将呈现逐渐上升的趋势。此外，LNG 采购价格实行市场化定价，随着采购价格的波动会对燃气销售的利润水平造成一定程度的影响。

燃气设施设备安装是指城市燃气运营商为新的燃气用户提供燃气设施、设备安装服务并收取相应的费用。燃气设施设备安装的利润水平主要由两个方面决定：用户安装数量和安装收费标准。

中国城市燃气渗透率较低，近年来随着城镇化进程加快，燃气需求的不断增加，燃气用户安装数量不断增长。

燃气设施设备安装业务的客户主要分为居民用户和非居民用户，居民用户的燃气安装工料费标准受各地物价管理部门的监管，一般统一为符合当地居民生活物价水平的价格；非居民用户设施设备安装服务的价格一般根据客户工程量进行预算报价，再由双方协商确定。

综上所述，居民用户安装利润的增长取决于居民用户安装数量的增加，其毛利率保持相对稳定。非居民用户安装利润增长受两个方面的影响，其一为每个用户安装的费用，其二为用户安装的数量。

第二节　城市管道燃气供应行业的垄断问题与行为表现

一　城市管道燃气供应行业垄断问题概况

由于行业特性，城市燃气总体可投资项目的数量、规模相对较固定，同时城市燃气企业的投资项目本身具有投资金额大、建设周期长的特点，而当长距离输气管道建成后，又具有地方专用性和物质资产专用性等特点，导致城市管道燃气供应企业在管线建成后对该部分区域市场的燃气独供，企业在管网所在区域具有市场支配地位。

（一）城市管道燃气供应行业垄断行为的类型分析

《反垄断法》所禁止的垄断行为包括垄断协议、滥用市场支配地位、具有或者可能具有排除或者限制竞争效果的经营者集中、滥用行政权力排除或者限制竞争。基于官方正式公布的数据统计，2015年以来滥用市场支配地位的案件共计18宗，行政性垄断案件共计3宗，图5-4为根据案例数量制作的统计分析图。由表5-2、表5-3可见，管道燃气供应行业的垄断行为主要表现为滥用市场支配地位和行政性垄断，尤以滥用市场支配地位这一类型案件最为突出。

垄断协议以及经营者集中在上述案例中均没有涉及。垄断协议有横向垄断协议与纵向垄断协议之分。因管道燃气行业具有自然垄断属性，一般特定区域内只有一家特许经营企业，燃气价格由政府制定，使得燃气供应企业达成垄断协议的空间几乎为零。单纯就管道燃气供应行业而言，尚不存在达成垄断协议的实施空间，但与其他相关行业经营者签订协议的情形却屡有发生。例如在管道燃气交通供给站，管道燃气与 LNG 车用储存罐燃气经营企业可能就会达成分割市场的协议（兰州地区曾出现）；燃气供应公司在代理燃气设备时也会根据内部燃气营销点划分设备的销售市场，这对市场特定消费者会产生一定影响。

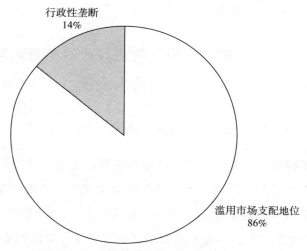

行政性垄断
14%

滥用市场支配地位
86%

图 5-4　城市管道燃气供应企业违法类型分析

表 5-2　2015—2020 年查处的管道燃气企业滥用市场支配地位案件

处罚日期	发文案号	处罚机构	被调查企业（机关）
2015	锡工商案〔2015〕00026 号	无锡市工商行政管理局	无锡华润燃气有限公司
2015	泰工商案〔2015〕00029 号	江苏省泰州工商行政管理局	泰州港华燃气有限公司
2016	宿工商案〔2016〕00012 号	宿迁市工商行政管理局	泗洪伟业燃气有限公司
2016	扬工商案〔2016〕00001 号	江苏省扬州工商行政管理局	扬州中燃城市燃气发展有限公司
2016	苏工商案字〔2016〕第 00048 号	江苏省工商行政管理局	宿迁中石油昆仑燃气有限公司
2016	未找到相关案号，信息来源于国家发改委网站	湖北省物价局	中石油昆仑燃气有限公司咸宁分公司等 5 家天然气公司
2016	鲁工商公处字〔2016〕第 24 号	山东省工商行政管理局	青岛新奥新城燃气有限公司

续表

处罚日期	发文案号	处罚机构	被调查企业（机关）
2016	甬市监处〔2016〕41号	宁波市鄞州区市场监督管理局	宁波东方管道燃气股份有限公司
2016	粤工商经处字〔2016〕第4号	广东省工商行政管理局	佛山市顺德区港华燃气有限公司
2017	镇工商案〔2017〕00043号	镇江市工商行政管理局	扬中中燃城市燃气发展有限公司
2017	甬市监处〔2017〕43号	宁波市象山县市场监督管理局	象山华润燃气有限公司
2017	甬市监处〔2017〕1号	宁波市鄞州区市场监督管理局	宁波新奥燃气有限公司
2018	未找到相关案号，信息来源于国家市场监督管理总局网站	北京市发展和改革委员会	房山区燃气开发中心
2020	湘市监反垄断处字〔2020〕1、2号	湖南省市场监督管理局	湖南中民燃气有限公司、怀化铁路经济技术开发有限公司、怀化市住房和城乡建设局
2020	晋市监价监罚字〔2020〕14号	山西省市场监督管理局	忻州市燃气有限公司
2020	晋市监价监罚字〔2020〕13号	山西省市场监督管理局	山西建科天然气科技股份有限公司
2020	青市监垄断字〔2020〕02号	青海省市场监督管理局	青海省民和川中石油天然气有限责任公司
2020	苏市监反垄断终止〔2020〕1号	江苏省市场监管局	盐城新奥燃气有限公司

表5-3　管道燃气供应企业被认定为实施垄断行为的司法案例

违法类型	裁判日期	案号	原告	被告
滥用市场支配地位	2016年3月29日	最高人民法院（2016）最高法民申46号民事裁定书	陈某某	大城县华港燃气有限公司
	2016年1月13日	浙江省高级人民法院（2015）浙行申字第266号行政裁定书	新昌中石油昆仑燃气有限公司	绍兴市市场监督管理局
行政性垄断	2016年10月17日	重庆市第三中级人民法院（2016）渝03行终113号行政判决书	垫江县东渝燃气有限公司	垫江县经济和信息化委员会

（二）城市管道燃气供应行业垄断行为的地域分析

如图 5-5 所示，管道燃气供应企业排除、限制竞争行为大多发生在市、县两级行政区域。其中，发生在县级行政区域的案件最多，占 69%；市级次之，占 26%；省级行政区域最少，占 5%。一般而言，在市、县两级行政区划内只存在一家管道燃气供应企业，其易利用其独占地位实施垄断行为从而获取高额利润。

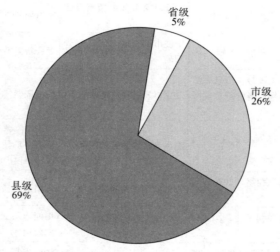

图 5-5　管道燃气供应企业实施垄断行为的行政区域分布

二　城市管道燃气供应行业的滥用市场支配地位行为

城市管道燃气供应行业的滥用市场支配地位行为是指燃气经营者利用自身在市场居于支配地位的状态，通过实施违法滥用的行为来获得利润。管道燃气供应企业滥用市场支配地位排除、限制竞争一直是我国管道燃气供应行业反垄断规制领域特别值得关注的违法类型，也是进一步加强和推动反垄断执法工作必须积极回应的问题。自 2015 年以来，反垄断执法机构已经调查和处理了十几例管道燃气企业滥用市场支配地位的案件。表 5-4 为管道燃气行政处罚案例汇总表。

表 5-4　2015~2020 年管道燃气行政处罚案例汇总表

序号	类型	处罚时间	调查机构	被调查企业（机关）	相关市场	相关市场内地位	违法行为描述	当事人主要抗辩理由	对抗辩的回应	其他关注点
1	不公平高价	2016	湖北省物价局	中石油昆仑燃气有限公司咸宁分公司等5家天然气公司	在相关区域内管道天然气供应及相关服务	唯一经营者	凭借在相关区域内管道天然气供应及相关服务的特许经营权，通过与非居民用户签订管道燃气安装合同的形式，取得了在非居民区域内非居民管道燃气设施建设安装经营成为市场的市场支配地位，并且在非居民管道燃气设施建设安装经营中，在市场价格没有显著变化的情况下，剥夺了交易相对人自行选择设计、施工、监理等单位的权利以及自行购买建设安装材料的权利，以不公平的高价向交易相对人收取安装费用			5家天然气公司滥用市场支配地位行为，违反了《反垄断法》第17条禁止具有市场支配地位的经营者以不公平的高价销售商品的规定。湖北省发改委网站一篇新闻稿提到，紧接着又组织省内近个天然气公司进行自查与整改，据调查，十几家天然气公司，共清退违规用气保证金5000万元，降低安装费用30%以上
2	限定交易	2020	山西省市场监督管理局	忻州市忻城燃气有限公司	忻州市中心城区及忻府区全部行政区内	唯一经营者	限定房地产开发企业新建住房管道天然气安装工程建设只能与当事人交易。当事人与所有房地产开发企业订订的《天然气安装工程合同》约定，工程范围不仅包括户内燃气设施安装工程，也包括庭院内管网安装工程。限定房地产开发企业新建住宅燃气安装工程所需施工材料由当事人提供	根据有关规定，房地产企业作为建设单位，可以将管道燃气安装工程直接发包给有相关资质的设计、施工和监理单位		当事人独家提供管道天然气供应服务，并掌握了燃气设施验收和接收的主动权。房地产开发企业只有将天然气安装工程自主选择权让渡给当事人，才能保证按时通气。

续表

序号	类型	处罚时间	调查机构	被调查企业（机关）	相关市场	相关市场内地位	违法行为描述	当事人主要抗辩理由	对抗辩的回应	其他关注点
2	限定交易	2020	山西省市场监督管理局	忻州市燃气有限公司	（接上页）的城市民用管道天然气供应服务市场	唯一经营者	限定房地产开发企业新建住房管道天然气安装只能与当事人交易。当事人与所有房地产开发企业签订的《天然气安装工程合同》约定，工程范围不仅包括户内燃气设施安装工程，也包括庭院管网安装工程。限定房地产开发工程所需施工材料由当事人提供		根据有关规定，房地产企业作为将管道燃气安装工程的设计、施工直接发包给有相关资质的设计、施工和监理单位	（接上页）当事人的行为损害了交易相对人、天然气用户和其他经营者利益。该案除被处以罚款之外，还决定没收违法所得，罚没款总计241.66万元
3	限定交易	2020	山西省市场监督管理局	山西建科天然气科技股份有限公司	盂县行政区域内的城市民用管道天然气供应服务市场	唯一经营者	限定房地产开发企业新建住房管道天然气安装只能与当事人交易。限定房地产开发工程所需施工材料由当事人提供		根据有关规定，房地产企业作为将管道燃气安装工程的设计、施工直接发包给有相关资质的设计、施工和监理单位	当事人独家提供管道天然气供应服务，并掌握了天然气设施验收和接驳的主动权。其行为损害了交易相对人、天然气用户和其他经营者利益。该案除被处以罚款之外，还决定没收违法所得，罚没款总计164.3万元

续表

序号	类型	处罚时间	调查机构	被调查企业（机关）	相关市场	相关市场内地位	违法行为描述	当事人主要抗辩理由	对抗辩的回应	其他关注点
4	限定交易不公平高价搭售	2015	无锡市工商行政管理局	无锡华润燃气有限公司	无锡市区管道燃气供应市场	唯一经营者	限定房地产开发企业必须委托当事人组织工程项目燃气的设计、施工建设，并限定开发企业必须向当事人购买智能表。在燃气工程设计费、建设费、智能表费收费项目之外收取接管费。强迫部分开发企业向其购买百尊提货卡。			限定房地产开发企业必须委托当事人组织工程项目燃气的设计、施工建设，并限定开发企业购买智能表，构成限定交易；在燃气工程设计费、建设费、智能表费等收费项目之外收取接管费用；强迫部分开发企业向其购买百尊提货卡，构成胁迫交易
5	限定交易	2016	宿迁市工商行政管理局	泗洪伟业燃气有限公司	泗洪县城区范围内开发、建设、经营管道天然气市场	唯一经营者	当事人利用公司管道天然气项目开发建设、供气销售天然气以及参与相关管道天然气所有城区新旧居气管道工程建设权等特许权力和优势，承揽了该县城区所有天然气小区、包括城区新旧居民住宅小区管道天然气工程建设都必须先由泗洪伟业公司承揽后，再由该公司转包给其他单位施工，且相关工程合同的签订、工程价格、付款方式等均由当事人决定，相关房地产开发企业根本无话语权和选择权	当事人提出，燃气工程是特殊高危行业，而且日后期需要人力、财力去维护，所以必须由其公司统一来建设、施工、经营	相关工程施工建设要由有相关资质的企业来完成，而当事人并不具备相关工程施工资质，其公司核准的经营范围中也无管道天然气施工建设。当事人的行为带有主观上严重扰乱了市场公平交易秩序，损害其他人合法利益	当事人作为承揽城市供气服务的公用特许经营者，其在获取特许经营权的相关市场内利用市场的独占地位，没有正当理由，限定房地产企业在管道燃气工程上只能与其进行交易，其行为排挤了其他经营者的公平竞争，客观上扰乱了市场公平竞争秩序，损害了市场经营者的合法权益，构成限定交易

271

续表

序号	类型	处罚时间	调查机构	被调查企业（机关）	相关市场	相关市场内地位	违法行为描述	当事人主要抗辩理由	对抗辩的回应	其他关注点
6	搭售	2016	江苏省扬州工商行政管理局	扬州中燃城市燃气发展有限公司	扬州市区民用管道燃气（天然气）经营市场	唯一经营者	当事人在未与用户就购买民用燃气保险事宜达成即向磋商向用户收取保险费用，并单方面决定由其代理的保险公司向用户提供保险服务的行为为属于强制性的行为			当事人单方面决定收取用户的保险费，并由其代理的保险公司向用户提供保险服务。为实质上是借助其在民用管道天然气市场上的支配地位，将支配地位的影响力不当延伸到扬州市保险服务市场，限制了市场的公平竞争
7	限定交易	2016	江苏省工商行政管理局	宿迁市中石油昆仑燃气有限公司	城市管道燃气供气服务；宿迁市城区地域范围国内	唯一经营者；《宿迁市城市管道燃气特许经营协议》	当事人限定房地产开发企业只能将所开发住宅小区的燃气管道工程交由当事人承建。当事人限定房地产开发企业在与其签订的《燃气管道报装公司》中所需用的施工材料只能由当事人提供。	住宅小区的燃气管道安装施工工程理应包括在内政管道经营特许经营协议之中。由第三方承建，安全性得不到保证，且如果当事人不承建，则也不负责日期的维护工作。限定施工材料，	协议表明当事人在宿迁市城区范围内只负责市政管道燃气设施的投资建设。住宅小区内庭院管道燃气设施依据相关规定，具备了特种设备安装改造维修许可证（压力管道）资质，方可从事燃气管道安装施工工程。燃气经营者	在宿迁市城区，当事人利用独家提供管道燃气的市场支配地位，要求宿迁市城区房地产开发企业必须将其所开发项目的燃气管道工程交给自己承建，导致具备资质的企业无法进入宿迁市场，丧失了公平进入市场的机会。同时对新建住宅小区的燃气管道施工材料领域，也应当是一个自由、充分竞争

续表

序号	类型	处罚时间	调查机构	被调查企业（机关）	相关市场	相关市场内地位	违法行为描述	当事人主要抗辩理由	对抗辩的回应	其他关注点
7	限定交易	2016	江苏省工商行政管理局	宿迁中石油昆仑燃气有限公司	城市管道燃气供应服务；宿迁市城区地域范围内	唯一经营者；《宿迁市城市管道燃气特许经营协议》	当事人限定房地产开发企业只能将所开发住宅小区的燃气管道工程交由当事人承建。当事人限定房地产开发企业在与其签订的《燃气管道报装合同》中所需用的施工材料只能由当事人提供	（接上页）是为了确保工程质量和后期维护的方便	（接上页）对居民小区内燃气管道的维护更新有着不可推卸的法律义务。《江苏省燃气管理条例》第10条规定"燃气工程建设选用的设备、材料，应当符合国家标准"，工程施工所需材料是否由当事人提供无关	（接上页）的市场，材料供应商应当可以凭借符合国家标准的施工材料，直接地与房地产开发企业开展交易活动，但当事人利用独家提供管道燃气的市场支配地位，限定住宅小区燃气管道施工所需材料只能由当事人提供。因此当事人的行为，剥夺了企业公平竞争的机会，扰乱了正常的市场秩序
8	不公平高价，限定交易	2017	宁波市象山县市场监督管理局	象山华润燃气有限公司			当事人以表具费名义向住宅小区用户、开发商（6114户）收取1670680元。扣除购进成本，未缴清预埋费的小区，当事人多收取的补差为431504元。另外，当事人2016年预埋燃气管道的1个小区于2007年开发建设，向35户住宅用户收取了1580元/户的燃气管道预埋费，计55300元			当事人超出正常的收费项目或者标准而收取的燃气管道预埋费，违反了《反不正当竞争法》第6条、第23条之规定，分别构成了公用企业限定他人购买其指定的经营者的商品，以排挤其他经营者的公平竞争及滥收费用的行为

273

续表

序号	类型	处罚时间	调查机构	被调查企业（机关）	相关市场	相关市场内地位	违法行为描述	当事人主要抗辩理由	对抗辩的回应	其他关注点
9	搭售	2020	青海省市场监督管理局	青海省民和川中石油天然气有限责任公司	城镇民用管道天然气市场，民和县主城区	唯一经营者	当事人要求房地产公司或居民用户在办理天然气用气申请时，必须在燃气服务部购买壁挂锅炉并签订《壁挂锅炉销售合同》，否则就以房地产公司或居民用户自行购置的壁挂锅炉未在当事人备案、产品安装不符合要求等理由拒绝接受居民用户用气申请	当事人、燃气服务部、壁挂锅炉商都是具有独立经营资格的主体，三者之间是正常的生意往来并无不当。要求用户购买其推荐的产品是确保用气安全	由于存在财务混同、人员混同、业务混同的关系，燃气服务部实上成为当事人的一个内设机构。当事人不是法定的产品质量检验机构，不具备对用户所购买的产品判定是否合格的资格，况且用户所购买的产品均是取得了国家强制认证的合格产品	当事人的行为实质上是借助其在民和地区民用管道天然气市场上的支配地位，将支配地位延伸到民用燃气器具市场，限制了市场的公平竞争，对当事人市场具有影响力很大，该案处以罚力度大，对当事人处2017年度销售额的百分之九罚款，计额446195443元
10	搭售	2017	镇江市工商行政管理局	扬中中燃城市燃气发展有限公司	镇江市管道燃气供应市场	唯一经营者	2015年，当事人与扬中鑫友置业有限公司等4家房地产开发商分别签订了《居民燃气入户合同（集体）》，向当事人提出分（延）期支付民用工程款的请求，当事人在处理此请求的同时，提出让渡房地产开发商购买其"燃气具抵用券（叁佰元）"			当事人的行为违反了《江苏省实施〈中华人民共和国反不正当竞争法〉办法》第9条第2项"强制用户、消费者购买其提供的或者其指定的经营者提供的商品及配件"

续表

序号	类型	处罚时间	调查机构	被调查企业（机关）	相关市场	相关市场内地位	违法行为描述	当事人主要抗辩理由	对抗辩的回应	其他关注点
11	附加其他不合理交易条件案件	2020	江苏省市场监督管理局	盐城新奥燃气有限公司			2008年以来，当事人在办理燃气工商用体用户开户业务的过程中，与用户签订《管道燃气设施配套建设合同》，在该合同中要求：建筑红线外燃气设施产权属于当事人；建筑红线内燃气设施产权属于用户；供气后，建筑红线外的输、配气设施由当事人负责维护管理；建筑红线内的燃气设施（不含用户自有燃气设施及器具）在工程验收合格后免费保修1年；超保修期后，建筑红线内的燃气设施由用户自行维护		当事人的行为违反了《江苏省燃气管理条例》第32条之规定："非居民用户和燃气计量表设置在住宅内的居民用户，其燃气计量表和表前燃气设施由燃气企业负责维护、更新；燃气计量表后燃气设施和燃气器具，由用户负责维护、更新"	原江苏省工商局于2015年12月对该案立案调查。在调查期间，当事人提交了中止调查申请书并承诺采取整改措施，江苏省市场监督管理局于2019年2月20日对本案作出了中止调查决定。经查，当事人在规定时限内履行了整改承诺，未出现《反垄断法》所规定的恢复调查情形，江苏省市场监督管理局于2020年7月8日对本案作出终止调查决定。
12	附加其他不合理交易条件案件	2016	山东省工商行政管理局	青岛新奥新城燃气有限公司	管道燃气供应服务，青岛市城阳区行政	唯一经营者，《青岛市城阳区管道燃气特许经营协议》	当事人要求工商业户缴纳"预付气费款"。若工商业户不予供气，当事人即将该"预付气费款"，在日常购气中不断从中抵扣燃气费，直到工商业户不再用气时，当事人将上述"预付气费款"予以返还。经查，当事人共向209家工商业户收取上述"预付气费款"	上游气源企业向当事人收取气费预付款，造成当事人资金周转压力大。当事人为规避风险，避免工商业户	上游气源企业向当事人预付款与本案没有关联性，当事人与上游气源企业购气交易的相关问题与工商业户供气交易行为不能作为其与工商业户供气交易的条件。当事人不能将自附加给工商业户的不合理交易条件	当事人称作"预付气费款"本身并不是实质意义上的预付气费款，其强调行要求工商业户缴纳"预付气款"的行为是附加交易条件。

续表

序号	类型	处罚日期	调查机构	被调查企业（机关）	相关市场	相关市场内地位	违法行为描述	当事人主要抗辩理由	对抗辩的回应	其他关注点
12	附加其他不合理交易条件	2016	山东省工商行政管理局	青岛新奥新城燃气有限公司	（接上页）管输规划区域内（不包括……部分）	唯一经营者，《青岛市城阳区管道燃气特许经营协议》	（接上页）收取"预付气费款"超过898万元	（接上页）商业用户恶意拖欠气费。当事人收取"预付气费款"经过与工商用户协商并同意	（接上页）经营风险转嫁给工商业用户。通过调查，90%以上的工商业用户表示是当事人以不能保障稳定供气为由强制收取此费用	当事人称作"预付气费款"的这笔实际意义上的预付气费款，其强行要求工商业户缴纳"预付气费款"的行为是附加给工商业户的不合理交易条件
13	附加其他不合理交易条件	2015	江苏省泰州市工商行政管理局	泰州港华燃气有限公司	泰州市管道燃气供应市场	唯一经营者	当事人从2011年9月起，在其与泰州城区燃气用户签订供气合同时，未与用户协商，单方面在其印制并提供给工商业客户使用气合同》第4.4.1规定："如用气方未如期支付气费，供气方有权向用气方停止交燃气催款通知，要求用气方支付欠款，及按逾期之日起按日向用气方加收1%的滞纳金。"			当事人利用其独占地位，强制用户接受其规定的逾期缴纳滞纳金，并对不接受其不合理条件而逾期缴纳气费的用户收取逾期滞纳金收费用。属于滥用市场支配地位附加不合理交易条件的行为
14	附加其他不合理交易条件	2016	宁波市鄞州区市场监督管理局	宁波东方管道燃气股份有限公司	宁波市鄞州区横街镇、集士港镇、古林镇	唯一经营者	自2012年1月份开始，当事人陆续向申请使用管道燃气和餐饮业的非居民用户收取一定金额的"气款保证金"，并在当事人与用户签订的天然气购销协议（或供用气合同，以格式条款予以约定。预付款金额为一个结算周期用户			当事人强行要求工商业户缴纳"预付气费款"的行为是附加给工商业户的不合理交易条件

续表

序号	类型	处罚时间	调查机构	被调查企业（机关）	相关市场	相关市场内地位	违法行为描述	当事人主要抗辩理由	对抗辩的回应	其他关注点
14	附加其他不合理交易条件	2016	宁波市鄞州区市场监督管理局	宁波东方管道燃气股份有限公司	（接上页）（部分）、石碶街道和望春工业区天然气供应市场	唯一经营者	（接上页）预付使用天然气对应气费金额，作为用户用气信用保证，需在供气之前支付，在双方使用有关系终止并结算完成后无息返还。原则上，用户在签订协议并支付预付款之后当事人才给予供气。用户缴纳的预付款以保证金方式一直存放于当事人的账户上，用户实际使用燃气产生的气费按双方约定时间周期另行结算			当事人强行要求工商业户缴纳"预付气费款"的行为是附加给工商业户的不合理交易条件
15	附加其他不合理交易条件	2017	宁波市鄞州区市场监督管理局	宁波新奥燃气有限公司	除鄞州区的横街镇、集士港镇、望春工业区等外的鄞州其余区土	唯一经营者	自2009年1月份开始，当事人陆续向申请使用管道燃气的部分非居民用户（主要是一些没有自主房产，通过房屋租赁从事餐饮服务行业等商业用户）收取一定金额的"气款预收款"（2011年开始改为"气费保证金"，以下统称为保证金），并在当事人与用户签订格式条款予以约定。保证金额以预估用户在一个结算周期用气量对应的气费金额为参考依据，			当事人强行要求工商业户缴纳"预付气费款"的行为是附加给工商业户的不合理交易条件

续表

序号	类型	处罚时间	调查机构	被调查企业（机关）	相关市场	相关市场内地位	违法行为描述	当事人主要抗辩理由	对抗辩的回应	其他关注点
15	附加其他不合理交易条件	2017	宁波市鄞州区市场监督管理局	宁波新奥燃气有限公司	（接上页）其他乡、镇、街道的天然气供应市场	唯一经营者	（接上页）作为用户用气信用保证，需在供气之前支付，在双方供用相关系终止并结算完成后无息返还。原则上，用户在签订协议并支付保证金之后当事人才给予供气			当事人强行要求工商业户缴纳"预付气费款"的行为是附加给工商业户的不合理交易条件
16	附加其他不合理交易条件	2016	广东省工商行政管理局	佛山市顺德区港华燃气有限公司	佛山市顺德区管道燃气供应服务	唯一经营者	当事人在与商业用户签订供用气合同时，强制用户接受内容为"用气方在供气方供气前，须缴纳人民币×元整（¥　元）作为用气履约保证金给供气方（或采用供气方出具不可撤销的银行保付函），并在通气点火前一次性支付给供气方（履约保证金＝结算周期×日用气量×用气单价），供气方有权根据用气方实际用气量状况调整履约保证金。用气方终止用气时，必须缴清所有欠款后，供气方则无息交还履约保证金给用气方；如用气方拖欠气款，供气方有权将履约保证金抵扣拖欠的气费"的条款			当事人自2005年开始，截至2016年7月被立案调查时，历年累计收取履约保证金共计5032364.5元。当事人通过格式合同，单方面增加不合理的交易条件，占用了用气方的经营流动资金，损害了用气方在交易中的权益，违反了《广东省实施〈中华人民共和国反不正当竞争法〉办法》第14条第5项"公用企业、事业单位依法具有独占

续表

序号	类型	处罚时间	调查机构	被调查企业（机关）	相关市场	相关市场内地位	违法行为描述	当事人主要抗辩理由	对抗辩的回应	其他关注点
16	附加其他不合理交易条件垄断案件	2016	广东省工商行政管理局	佛山市顺德区港华燃气有限公司	佛山市顺德区管道燃气供应服务	唯一经营者	当事人在与商业用户签订供气合同时，强制用户接受内容为"用气方在供气方供气前，须缴纳人民币____元整（¥___元）作为用气履约保证金给供气方（或采用向供气方出具不可撤销的银行保函），并在通气点火前一次性支付给供气方，供气方再向用气方供气（履约保证金＝结算周期×日用气量×用气单价），供气方有权根据用气方实际用气量状况调整履约保证金，用气方应予配合。若用气方终止用气时，必须缴清所有欠款后，供气方无息交还履约保证金给用气方；如用气方拖欠气款，供气方有权将履约保证金抵扣欠缴的'气费'"的条款			（接上页）地位的经营者，不得采取下列行为：……（五）对不接受其不合理条件的用户、消费者，实行不提供或者中断、削减提供相关商品、服务，或者滥收费用"的规定
17	行政性垄断	2018	北京市发展与改革委员会	房山区燃气开发中心	房山区燃气行业管理		该中心在开展燃气项目报装审批过程中，要求开发单位签订由房山区燃气开发单位提供、指定等形式，限定开发单位提供选择房山区燃气开发中心下属企业从事燃气工程施工建设。据调查，房山区内绝大部分燃气工程都未执行招投标程序，直接由房山区燃气开发中心下属企业施工建设			北京市发展与改革委员会向房山区政府办、区国资委、区城管委、区燃气开发中心等相关部门通报了排除、限制竞争行为的事实，并提出立即全面纠正的建议。房山区燃气执法部门积极配合执法中心调查，并实

续表

序号	类型	处罚时间	调查机构	被调查企业（机关）	相关市场	相关市场内地位	违法行为描述	当事人主要抗辩理由	对抗辩的回应	其他关注点
17	行政性垄断	2018	北京市发展与改革委员会	房山区燃气开发中心	房山区燃气行业管理		该中心在开展燃气项目报装审批过程中，以直接委托、指定等形式，要求开发单位签订由房山区燃气开发中心提供的制式合同，限定开发单位选择房山区燃气开发中心从事施工建设。据调查，房山区内绝大部分燃气工程都未执行招投标程序，直接由房山区燃气开发中心下属企业施工建设			（接上页）施了有效的整改措施，对行使行业管理职能时存在的燃气行业限制竞争行为予以主动纠正，于2018年4月通过网站对主动纠正情况予以公示
18	行政性垄断	2020	湖南省市场监管局	怀化市住房和城乡建设局	怀化市燃气行业管理		怀化市住建局及其下属燃气办，在制订工作方案时，要求整合怀化城区瓶装燃气销售业务，由中民公司实施统一管理，统一调配供应市场；对中民公司与怀铁公司达成的包括划分市场份额、委托管理经营等在我的协议，合同予以鉴证；对怀铁公司要求恢复自主经营的诉求予以拒绝，导致相当长一段时间内民用瓶装燃气销售业务由中民公司统一经营管理，统一开票收费，使得中民公司与怀铁公司实施分割充装市场的垄断行为长期存续，严重影响了市场竞争			依据湖南省市场监管局调查认定的违法事实，定性处理依据和怀化市纪委关于纪律检查建议，怀化市住建局党组对相关责任人员进行追责问责，给予燃气办前主任钟某党内警告处分、燃气办现主任张某被免职。此案是湖南省反垄断执法机构查办案件以来，首次有行政人员因滥用行政权力排除、限制竞争行为而被地方被执纪部门追责的典型案例

如图 5-6 所示，在 18 个管道燃气供应企业涉及滥用市场支配地位的案件中，涉及附加不合理交易条件的案件最多，共有 6 宗，占 33.33%；涉及限定交易和搭售的案件次之，各有 4 宗，各占 22.22%；涉及同时实施多种类型的滥用市场支配地位行为的案件有 3 宗，占 16.67%；涉及实施不公平高价的案件仅有 1 宗，占 5.56%。

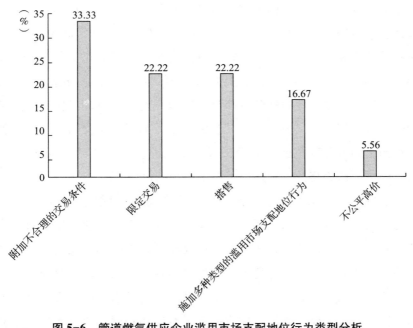

图 5-6　管道燃气供应企业滥用市场支配地位行为类型分析

城市管道燃气企业滥用市场支配地位的主要表现形式可以概括为以下几种：第一，以不公平高价销售商品，如湖北 5 家燃气公司凭借其在湖北省特定区域内的市场支配地位，以不公平高价收取非居民管道燃气设施建设安装费用；第二，无正当理由搭售商品，如强迫用户购买相关的燃气保险或是其他的非必需产品，强制用户接受不必要的计量设施等；第三，无正当的理由，限定交易相对人只能与其进行交易，或者是只能与其指定的经营者进行交易，如强迫用户接受指定经营者提供的服务，主要体现为限定燃气工程安装领域的工程服务和施工材料；第四，无正当理由附加不合理的交易条件，例如对于申办燃气入户的居民用户与非居民用户，强迫其采购燃气企业供给的合格的设备和材料，否则将以各种借口不予供气，或者拖延供气服务，或是强行或变相，向用户收取最低燃气消耗费，并强行领取保证金。报告下文将对上述四类滥用市场支配行为问题进行逐一分析。

（一）城市管道燃气供应行业的不公平高价问题

不公平高价可以分为两个层次理解。首先是高价，其次是不公平。远超过市场竞争情况下的价格属于垄断高价。那么如何理解高价是否公平？民法中的公平原则，要求当事人在民事活动中应以社会正义、公平的观念指导自己的行为，当事人利益分配应当均衡，义务分配应当合理。它强调的是在市场经济中，任何经营者都只能以市场交易规则为准则，享受公平合理的对待，权利与义务相一致。这就是说，如果一个交易价格，它使得买方承担了超过合理范围的对价义务，不能够反映正常的市场交易活动，那么我们可以认为将其认定违反了公平原则的价格。

由于城市管道燃气企业特许经营的垄断地位，燃气用户没有其他选择。为了获取高额的垄断利润，一些管道燃气供应企业便滥用其市场支配地位实施不公平高价行为，如对不实行政府指导价的非居民用户及在非指导价的业务环节，收取远远高于合理价格的费用。在非居民管道燃气设施建设安装中使用建设安装材料（含配套设备）的计费价格，大幅高于实际采购价格。非居民管道燃气设施建设安装费用和利润，明显大幅高于其他相同经营者。

（二）城市管道燃气供应行业的搭售问题

搭售往往是指垄断企业利用其垄断地位，在销售过程中搭售不同种类或质量的商品或服务，并且基于搭售行为，不具备竞争优势的产品或服务，因搭售行为而在本市场内具备了竞争优势，导致其他同类商品滞销，或者因强迫搭售行为，购买方失去购买自由，购买了不需要的产品或服务，增加自身经济负担，损害社会相关方利益。搭售行为一般具有如下特点：（1）搭售具有强制性，搭售往往表现在不考虑消费者的意愿，仅以搭售行为实施者的主观想法销售产品或服务，从而导致消费者被动接受商品或服务；（2）搭售产品间具有相对独立性，即搭售行为实施者要求 A 产品或服务等的购买者，必须同时购买其他独立可分的 B 产品或服务等项目，以作为卖方出售 A 产品或服务的先决条件。（3）行为具有危害性。

据笔者统计，在 18 个管道燃气供应企业涉及滥用市场支配地位的案件中，涉及搭售的就有 6 宗。可见，管道燃气供应企业滥用市场支配地位实施搭售行为是比较具有代表性的。从这 6 宗案件中可知，被搭售的产品一般是燃气保险服务、燃气具产品。

管道燃气供应企业搭售燃气保险采取的是一种强制性"自愿"的模式，管道燃气供应企业通过与保险公司合作，联合为其燃气用户设计险种，并利用其为用户开通燃气服务的便利，在用户不知情的情况下搭售燃气保险。管道燃气供应企业未经用户明示同意，单方面决定收取用户的保险费，并由其代理的保险公司向用户提供保险服务，违背了用户的意愿，具有一定的强制性，损害了管道燃气用户的合法权益。此外，燃气保险服务市场本应是自由且充分竞争的市场，管道燃气供应企业实施搭售行为，可能造成被搭售的燃气保险服务市场上的其他保险服务公司被排挤出市场，限制了市场的公平竞争。

搭售燃气具产品是管道燃气供应企业最常采取的搭售手段。在涉及搭售的案件中，涉及搭售燃气具产品的案件达到了 67%。除了搭售燃气保险服务与燃气具产品外，一些管道燃气企业在销售中也可能搭售其他产品。被搭售的产品一般与其行业属性以及管道燃气供应企业经营业务密切相关。燃气企业通过销售燃气居民、工商业灶具、燃气泄漏自动报警切断设备、采暖壁挂炉、热水器等作为公司的增值业务，以增加企业的获利空间。

（三）城市管道燃气供应行业的限定交易问题

如前所述，限定交易类型的垄断案件所占比例达到 21%。由此可推知，限定交易行为是管道燃气供应行业较为频发的一种垄断行为。限定交易行为是指具有市场支配地位的经营者利用其优势，限制他人按照自己的意愿进行交易，排斥其他经营者公平竞争的行为。限定交易行为不仅侵害交易相对人的交易自由，还会导致其他竞争经营者无法进入相关市场与其竞争，市场的竞争秩序遭受破坏。

　　根据不同的标准，限定交易行为可以划分为不同的形式。按照经营者对相对人限定交易程度的不同，可以分为独占限定交易和部分限定交易；依据限定交易的主体划分，又分为独家购买和独家销售两种模式；根据限定的方式划分，可分为单方限定交易和双方互相限定两种情形。

　　按照限定交易的程度划分，可以分为独占限定交易和部分限定交易。当具有市场支配地位的经营者与交易相对人约定只能与其或者其指定的第三方交易时，属于独占限定交易行为；经营者要求交易对方与其签订独家排他性销售或排他性购买的方式锁定一定区域的产品市场，从而巩固自身的垄断地位。当具有市场支配地位的经营者与交易相对人约定，交易相对人应当与其或者其指定的第三方进行一定比例的交易时，属于部分限定交易。在经济生活中，经营者的交易相对人众多，经营者未必都能与交易对方形成独家限定交易的协议安排，有时只能限定交易相对人一定比例的销售或购买活动。

　　按照限定交易的主体划分，可以分为独家购买和独家销售两种行为。此种情形产生于上下游生产商（卖方）和销售商（买方）之间。当卖方具有市场支配地位时，可以凭借其市场力量限定买方只能与其或者其指定的第三方进行交易。若卖方利用市场支配地位将优势传导到其他市场，限制买方自由交易，则应当受《反垄断法》的规制。同理，当买方具有市场支配地位时，买方可以利用其市场的支配地位要求卖方只能与买方或者买方指定的交易方进行交易。根据排他性协议的安排，上游生产商的产品或服务只能提供给指定的下游销售商，而不得再将产品或服务提供给其他与之有竞争关系的经销商。买卖双方凭借排他性销售安排形成市场地域限制，在这种情形中，有市场支配地位的买方在相关市场中往往被指定为唯一经销商。在相关市场范围内，上游的经营者不得将产品或服务提供给其他买方，也不得在相关市场内进行直接的销售活动。

　　按照实施限定交易行为的方式，可以分为单方限定交易和双方互相限定两种类型。在传统的限定交易中，通常表现为具有市场支配地位的经营者对交易相对人的限定，妨害了交易相对人的交易自由。随着经济生活的日益复杂化，限定方式也呈现多元的样态。我国开始出现上游的制造商与下游经销商互相限定，以此增加双方市场力量的情形。上游生产商和下游经销商强强联合，势必影响市场竞争。通过交易双方排他性安排的交叉运用，其他的经营者和经销商更难进入到相关市场当中。从上游生产商的角度来看，这样的安排使得潜在的竞争者必须承受更高的进入成本，因为他必须寻求协议外的经销商销售产品，这样势必增加批发价，也削弱了竞争力。从下游销售商的角度看，独家销售可以防止其他竞争者搭便车，避免不必要的沉没成本。此种模式下，制造商与销售商互相增强了市场力量，并相互分享了经济利益，而这扭曲市场竞争的成本最终转嫁由消费者承担。

管道燃气供应企业实施的限制交易行为一般表现为独占限定交易和单方限定交易。管道燃气建设和安装工程领域、建设和安装工程所需施工材料领域是管道燃气供应企业实施限定交易行为的关键领域。原因在于，长期以来，天然气市场价格机制没有理顺，天然气价格不能充分反映城镇管道燃气供应企业生产、运营和服务的真实成本和市场供求关系。城镇管道燃气供应企业的购气价格（门站价）为中央政府定价，居民用气的销售价格则由地方政府定价，政府同时监管配气价格和销售价格。在居民用气市场，管道燃气供应企业对民用气销售市场没有价格决定能力。在非居民用气市场，由于国家实行指导价，且各地普遍存在上游调价而下游不能按市场规则合理顺价的规定，管道燃气供应企业对销售市场价格决定能力也十分有限。上述因素导致居民用气价格受政策性因素影响与成本长期倒挂，非居民用气价偏高，天然气下游市场严重依赖"交叉补贴"，这一非市场价格机制得以维持。在部分地区，特别是缺乏天然气工业用户的地区，以天然气为主的城镇管道燃气供应企业在与煤炭、人工煤气、LPG 和重油等可替代能源的市场竞争中长期处于劣势。因此，在作为经营核心的配售气业务难以盈利的情况下，部分城镇燃气企业必然将燃气相关的工程、服务业务作为企业的生命线。

管道燃气工程施工安装的操作模式是城市管道燃气供应企业为下游用户进行燃气设施、设备的安装、调试并按一定的标准收取一定的费用。与此同时，城市燃气运营商也提供其他燃气安装业务相关的服务，比如说，像销售、更换、拆除、维修维护燃气设施设备、改造燃气工程等。国家发改委、住房和城乡建设部、市场监管总局于 2019 年 6 月 27 日发布《关于规范城镇燃气工程安装收费的指导意见》，明确指出"燃气企业不得滥用市场支配地位垄断经营范围内工程安装业务，或指定利益相关方从事燃气工程安装，妨碍市场公平竞争"。可见，燃气安装工程并不在特许经营的范围。房地产企业作为建设（发包）单位，有权将管道燃气工程建设和安装发包给有相关资质的施工单位。同样地，房地产开发企业也有权自主选择符合相关标准的供应商提供燃气安装工程所需施工材料。但是，燃气安装工程验收合格是用户通气的前提条件，而庭院天然气管网与市政天然气管网能否顺利实现接驳，也是房地产开发企业能否选择其他有资质的施工企业进行施工的关键所在。管道燃气供应企业掌握着上述燃气设施验收和接驳的主动权，易滥用权利，要求房地产开发企业让渡燃气安装工程及燃气建设和安装工程所需施工材料自主选择权。

目前查处的 4 起管道燃气供应企业限制交易案件，均与管道燃气供应企业限定房地产开发企业的天然气安装工程只能与其进行交易、限定房地产开发企业天然气安装工程中所需用的施工材料只能由其提供有关。在江苏省无锡市华润燃气有限公司滥用市场支配地位一案中，华润燃气有限公司限定房地产开发企业必须委托当事人组织房地产项目燃气工程的设计、施工建设，并限定开发企业必须向当事人购买智能表，其行为构成限定交易。在江苏宿迁泗洪伟业燃气有限公司限定交易一案中，泗洪伟业燃气有限公司利用公司管道天然气项目开发建设、供气销售服务以及参与相关管道天然气工程验收等特许权力和优势，承揽了该县城区所有天然气管道工程建设，包括城区新旧居民住宅小区管道天然气工程建设都必须先由泗洪伟业公司承揽后，再由该公司转包给其他施工单位施工，且相关工程合同的签订、工程价格、付款方式等均由该公司决定，相关房地产开发企业根本无话语权和选择权，导致该限定交易行为最终被认定为违法。

（四）城市管道燃气供应行业的附加不合理交易条件问题

就目前的数据统计和分析结果看，附加不合理交易条件是管道燃气供应行业最频发的垄断行为。所谓附加不合理交易条件的行为，是指经营者在提供商品或者服务的过程中，违反购买者的愿意，强行附加其他不合理的条件要求购买者接受，购买者因为经营者的市场支配地位而不得不接受上述不合理条件的行为。构成《反垄断法》上的附加不合理交易条件，必须满足以下要件。

第一，交易对方当事人进行交易时被附加条件。此处所言的条件，是指在买卖合同、服务合同所应当具有的权利义务关系之外的要求。如果产品销售者要求购买者依据正常合同的内容履行合同义务，就不能视为附加条件。例如，销售者要求购买者在收到所购置的产品后按时提货，依据合同的约定提前给付相应的定金。这些都不应当视为所谓的附加条件。

第二，所附加的条件要求交易对方当事人在进行交易同时必须接受。如果交易者虽然对于交易附加了条件，但是允许对方当事人可以接受，也可以不接受，则不可能构成滥用行为。

第三，所附加的条件违背了交易对方当事人的真实意愿。

第四，附加条件没有合理的理由。判断附加条件的合理性问题上，反垄断执法机构具有一定的自由裁量权力。

管道燃气供应企业最常附加的不合理交易条件是要求工商业用户"预付气费款"。向工商业户收取"预付气费款"主要有两个方面的原因：一是上游气源企业向管道燃气供应企业收取气费预付款，导致管道燃气供应企业资金周转压力大，为缓解资金周转压力，管道燃气供应企业将成本转嫁给了燃气用户，即向工商业用户收取"预付气费款"；二是在管道燃气供应企业日常经营中可能存在某些工商业户拖欠气费的情况，为规避这种经营风险，管道燃气供应企业便将应由自己承担的经营风险转嫁给工商业户，要求工商业用户"预付气费款"。管道燃气供应企业通常以不能保障稳定供气为由强制收取此费用。迫于其市场支配地位，工商业户为了正常用气，不得不缴纳"预付气费款"。

附加不合理交易条件行为是管道燃气供应行业反垄断执法规制的重要对象，有关部门已经查处了多起管道燃气供应企业滥用市场支配地位附加不合理交易条件案件。笔者共搜集到6起，分别是：青岛新奥新城燃气有限公司滥用市场支配地位案、盐城新奥燃气有限公司垄断案、泰州港华燃气有限公司滥用市场支配地位案、宁波东方管道燃气股份有限公司滥用市场支配地位案、宁波新奥燃气有限公司滥用市场支配地位案以及佛山市顺德区港华燃气有限公司滥用市场支配地位案。除盐城新奥燃气有限公司垄断案、泰州港华燃气有限公司滥用市场支配地位案外，其他的 4 起案件中管道燃气供应企业均以通过格式合同或条款的形式，向工商业用户收取了一定金额的"气款预收款"。

三　城市管道燃气供应行业的行政性垄断问题

按照国家《管道燃气特许经营协议示范文本》规定，管道燃气特许经营权是指"在特许经营期限内独家在特许经营区域范围内运营、维护市政管道燃气实施、以管道输送形式向用户供应燃气，提供相关管道燃气设施的抢修抢险业务等并收取费用的权利"。具体来讲，工业供气、汽车加气、分布式能源等燃气项目不管是否具有完全市场化的特征，只要以城镇管道形式输送燃气，就须受特许经营权制约，由拥有燃气特许经营权的企业独家建设经营。

管道燃气特许经营制度的初衷，是借鉴国外的市场化经验，引进社会资本，进行专业化管理，通过权利的转让解决燃气供给不足、政府财政负担重的问题。特许经营的目的是通过市场的排他性权利，以非居民供气补贴居民供气，以市场保护换取政策性负担。所谓政策性负担，主要指以下两个方面：一是气价受制于历史原因，居民等公用事业（包括学校、养老、医院、部队等，占比很小）用气成本高于工商业用气，但气价却低于工商业价格，居民用气价格偏低导致管道燃气供应企业供气亏损；二是受制于政府专业水平和财政能力等限制，管道燃气企业承担着规划编制、应急演练、抢险救灾等公共服务任务。这种"政府主管、企业承办"的模式同样增加了燃气企业的成本。企业的政策性负担，会必然带来预算软约束，即政府必须给予政策支持，这些企业才有生存能力。政府一般通过市场保护的形式给予政策支持。而随着天然气的大规模利用和非居民用气的急剧增加，燃气经营商政策性负担后的盈余大规模增加，燃气特许经营权价格自然也是水涨船高，成为增加地方财政收入和招商引资的"香饽饽"。为了获得更高的价钱，一些地方政府与管道燃气供应企业私下达成"合意"，为企业"量身定做"招投标条件，以保证该企业最终获得特许经营权。

另一方面，按照特许经营协议，燃气企业拥有"独家经营管道燃气业务""收取相关费用"以及"根据《公司法》及相关法律法规"等获得经营收益的权利。政府既作为甲方，也作为公权力的代表，拥有合同履行评估权、单方变更解除权和临时接管权。同时对关键的经营参数，包括气源成本、售气价格、成本核定等，政府拥有制定权、修改权和监督权。虽然特许经营权中明确了双方的权利和义务，但是协议中留下的类似"执行价格主管部门的规定""遵守有关价格的法律法规"和"依照国家相关法律进行监管"等由政府最后拍板的"口子"还有很多。如果把管道燃气特许经营权比作公司，从权利分配的角度考虑，那么燃气企业获得的仅是剩余索取权，而政府依然保持了相当部分的剩余控制权。特许经营协议甲乙双方的博弈力量天然就是不平衡的，用利益"捆绑"政府成为燃气企业的上策。企业捆绑政府首要的选择是股权合作。政企合作的模式，于政府而言，可以增加收入，同时增加对燃气企业的控制。对燃气企业而言，可以捆绑政府的利益，减少市场的不确定性，同时在规划、审批等方面得到政府的政策倾斜。

因此，管道燃气供应行业的行政性垄断问题不容忽视。

我国《反垄断法》第10条规定，"行政机关和法律、法规授权的具有管理公共事务的职能的组织不得滥用行政权力，排除、限制竞争。"学界通常将之称为"行政性垄断"。根据《反垄断法》第五章的相关类型划分，在我国，行政性垄断一般表现为行政机关和法律、法规授权的具有管理公共事务职能的组织滥用行政权力，限定或者变相限定单位或者个人经营、购买、使用其指定的经营者提供的商品（第40条）；滥用行政权力，妨碍商品在地区之间的自由流通（第41条）；滥用行政权力，排斥或者限制经营者参加招标投标以及其他经营活动（第42条）；滥用行政权力，排斥或者限制外地经营者在本地投资或者设立分支机构（第43条）；滥用行政权力，强制经营者从事本法规定的垄断行为（第44条）；行政机关滥用行政权力，制定含有排除、限制竞争内容的规定等类型（第45条）。

当前我国城市管道燃气行业中存在一定的行政性垄断行为。有些行政主管部门设置过不合理或歧视性的行业进出条件，如小城市招投标却以大城市标准对企业规模、资本实力等进行限制；利用城镇区划调整之机会，重复授予特许经营权等。近些年来，政府机关滥用行政权力直接在燃气领域产生排除、限制竞争效果的情形也时有发生。例如在北京市纠正房山区燃气开发中心行政性垄断行为和湖南省市场监管局纠正怀化市住房和城乡建设局滥用行政权力排除、限制竞争行为案件中体现了上述特点。

在一些地区，政府为了能使某一燃气企业最终获得经营权，会"定制化"制定招投标标准，在"形式及程序"合法的基础上达到"结果"的不公平，不利于管道燃气行业的市场竞争；当前燃气价格的定价机制还不够合理，"成本+固定利润"的模式不利于行业的创新和效率的提升，用非居民燃气收益补贴居民燃气经营亏损，也有违市场化的改革方向，不合理的税费财政补贴也会阻碍这一改革进程，如何在不过度加重居民燃气支出负担的前提下实现我国管道燃气供应行业的市场化改革，减少政府不合理的政策影响，非常考验改革设计者的智慧。

第三节　城市管道燃气供应行业反垄断执法面临的难题

一　燃气行业垄断案件持续高发

整体上看，近些年来我国城市管道燃气供应领域垄断案件呈现持续和高发态势。从时间上看，调研组发现，在 2015 年至 2020 年的 6 年间，我国管道燃气行业中的垄断案件每年不间断地都有发生，其中少则一起，多则达到五六起，甚至有些案件中的垄断行为持续数年；而在数量上，则表现为案件整体数量多（其中行政执法案件 18 起，司法案件 10 起），也远高于其他诸如电力、供水、交通等公用事业的垄断案件的数量。以下内容是案件持续高发的原因。

（一）天然气价格倒挂使企业面临经营成本压力

天然气是我国城市管道燃气的主要构成能源，当下天然气价格倒挂使城镇管道燃气企业面临巨大的经营成本压力，导致屡屡出现突破市场经营底线的垄断现象。整体而言，天然气市场出现价格倒挂的扭曲情况主要表现为两个方面，一方面，进口气价和国内销售气价倒挂；另一方面，居民气价和非居民气价倒挂。

首先，近些年来由于我国国内天然气消费持续增长，而国内天然气产量完全跟不上需求，亟须大量进口天然气以解国内燃眉之急。据发改委相关负责人表示，我国近些年天然气消费以年均15%的速度快速增长，国产资源已不能满足市场需求，进口数量逐年增加。数据显示，2018年我国天然气消费继续保持强劲增长。继2017年我国成为世界最大原油进口国之后，2018年又超过日本，成为世界最大的天然气进口国。

其次，从成本上看，由于工业、热力等行业用气量大，非居民用户单位成本较低；居民用户用量较少，单位成本最高，因此国际上居民用气价格往往显著高于工业用气价格。但长期以来，因考虑居民收入等因素，我国对居民用气实行低价政策，明显低于工业等非居民用气价格。尤其是在一些北方城市供暖季，居民用气价格只有工业用气价格的63%~93%（详见表5-5），这种价格差不利于引导优质资源的高效、合理地利用和配置。

表 5-5　2017~2018 年供暖季部分北方城市居民与工业用气价格对比

城市	居民用气价格（元/m³）	工业或非居民用气价格（元/m³）	工业或非居民用气价格执行时间	居民用气价格/工业或非居民用气价格
北京	2.28	3.22	2017/11/15-2018/3/15	0.71
天津	2.4	2.91	2017/11/1-2018/3/31	0.82
石家庄	2.4	3.12	2017/7/10 起	0.77
长春	2.8	3.02~3.06	2017/9/25 起	0.92~0.93
太原	2.26	3.59	2017/11/1-2018/3/31	0.63
哈尔滨	2.8	3.68	2017/3/16 起	0.76

注：数据来源为各地发改委或物价局网站

这种情况导致城市燃气企业在销售居民用气时并不积极，特别是在冬季来临的时候，停掉非居民用气全力保证居民用气会导致亏损。同时，城市燃气公司和上游企业（中石油、中石化）进行供气合同谈判时，在民用气的供气量上不断"扯皮",以最大化减少经营亏损。

上述天然气价格倒挂现象说明我国天然气市场价格机制尚未完全理顺,当前天然气价格不能充分反映城镇燃气企业生产、运营和服务的真实成本和市场供求关系。城镇燃气的购气价格(门站价)为中央政府定价,居民用气的销售价格则由地方政府定价,政府同时监管配气价格和销售价格。在居民用气市场,燃气企业对民用气销售市场没有价格决定能力。在非居民用气市场,由于国家实行指导价,且各地普遍存在上游调价而下游不能按市场规则合理顺价的规定,燃气企业对销售市场价格决定能力也十分有限。上述因素导致居民用气价格受政策性因素影响与成本长期倒挂,非居民用气价偏高,天然气下游市场严重依赖"交叉补贴"这一非市场价格机制得以维持,导致城市管道燃气供应企业在经营过程中面临着巨大的盈利压力,这也暗藏着实施垄断行为牟取非法利益的潜在动机,对我国竞争执法机关的执法工作带来长期性的巨大挑战。

(二)特许经营模式导致燃气企业过分追逐盈利

公用事业大致而言是指为公众或不特定的多数人提供产品或服务,或由他们使用的业务或行业。民生必需性和公共利益性作为典型的且与国计民生密切相关的公用事业,城市管道燃气供应行业采用特许经营的模式有助于行业的健康发展和平稳运行。但缺少有效的监管和制度设计,特许经营模式也可能会导致燃气企业过分追逐盈利,忽视行业的公益属性,最终破坏行业竞争秩序、损害消费者合法权益。

我们在调研中发现,城市管道燃气企业在特许经营制度上存在一些容易滋生损害竞争行为的原因,一是政出多门、地方各异。导致各类试点在具体落实过程中,中央各部门之间、中央与地方之间、政府与市场主体之间、城市管道燃气企业与社会之间协调难度大,规则不规范,市场准入标准各地各异而造成诸如"空壳"城市管道燃气企业取得特许经营权后高价转包等竞争乱象。二是特许经营权费无明确收费标准,政府只能通过参照和估算来定价,造成被收取高额特许经营权费的城市管道燃气企业为收回成本铤而走险实施市场垄断行为。三是监管缺位,造成市场化改革放开准入之后乱象丛生,主要集中在少数企业为了快速收回成本,只做大型工程或者用气量较大的非居民用户项目，而不愿意接触用气量小、需要大量投资建设管道的居民用户项目，而地方政府行业主管部门并没有意识到该问题，被少数企业提供燃气配套报价之低所吸引而不再坚持平价服务原则，引发其他管道燃气行业企业的不满，从而催生不正当竞争行为。

（三）公用企业市场竞争理念不足

城市管道燃气企业与供水、供热、供电等企业一样，均属于典型的公用企业。公用企业垄断是指公用企业凭借其垄断优势，排除或限制竞争，侵害消费者合法权益的行为。在反垄断法实施早期，基于社会效率理论、国家安全与公共利益理论及竞争不可能理论三个方面的认识，各国多将公用企业的垄断视为合法垄断而予以豁免，其虽受到国家的严格管制，但各国一般仅对公用企业实施的价格垄断进行管制。然而，由于公用企业经营的市场领域缺乏竞争的激励作用，效率低下，服务无法跟上快速发展的经济步伐。同时，公用企业往往机构较为臃肿，官僚作风严重，对消费者缺乏足够的服务意识，侵害消费者权益的事件也时有发生。基于此，各国开始重新思考对公用企业的规制方式和规制力度，并逐步意识到公用企业的垄断行为也应被归入违法性垄断的行列而应受到规制，从而逐步扩大了对公用企业垄断规制的范围，使得公用企业的垄断不再成为被当然豁免的行为。

我国的公用企业，特别是城市管道燃气企业，早期均属于国有企业，企业经营由政府主导，营利性不强，受到严格管制。相应地，企业的自主经营和参与市场竞争的意识也并不强，导致我国城市管道燃气企业或多或少地存在自身约束不够、竞争机制建设不全、反垄断合规意识较差等问题。在该行业，经营主体的市场竞争理念也有不足。

（四）反垄断规范供给不足

我国《反不正当竞争法》早在1993年立法之初就将公用企业垄断纳入规范体系，该法第6条规定："公用企业或者其他依法具有独占地位的经营者，不得限定他人购买其指定的经营者的商品，以排挤其他经营者的公平竞争。"为进一步细化对公用企业限制竞争行为的执法规则，原国家工商行政管理局颁布了《关于禁止公用企业限制竞争行为的若干规定》

（1993 年 12 月颁布，现已废止），此后也较早开始了执法实践。然而，随着《反不正当竞争法》修订后删除对公用企业限制竞争行为规制的条款、《关于禁止公用企业限制竞争行为的若干规定》依法废止，我国不再有关于公用事业领域限制、排除竞争行为的专门规定。

目前，我国关于公用事业排除、限制竞争行为的执法主要依赖《反垄断法》及相关规定。从行为表现上来看，目前城市管道燃气行业出现的较为典型的限制竞争行为，均可以依据《反垄断法》关于滥用市场支配地位行为的规定进行处理。2019 年，市场监管总局颁布实施的《禁止滥用市场支配地位行为暂行规定》第 22 条专门规定："供水、供电、供气、供热、电信、有线电视、邮政、交通运输等公用事业领域经营者应当依法经营，不得滥用其市场支配地位损害消费者利益"。该条规定的存在，使得规制城市管道燃气供应企业垄断行为有了相对具体的法律依据，但在条款内容上仍然比较抽象和原则，缺少相对具体和明确的操作规定，从而对竞争执法机关执法的范围、方向、程度、领域等产生影响，影响执法成效。

二 反垄断执法力度仍然不足

（一）基层案件占比高，客观上执法效能受限大

通过对 2015 到 2017 年的案例进行梳理，我们发现城市管道燃气企业限制竞争等行为大多发生在市、县两级行政区域，由市、县工商和市场监管部门查处的案件数量占此类案件总查处数量的比例高达 75%，市、县一级是调查、处理此类案件的主力军。

1993 年《反不正当竞争法》规定，公用企业限制竞争行为由省级或者设区的市的监督检查部门负责查处。实践中，绝大多数公用企业限制竞争行为是由地市一级工商部门查办的。2017 年，《反不正当竞争法》修订时删除了公用企业限制竞争行为、搭售行为、低于成本价销售行为、行政性垄断行为等规定。此后，查处公用企业限制竞争等行为主要适用《反垄断法》。

2018 年机构改革后，国家市场监管总局成立反垄断局，各省级市场监

管部门相应成立反垄断执法机构，统一开展反垄断执法工作。国家市场监管总局反垄断局成立以来，将供水、供电、供气等公用事业领域垄断行为作为工作重点，指导地方大力开展反垄断执法，查处了一系列案件。虽然处罚力度增大，给经营者违法行为带来更大的震慑作用，但是从数量上来看，与大量发生在市县一级的垄断行为相比，反垄断执法的作用仍然不够。

此外，从全国从事反垄断执法人员力量来看，国家市场监督管理总局反垄断局仅有编制 45 人，机构改革后各省级市场监管部门专门从事反垄断执法的人员的编制也较原来有较大幅度削减，在无法充分调动市、县一级执法力量的情形下，反垄断执法机构在应对大量发生在市、县一级的公用事业垄断案件时呈现出严重的力量不足。

（二）缺乏激励机制，主观上动力不够

科学合理的制度设计，有利于激发执法人员的主动性和积极性。目前，案件查办数量及罚没金额仍是各级行政执法部门普遍的考核指标，是主导和激励各级行政执法部门开展执法活动的有效机制。

根据我国 1993 年版《反不正当竞争法》第 23 条开展执法活动时，省级或者设区的市一级工商管理部门拥有对公用企业或者其他依法具有独占地位的经营者所实施的限制竞争行为的调查权和处罚权，罚没款上缴国库，归属本级地方财政，相应的办案人员可以通过办理案件完成个人的考核指标。

现今依据《反垄断法》查办公用事业垄断案件，由于反垄断执法属于中央事权，市、县级市场监管部门没有反垄断执法权限，即便发现违反《反垄断法》的案源线索，也只能交由省级及以上市场监管部门适用《反垄断法》查处。虽然依据《反垄断法》规定，省级市场监管部门可以委托地市一级市场监管部门开展执法活动，但是必须以省级部门名义开展，处罚决定也只能由省级部门作出，罚没款上缴省级财政，调查处理的案件通常也无法视为地市一级办案人员完成的考核指标。在全国绝大部分地区，省一级财政无法对地市参与省级执法活动形成的罚款进行返还，在这样的体制机制下，市、县级市场监管部门显然缺乏足够动力主动去发现和调查违反《反垄断法》的案件。

（三）地方保护盛行，给执法带来较大阻力

城市管道燃气企业或是本身性质即国有企业，或是因特许经营机制与地方政府关系密切，通常是当地的就业大户，当地政府重视与涉案企业的良好合作关系，对于反垄断执法部门开展的针对城市燃气企业的执法活动，常常视为"破坏营商环境"。一些城市燃气企业背靠昆仑、港华等大型燃气集团，资本力量雄厚，对地方政府有更为强大的话语权，甚至可以通过游说地方政府部门，对反垄断执法工作施加影响，给执法活动带来较大阻碍。

三 行业体制机制并未完全理顺

虽然我国政策对天然气上游定价市场、燃气相关施工市场实行了市场化，但城市燃气终端销售定价并未完全放开，与此同时，相应行业监管政策和法规也没有同步跟上，加之特许经营的管理模式，导致城市管道燃气供应行业呈现出自然垄断和开放竞争的混合属性，行业体制机制未完全理顺成为制约竞争执法机关开展执法活动难的又一大原因。

（一）定价机制不健全向关联领域传导负面效应

前文已经阐述，我国城市燃气终端销售价格并未完全放开，使得燃气上下游价格形成倒挂，导致城市燃气企业为降低经营亏损风险开始频繁地涉足并限制原本应开展公平竞争的燃气相关施工市场，侵害了广大消费者的合法权益。经过问卷调查和实地调研，我们发现用户燃气设施建设安装工程领域是燃气公司实施垄断行为的高发领域，也是 2019 年 7 月 3 日国家发改委、住建部、国家市场监管总局联合发布的《关于规范城镇燃气工程安装收费的指导意见》要求执法机构规范的重点领域。近年来，在用户燃气设施建设安装工程领域已经有不少被查处的案例，不仅有燃气企业被罚，而且有地方政府监管部门滥用行政权力行为被制止，但违法行为仍层出不穷。这一事实表明，对于定价机制问题导致的损害市场竞争行为来说，反垄断执法属于治标不治本的策略，无法从根本上抑制燃气公司涉足燃气关联领域并实施垄断行为的内在动机。

（二）特许经营制度有待完善

2010 年国务院公布的《城镇燃气管理条例》第 15 条明确规定："国家对燃气经营实行许可证制度。"住房和城乡建设部发布的《燃气经营许可管理办法》（2014 年发布，2019 年修改）第 2 条也规定："从事燃气经营活动的，应当依法取得燃气经营许可，并在许可事项规定的范围内经营。"由此，经营者欲在特定地域内从事城市管道燃气供应业务就需取得行政主管部门的经营许可。在实务中，这种经营许可往往进一步演变成特许经营，地方政府与特定企业通过签订《城市管道燃气特许经营协议》，明确在一定期限和范围内由特定企业独家经营城市管道燃气供应业务，而合法取得的特许经营权将赋予特定企业在相关市场内天然的垄断地位。国家发改委、财政部、住建部、交通部、水利部、央行于 2015 年联合发布的《基础设施和公用事业特许经营管理办法》第 15 条规定："实施机构根据经审定的特许经营项目实施方案，应当通过招标、竞争性谈判等竞争方式选择特许经营者。特许经营项目建设运营标准和监管要求明确、有关领域市场竞争比较充分的，应当通过招标方式选择特许经营者。"所以特许经营制度若实施得好，就将有利于在城市管道燃气供应行业引入竞争；若实施得不好，就可能成为引入竞争的法律障碍。但是在实践中，城市管道燃气供应行业中的特许经营制度运行已经出现了一些问题。可归结为两方面原因：地方政府行政行为不当和燃气企业本身的问题。前者主要体现在，政府越权授予特许经营权、重复授予特许经营权、空白区域历史遗留问题处置不当、未经公平程序授予特许经营权，未按制度要求开展中期评估等；后者主要体现在，燃气企业未经过特许经营实施机关的同意擅自转让经营权、怠于燃气管道建设等方面。

（三）燃气领域立法尚未起到应有的保障作用

1. 立法指导执法的针对性不足

在城市管道燃气供应行业执法的过程中，地方执法机构发挥着主力作用。各地因发展水平、政策的差异，在适用国家层面相关法律时，必然会进行地方化、特色化变通。因此，城市管道燃气供应行业的地方立法就成为城市管道燃气供应行业企业生存的生命线，同时也是地方行政执法部门的执法准绳。

在对我国22个省、5个自治区、4个直辖市（不包含港澳台地区）中有关城市管道燃气供应行业的地方立法进行梳理后，基本可以将各地制定的燃气管理条例分解成四部分：一是涉及管道燃气特许经营方面的规定，二是涉及管道燃气安全问题的规定，三是涉及管道燃气供应企业定价方面的规定，四是保护管道燃气消费者的相应规定。后两部分可能会涉及反垄断执法方面的问题。但并非所有地方都对以上四点进行了全面规定，如《河南省城镇燃气管理办法》《湖北省燃气管理条例》《河北省燃气管理条例》等都没有涉及燃气企业之间的竞争问题以及针对燃气企业可能出现的滥用市场支配地位问题进行相应的规定。但也有部分地区就燃气企业可能对消费者实施搭售，强制或限定交易的行为进行了明确规定，如《北京市燃气管理条例》《天津市燃气管理条例》《海南省燃气管理条例》《四川省燃气管理条例》《山西省燃气管理条例》等都规定燃气企业不得限定用户购买其指定的经营者的产品（燃气器具）。《北京市燃气管理条例》《海南省燃气管理条例》《青岛市燃气管理条例》《山西省燃气管理条例》《成都市燃气管理条例》《深圳市燃气管理条例》等对燃气销售的定价变更程序、收取的费用等都进行了规定。遗憾的是，没有针对企业限定交易行为（实践中出现较多的行政处罚案例）进行规定。

2. 政策主导型的市场化改革

我国公用事业市场化改革的一个重要特点，即改革主要是通过国家制定各种引导性政策推进的，相关法律法规少之又少。在公用企业改革过程中，国家对改革的目的、方式、阶段等的规定主要见于各种政策性文件，相关立法稀少。而且，虽有相关法规出台，但这些法规多是政策的翻版，且立法层次偏低。与公用企业相关的法律，基本是对政策主导下的"改革成果"的"巩固"，属于政策先行、立法认可与固化的情形，根本不存在"先立法后改革"即依据立法开展公用企业市场化改革的情况。

通过政策主导公用企业市场化改革具有一定的优势，即可根据改革形势即时进行调整，具有灵活机动的特点；有利于发挥地方政府的积极能动性，并能够根据不同公用企业的地域特点与行业特点及时作出改革安排。

但是，缺少普适性的公用企业市场化改革法律法规的指引，改革的目标和方式在确定与调适过程中受人为因素影响的可能性加大，这导致在改革过程中对特许经营协议性质的理解、纠纷的解决途径、政府改革的动机以及私营企业经营者投资公用企业的真实目的与诚信状况等问题，都成为不易预见与控制且可能侵蚀改革成果的潜在风险。而且，市场化进程中所采取的一些方式、方法与程序本身缺乏适法性与可操作性，也成为阻碍改革进程本身的重要因素。

而且更严重的是，还可能存在政策与法律相冲突的情况。从效力上看，尽管发改委、能源局以及地方政府多次提出推行大用户直供，但其发布的文件基本属于政策文件而非法律规范。例如成都市发文提出，支持天然气大用户转供改直供，由企业向属地能源管理部门提出申请，对具备实施条件的，市经信委会商中石油、中石化等气源供应单位安排直供，降低企业用气价格。当政策与法律发生冲突时，法律的效力应该优先于政策，依法签订的特许经营协议属于行政合同，相比于政策文件，其法律效力更应得到司法部门的支持。根据法律规定，该协议具有约束双方的效力，作为行政合同一方的政府及其相关部门必须履行合同义务，作为行政合同对方的燃气企业可以享有协议所赋予的权利，推行大用户直供将使地方政府陷入违约的境地。

四　执法过程中垄断认定存在困难

（一）滥用市场支配地位中的"滥用"判断存在困难

反垄断法的价值取向是保护竞争秩序，而非保护竞争者；规制滥用市场支配地位的行为，而不是市场支配地位的拥有者。所以，在界定了相关市场、认定当事人在该相关市场中具有市场支配地位之后，就必须判断当事人的行为是属于合理使用还是"滥用"市场支配地位，这是反垄断执法案件中最为关键的一步，也是案件分析的难点所在。

根据《反垄断法》相关规定，反垄断执法机构在对市场支配地位是否被"滥用"作出判断时，往往也是采取三步分析法：第一，被调查企业是否实施了反垄断法列举的上述行为；第二，企业实施该种行为有无正当理由；第三，该种行为对市场竞争造成了怎样的损害。

在第一步时，有时就会遭遇困难。对于涉及城市管道燃气供应行业的垄断案件，在对第一步中的行为类型作出判断时，需要以对案情有清晰的调查理解为基础。比如，实行不同的交易价格、付款条件、交付方式，以及实行不同的维修内容和时间等都属于"差别待遇"，"限定交易"还包括限定交易相对人不得与特定经营者进行交易；"不公平高价"中的"高价"可以根据横向和纵向的对比作出判断，比较价格与周边地区的同时期价格以及该地区的历史性价格之间的差距。而这些客观现象的描述与概括，必须有充足的证据为支撑。可是，究竟高价如何明确地得到界定，在实务中并不是一眼就能看得出来的。尤其关键的是，垄断行为的定性需要对行为类型作出细致的区分。比如，搭售和限定交易如何区分？实务中常见的"当事人限定房地产开发企业在与其签订的《燃气管道报装合同》中所需用的施工材料只能由当事人提供"，对于这种行为，反垄断执法机构一般定性为"限定交易"，可是从另外一个角度而言，也可以视作是一种"搭售"的行为，搭售施工材料。

（二）相关市场界定具有复杂性

在自然垄断和开放竞争属性交织的现实状况下，对城市管道燃气供应行业作市场竞争评估时，存在一些难题，首先便是相关市场界定困难。

我国《反垄断法》第 15 条第 2 款规定："本法所称相关市场，是指经营者在一定时期内就特定商品或者服务（以下统称商品）进行竞争的商品范围和地域范围。"界定相关市场就是明确经营者竞争的市场范围，这通常是对竞争行为进行分析的起点，因此在反垄断执法实践中，通常需要首先界定相关市场，具体分为相关商品市场和相关地域市场。国家市场监督管理总局于 2009 年发布的《关于相关市场界定的指南》进一步明确了替代性分析的基本方法，一般可以从需求替代和供给替代两个方面展开分析。需求替代是根据需求者对商品功能用途的需求、质量的认可、价格的接受以及获取的难易程度等因素，从需求者的角度确定不同商品之间的替代程度。供给替代是根据其他经营者改造生产设施的投入、承担的风险、进入目标市场的时间等因素，从经营者的角度确定不同商品之间的替代程度。

而在涉及经营者集中类型的案件中，判断集中是否具有或者可能具有排除、限制竞争效果时，界定相关市场就存在一定的难度。对于商品市场而言，参与集中的企业往往并不单独从事一项业务，而是混合性业务，那么这时的商品市场范围如何确定，就不太好明确。尤其是综合性企业，有些边缘性业务，主体是从事城市管道燃气供应，但可能也附带从事燃气设施的安装与销售，那么商品市场的范围就不能确定得太小，同时也不能太广，或者说可以考虑界定存在几个相关市场。而针对地域市场，尤其是全国性燃气公司收购地域性燃气公司时，是应当将地域市场界定为全国市场还是地域市场，就存在分歧。相关市场界定的不同，将极大地影响对集中后实体市场势力的判断。

（三）违法所得难以计算

城市管道燃气反垄断执法案件中，执法机构常常面临违法所得难以计算的难题，主要原因有三个方面。

一是目前违法所得计算缺乏详细、具体、权威的法律依据。从现行法律法规规定来看，《反垄断法》明确规定针对垄断行为需要没收违法所得，但并未规定违法所得的具体计算方法和依据。目前对违法所得计算方法稍显明确且现行有效的规定是 2008 年原国家工商行政管理总局出台的《工商行政管理机关行政处罚案件违法所得认定办法》，其中采用了"收入减成本"的计算方法，然而这一方法与目前世界主流关于竞争损害认定的方法差异较大。

二是一些特定的行为类型违法所得难以计算。例如横向垄断协议中的联合抵制交易行为和滥用市场支配地位的限定交易、拒绝交易行为，由于行为本身是消极的，没有直接因垄断行为产生收入，依据"收入减成本"方法，也难以计算违法所得。这一问题在城市管道燃气行业垄断案件中体现得较为突出，由于城市管道燃气案件中，一些燃气企业指定其他的施工单位，而不是限定自身来进行燃气项目施工，违法所得由第三方获得，实践中，对于第三方获得的违法所得进行没收，尚缺乏法律依据，难以操作。

三是城市燃气行业普遍出现价格倒挂导致成本大于收益。前文多次介绍，目前我国天然气领域价格机制改革，对天然气价格逐渐放开，城市燃气行业对居民供应管道燃气仍由政府定价，使得燃气企业经常因天然气价格倒挂导致亏损，企业认为在这一情形下自己并不存在违法所得。

第四节　域外城市管道燃气供应行业监管经验的启示

加快管道燃气产业发展，对于保障我国能源安全、推动能源生产和消费方式变革具有重大战略意义，但我国在管道燃气政府管理方面仍存在一些问题。欧美国家管道燃气产业起步较早，发展时间较长，管道燃气市场发展较为成熟，其发展经验可资借鉴。

全世界几乎所有工业化国家都曾面临过以煤为主的燃料结构导致严重空气污染问题，国际经验表明，提高天然气消费比重是优化能源结构、摆脱大气污染的有效途径。西气东输全线通气以来，我国城市燃气迈入天然气时代，从单纯居民生活用气向居民、工商业、发电、交通运输、分布式能源等多领域发展，这对优化能源结构、改善环境质量、提高城镇居民生活水平发挥了重要作用。但近几年国际天然气价格不断走高，我国天然气对外依存度与日俱增，加上定价机制不够顺畅，价格问题已成为产业链上下游协调发展、天然气普及利用的重要瓶颈。

一　完善法律法规，建立政监分离的政府管理体制

以荷兰为例，荷兰之所以能够成功推进天然气市场化改革和有效实施相关政策，主要是在一个较成熟的法治环境中通过专门立法为改革建立了法律基础。目前我国除了总体法治环境有待改善外，天然气产业发展还面临立法不健全、层级较低并且有很多空白，某些法律法规规定已经过时及存在相互抵触条款等问题。未来我国天然气立法宗旨，应以资源的国家所有权为基石，以维护国家能源安全为核心，以政府有效监管下的市场机制主导资源配置为原则，同时必须注重兼顾环境保护、资源节约和人民生命安全及财产保护。应尽快修订《矿产资源法》，制定《能源法》《石油天然气法》等法律和《矿产资源勘查区块登记管理办法》等部门规章，并根据《环境保护法》等制定油气产业具体的环境保护和环境管理办法等，尽

快完善我国油气监管的法律法规体系。荷兰经验也显示，高级别、政监分离的独立监管模式对天然气产业发展较为理想，这既避免政治对于日常监管职能和执行活动的不恰当干预，又可确保监管由高水平、专业化的专家来实施，以保证稳定和可预期的监管环境。目前我国涉及天然气产业的管理部门多达十个以上，条块分割严重，在实际管理中天然气的特殊性又没能得到体现。应考虑组建高级别、统一、高效的油气管理机构，使分散在各部门的油气管理职能相对集中，同时新的油气管理机构必须清晰界定政府和市场的边界，切实转变政府职能。此外，还应按照政监分离的原则，组建专业化、独立的油气监管机构，负责监督相关政策的实施。

二　致力于推进管道燃气产业市场化进程

由于欧盟主张建立各领域的公平公开且具有竞争性市场，因此需要在具有自然垄断性质的行业推行改革，创造公平竞争的环境。在改革之初，欧盟界定管道燃气行业自然垄断环节（输配气和储气）和非自然垄断环节（生产和销售），通过结构性调整对管道燃气产业链进行纵向拆分，用法律的形式规定管道公司不得参与燃气交易并有义务向所有客户提供输气服务，从而将管道的所有权与管道燃气的所有权分离，进而将管输业务与管道燃气其他业务（主要是销售业务）分离。20 世纪 80 年代，欧洲开始对内部能源市场进行整合及市场化改革。1988 年，欧盟通过了"内部能源市场法案"，作为指导后续工作的基本原则，随后在 1998 年、2003 年分别颁布了第一和第二燃气指令，对管道燃气市场化的目标和过程作了基本规划，在 2009 年颁布了针对能源领域的第三套方案并施行至今。

三　加强管理，依托国有企业提质增效

同样是以荷兰为例，改革前的荷兰呈现出国有油气企业一统天下的局面，这一点与我国非常相像。虽然按照欧盟建立统一能源市场的要求推进改革，但荷兰却因路径依赖，选择了一套独特的发展模式，即在产业的上中下游都保留了若干重量级的国有控股企业，并通过 EBN 这一特殊的完全国有公司广泛介入天然气市场的运作以保障天然气产业健康发展，取得了

良好的成效。

荷兰的经验表明，在保证政府科学监管、企业管理规范和市场公平竞争的前提下，油气领域的国有企业并不必然就意味着垄断和低效率，不但可以不断改善经营绩效，而且还可有效带动社会资本的进入。我国从计划经济向市场经济转型的发展背景，天然气资源的战略地位，以及天然气勘探开发、管输的高风险、投资回报期长的特点，都决定了为保证天然气供应安全，由国有企业主要参与和投资是必不可少的。同时，对于有自然垄断性质的管网环节，无论是设立独立的国有企业进行经营，还是在保持原有产权归属情况下独立核算，都应该加强对其经营行为的监管，确保公开接入，促进其他环节的竞争。同时，要全面深化国有油气企业改革，将其打造成为合格的市场主体，主要包括：全面完善国有资产监督管理体制和运行机制，实现政府的社会经济管理职能与所有者资产管理职能分开、政府的国有资产管理职能与国有资产经营职能分开，从而实现政资分开、政企分开；建立高效运营机制和治理结构，促使国有企业经理人真正按照市场机制来管理、运营国有企业，提高资源配置效率。

四 坚持不懈推进管网基础设施改革

首先，管网设施是重要的、具有垄断属性的基础设施，确保其中立、公平、无歧视开放，不仅可以发挥最大效用，而且与上下游竞争性和市场的完善密切相关，因此管网资产的法律定位成为发达国家天然气改革的核心和关键。其次，如何处理纵向一体的管网公司的管网资产，应以国情为思考的基础之一，具体路线图和具体措施必须考虑行业的成熟度和现有实际情况。从欧美的情况看，改革中不仅考虑了各自的现状和主要矛盾，同时也在某些细节上进行了务实的妥协。但是无论采取何种路线图和措施，都要服从管网公平、无歧视开放这一根本目标。拆分改革的本质是业务之间的隔离。在国情允许的前提下，管网资产的彻底剥离、独立，最有利于竞争性市场的形成，也最有利于达成管网公平、无歧视开放的目标。再次，管网行业相关改革必须强化顶层设计，尽可能以法律为先导。欧洲相关改革是在欧盟层面以多个有约束力的法律规定确立的。美国相关改革虽由部门主导，但从美国的监管文化看，联邦能源监管委员会具有相当高的权威。另外其改革新规，一方面不少内容来源于已有的法院判例，另一方面在大量诉讼中受到具有造法功能的美国法院判例支持、确认，其效力等同于成文法律。资产和业务拆分改革不仅关系行业全局，而且牵涉众多企业、投资者和职工的切身利益，应当稳步推进。以法律形式确立相关改革内容，不仅可以在制定过程中充分考虑各方利益，同时以制度形式稳定预期，可以减少随意性。更重要的是，改革以法律为保障，具有了强制力，有利于最终的落实。最后，综合欧美各国的分拆过程来看，改革可以分步实施，按照分开核算、自愿拆分、强制弱拆分（如 ITO 模式）、强制半拆分（如 ISO 模式）、强制完全拆分（如所有权拆分模式）等几个步骤，制定总体时间表，并允许企业根据具体条件自愿提前实现。在此过程中，应当以监管执法作为促进改革的重要措施，督促阶段性要求的真正落实。

第五节　加强行业反垄断执法的对策建议和行业改革路径

一　加强行业反垄断执法的对策建议

（一）加强重点领域执法，提高反垄断威慑力

公用企业提供的水、电、天然气、暖气、通信、公共交通等产品与服务，关乎社会公众的基本民生，对这些产品的质量、数量及其价格的控制是平抑和稳定物价，抑制通货膨胀，改善民众生活环境和生活质量的重要保障。同时，良性运作的公用企业供应体系和社会福利体系，不仅为人民生活提供了各种便利，也使人们能够安居乐业，对缓和社会矛盾，减少因社会利益分配不公造成的纠纷与冲突发挥着重要的作用。通过规制公用企业滥用市场支配地位的行为，可以有效防止公用企业对社会公众利益的侵害，并满足人民日益增长的基础物资与服务的需求，提高人民的生活质量，这也是以人为本思想的具体体现。

市场监管部门需要以维护民生为导向持续推进用户燃气设施建设安装工

程领域的重点执法，主要集中在以下三点：一是滥用市场支配地位，以不公平高价收取用户管道燃气设施建设安装费用的行为；二是无正当理由附加不合理的交易条件，强迫用户采购具有燃气企业标识的设备和材料或向用户收取最低燃气消耗费并强行收取保证金的行为；三是无正当理由搭售商品，强制用户接受不必要的计量设施等行为。市场监管部门在执法中不仅应考虑上述行为对市场公平竞争秩序的损害，还应考虑城市管道燃气企业实施垄断行为时捆绑通气与安装的做法，对城市居民生活造成了重大影响。

同时，用户燃气设施建设安装工程领域仍有很多新的滥用市场支配地位的垄断经营行为，例如安装时以安全保障为由要求用气量大的非居民用户必须购买特定燃气保险，或虽然不要求购买管道燃气企业指定的燃气具却要求用户购买具有燃气企业检验标志的燃气具等变相垄断行为。此类新型垄断行为层出不穷，需要相关部门发布指导性案例以案释法，明确认定标准。特别是反垄断执法典型案例要通过新闻媒体公开曝光，让公众了解新型垄断经营行为，并探索将垄断经营行为纳入企业失信记录机制，提高反垄断执法威慑力。

（二）完善反垄断执法体制机制，提升地方执法积极性

反垄断执法是各方有机配合的系统工程，它不仅包含执法的实体和程序制度，还应涵盖众多配套机制辅助实施，需要从制度上建立统一、高效的反垄断执法体制，完善激励机制，充分提升地方竞争执法的积极性，克服主观不愿以及不想的思想惰性。

首先，在人员编制上给予反垄断执法机构充分保障。一方面，对于中央和省一级反垄断执法机构，应进一步加强执法力量；另一方面，应建立关于市县一级执法人员抽调执法办案的制度机制，虽然以目前《反垄断法》的制度设计，暂无法实现反垄断执法权限的进一步下放，但可以通过抽调地市一级办案人员补充省一级执法力量，同时也可以通过省一级开展反垄断执法来打破市县一级的地方保护。

其次，改进财政罚款返还制度，提升地方执法积极性。当下我国基层市场监督管理机构尚无反垄断执法权限，在现有体制下，基层机构起着发现线索、逐级上报的功能，但由于案件罚款随执法机关层级而划归平级国

库，发挥重要作用的基层机构却无任何激励。对此，可以尝试对竞争执法罚款按照各级执法机构的角色和贡献大小进行二次分配，以改进财政罚款返还制度。

再次，合理实施财政转移支付，弥补地方经济亏损。基层市场监管机构不愿对当地城市燃气企业开展执法（即使无执法权也有上报之责），很大一部分原因是会影响当地企业经营的积极性，阻碍经济发展，特别是对于落后地区或某些严重依赖城市管道燃气企业发展经济的政府而言，上述动机就更加明显。此时，可以尝试由省级或国家竞争执法机关（或专门机关）定期对全国各地竞争执法活动进行评估，并适当予以财政转移支付倾斜，激励各地竞争执法机关和政府勇于承受"短期性阵痛"，敢于优化营商环境，促进行业公平竞争与平稳发展。

最后，完善执法人员的绩效考核、晋升和荣誉授予机制。当下我国正进入公用事业改革的关键期，执法队伍建设是行业顺利改革的关键一环，关系到国家好的政策的有效落地和执行，各地的竞争执法人员责任重大。完善竞争执法系统的绩效考核机制，将补贴、绩效向敢于执法、积极执法作为的一线人员倾斜，制定合理的基层晋升渠道，向作出重大贡献的执法人员及时授予相应荣誉，最终形成运行机制，树立行业模范，激发执法人员的积极性。

（三）完善反垄断法律体系，制定反垄断指南等配套文件

法律的生命在于实施。作为一部法律，《反垄断法》具有鲜明的框架性和原则性的特点，其法律条文多属于高度抽象和富有弹性的一般原理，因而细化这一不完备文本对于反垄断法的实施至关重要，这将有助于《反垄断法》保持介入市场的灵活性和有效性。考虑到这一现实，世界上很多国家都制定了诸多辅助性规范或指南以配合《反垄断法》的实施。例如美国的《横向合并指南》《反垄断国际实施与合作指南》，欧盟的《铁路企业国家援助指南》《豁免指南》，日本的《有关"垄断状态"中的"具体经营范围"的解释指南》等，上述指南和其他规范性文件的出台有效促进了《反垄断法》的适用与实施。可见，为克服《反垄断法》条文过于原则、抽象、刚性和不明确等弊端以配合《反垄断法》的实施，制定反垄断

指南和相关规章条例等细则文件成为世界各国普遍采用的方法与手段。

整体而言，《反垄断法》的配套实施细则具有两大功能：在反垄断执法机构的内部层面，配套实施细则具有建构、保障、规范反垄断执法裁量体系和反垄断执法程序的功能；在社会公众的外部层面，配套实施细则具有增强公众合法预期、指引公众合规行为，同时促进《反垄断法》公众认同的功能。因此，从更深远的意义上讲，《反垄断法》及其实施配套文件的终极目的不应仅停留在规制城市燃气供应企业垄断行为上，而应向纵深延展进而推动反垄断执法、反垄断司法和行政机关及企业守法在内的反垄断法的全面实施。据此，城市管道燃气企业反垄断指南、规章条例等配套文件可以围绕以下几个方面进行制定。

在反垄断执法方面，一方面，要将城市燃气行业作为进一步推进我国反垄断执法的突破口，强化城镇燃气销售、附属服务价格、燃气管道建设、器具安装工程等重点领域的执法力度和方式作为检验我国反垄断法在燃气领域实施效果的风向标。为此，可以制定《城镇燃气重点领域反垄断指南》等强化城镇燃气企业垄断的规制工作。另一方面，聚焦招投标、市场准入等各种显性或隐性的政府反竞争壁垒，坚决贯彻实施《国务院关于在市场体系建设中建立公平竞争审查制度的意见》《公平竞争审查制度实施细则》《关于发布公布公平竞争审查第三方评估实施指南的公告》等文件，实现对行政性垄断的有效规制，同时也应鼓励各级地方政府积极出台符合竞争政策基础地位要求的相关措施。

在反垄断司法方面，虽然 2012 年最高人民法院出台了《垄断纠纷司法解释》，但从实施效果看，反垄断私人诉讼尤其是反垄断消费者诉讼长期阙如的局面并未出现明显好转。因此，通过机制设置推动反垄断私人诉讼实施可成为予以考虑的选项，诸如制定《反垄断惩罚性赔偿机制实施意见》《反垄断消费者公益诉讼实施意见》《反垄断国家赔偿制度实施意见》等激发私人反垄断诉讼的积极性，缓解反垄断执法机关的实施压力。

在反垄断守法方面，要充分重视反垄断合规对于反垄断法实施所应发挥的作用，而不应单纯依靠威慑，强化事后法律制裁来换取足够的企业合规承诺。在我国企业和政府竞争意识较弱且普遍未建立反垄断合规制度的背景下，由反垄断执法部门制定合规指引，引导和帮助企业和行政机关构建反垄断合规制度显得尤为重要。再者，企业或者政府内生的竞争合规自觉也有助于降低当前较高的反垄断实施成本。因此，可以择机制定类似《城镇燃气企业合规指引》《行政机关合规指引》等配套文件。另外，"徒法不足以自行"，政府也应积极采取措施践行竞争倡导政策，在全社会培育竞争文化以营造公平竞争的市场氛围。

（四）加强顶层设计，完善天然气产业竞争化的法律制度

我们在调研的过程中发现，城市管道燃气企业的垄断问题在一些层面上可以通过完善天然气产业竞争化的法律制度得到改进。目前反垄断法对市场经营者滥用市场支配地位的规定主要集中在事后处罚方面，同时存在处罚力度不够、责任承担规定过于笼统的问题。公用事业特许经营规定主要侧重于城市管道燃气市场的准入，而燃气公司运营中存在的问题分散在多部法律和政策中。因此，无论是特许经营规定还是反垄断法都需要进一步完善。

首先，要改变要求政府通过协议"给予企业相应的优惠政策与支持，以确保经营企业的盈利能力"的特许经营方式。这一要求显然更加强调提升企业的盈利能力，而与让公用企业能够更好地服务于社会的本源目标相去甚远，反倒满足了公用企业通过垄断谋取垄断高利的这种逐利心理，甚至各级政府还通过制定各种政策，借助行政权力来助长与确保公用企业实质上的高盈利。诚然，企业作为市场上的经营者，谋取利益是它所追求的目标，但这并不是企业发展的唯一目标，尤其是公用企业还肩负着为社会公众提供基础性物资，提高社会公众生活水平的责任，如果盈利也只能以"薄利"的方式来进行。如果过度强调公用企业盈利能力的提升，最终的结果可能是使公用企业逐利而忘本，民众的合法利益无法得到保障。

其次，公用事业特许经营规定需要增加有效的退出机制，依照退出机制将拿到特许经营权后没有运营能力的企业清理出去，进一步加强城市管道燃气行业的竞争。我国在城市管道燃气行业实行特许经营制度，在此背景下管道燃气公司达成垄断协议、经营者集中的情形并不常见，城市管道燃气供应市场中的主要竞争问题是滥用市场支配地位和滥用行政权力排除限制竞争两种垄断行为。前者主要表现为搭售商品、设置不合理交易条

件、指定交易、拒绝交易和限制交易等，后者表现为设置不合理的市场准入条件、进行不合理的财政税费补贴等。在我国管道燃气特许经营制度实施以来，呼声越来越大的问题就是缺乏明确的规范和退出机制，造成放开市场准入后很多民营企业拿到了特许经营权后出于快速收回成本的考虑，只做用气量大、投入性价比高的非居民用户的项目，并找出千百条理由例如设计不合理、安全无保障等，拒绝为居民用户区域设计和安装管道燃气设施，或是在安装时出现搭售和拒绝交易等行为，严重拖累了城市建设。还有些企业拿到了特许经营权后没有能力经营或是供气量很小，严重缺乏开展相应配套和运营的能力，拖累了经济发展，甚至几经易手，存在巨大的运营风险和安全隐患。特许经营制度缺乏有效的退出机制使得这样的问题得不到解决，现实中通常需要再次引入具有资质的燃气公司通过重复投资、重新建设来解决，产生了极大浪费的同时还违反了特许经营权制度的设计初衷即不能重复和浪费投资，所以城市管道燃气特许经营制度走到今天亟须增加有效的退出机制。

同时，我们还应看到，缺乏退出机制的特许经营权制度带来了极大的权力寻租风险，因为它使政府主管部门取得了以特许经营的审批权为代表的一些权力，极大干扰了市场的正常运行。而且，由于这种行政特权的存在，政府寻租的空间被不合理地扩大，这可能使更多的公用企业通过不正当的竞争方式来获取经营权，公用企业之间本来应该存在的公平竞争、择优上岗的机制将被打破。而法律法规和监督机制的不健全又加剧了这一问题的进一步恶化。民营企业为趋利避害，会通过各种方式努力向地方政府寻租，企图以此获得特许经营机会，而在其取得经营权后，又会变本加厉地强化对消费者的盘剥，以期将地方政府用以获取经营权的前期成本尽快补回来，而最终承担其恶果的只有国家与消费者。所以，为特许经营制度设计合理的退出机制不仅是为了预防城市管道燃气企业取得特许经营权后实施市场垄断行为，同时也可以遏制权力寻租的发展空间。

随着我国管道燃气用气量的大幅增加和燃气行业市场化改革的推进，规范燃气产业的法律法规也应当及时制定，应当在其中明确政府的监管责任、加强对燃气企业在管道运输、配送和销售环节的行为规制。特别是应包括燃气特许经营权在不同情况下取得方式的规定、项目审批的规定和安全保障的规定等，还应包含城燃公司呼吁强烈的特许经营权的定价标准。另外，也需要对城市管道燃气公司新型不正当行为例如变相搭售、隐藏的限制交易以及强制售卖保险等行为有明确的规制规定。

（五）精准化城市管道燃气供应领域的市场竞争评估

维护市场竞争秩序，是各级政府的应有职责。良好的市场竞争环境是创新发展的助推器，良好的市场竞争环境是推进公用企业市场化改革的铺路石，对于投资者来说，这是最基本，也是最重要的投资发展环境。对于城市管道燃气行业这种竞争状况地域性差异较强的行业，为及时掌握行业市场竞争状况，针对不同地域竞争状况的区别精准施策，就需要对该行业市场的竞争状况进行定期的、精细化的评估。笔者认为，通过市场竞争评估体系进行评估是精准化城市管道燃气供应领域的市场竞争评估的最佳选择。

2017年，江苏省发布了全国首个省域"市场竞争环境指数"，为市场竞争状况评估提供了新思路。市场竞争环境指数评价作为引导市场公平竞争的有力推手，定期监测、评估市场竞争环境，使之有一个可衡量、可考查的指标评价体系，可以发挥其"风向标"和"指挥棒"作用，指导帮助各地市场监管部门有的放矢抓落实、对标找差补短板。江苏省"市场竞争环境指数"将市场竞争环境定义为：政府依法对市场主体遵循市场信用管理规则，开展市场经营和竞争的行为进行监督管理，平等保护市场主体各项竞争权利，通过自由的利益竞争达到优胜劣汰，激发和保持市场活力的境况与条件的总和。根据定义，市场竞争环境主要体现为企业层面遵守市场规则的情况和政府层面加强依法监管的情况。

但是，江苏省创新的"市场竞争环境指数"不能完全体现市场竞争状况，在江苏省的尝试中市场竞争环境指数主要评估市场监管部门的信用监管、竞争执法和执法建设三个方面，所以地方市场监管部门对侵害企业合法竞争权利的各类违法行为进行打击的力度和水平就直接影响着"市场竞争环境指数"。笔者认为，精细化评估市场竞争状况的市场竞争评估体系应该首先需要明确市场竞争状况的测评基础（用户份额、收入份额、业务份额等）和测评方法（份额比较，市场集中度，有效竞争主体数量等）；

其次还需要考虑一个地区具体行业领域的不正当竞争与反垄断案件的发生率、居民举报率等，建立完善的市场竞争状况评估体系，为精准施策与执法提供科学参考。

具体来说，管道燃气供应领域的市场竞争状况评估应该借鉴产业经济学的结构—行为—绩效分析模式，从产业结构、市场行为和竞争绩效等方面选择多级评估指标体系，对管道燃气供应领域市场竞争状况进行评估。

首先，应当对管道燃气供应领域的市场结构进行评估，市场结构通常指与市场竞争相关的市场条件，或者说是决定市场竞争结果的结构因素。市场结构既对市场竞争产生重要影响，又在一定程度上反映了市场竞争状况。

第一是需求。需求特征是影响市场竞争状况的一个重要的内在因素，多数商品的内在需求特征不会限制市场竞争，但对城市管道燃气供应企业来说，其需求条件具有显著的地区网络型效应，存在不同形式的地区网络外部性，以及不同程度的转移成本等，这些需求特征会影响市场竞争状况，所以需要选择地区需求、消费习惯、产业需求特征等指标，对城市管道燃气供应市场的需求状况进行分析。

第二是供给。从产业层面看，不同产业的供给条件不同，由此导致其竞争状况存在明显差异。在现有的市场需求条件下，多数行业的内在供给条件不会限制市场竞争，但城市管道燃气供应行业，因其与基础设施产业密不可分，具有显著的规模收益和范围收益，并且投资具有很强的沉淀成本特征，这些特征不但影响市场竞争状况，甚至会决定公共政策的选择，这也是市场监管部门对其实施监管的重要原因之一，所以应当选择城市管道燃气供应行业的生产能力、财务成本、产业技术特征等指标对其供给特点进行分析。

第三是准入条件。它是影响市场竞争状况的一个重要因素，一般有三类准入条件，分别是自然准入条件、行为准入条件和政策性准入条件。在进行城市管道燃气供应行业的市场竞争状况评估时，应当利用权威研究资料中考察准入条件的指标体系，分析城市管道燃气供应的准入条件状况，并分析三类市场准入条件，特别是政策性准入条件的变动趋势。

第四是企业规模。企业规模对市场竞争产生重要影响，同时又是市场竞争的结果，对城市管道燃气供应行业的竞争状况分析应当选择城市管道燃气供应企业的职工人数、企业收入、企业盈利水平、企业资产总额等反映企业规模的指标，对城市管道燃气供应行业的企业规模状况进行分析。

第五是产业集中度。它是反映市场结构的重要指标，常用的衡量产业集中度的指标包括赫芬尔德指数（HHI）、最大四家企业的市场份额综合，以及最大十家企业的市场份额综合等。根据这些指标，首先分析城市管道燃气供应行业背后的燃气产业集中度的状况，根据城市管道燃气供应行业的细分程度，按照全国和省级不同地域范围，计算产业集中度指标值，然后基于实证分析方法，分析燃气产业集中度的变化趋势，以及影响燃气产业集中度变化的主要因素。

第六是产业垂直关系。燃气产业由于上游供应商具有市场支配地位，产业供应链的垂直关系会对市场竞争状况产生重要影响，这是我们调研中发现的尤为重要的问题，也是目前学术界和反垄断执法机关关注的一个重要而复杂的问题。城市管道燃气供应行业的竞争状况评估中需要结合案例研究，分析其背后的燃气产业供应链特征。

市场行为是指在一定市场结构下，竞争主体所采取的竞争方式或竞争策略。根据产业经济学理论，市场结构决定市场行为，而市场行为又会影响竞争结果。竞争行为在一定程度上反映了市场竞争状况，竞争主体主要采取价格策略和非价格策略互相竞争。城市管道燃气供应行业的竞争状况分析需要从价格竞争和非价格竞争两个方面选取相关指标，对竞争主体的竞争行为进行分析，还需要选择市场结构指标和市场行为指标，采用实证研究方法分析市场结构对市场行为的影响。

第一是价格竞争。特别是城市管道燃气供应企业的产品在性能、效用、提供的服务和企业的信誉上都相同或是差异不大时，企业主要使用价格竞争手段。价格竞争能使一些具有上游垄断关联公司背景的城市管道燃气供应企业（比如中石油系）依靠低成本、低价格游说政府而获得更多的市场份额，从而在市场竞争中获得更有利的竞争地位。价格竞争已经成为城市管道燃气供应企业广泛使用的市场竞争手段，虽然其供应价格受到政府的严格监管，但其为城市建设提供配套设施的服务价格则存在很大程度的价格竞争。对城市管道燃气供应行业的市场竞争状况评估应从价格水平、价格策略、违法价格竞争行为几个方面对城市管道燃气供应行业竞争主体的价格竞争状况进行分析。

第二是非价格竞争。非价格竞争主要指竞争主体借助于产品或服务的差异、销售服务及广告宣传等非价格手段，提供服务、参与市场竞争的竞争方式。在评估中应当选取城市管道燃气供应企业提供服务的质量竞争、创新竞争等非价格竞争指标进行分析。

在市场经济中，形成市场竞争机制的最终目的是提高资源配置效率，因此评估市场竞争状况最需要依赖绩效指标。在经济学中，通常用配置效率、生产效率和动态效率反映竞争绩效。城市管道燃气供应行业竞争状况评估应选择消费者福利、企业效率等指标，从竞争绩效角度评估市场竞争状况。

第一是消费者福利，在城市管道燃气供应领域，消费者对燃气产品的要求早已不仅局限在满足其基础供气功能的需要，而是对燃气管道、计量设施的外观设计、附加功能以及燃气配套设施的售后服务等方面提出了新的高要求。竞争不仅从产品数量，而且从产品质量和服务方面提高了消费者福利。在对城市管道燃气供应行业竞争状况进行评估时，应当选择燃气配套设施和安装及售后服务的平均价格、服务质量、可选择种类等指标，对消费者福利的改善状况和变动趋势进行分析。还可考虑利用这些指标和相关统计数据及实证研究的方法，分析城市管道燃气供应行业竞争机制对消费者福利改善的影响。

第二是企业效率，市场竞争机制极大地促进了竞争性行业和自然垄断行业的效率。在对城市管道燃气供应行业进行竞争状况分析时，需要利用工业统计数据，得到反映城市管道燃气供应企业效率的不同财务指标值，如企业收入、企业利润等，以及不同的生产率指标值，如企业的全要素生产率等。

（六）精细化反垄断执法技术与认定标准

1. 精细化行政性垄断行为的认定

我国《反垄断法》第 10 条规定："行政机关和法律、法规授权的具有管理公共事务职能的组织不得滥用行政权力，排除、限制竞争。"第 39 条规定："行政机关和法律、法规授权的具有管理公共事务职能的组织不得滥用行政权力，限定或者变相限定单位或者个人经营、购买、使用其指定的经营者提供的商品。"根据上述法律规定，可以认定构成反垄断法所规制的行政性限制竞争行为，一般应同时具备以下三个要件：一是主体要件，即应当是行政机关或者法律法规授权的具有管理公共事务职能的其他组织；二是行为要件，即行政主体欠缺法律法规、规章或者国家政策依据，或者违反法定程序，实施了限定或者变相限定单位或者个人经营、购买、使用其指定的经营者提供的商品的行政行为；三是效果要件，行政机关指定经营者的行为产生了排除、限制同一市场其他同业竞争者竞争的客观效果，损害市场公平竞争秩序。

城市管道燃气供应行业的发展受到政府主管部门的较大影响，从事前的角度看，在对城市管道燃气供应行业的行政管理过程中非常有必要引入和完善公平竞争审查制度。而从事后的角度看，随着今后反垄断执法的不断深入，如何识别和判断城市管道燃气供应行业中的行政性垄断行为就将成为执法的一个重点部分。但是在城市管道燃气供应行业，特许经营制度的存在容易对行政性垄断的判断造成某种干扰。因为特许经营带来的是一种合法性的垄断地位，这一市场状况正是行政行为导致的，那么应该如何定性是否为违法的行政性垄断行为呢？对此，通常可以考虑的两点基本的判断标准是：行政行为是否履行正当程序和有无上位法依据。

第一，在实施经营许可的过程中，必须履行正当程序。《公平竞争审查制度实施细则（暂行）》第 14 条第 2 款规定："未经公平竞争不得授予经营者特许经营权，包括但不限于：1. 在一般竞争性领域实施特许经营或者以特许经营为名增设行政许可；2. 未明确特许经营权期限或者未经法定程序延长特许经营权期限；3. 未采取招标投标、竞争性谈判等竞争方式，直接将特许经营权授予特定经营者；4. 设置歧视性条件，使经营者无法公平参与特许经营权竞争。"入选最高人民法院涉产权保护行政诉讼典型案例的"汕尾市真诚公共汽车运输有限公司诉汕尾市人民政府排除、限制竞争案"二审判决书持类似观点："政府或者实施机构严格按照上述《基础设施和公用事业特许经营管理办法》《市政公用事业特许经营管理办法》的规定，遵循法定程序，将特许经营权授予一家经营者或者投资者独家经营，虽然也会产生排除、限制其他同业竞争者的客观效果，但该行为不属于反垄断法所规制的行政性限制竞争行为。相反，政府或实施机构在实施许可过程中，违反上述法律法规、规章的规定，未经公平、公开、公正的竞争机制，未按法定程序实施或者故意设置不合理的条件，指定特许经营者，从而排除、限制同一市场其他同业经营者的公平竞争权和参与权，损害消费者的自主选择权，则应认定其构成了行政性限制竞争行为。"

在对城市管道燃气经营实施行政许可时，如果违反相关法律法规、规章的规定，未经公平、公开、公正的竞争机制，未按法定程序实施或者故意设置不合理的条件，指定特许经营者，从而排除、限制同一市场其他同业经营者的公平竞争权和参与权，则应认定其构成了行政性限制竞争行为。所以，违反正当程序往往是认定行政性垄断较为直观的标准。

第二，在作出行政许可之后，对燃气企业进行日常管理时，若给予其政策优惠，就应当具有上位法依据。建筑区划红线内、业主专有部分以内的燃气设施的建设安装工程，应当是一个自由竞争的市场，具备燃气工程安装施工能力的企业依法取得相应市政公用工程施工资质后即可参与市场竞争，并无法律法规规定用户燃气设施建设安装工程必须由城市管道燃气供应企业实施，所以汝州市人民政府于2016年7月下发《关于汝州市燃气工程配套费和初安装费收取问题的批复》，指定汝州燃气企业为庭院管网、户内设施建设的设计施工企业，这一行为明显缺乏上位法依据，违反《反垄断法》第39条"行政机关和法律法规授权的具有管理公共事务职能的组织不得滥用行政权力，限定或者变相限定单位或者个人经营、购买、使用其指定的经营者提供的商品"之规定。对于以其他方式给予的优惠和支持举措，同样应当有上位法规范作为支撑。

当然，在即使有上位法依据的情况下，若行政机关具有较大的自由裁量权，就应当继续考察该行政行为的实质合理性，它是否在客观上形成了对市场主体的不平等对待，造成了排除、限制竞争的效果，这将需要结合案件中的各类因素作出具体分析。比如，在开放竞争的属性下，管道燃气主管机关设置的招投标资质标准是否过高，如果明显高于一般标准的话，就会导致在实质上排除了一些市场主体的参与，使特定的经营者"自动"地获得中标资格。那么判断这个"招投标资质标准"是否合理，就是认定行政性垄断行为中关键的一环，而这里的自由裁量权对反垄断执法机构工作人员提出了很高的要求。

2. 精细化相关市场界定

在界定相关商品市场时，执法的一个重点是要考虑是否应当将管道燃气上中下游的市场区分开来。一般说来，不可把上游供气市场、中游管网输送市场、下游购气市场混为一谈，通常处于下游地位的管道燃气供应市场可以作为一个独立的相关市场。而对于城市管道燃气供应企业而言，在反垄断执法实务中也有两点值得关注，一是是否区分管道燃气供应市场与灌装液化气、电能等供应市场，二是是否区分民用管道燃气市场和工业管道燃气市场。对此，需要从需求替代和供给替代等多个角度作出综合评估。

通常认为，滥用市场支配地位案件中，城市管道燃气行业相关市场界定、支配地位认定以及行为认定都不复杂，都是非常典型，易于认定处理的案件。对于滥用市场支配地位而言，其需要界定的相关地域市场应为滥用行为所在地该企业所领受的特许经营权的覆盖区域。并且一般情况下，该相关地域市场与城市行政区划范围相关，是一个较为独立的单一地域市场。

相关市场界定的复杂性在经营者集中案件比较明显。虽然参与集中的城市燃气企业一方仅在特定地域开展经营，但参与集中的一方多为全国性的、实力雄厚的城市管道燃气集团或其全资子公司，集中影响的波及面将是全国性的，其相关地域市场通常为我国整个城市管道燃气供应市场；倘若仅局限于两个或多个单独的城市管道燃气企业，也可在个案中将所涉及的特许经营区域认定为相关地域市场；随着我国城市管道燃气市场的逐步放开，会有越来越多的外资企业涌入我国市场，相关地域市场甚至可由此延伸至全球市场。总而言之，二者在相关地域市场界定上均与行政区划有着密切的联系，只不过滥用市场支配地位多体现出单一性、地区性特点，而经营者集中更多呈现的是多方的、全国性特征。

由于行为都发生在城市管道燃气供应行业中，执法思路虽有先天性的差异，但也可能会产生一定程度的融合。可以预见的就是，在日后可能的经营者集中审查案件中，对"经营者集中对消费者和其他有关经营者的影响"作出判断时，必须做一番假想：基于集中之后的市场结构，集中后实体是否有能力滥用市场支配地位，最有可能实施哪种类型的垄断行为，将会对市场造成怎样的影响，并且在这个过程中，应当纳入考虑的都应当是"同等效率的竞争者"。积极寻找其中的共性分析路径并总结其经验，可以减少行为分析和法律适用的成本。

（七）明确反垄断执法与行业监管的界分与衔接

在城市管道燃气行业的发展过程中，行业发展的水平和政府规制政策关联性很强。我国管道燃气行业发展的初期主要是通过直接投资、制定市场架构来发展行业、完善设施建设。而城市管道燃气行业下一阶段的目标则是扩大市场竞争、完善资源配置，保证行业可持续性发展的同时要防止垄断、保护消费者权益。所以政府监管应将确保行业健康运行、充分发挥市场对资源配置的决定性作用放在首位，通过专业化精细化的监管执法，限制企业滥用市场支配地位，增强市场竞争活力。

在监管层面，一直以来，我国城市管道燃气行业在不同环节由政府的多个部门分别管理，燃气设施基础建设由行业监管部门审批，由住建部门制定技术规范，由发改委与物价部门批准和审定定价以及调价，造成的结果就是管道燃气企业被各级部门共同监管。这种管理模式实际上强化了行政性垄断，加剧了政企不分的情形。城市管道燃气行业在推行行业改革、引入竞争之后，应当建立单独的规章制度和设立独立的监管机构。如2003年成立的国家电力监管委员会，对电力行业的市场竞争状况进行监管，这样的成功做法值得城市管道燃气行业采纳和效仿。

在执法层面，反垄断执法权应由市场监管部门统一、独立行使，同时与行业主管部门加强合作、厘清监管权限。例如，反垄断执法机构在违法认定过程中遇到的很多燃气专业技术性问题可以向行业监管机构征求专业意见，而行业监管机构则应将可能构成垄断行为的线索移交给反垄断执法机构，共同推进对城市管道燃气企业垄断行为的有效规制。而在权属划分上，应当明确行业主管部门对城市管道燃气行业的日常经营管理权力，限制对执法环节的影响；竞争执法机构应当在市场竞争执法上拥有权威、独立和统一的执法权限，且不应受到主管部门的干涉。

二　我国城市管道燃气行业深化改革的具体路径

纵观我国城市管道燃气产业改革发展，理顺价格体系、建立公平合理的配气价格机制是发展主线和改革关键。从天然气行业本身的意义和国外发展经验来看，城市燃气行业的发展不能脱离政府的监管。政府在城市燃气定价、市场准入、安全平稳供气监管等方面应发挥监督、核查作用，在此基础上建立天然气市场价格形成机制，需要加快建设和完善天然气行业的法律框架。在政府制定的天然气定价机制、市场准入及特许经营权授予条件的引导下，各燃气企业依靠气源供应保障能力、资本实力、管理和技术水平有序参与城市燃气市场竞争。为充分反映天然气市场的供求关系和天然气资源的价值，以市场定价为目标，逐步有序地推进定价机制改革。将天然气定价机制首先由政府定价转向市场定价与政府监督相结合的过渡性定价机制，定价方法从"成本加成"过渡到"市场替代价值"原则，在市场逐步成熟时，放开价格管制，实行市场定价。城市燃气终端用户付给燃气企业的费用包括井口价、管输费用和配送费用这三个部分，为保障公共利益，其中管输费用和配送费用以"成本加成"法为基础，由政府进行监管。

（一）实施天然气产业分阶段的价格改革

在天然气价格形成方面，应逐步向市场定价机制过渡，规定天然气定价以热值为基础，对单位体积天然气的质量作出规定，收取容量费，重视天然气与可替代能源的价格比对，以鼓励使用天然气。考虑到管道输送是天然气陆上运输的唯一选择，这种输配方式的单一性导致了天然气市场结构的特殊性，加之我国尚未形成相互连通的管网体系，完全放开"两头"的价格管制还不现实，新开发的气源可能面临没有管道输送的问题。放开价格管制可能并不能增加供应，反而会造成供气的不平衡。并且管道运输本身具有自然垄断性质，因此对管输费不宜过大过快地放权。不仅如此，由于我国正处于市场化进程的初中期，改革不能一蹴而就，因此可以逐渐实现对进口价的市场定价，对门站价则从逐步放宽政府指导价规定的浮动幅度，进而过渡到市场定价的模式。当然，这样的价格改革，也会面临放开天然气进口配送与销售价格反而导致天然气价格突然上升的情形，有提高用户使用成本而加重负担的可能。但需要注意的是，这些环节本身就属于开放性的市场，不存在垄断的潜在因素，产业发展最终需要形成依靠市场力量的价格格局。借鉴英美的实践，改革后价格的上升可能是暂时的，是长期的政策性低价抑制了能源的生产，造成供不应求的市场局面。若经过一段时间的分工调节供需，刺激了天然气生产的积极性，相应的气源就会增加，价格就会有所下降。需要关注的是，政府必须对天然气的管道运输环节以及终端价格进行监管，这是由于天然气产业纵向一体化的特性、各个环节之间可以相互影响的产业特点所决定的。鉴于利润在产业内是可以转移分配的，管网价格的提高会影响最终的销售价格，因此各环节都不能离开政府的价格调查、监管与指导，否则会有断气风险或者造成过大的地区间差异，从而影响社会稳定。最终，随着市场因素的决定性作用越来越大，天然气领域可以实现政府监管之下市场定价的"弱监管"价格模式。

（二）尽快建立公平合理的配气价格机制

首先，天然气价格市场化和通过市场的有效竞争实现天然气资源的优化配置必须具有一定的前提，即市场主体的自主、逐利和多元。市场的供应方和需求方能够自主决定买或卖多少、以什么价格买或卖，价格信号引导买或卖的数量，不受外部非经济因素干涉。价格信号引导买或卖的依据是利润，逐利是市场主体的最高伦理，干涉市场主体逐利是侵犯市场主体权益的行为。而市场竞争必须是市场主体多元，垄断不可能形成竞争的局面。其次，天然气价格市场化和通过市场的有效竞争实现天然气资源的优化配置必须遵循一定的规则，即反价格歧视、价格透明和管制自然垄断。价格歧视是指在相同交易条件下对不同的用户采取差异化的价格。分类定价、多轨定价都属于价格歧视，对市场公平竞争秩序会产生破坏作用，同时价差寻租会产生腐败。价格透明是价格引导市场的必要条件，公开的天然气交易中心是天然气价格市场化的基础条件。管制自然垄断可以为其他环节形成市场竞争局面创造条件。在中游管网公平准入得到落实的基础上，国家可以考虑全面放开管道燃气门站价格，同时建立符合市场化要求的城市燃气价格形成机制，加快推进下游管道燃气价格成本监审工作，尽快落实非居民用气销售价格改革，适时启动居民用气销售价格改革，消除交叉补贴，深入推进两部制气价、阶梯气价、季节气价、储气调峰气价等价格改革，还原管道燃气商品属性。在企业生存发展的问题上，只有通过理顺价格，才能理顺城镇燃气企业的经营模式，才能确保市场公平竞争制度长期、和谐、稳定。

（三）深化市场准入制度与产权制度改革的配合

放开民营资本市场准入进行混合所有制改革离不开产权制度的变革，只有具有合理的股权结构，民营资本的进入才能真正为国企改革带来"鲶鱼效应"。实践中也存在不少民营资本入股国有企业的情形，但由于多数占比很小，几乎难以发挥民营资本激活国有企业的作用。由于我国垄断行业中国有资本比重过大，企业即使整体改制为股份有限公司或上市公司，法人治理结构也难以真正脱胎换骨。有鉴于国有垄断行业的主体企业大多是国务院国有资产监督管理委员会直属的中央企业，总公司的性质决定了其下属分公司或子公司即使改制为混合所有制企业或上市公司，其体制仍然难以改变。所以在积极吸收外国投资和国内民营资本投资垄断行业的同时，必须从对母公司的改制入手，对大型国有垄断企业进行分拆，并加大国有资本减持的力度。只有当竞争性业务的国有资本比例下降，其释放的空间才能给民营资本和外国资本带来更多的空间，民营资本和外资投入资本才可能达到国有企业的一定比例，使投资者有动力也有能力去参与企业集团的治理和运营，才能发挥"鲶鱼效应"以增强国有企业的活力和竞争力。三大石油公司在各个环节已经建立了数量众多的子公司，所以无须再对其业务进行拆分。为实现市场有效竞争，可以通过产权制度改革和监管制度改革强化各个子公司之间的独立性，加强子公司之间的业绩竞争。

（四）推进市场准入制度与运营制度改革的配合

垄断行业因具有垂直一体化的产业结构，多采取一体化的运营模式，如电信、电力、铁路、石油天然气等行业。在垄断行业市场准入改革中，对于任何希望进入某一市场的潜在竞争者来说，必须通过接入某一行业的环节，才能将产品或服务送到最终的消费者手中。由于现有国有垄断企业早已具备了一体化运营的优势，实行垂直一体化经营的国有垄断企业往往通过在自然垄断性业务和竞争性业务间采取交叉补贴战略，达到其排斥竞争的目的。因此，垄断企业运营模式的改革是市场准入制度得以落实的必要保障。在石油天然气行业改革中，管道运输环节最具有规模经济性。有鉴于我国管道运输环节的实际情况，可先对国有管道公司进行拆分，成立统一的管道运输管理公司以实现管道建设和运营的分离（目前已经实现）。当然，为保障石油天然气行业上下游有效竞争结构的构建，必须在中游管道运输环节平等地对待任何符合条件的运输服务申请者，使其获得无歧视的接入，所以运营制度改革是石油天然气行业各个环节市场准入制度改革顺利进行的重要保障。

（五）促进行业监管改革与法律制度相互协调

法律制度是市场经济条件下政府介入垄断行业改革的重要手段，法律要为改革设计顶层制度。只有建立健全垄断行业改革的相关法律制度，使我国垄断行业改革进程于法有据，垄断行业改革的成果才能得到巩固和认可。在我国改革开放的实践中，普遍存在一种先改革后立法的传统，即经过一段时期的改革，根据改革中取得的经验再制定相应的法律。这种立法思路虽然针对性较强，但由于在改革初期缺乏法律依据和实施程序，就必然会产生大量混乱的现象，也使改革的合法性饱受质疑。事实上，法律制度是市场经济条件下政府介入垄断行业改革的重要手段，体现政府对垄断行业的监管和调控，可以对垄断行业破除垄断引入竞争机制发挥重要作用。所以在市场准入制度改革之前，必须加强垄断行业改革领域的法律制度建设，使我国垄断行业改革进程有法可依。例如，由于《石油天然气法》在我国长期缺位，三大石油公司在石油天然气行业的绝对市场主体地位是经一系列效力等级较低的法规和行政规章赋予的，这些法律文件不仅数量众多，效力层次低，也缺乏稳定性和一致性，成为我国石油天然气行业进一步发展的桎梏。所以，市场准入制度改革的第一步应当是要求各政府部门尽快修改赋予"石油巨头"特许经营权的法规规章和政策。需要"国家有关部门与地方人民政府要尽快完成清理和修订限制非公有制经济市场准入的法规、规章和政策性规定工作"①，也需要"清理和修改不利于民间投资发展的法规、政策和规定，切实保护民间投资的合法权益，培育和维护平等竞争的投资环境"②。这些文件的出台表明我国政府在市场准入改革的法律制度方面已经有所行动，但缺乏强有力的力量推动这些政策得以落实。只有推动石油天然气行业立法，才能系统地对我国石油天然气行业的市场准入制度进行法律构建，民营资本和外国资本进入石油天然气行业才能获得稳定的法律保障，使整个石油天然气行业拥有明确、透明的市场准入标准，进而推进石油天然气行业的市场化改革进程。

（六）推进管网独立和公开准入机制

由于我国管网建设薄弱、欠账较多，还不能完全适应天然气市场化运作的要求。因此，我国的主要矛盾是如何解决发展问题，管网等基础设施应适当超前发展，并保障投资回报，以确保其长期的正常、健康发展；近中期可以用适当的方式将天然气管网与其他环节进行管理和财务核算的有效分离，以防止入网歧视和交叉补贴；对多元投资主体的城市配气管网，要加强接入条款、服务质量、服务价格等方面的监管。

2019年12月9日，国家管网集团成立，主要从事油气干线管网及储气调峰等基础设施的投资建设和运营，负责干线管网互联互通和与社会管道联通，以及全国油气管网的运行调度，定期向社会公开剩余管输和储存能力，实现基础设施向用户公平开放。这是我国在油气领域实现"管网分离"的标志性一步，也对城市管道燃气行业市场竞争产生重大影响，需要持续深化改革，推进"管网分离"配套制度和措施的进一步落地与完善。

---

① 《国务院关于鼓励支持和引导个体私营等非公有制经济发展的若干意见》，国发〔2005〕3号，2005年2月19日。
② 《国务院关于鼓励和引导民间投资健康发展的若干意见》，国发〔2010〕13号，2010年5月7日。

国家管网公司成立，将之前从属于多家企业的垄断环节业务集中于一家公司，垄断性更加集中。管网公司可以独立决策管网的投资建设、气源的调配、扩张收购等业务，可能成为天然气产业链中话语权最重的一方。这时候就需要政府对管网公司进行准确定位，并加强经济性、社会性和安全性监管。作为垄断性企业，其成本、价格以及公平开放的行为等都必须受到政府和社会的监督，能公开的信息都必须公开。如果监管不到位的话，容易诱发道德风险。

此外，由于国家管网公司的垄断性，首先要将国家管网公司定位为公用基础设施企业，进而对其成本和收益实行"双限"——限制公司的整体收益水平和管道运输价格费率，强化价格监管。其次，由于当前我国管网总体能力不足，改革后应保证管输能力分配的公平、公正和公开，防止产生能力分配上的寻租空间，禁止管道容量囤积，强化对管网公司公平开放行为的监管。再次，应成立专门的独立监管机构，将原来分散在其他部委和三大石油公司的监管职能收回在新成立的监管机构，提升政府监管水平和能力。

（七）创新城市管道燃气行业市场运营模式

成熟的城市燃气行业市场运营模式，是国家有效运用市场经济手段加强行业管理的有效保障。由于管道运输属于自然垄断环节，又具有战略性和公益性的特点，对于这一环节的改革可以分成两个阶段进行。

第一阶段，可以先对国有管道公司进行拆分，鼓励民营资本以参股的方式进入市场形成管道运输环节的寡头垄断竞争格局。这一方面形成了几家国有管道公司并存的竞争局面；另一方面又可以控制企业准入数量，发挥规模经济的优势。同时，国家成立机构对全国管网进行管理，在管道进入、运输价格等方面进行监管。国务院发展研究中心在"383"改革方案中提出：将石油天然气管网业务从上中下游一体化经营的油气企业中分离出来，组建若干家油气管网公司，并建立对油气管网的政府监管制度。

第二阶段，在条件成熟时成立统一的管道运输管理公司，改革目前建设和运营合一的模式，使资产的所有权和运营权可以分开，最终推动油气管网独立运营和公平开放。因为长输管网是石油产业开展竞争必备的条件，通过全国性管道运输管理公司对符合条件的运输服务申请者提供平等待遇，就能使全国管网平等地服务于整个石油产业的资源通道，为石油产业上下游企业提供良好的竞争环境。

在此基础上，还要推动建立以第三方准入为核心的油气管网运输监管机制。我国《石油天然气管道保护法》主要为了保障油气管道及其附属设施的安全运行，对于管道的建设审批、运营监管并无明确规定。国家能源局为促进油气管网设施公平开放，规范相关市场行为，于 2014 年颁布了《油气管网设施公平开放监督办法（试行）》。该办法规定，油气管网设施开放的范围为油气管道干线和支线（含省内承担运输功能的油气管网）以及与管道配套的相关设施。在有剩余能力的情况下，油气管网设施运营企业应向第三方市场主体平等开放管网设施，并按签订合同的先后次序向新增用户公平无歧视地提供输送、储存、气化液化和压缩等服务。这一办法的出台将促进我国油气管网运营与国际通行的第三方准入做法接轨，有利于提高管网设施利用效率，保障油气安全稳定供应。但该办法对国家能源局及其派出机构的监管职能的规定较为粗糙，仍需要进一步制定更为具体的规定以使政府实现依法监管。

（八）加强价格法对城市管道燃气供应企业的监管

价格法对公用企业的价格形成机制具有重要影响，其作为与反垄断法密切相关的重要法律制度，在规制公用企业价格垄断行为过程中也发挥着巨大的作用。特别是由于城市管道燃气供应企业的产品与服务是城市居民和工商用户普遍需求的产品与服务，因此通过价格法对城市管道燃气供应企业的价格形成机制进行合理干预，以防范其价格垄断行为，对维护社会公众的合法权益与公用企业自身的健康发展至关重要。我国主要通过制定公用企业产品与服务的政府定价与政府指导价的方式对公用企业实施价格监控。但从实际情况来看，在管道燃气供应企业的价格监管上存在价格形成机制不灵活，价格构成不合理，价格审核不全面的问题，最重要的是价格监管不够精细，对城市管道燃气供应行业产生的新型隐藏性不公平高价行为不了解，这些问题极易诱发公用企业的价格垄断行为。从我们调研情况来看，城市管道燃气供应企业常以不公平的高价收取非居民管道燃气设施建设安装费用，具体违法行为主要是以下三类：第一，在非居民管道燃气设施建设安装经营和实际操作过程中，剥夺了交易相对人自行选择设计、施工、监理等单位以及自行购买建设安装材料的权利，而自行选择高价材料与服务；第二，上述燃气公司收取的非居民管道燃气设施建设安装费用，明显大幅高于实际发生的经营成本；第三，在非居民管道燃气设施建设安装中使用建设安装材料（含配套设备）的计费价格，大幅高于实际采购价格。

这主要是因为对城市管道燃气供应企业的价格检查与市场监管部门的常规价格检查不同，不再是对照价格是否超过国家定价，商品是否进行明码标价、是否存在价格欺诈这么简单。因为城市管道燃气供应企业的不公平高价行为往往隐藏较深。所以，不仅有必要改进我国价格法目前对公用企业价格管制的方式和方法，改进价格形成机制，还需要辅以最新的管道燃气行业不公平高价案例对执法人员进行相应的培训。

城市管道燃气供应企业价格执法应利用定期与不定期检查，以完全竞争性企业的经营为参照，评估公用企业节约成本、提高效率的努力程度，并作为价格执法的参考，尽可能形成对企业的一定激励，使企业有利可图，同时最大限度保护消费者利益。在确定城市管道燃气供应企业价格中非经营性因素所占份额时，除税金与必不可少的费用外，在保障企业有一定收益的前提下，禁止加收其他不合理费用。在面对城市管道燃气供应企业新型隐藏性不公平高价行为时，应当量化这种不公平高价，比如通过地方燃气协会获取在非居民管道燃气设施建设安装中使用建设安装材料（含配套设备）的计费价格地区平均值，并在抽查和定期检查中计算城市管道燃气供应企业收取价格与各平均值的差距百分比，以此作为不公平高价行为的量化标准。

同时，还应在城市管道燃气供应行业监管中制定定价公开原则，不仅包括定价的程序公开（公开听证），还包括与定价相关的所有信息公开。后者更具重要意义，如公用企业的投资、成本运行、费用支出、净利润水平等方面的信息，直接影响合理价格的制定。特别是管道燃气配套设施的材料采购费用、管道设计费用、施工安装费用等支出需要透明公开。因为在信息不对称的情况下，公民的参与事实上处于"无知之举"状态，其结果往往造成其利益在不知情的状态下受损。实行定价公开原则，也有利于预防及查处公用企业的价格违法行为。公用企业尤其是强自然垄断性的公用企业，不存在直接的竞争，因而其经营信息与"商业秘密"旨趣不同，使企业经营者负有公开经营信息的义务也是推行市场化改革的要求。

（九）推进市场化改革，警惕混改形成新垄断

管道燃气行业和其他公共事业一样具有自然垄断性，随着我国经济的快速发展，城市管道燃气的需求量日益加大，城市管道燃气市场化改革也进入深水区，在利益的调整下不少乱象和弊端开始显现。主要表现为城市管道燃气市场准入标准乱，取得特许经营权后垄断行为频生、服务质量难以服务民生。随着国家管网公司的成立，"放开两头、管住中间"的思路正在铺开，厚积薄发的管道燃气供应行业体制改革必将给我国燃气产业带来深刻改变。开放管道燃气市场，引入竞争、打破垄断和在改革原有行业体制的同时，也带来了新的竞争问题，比如少数直供燃气企业利用资源换市场、选择性配套供应，以及空壳公司高价转包特许经营权等，也就是在取得特许经营权之后行为缺乏规制，非居民用户的燃气配套招标欠缺宏观考虑。这些竞争乱象不仅是垄断行为频发的原因，更是滋生腐败、权力寻租新的温床。

具体来说，由于管道燃气特许经营权的获得存在招标、邀标和直接授予三种途径，县级以上人民政府即具有决定权，而地方大型国企混改后具有更强的追求利润最大化动机，它们完全有能力通过强大的游说能力和雄厚的资金实力拿到更多地区的特许经营权，甚至逐渐演变为兼并其他企业，形成新的市场垄断地位，市场化改革之路仍然任重道远。虽然各地方政府已经意识到这些问题并进行了一些改革的举措，但这些举措大多仅仅停留在改变管道燃气企业的股权结构上，譬如新成立的城建管理集团等机构，实质上没有从根本改变管理者与经营者之间的利益关系，只是从表面上对股权进行了重新分配，实际上仍然存在较强的行政干预。同时，我国城市管道燃气行业的垂直垄断现象严重，如中国石油公司垄断燃气气源、管道输配等环节，其旗下燃气公司即可凭借自身垄断地位的优势去限制用

户的选择权，损害消费者利益。

执法是最好最有效的普法。市场监管部门应当对城市管道燃气企业坚持推进反垄断执法，特别是要警惕混改后的这些公用企业做出新的违背市场化改革初衷的限制竞争行为，确保十八届三中全会以来一系列全面深化经济体制改革的措施最终贯彻到各个市场环节，惠及所有省份的广大普通消费者。反垄断执法不仅是保护市场经济秩序、引入竞争机制的必要措施，还是促进经济体制改革、推进公用企业混合所有制改革、在市场竞争中发现价格和发现国有资产真实价值的必要保障。只有在全面落实反垄断执法工作、保障市场有效竞争的前提下，涉及公用企业的调价听证、涉及公用企业的 PPP 招投标才能在市场竞争的基础上获得正当性、科学性，才能真正吸引更多民间投资，并最终让广大消费者长远受益。因此，对于全国各级反垄断执法机构而言，执法的意义不仅体现在城市管道燃气行业，也体现在其他所有混改中和混改后的公用企业中，易言之，反垄断执法是深化改革的重要推动力。

面对市场化改革带来的新乱象，仅仅依靠反垄断执法部门打击城燃企业从事的市场垄断行为只是隔靴搔痒、头痛医头脚痛医脚，不能从根本上解决问题；从根源上讲，更需要地方政府的科学决策布局和行业主管部门的有力监管。

上述深化改革的建议不仅需要竞争执法部门的有效执法，更需要监管部门的积极推进协调配合。在此，笔者建议市场监管部门积极向国务院反映以及与国家有关部委沟通，直陈当下我国城市管道燃气行业监管体制的问题所在，在"十四五"发展规划期间，坚持问题导向，依照中央统一部署协同推进行业改革。我们坚信，经过改革后形成的良好的行业管理体制，对于行业主体开展公平竞争与执法部门有效执法，一定大有裨益；对于行业健康可持续发展，更是具有根本性意义。

第六章　电信服务市场反垄断执法问题

　　电信行业作为信息通信的基础，其公平竞争对于保障消费者权益、推动社会经济的数字化转型具有至关重要的作用。电信服务不仅是基础产业，更是推动经济社会数字化转型的关键力量。随着技术进步和市场需求的不断演变，电信服务市场的竞争格局也随之发生深刻变化。新时代背景下，竞争法如何成为维护市场秩序、促进经济发展的重要工具，专注于电信服务市场这一特定领域，探讨其中的反垄断执法问题，对实现更加公平、有效、有序的市场竞争环境提供理论支持和实践指导有重大意义。

　　因此，本书第二部分"公平竞争法律制度及其实施"下设专章，讨论"电信服务市场反垄断执法问题"。首先，通过对电信服务市场发展进行概述，建立对电信服务行业的全面认识。从定义入手，探讨电信服务市场的竞争现状与发展趋势，为理解市场运作的复杂性奠定基础。第二节"电信服务市场的反垄断执法状况"则进一步深入，分析了电信服务行业的竞争状况，阐述了市场反垄断执法的框架体系，并指出了我国电信服务市场监管面临的困境，为后续的深入分析和政策建议提供了现实的背景。第三节"电信服务市场的高风险垄断行为分析"对电信服务行业中存在的垄断行为进行细致剖析。第四节"域外电信服务行业反垄断执法经验的启示"则通过借鉴国际上的成功经验，提供了完善法律法规、识别垄断行为、实施价格上限机制和推进互联互通等多方面的启示。第五节"加强电信服务市场反垄断规制的政策建议"提出了针对性的政策建议，包括完善规则体系、健全执法手段、促进协调联动和营造公平竞争氛围等，旨在为电信服务市场反垄断规制的未来发展提供明确的方向。

第一节　我国电信服务市场发展概述

一　我国电信服务行业的定义

（一）电信服务行业的相关定义

1. 电信的定义

电信分为广义电信和狭义电信两种。广义的电信是指利用有线电信系统、无线电信系统、光学电信系统以及其他电磁系统等电磁系统，采用符号、文字、声音、图像等多种形式组合而成的各种可视、可听或可用的信号，包括电话等传统电信媒体、光纤通信等现代电信媒体，也包括电视等单向信息传播媒体。狭义的电信是指双向传送信息的通信方式，即电报、固定电话、移动电话、互联网。① 《中华人民共和国电信条例》（以下简称《电信条例》）第 2 条载明："电信，是指利用有线、无线的电磁系统或者光电系统，传送、发射或者接收语音、文字、数据、图像以及其他任何形式信息的活动。"② 本书以狭义的电信作为研究对象。

2. 电信服务行业的定义

广义的电信服务行业包括从通信设备制造业到互联网内容应用服务业的整个纵向电信产业价值链，也可将其划分为电信制造领域和电信运营领域。其中电信运营领域又可以分为基础电信业务和增值电信业务。狭义的电信服务行业仅指电信运营领域的基础网络。在日常生活中，人们所说的"电信业"往往是狭义的定义，③ 本报告意指的电信服务行业包括了基础电信业务和增值电信业务，即电信运营领域。

3. 电信服务行业的特征

第一，电信服务行业具有全程全网性。电信网由一定数量的节点，即交换设备和用户终端设备以及连接点的传输线路组合而成，能够使两个或

---

① 参见侯利阳《我国电信行业的竞争与规制》，法律出版社，2022，第 20 页。
② 《中华人民共和国电信条例》（2016 年修订）。
③ 参见林叙辰《基础电信业技术与市场及政府规制协同演化研究》，博士学位论文，北京邮电大学，2019 年。

数个规定点之间进行信息传递。其"全程全网性"体现在信息传输需要全网配合，单靠特定地理区域电信网的力量无法完成整个信息传递工作。由于电信服务行业具有全程全网性特点，所以，当由单一企业运营时其产生的运营成本最低，但效率却最高，新经营者进入该领域将面临较高的进入壁垒。因此，电信服务行业与其他行业有着明显的差别，难以实现"完全竞争"。①

第二，电信服务行业具有规模效应。首先，电信服务行业具有规模经济性，即单用户成本随着用户数量的上涨而降低。电信服务行业具有范围经济性，即在现有业务上新增业务总成本低于经营两个独立业务总成本。其次，电信网络较为特殊，具有正外部性。具体表现为，同一网络上用户越多，则原有用户就可以享受更高的连接性，体验感也更好。

（二）我国电信服务的业务类型划分

按照《电信条例》第 8 条规定，电信业务分为基础电信业务和增值电信业务。基础电信业务，是指提供公共网络基础设施、公共数据传送和基本话音通信服务的业务。增值电信业务，是指利用公共网络基础设施提供的电信与信息服务的业务。电信业务分类的具体划分在本条例所附的《电信业务分类目录》中列出。国务院信息产业主管部门根据实际情况，可以对目录所列电信业务分类项目作局部调整，重新公布。

根据工业和信息化部《电信业务分类目录（2015 年版）》（简称《目录》）及其修订公告，基础电信业务分为两类，第一类基础电信业务包括固定通信业务和蜂窝移动通信业务；第二类基础电信业务包括集群通信业务、无线寻呼业务、第二类卫星通信业务、第二类数据通信业务、网络接入设施服务业务、国内通信设施服务业务、网络托管业务（以上各业务在《目录》内有下一级分类）。在个人电信产品业务市场上，当前电信服务企业主要以发展 5G 为引领，进一步完善产品体系，加强产品之间的联合运营，丰富 5G 套餐内容，加速 4G 向 5G 迁转。借助发展数字经济的机遇，

---

① 参见王春晖《电信竞争的法律规制——电信竞争中的热点法律问题透析》，北京邮电大学出版社，2008，第 16 页。

电信服务企业也在逐渐打造自己平台经济业务，满足数字消费需求。完善数字化运营体系，打造平台化智慧运营。在家庭产品业务市场上，电信服务企业皆着力提升宽带品质，落实国家"双千兆"要求。推动千兆网络与5G覆盖同步提升。在政企产品市场方面，中国移动充分发挥融合创新的算网集成化服务能力和配套完备的全国属地化服务优势，聚焦重点产品、重点行业"政企产品清单"和"解决方案清单"，一体化推进"网+云+DICT"规模拓展。在工业互联网方面，积极推动"5G+工业互联网"深度融合发展。

增值电信业务同样分为两类，第一类增值电信业务包括互联网数据中心业务、内容分发网络业务、国内互联网虚拟专用网业务、互联网接入服务业务；第二类增值电信业务包括在线数据处理与交易处理业务、国内多方通信服务业务、存储转发类业务、呼叫中心业务、信息服务业务、编码和规程转换业务。

从垄断属性比较而言，一般来说，基础电信业务具有较强自然垄断属性，而增值电信业务的市场竞争程度相对较强。

二 我国电信服务市场的竞争现状与发展趋势

（一）电信服务市场竞争因素不断强化

我国电信服务市场经过多轮改革，市场竞争体制机制得以持续完善发展。以竞争规制为主导，政府管制为辅助的趋势不断深入发展，这有利于电信服务市场的健康成长。

竞争规制因素的不断增强主要体现在市场准入政策方面的有序放开。2013 年 7 月 12 日召开的国务院常务会议鼓励民间资本以参股方式进入基础电信运营市场。2017 年 1 月，国务院印发《促进移动互联网健康有序发展的意见》。这些政策的最直接影响就是增加了市场中的电信运营商数量。同时，电信服务业务种类、数量的增加，也使得电信服务市场竞争因素不断增强。

（二）电信服务市场行业结构不断优化

目前，我国电信服务行业的结构不断优化完善，形成了以中国移动、中国电信、中国联通为主，中国广电后发赶超，其他增值电信业务运营商相互竞争、共同发展的市场格局，电信服务业务分离的速度不断加快。

在地域市场方面，近年来，行业主管部门有意引导推动移动通信业务和宽带业务等增值电信业务进入乡村，使得行业既覆盖了城市市场，也逐渐开始涵盖乡镇市场。

在运营商所有制属性方面，目前我国电信服务行业既有国有企业，也有民营企业，随着市场准入的逐步放开，进入电信服务市场的民营资本开始不断集聚。

从近年来相关业务发展的数据考察，我国电信服务市场规模正在不断扩大，也促进了我国电信市场结构持续优化。

（三）电信服务业务分离不断加速

随着电信技术深度发展，在电信业务分离出基础电信业务和增值电信业务两分支基础上，电信服务业务仍在不断细化、加速发展，工业和信息化部也相应对《电信业务分类目录》进行了几次修订，将新业务在目录中予以确认。

宽带业务等增值电信业务量的增加也可以证明电信业务分离不断加速，固定电话业务和移动电话业务已不是电信运营商争夺市场份额的唯一焦点。

（四）电信服务市场互联互通不断深化

在我国推动电信网、广电网、互联网三网融合的过程中，电信服务市场的互联互通也不断深化。电信和互联网的快速深度融合成为必然趋势，渐渐走向"不可分离的状态"。

第二节　电信服务市场的反垄断执法状况

一　电信服务行业竞争状况

（一）电信服务行业的市场结构

典型的市场结构主要包括以下四种：完全竞争、垄断竞争、寡头垄断、完全垄断。纵观我国20世纪90年代以来的市场竞争格局，通过多次行业改革，我国电信服务市场基本竞争格局呈现出从完全垄断到寡头垄断的转变，中国移动、中国电信和中国联通作为三寡头占据了绝大部分的市场份额。随着电信服务行业民间资本的引入和逐渐放松管制，垄断竞争的态势逐渐成形，电信服务市场自由化程度进一步提高。目前，我国电信服务市场结构呈现出不均衡状态，主导运营商在各自业务市场具有很强的支配地位。电信服务市场产品的可代替性进一步增强，差别化程度很低，产业内竞争也将更加激烈。表 6-1 至表 6-4 为 2021~2022 年我国电信服务业三大运营商相关经营数据。

表 6-1　2021 年我国电信服务行业三大运营商用户市场及占比

运营商	移动	电信	联通
移动用户	9.57 亿户（58%）	3.72 亿户（23%）	3.17 亿户（19%）
固网宽带用户	2.4 亿户（47%）	1.7 亿户（34%）	0.95 亿户（19%）
5G 套餐用户	3.87 亿户（53%）	1.88 亿户（26%）	1.55 亿户（21%）

数据来源：2021 年三大运营商财报①

表 6-2　2022 年我国电信服务行业三大运营商用户市场及占比

运营商	移动	电信	联通
移动用户	9.75 亿户（57.72%）	3.91 亿户（23.15%）	3.23 亿户（19.12%）
固网宽带用户	2.72 亿户（48.83%）	1.81 亿户（32.50%）	1.04 亿户（18.67%）
5G 套餐用户	6.14 亿户（56.07%）	2.68 亿户（24.47%）	2.13 亿户（19.45%）

数据来源：2022 年三大运营商财报

表 6-3　2021 年我国电信服务行业三大运营商的营收和净利润占比

	营收（亿元）	占比	净利润（亿元）	占比
中国移动	8482.5	52.5%	1159.37	74.2%
中国联通	3279	20.3%	144	9.2%
中国电信	4396	27.2%	259.48	16.6%

数据来源：2021 年三大运营商财报

---

①　部分数据三大运营商的财报查找不到，参考来源为网络统计：https://lmtw.com/mzw/content/detail/id/211206，最后访问日期：2023 年 4 月 5 日。

表 6-4 2022 年我国电信服务行业三大运营商的营收和净利润占比

	营收（亿元）	占比	净利润（亿元）	占比
中国移动	9372.59	52.84%	1254.59	73.89%
中国联通	3549.44	20.01%	167.45	9.86%
中国电信	4814.48	27.14%	275.93	16.25%

数据来源：2022 年三大运营商财报

判断一个市场的垄断或者竞争程度，要对其市场结构进行分析，现实中通常用市场集中度指标来判断市场的结构和竞争程度。

当前，除固定宽带与移动通信的零售业务外，民营电信运营商可进入的领域已经大为扩展，截至目前增值电信业务领域的 10 余项业务已经全部向民间资本开放。随着政策的放开，增值电信业务领域的门槛已经显著降低，大量的民间资本涌入电信业务领域。[①]

为了破除垄断、鼓励竞争，监管部门在三大寡头垄断经营的格局下引入民间资本以及培育新的市场主体。中国广电在 2016 年获批了固定宽带和固定通话业务的全国经营牌照。2020 年，工信部向其发放了第 4 张 5G 牌照，发挥了活跃国有运营商竞争的"鲶鱼效应"，但是总体上电信服务行业寡头垄断的市场局面不会发生实质改变。

（二）电信服务市场的进入壁垒

总体而言，外资进入我国电信服务市场具有较高的准入门槛和较多的

---

① 中国信通院发布的《国内增值电信业务许可情况报告（2023.2）》显示，目前，全国增值电信业务市场区域发展不均衡特征突出。在 30790 家跨地区企业中，注册地在广东的 6360 家，北京的 6292 家，上海的 3074 家，三地集中了 51.08% 的跨地区企业。从各业务跨地区经营者数量来看，排名前三的业务依次是：16072 家企业经营信息服务业务（不含互联网信息服务），9115 家企业经营互联网接入服务业务，6949 家企业经营互联网数据中心业务。不同经营者间注册资金规模差异较大，但仍以注册资金在 1000 万元人民币的经营者居多。在目前部颁证 30790 家经营者中，注册资金为 1000 万元人民币的经营者占经营者总数的 71.41%，注册资金在 1000 万元到 5000 万元人民币之间的经营者占经营者总数的 14.75%，注册资金在 5000 万元（含）到 1 亿元人民币之间的经营者占经营者总数的 6.90%，注册资金超过 1 亿元人民币的大型企业占经营者总数的 5.86%。目前国内增值电信领域已经形成多元化的投融资市场，民营资本已经发展成为增值电信业务领域的主力军，外商投资企业比例持续快速提升。截至 2023 年 2 月底，部颁增值电信业务经营者中，国有控股企业 1464 家，占经营者总数的 4.75%；民营控股企业 28030 家，占经营者总数的 91.04%；外商投资企业 1296 家，占经营者总数的 4.21%。

经营限制，在可预见的时期内，外资很难大规模进入中国相关市场。

与国有企业的改革同步，我国对国有电信运营商进行了混合所有制的改革，逐渐引入民间资本进入电信服务行业。

民间资本自身具有局限性、电信服务行业的特性以及法律局限构成了民间资本进入电信服务行业的壁垒。目前，民营资本可以进入的领域包括固定宽带与移动通信的零售业务等，虽然固定宽带和移动通信零售业务已经进入了完全的竞争市场，但宽带转售业务自2014年启动至今民间运营商的市场发展仍然比较惨淡。

综上可知，在基础电信服务行业基于国家安全和网络主权的考量应当毫不动摇坚持国有资本的主导地位，但是仍然应当促进资本的分散。

（三）其他经营者对电信服务企业的依赖程度

数字化的基础设施必须通过互联网来联结，数字经济下消费者似乎一刻都离不开电信企业提供的互联网接入服务。民营运营商不得构建自己的互联网骨干网，骨干网仍然由基础电信运营商所垄断。民营宽带运营商只能经营纯粹的宽带转售业务，由此民营宽带运营商必须向基础电信运营商购买网络接入服务。

针对新运营商对主导运营商的高度依赖性，《电信条例》规定了主导电信服务业务的经营者的法定义务，使新企业能够以较低成本进入市场，提高市场竞争程度。首先，主导电信服务业务的经营者不得拒绝经营其他电信服务业务的经营者和经营专用网络的运营单位所提出的互联互通要求；其次，具有主导地位的电信运营商，应当为其他运营商提供透明化的互联互通服务；再次，具有主导地位的电信运营商应当履行非歧视义务，即具有主导地位的电信运营商向其他电信业务经营者提供网间互联时，所提供的服务质量不得低于本网内的同类业务及向其子公司或者分支机构提供的同类业务质量。

由于新运营商对基础电信运营商的高度依赖性，新运营商的生存和发展很大程度上取决于基础运营商的接入服务。总体上看，尽管我国电信服务行业引入了民间资本，也在一定程度上促进了我国电信服务市场的繁荣，为消费者提供了更多的服务选择。在开放政策的局限下，我国电信服务市场的竞争局面尚未产生实质性的改变。

二　电信服务市场反垄断执法的框架体系

（一）电信服务市场反垄断的执法主体

反垄断执法效能的有效发挥很大程度上取决于执法主体的权威和执法能力。电信服务市场的反垄断执法主体监管效能的发挥必须满足以下特征：地位的独立性、执法的专业性以及职能的广泛性。首先是地位的独立性。其次是执法的专业性。最后是职能的广泛性。由于反垄断执法是一个有机的整体，且针对电信服务行业的反垄断执法同时涉及经济生活的各个行业和领域，因此各国都赋予了反垄断机构广泛的权力，《反垄断法》第47条规定反垄断执法机构有调查、询问、查阅、复制、查封、扣押、查询账户等权利。反垄断执法机构拥有广泛的职权保证其执法权威和核心地位。

现行《反垄断法》第13条规定："国务院反垄断执法机构负责反垄断统一执法工作。国务院反垄断执法机构根据工作需要，可以授权省、自治区、直辖市人民政府相应的机构，依照本法规定负责有关反垄断执法工作。"因此，电信服务市场应当建立事前事中事后的全链条监管。电信服务市场反垄断执法涉及通信工程、经济学、法学等领域的专业知识，对反垄断执法人员的要求较高。以积极承诺和作为义务为主要内容的事前监管有别于处罚式的执法模式，处罚式执法模式是对已经发生的垄断行为进行事后禁止，而积极承诺和作为义务则通过赋予市场主体对于尚未现实发生的行为施加积极承诺和作为义务，一定程度上破解了反垄断法执法"重在事后"执法的难题。

（二）电信服务行业反垄断的执法对象

电信服务行业反垄断执法的对象是电信市场主体，包括国有电信运营商和民营电信运营商，但重点执法对象是中国移动、中国电信、中国联通、中国广电四大基础电信运营商。

电信服务行业传统上被认为是自然垄断行业，监管主体和监管对象之间的联系仍然较为密切，尽管当前电信企业和监管主体实现了结构上的分离，但并没有实现实质的利益分离。

因此，电信服务行业的反垄断执法，应当无任何偏颇地做出，坚持对所有监管对象平等对待、一视同仁，遵循公平性原则加强事前事中事后全链条监管，有效规制行政机关监管越位滥用行政权力排除、限制竞争行为，保护市场公平竞争，维护消费者利益和社会公共利益。

（三）电信服务行业反垄断的执法内容

确定电信服务行业反垄断执法内容是实现监管规则明确的前提，首先就需要明确《反垄断法》的立法目标及其保护的法益。由于提供固定电话、移动电话和互联网接入通信服务等基础电信业务存在着规模经济效益和范围经济效益，具备技术门槛，基础电信运营商具有自然垄断属性，[①]要求监管主体通过明确电信服务行业反垄断执法的内容，增强执法的权威性。这样更有利于保护电信市场的公平竞争，维护电信消费者的利益。综上所述，提升消费者福利、维护社会公共利益离不开反垄断执法措施的落实，应当推动监管手段由传统向现代化转变。

（四）电信服务行业反垄断的执法程序

电信服务行业反垄断执法程序贯穿事前事中事后反垄断执法的全过程，是电信服务行业反垄断执法必不可少的一部分。

由于电信服务行业的专业性、复杂性，证据调查、固定和分析需要一定的专业知识，电信服务行业反垄断案件通常都非常漫长。在 2011 年中国电信和中国联通的涉嫌价格垄断的案件引起了社会的广泛关注。此后中国电信和中国联通提交了整改方案，申请中止调查，但是该案件后续的处理情况没有向社会公开。反垄断程序不仅涉及反垄断执法机构和相对人双方的利益，还可能涉及相关市场的竞争者、交易相对人、消费者乃至社会公众的利益，所有相关利益都应当在反垄断执法程序中得到体现。程序约束的核心是公开、参与和监督，我国现有的经营者承诺制度缺乏第三人和社会公众的参与渠道，第三人及社会公众没有机会对有关承诺制度的实施发表正式意见，也无法成为反垄断执法机构作出决定

---

① 以三大运营商为代表的，提供固定电话、移动电话和互联网接入通信服务的，主要涉及基础电信业务的电信运营商，具有自然垄断属性。增值电信业务门类众多，而且有大量民营企业进入，则应当不具有自然垄断属性。

的参考因素。

三　我国电信服务市场的监管困境

（一）我国电信服务市场的潜在问题

我国电信服务市场并未形成良好的竞争氛围，前些年，强劲的市场需求掩盖了电信服务市场的深层次矛盾。随着市场需求进入平缓期及竞争强度的加大，这些矛盾会变得日益尖锐，严重制约我国电信服务市场竞争格局的形成。

1. 行政性垄断较为严重

当下电信服务行业政企不分的痼疾仍未完全改变，因电信服务行业"政监合一"的监管模式，行政主管部门往往会考虑自身利益，更容易产生行政性垄断行为。

行政性垄断的实质是行政权力的滥用，是由来自市场之外、与市场运行机制和构成要素没有直接联系的行政强制力量引起的垄断。

2. 电信服务市场存在价格竞争乱象

电信运营商要寻求发展空间，必须通过服务和价格的优势来争夺消费者，这使得电信服务市场陷入电信运营商打价格战的怪圈中。

3. 电信服务市场网间互联互通不畅

为了排挤对手，主导运营商拒绝其他网络运营商与自己网络相互连接或用苛刻的条款间接限制连接，加剧了各运营商间的不平等发展，也破坏了良好的竞争格局。

电信体制改革以来，针对我国电信网间互联的立法和管理不断加强，初步形成了关于互联互通的制度体系。

（二）电信服务市场反垄断执法的困境

1. 规则供给不足

我国主要通过《反垄断法》《反不正当竞争法》《电信条例》《外商投资电信企业管理规定》《电信业务经营许可管理办法》等法律法规对电信服务行业进行规制。从法律位阶上看，《反垄断法》《反不正当竞争法》属于狭义的法律，《电信条例》《外商投资电信企业管理规定》《电信业务经营许可管理办法》则属于行政法规和部门规章。此外，在全国范围内，河南省、重庆市和江西省出台了地方电信条例。

总体来说，我国电信服务行业的法律制度还不是很完善。首先，由于现有法律体系不完善，覆盖面过于狭窄，我国至今仍缺少一部针对电信服务行业的基本法，暂时仅依靠行政法规或政府规章和条例进行规制。其次，我国关于电信服务行业的法律法规处于一种分散的状态，各法律法规间没有很好地相互支持和衔接，甚至会产生矛盾，出现执法标准不同的情况。最后，由于我国电信改革以边重组、边立法的方式进行，各项法规难免有救急之嫌，而且立法也存在着一定的滞后性。

2. 法律规定泛化

我国电信服务行业法律法规大都是原则性和程序性规定，有关具体业务领域或具体行为的规定较少，可操作性较低，具体执行难度较大。

3. 执法力量单薄

面对电信服务行业的问题，国家的监管机构不仅面临着技术性难题，也面临着监管力量供应不足的窘境。执法机构电信服务行业的专业化知识更新速度慢、执法工具落后、人才队伍不足等问题，都限制了电信服务行业的监管质量。

4. 法律责任不严

法律责任的完善与否，很大程度上决定了法律实施的效果如何。在我国，电信服务行业大部分法律责任由《电信条例》规定，实施垄断行为的电信运营商，受到的基本是行政处罚，具体有限期改正、罚款、停业整顿、吊销执照等。这些法律法规存在许多不完善之处。首先，对行政性垄断的处罚力度畸轻，效果不明显。其次，民事赔偿责任缺失，使得新兴电信运营商在遭到损失时不能获得相应补偿。[①]

---

① 《反垄断法》上的民事责任是指只对违法经营者进行执法，但缺少给予受害人的赔偿。问题根源在于我国反垄断法民事法律责任制度的缺失：一是反垄断法民事赔偿责任主体中少了实施垄断行为的行政主体；二是我国反垄断法法律责任制度中垄断行为受害人规定不明确且缺少受害人请求民事赔偿的诉权规定。补充可参见孙晋、李胜利《竞争法原论》（第二版），法律出版社，2020，第229页。

第三节 电信服务市场的高风险垄断行为分析

一 电信服务行业垄断行为的分析

（一）经济性垄断行为

经济性垄断是指在竞争市场上，自由竞争导致的一个或数个厂商垄断市场的格局。纵观世界各国电信服务行业的发展历程，不难发现，电信服务行业具有经济性垄断的特征。而正是由于自由竞争的环境氛围，促使各国电信服务行业的经营者不断改进技术、提升管理效能，彼此间的竞争达到了白热化。激烈的竞争过程本质上是优胜劣汰的过程，效率高、实力强的电信服务行业经营者占据上风，而效率低下的经营者则会被市场淘汰，从而显现出鲜明的经济性垄断属性。

（二）行政性垄断行为

电信行业兼具自然垄断和行政性垄断的双重属性。电信服务市场的垄断旨在优化经济效益，减少资源浪费，但是仍须着力解决垄断行为所伴随的各类问题。

除了自然垄断的属性以外，我国电信行业还兼具行政性垄断特性。我国《反垄断法》将其称作滥用行政权力来排除和限制市场合理竞争。

行业的垄断性质使得电信行业内部的竞争并不明显。无论是政府直接参与定价还是企业自主定价，都缺乏市场经济竞争机制的牵制，从而造成消费者的不利和新兴资本难以进入电信市场的难题。

二 电信服务行业垄断协议行为的反垄断规制

（一）电信运营商之间的横向垄断协议

横向垄断协议有固定价格、划分市场、联合抵制、限制产量或数量、串通招投标、联营和其他横向限制竞争行为等类型。我国《反垄断法》第17条明确禁止具有竞争关系的经营者达成下列垄断协议，其内容包括：固定或者变更商品价格；限制商品的生产数量或者销售数量；分割销售市场或者原材料采购市场；限制购买新技术、新设备或者限制开发新技术、新产品；联合抵制交易等。联合限制竞争行为实质上是一种横向垄断协议，在电信服务行业主要体现在通过限制竞争协议固定价格和划分市场等行为。

此外，值得注意的是，2023 年 3 月国家市场监管总局最新发布的《禁止垄断协议规定》（于 2023 年 4 月 15 日起施行）中新增了"潜在经营者"的概念①，即只要有证据表明经营者有进入相关市场的能力与意愿，同样可以纳入横向垄断协议的制裁范围，将横向垄断协议的认定主体范围进行了扩大。②

1. 固定价格行为

为了避免竞争，各地电信经营者就服务最低价格或最高价格达成各种形式的自律协议。此种所谓的"自律协议"是涉嫌达成垄断协议的高发区。2007 年，湖南铁通和湖南电信、湖南网通等电信服务主导运营商签订了《关于立即启动自律机制共同规范通信市场经营行为的协议》，三方就主要业务资费底线、整合小区建设资源等问题进行了商讨，并建立定期协商机制。③ 在通信网络建设上，铁通将加强同电信、网通公司的沟通与合作，处理好小区、商住楼通信管道的预埋预设问题，不再采用独进方式，而是三家电信运营商协商合作。协议同时约定，各方将统一价格，不再打价格战，严格执行国家规定的定价标准。在执法实践中，对于固定价格的横向垄断协议的认定采取本身违法原则，即严厉禁止与打击的态度，在执法过程中重点关注运营商是否实质性地严格遵守国家相关定价标准，是否在固定价格协议下攫取了超额利润。

---

① 《禁止垄断协议规定》第 8 条第 2 款新增："规定所称具有竞争关系的经营者，包括处于同一相关市场进行竞争的实际的经营者和可能进入相关市场进行竞争的潜在经营者。"

② 需要说明的是，在行为上，电信服务行业中的横向垄断协议主要以固定价格和划分市场为主，"潜在经营者"条款主要目的是扩大打击范围，避免"漏网之鱼"，"潜在经营者"一般为经营者实施垄断行为提供了便利与帮助。最高法在审理案件时也认为横向垄断协议中的竞争关系认定不限于实际上的，还应包括潜在的"具有进入同一产品或者服务市场的现实可能性"，参见最高人民法院（2021）最高法知民终 1298 号。

③ 参见《铁通与电信网通长沙共谋统一价格 不打价格战》，搜狐网，https://it.sohu.com/20071009/n252548043.shtml，最后访问日期：2022 年 10 月 18 日。

此外，2017 年 3 月，在国家发展和改革委的指导下，吉林、辽宁两省物价局对长春一汽通信科技有限公司等电信企业实施的垄断行为进行了调查。中国联通长春市分公司与长春一汽通信科技有限公司签订合作协议，约定中国联通长春市分公司使用长春一汽通信科技有限公司线路资源，在其指定小区开展宽带业务时，使用相同的宽带单产品资费标准，排除了相关市场竞争。根据原《反垄断法》禁止固定价格规定，上述两公司分别被处上一年度相关市场销售额 5% 的罚款，共计 27920.60 元。①

现行《反垄断法》第 17 条第 1 项规定："禁止具有竞争关系的经营者达成下列垄断协议：（一）固定或者变更商品价格"；在《禁止垄断协议规定》第 8 条中列明了固定价格行为的具体方式。② 固定价格行为对竞争的危害最严重。在前述案例中无论是"通知"，还是"协议"，对于资费收费标准达成了统一价格的协议，这均为典型的固定价格的横向垄断协议，违反了反垄断法的规定，应予以处罚。在各国的反垄断实践中，凡涉及限定产品价格等横向垄断协议，一般采取本身违反原则认定严重的限制竞争行为，执法机关只需要证明协议的存在即可，对于协议本身合法性、合理性以及《反垄断法》上"公共利益"抗辩③，均由相对人后续承担证明义务。根据《禁止垄断协议规定》第 13 条："具有竞争关系的经营者不得利

---

① 参见《吉林、辽宁两省部分地区电信企业实施垄断行为被依法查处》，《中国价格监管与反垄断》2017 年第 4 期。

② 包括：（一）固定或者变更价格水平、价格变动幅度、利润水平或者折扣、手续费等其他费用；（二）约定采用据以计算价格的标准公式、算法、平台规则等；（三）限制参与协议的经营者的自主定价权；（四）通过其他方式固定或者变更价格。

③ 即现行《反垄断法》第 20 条："经营者能够证明所达成的协议属于下列情形之一的，不适用本法第十七条、第十八条第一款、第十九条的规定：（一）为改进技术、研究开发新产品的……属于前款第一项至第五项情形，不适用本法第十七条、第十八条第一款、第十九条规定的，经营者还应当证明所达成的协议不会严重限制相关市场的竞争，并且能够使消费者分享由此产生的利益。"值得说明的是，从各国执法经验来看，以公共利益来作为横向固定价格协议的豁免理由难以操作，并且公共利益是一个非常不确定的法律概念，其仅仅规定了抽象的法律事实构成，关于具体内容人们只能在个案中具体加以确定，因此对于执法机关而言出于执法效率的考量，一般不予以认可公共利益的抗辩。在电信服务市场中，对于电信运营商出于公共利益的抗辩可以不予认可，更为复杂的分析可以交由司法途径论证。这是因为横向固定价格领域的垄断危害性几乎是目前反垄断法学界看法最为一致的领域，执法正当性不会存在问题。

用数据和算法、技术以及平台规则等，通过意思联络、交换敏感信息、行为协调一致等方式，达成本规定第八条至第十二条规定的垄断协议。"执法机关应该从电信服务行业相关数据、算法等方面入手，识别垄断行为在新环境下的新表现，激活执法与司法规则，维护市场公平竞争。

2. 划分市场行为

2007 年 2 月 16 日，《中国电信集团公司与中国网络通信集团公司合作协议》（以下简称《合作协议》）。双方约定，自 3 月 1 日起，停止在非主导区域的所有项目投资（包括传统固话用户，大灵通、小灵通等无线市话用户，宽带用户，呼叫中心等所有类型客户）；非主导方在各本地网不再增加新的端局号，在各省不再增加新的 IP 地址段；非主导方不再进行针对公众客户的基础电信业务的宣传及促销活动，不再推行新套餐，不再增加代理商；非主导方电话用户、宽带用户总数在 2007 年 2 月底的基础上不再增加。[1] 协议被曝光之后受到了广泛而激烈的讨论，虽然中国电信、中国网通强调，双方是本着节约资源、避免重复建设的精神签订该协议，但横向划分市场协议本身完全违背了市场经济自由竞争的原则。然而，由于当时《反垄断法》尚未出台，未能在反垄断层面予以执法。随着社会主义市场经济的不断发展，配套的法律法规日益完善，如果电信运营商再次出现划分市场行为，应根据《反垄断法》进行打击。

现行《反垄断法》第 17 条第 3 项规定，禁止具有竞争关系的经营者达成下列垄断协议："……（三）分割销售市场或者原材料采购市场"；在《禁止垄断协议规定》第 10 条中列明了划分市场行为的具体方式。[2] 市场划分是限制竞争的一种表现形式，包括划分地域市场和划分用户市场两种，前者是指两个或者两个以上的销售者，为避免竞争而达成的划分彼此销售区域或者对销售数量分配限额的协议；后者则是根据销售对象的不同

---

[1] 参见李荣华、柳思维《我国电信产业寡头垄断合谋研究——以中国电信、中国网通两大集团〈合作协议〉为例》，《重庆邮电大学学报》（社会科学版）2008 年第 3 期。

[2] 包括：（一）划分商品销售地域、市场份额、销售对象、销售收入、销售利润或者销售商品的种类、数量、时间；（二）划分原料、半成品、零部件、相关设备等原材料的采购区域、种类、数量、时间或者供应商；（三）通过其他方式分割销售市场或者原材料采购市场。

来决定市场分配的方式。由于厂商之间约定不跨区经营，那么在各个地区市场内，经营者就不再面临其他卡特尔成员的竞争，其所面临的竞争压力大大降低，这样会导致产品的选择范围缩小，影响产品定价的合理性，消费者的公平选择权等遭到侵害。

为防止消除市场竞争的现象出现，对电信服务行业重组后的反垄断法规制重点应当是对经营者达成垄断协议的监控，以使消费者能充分享受到电信服务市场充分竞争带来的福利，促进电信服务行业的技术进步。在上述案件中，各电信运营商根据是否为"主导区域"划分市场，涵盖了固定通话、移动通话、宽带服务等多个相关市场，无论是否真如电信运营商所说的"节约资源、避免重复建设"的理由，对于市场进行分割的行为本身就应受到反垄断法的规制。在某些方面，市场划分行为比固定价格更能影响竞争。经营者们通过在特定的区域或者商品市场内消除竞争，留下唯一的经营者，这其实就是间接的固定价格行为。此外，根据《禁止垄断协议规定》第10条第2款"关于分割销售市场或者原材料采购市场的规定适用于数据、技术和服务等"，应加强监管力量重点识别数字经济下新型划分市场的行为模式。

（二）电信竞争中的纵向垄断协议

纵向垄断协议，又称垂直协议、垂直限制或纵向限制行为，一般是指同一行业处于不同经济层次而有交易关系的企业之间通过协议或其他共谋实施的限制竞争的行为。我国《反垄断法》第18条明确禁止经营者与交易相对人达成两类垄断协议，即固定向第三人转售商品的价格和限定向第三人转售商品的最低价格。电信服务市场的纵向垄断协议行为一般是指基础电信运营商通过与其他增值电信运营商、终端设备供应商以及不同经济阶段的其他企业通过协议或默示的方式所达成的限制竞争的行为，而这些增值电信运营商、终端设备制造商或不同经济阶段的其他企业是指本身与基础电信运营商无直接竞争关系但又确实存在有机交易关系的企业。

例如，2008年11月18日，上海市通信管理局（以下简称"通管局"）就中国移动通信集团上海有限责任公司（以下简称"上海移动公司"）《战略合作协议》和《排他特约直销店协议》质疑，认为这两种协议涉嫌垄断。① 上海移动公司认为这两种协议是针对不同级别的"合作伙伴"设定的，根据合作伙伴的规模、实力设定代理权限、代理佣金比例等一系列权利义务。《战略合作协议》是上海移动公司与最高级别的代理商（也可称之为一级分销商）签订的，其与上海移动公司紧密联系，上海移动公司赋予了其专营店建设经营权、商标、标识使用权以及相关业务的排他经销权等，在该协议中含有明确的双向排他性条款。而《排他特约直销店协议》是上海移动公司与较小规模的代理商（也可称之为二级分销商）所签订，其只能获得相当有限的上海移动公司的授权，但上海移动公司也为其设定了单向排他义务。而通管局的主要质疑对象是《排他特约直销店协议》，认为其中特约直销店的排他义务是上海移动公司滥用市场地位的结果。根据《电信条例》第四条赋予通管局的市场监管权力，并依据《反垄断法》"没有正当理由，限定交易相对人只能与其进行交易或者只能与其指定的经营者进行交易"的规定，要求其改正，如未在限期内改正，将对其施加处罚。但实际上，《战略合作协议》属于纵向垄断协议。

在本案中存在两个纵向协议——《战略合作协议》和《排他特约直销店协议》，要明确纵向垄断协议与滥用市场支配地位两种垄断行为的区别，对于《排他特约直销店协议》认定为滥用市场支配地位；对于《战略合作协议》，应认定为纵向垄断协议。在移动通信业务的分销市场，如同大多数垄断竞争市场一样，也存在着专门服务于该业务的分销商，由于其上游领域的移动通信行业为典型的寡头垄断，且中国移动通信集团为最大的垄断服务商，移动通信分销市场上的竞争者，即一级分销商的数量亦极为有限。也就是说，移动通信业务领域中仅存在两三家超大型的分销商，极有可能在其分销领域拥有市场支配力量。本案中，上海移动公司与其高级合作伙伴所签订的《战略合作协议》中，协议当事人一方为在特定地域的通信市场上拥有市场支配地位的上海移动公司，另一方就是为数不多的两三家大型移动通信业务分销商。从市场力量的对比来看，协议双方的市场力量差距不大，且分销商一方有可能亦拥有

---

① 案件来源参见李学科《纵向垄断协议的法律规制研究》，华东政法大学硕士论文，2009年。

市场支配地位。从协议内容上看，属于双向排他性协议，即该分销商不可与上海移动公司之竞争对手建立一切交易关系。相应地，上海移动公司也不可与现有分销商以外的其他分销商建立相应的高级别分销关系，因此不属于单方滥用市场支配地位。由于达成排他协议的合意，可能属于纵向垄断协议的规制范围。

由于上游厂家为垄断型企业，现有分销商将上游厂商的交易对象限定在狭小的范围内，实质是在移动通信分销市场构筑了强大的市场进入壁垒，其他企业根本不可能进入该领域，小型分销商也不可能发展成长。该《战略合作协议》并非某一方滥用市场支配地位强制相对方的结果，协议双方具有完全之独立性，各自享有独立的经营决策权，达成的该协议系双方真实意思的表示，考虑到制定该协议双方的限制竞争目的以及该协议实质起到的限制竞争作用，根据《反垄断法》第 18 条的规定，应当认定其为纵向垄断协议，并应根据实际情况对协议双方加以处罚。此外，由于现行《反垄断法》增加了第 18 条第 3 款的"安全港规则"①，仅适用于纵向垄断协议，但目前实践中尚未有典型案例，此项制度存在适用的障碍。

（三）组织帮助达成垄断协议的行为

根据《反垄断法》第 19 条的规定"经营者不得组织其他经营者达成垄断协议或者为其他经营者达成垄断协议提供实质性帮助"，将一些垄断协议的组织者、帮助者纳入现行《反垄断法》规制的范围，并明确了其法律责任，弥补了以往实践中组织者、帮助者的行为定性和法律责任缺失问题。《禁止垄断协议规定》第 18 条对《反垄断法》第 19 条规

---

① 《反垄断法》第 18 条　禁止经营者与交易相对人达成下列垄断协议：

（一）固定向第三人转售商品的价格；

（二）限定向第三人转售商品的最低价格；

（三）国务院反垄断执法机构认定的其他垄断协议。

对前款第一项和第二项规定的协议，经营者能够证明其不具有排除、限制竞争效果的，不予禁止。

经营者能够证明其在相关市场的市场份额低于国务院反垄断执法机构规定的标准，并符合国务院反垄断执法机构规定的其他条件的，不予禁止。

定予以细化。① 所谓"轴辐协议",来源于美国司法案例中针对横向和纵向交叉的混合型协议的形象描述,并不是一个法律用语,但是刻画出这类混合型协议的外形特征。"轴辐协议"意在表明,该种混合型协议除了有一个位于核心的"轴心"经营者和多个位于边缘的"辐条"经营者达成的纵向协议之外,"辐条"经营者相互之间还存在一个潜在的"辐缘"合谋,两者构成一个有机的整体,形成排除限制竞争的混合型垄断协议。轴辐协议的形成,很多时候体现为"轴心"的组织或帮助,这与我国《反垄断法》第19条的规定相吻合,但不宜将《反垄断法》第19条直接理解为轴辐协议的规定。检索目前公开的司法判例与行政处罚案例可知:尚未在中文文书中出现"轴辐协议"这一表述,在书写执法文书时需要谨慎用词,使用《反垄断法》第19条"组织帮助达成垄断协议的行为"的表述更为准确。

从电信服务行业的角度看,虽然没有公开的典型案件,但并不代表此类"组织帮助达成垄断协议的行为"不存在,特别是涉及电信运营商与分销商(包括多级零售商)的相关市场,各分销商之间通过上游厂家在实质上建立起了横向垄断协议,且具有很强的隐蔽性,应重点进行检查。

三 电信服务行业滥用市场支配地位的反垄断规制

(一)电信服务行业相关市场的界定

1. 相关市场的一般界定方法

界定相关市场的步骤主要包括商品市场、地域市场和时间因素这三个方面。首先,商品市场指市场上可以与之形成有效竞争的商品和服务的范

---

① 《反垄断法》第19条规定的经营者组织其他经营者达成垄断协议,包括下列情形:
(一)经营者不属于垄断协议的协议方,在垄断协议达成或者实施过程中,对协议的主体范围、主要内容、履行条件等具有决定性或者主导作用;
(二)经营者与多个交易相对人签订协议,使具有竞争关系的交易相对人之间通过该经营者进行意思联络或者信息交流,达成本规定第八条至第十三条的垄断协议。
(三)通过其他方式组织其他经营者达成垄断协议。
反垄断法第十九条规定的经营者为其他经营者达成垄断协议提供实质性帮助,包括提供必要的支持、创造关键性的便利条件,或者其他重要帮助。

围，两个产品彼此间替代程度越高，竞争关系就越强。其次，地域市场是相关企业供给或者购买产品或者服务的地域，地域市场既可以是一个较小的城市范围，也可以是更大的省或州范围、国家范围、跨国市场甚至是世界市场。最后，时间也是重要因素之一。2023 年，市场监管总局发布《禁止滥用市场支配地位行为规定》（2023 年 4 月 15 日起实施），健全滥用市场支配地位行为认定规则。细化了界定相关市场的考虑因素，明确将"市场集中度、商品差异程度"等[①]作为分析相关市场竞争状况的考虑因素。

2. 电信相关市场的界定

判断电信服务市场中的经营者是否具有市场支配地位，首先需界定电信服务行业的相关市场，包括电信商品市场和地域市场的界定。

从相关商品市场来看，电信业进入 4G 后开始了全业务经营，三网融合的深度发展以及 5G 时代的来临，使得各大电信企业在提供丰富产品种类的基础上进一步深度融合套餐化。由于数字产品强烈的个人偏好性和耐用性的特点，各大电信企业提供的产品业务服务过程中同质化增强，消费者一般在选定某一家电信企业的套餐品牌之后不会轻易更换，这使得消费者在选择电信服务的过程中，受价格因素的影响最大。

从相关地域市场上来看，其受运输成本和产品性质等因素的影响，不同的产品在不同地区会出现价格差异，但这种现象在电信业中不存在。因为如今电信企业提供的产品是无形服务，不具有储存性，数字产品的"运输"（复制和传播）几乎不需要成本。特别是电信企业在取消漫游限制之后，其提供的服务具有网络的联合性及全程全网性，而且数字传输功能可以在瞬间完成，运输成本并不会导致消费者获得的数字产品存在差异。但是在电信服务行业，电信用户在选择服务时往往是基于网络来考虑的，给市场范围的确定也带来了很大的影响。

由此可见，在数字时代的快速发展中，无论是相关商品市场还是相关地域市场的范围都变得更加宽泛。如果对数字时代的电信业开展与传统产

---

① 《禁止滥用市场支配地位行为规定》第 7 条第 2 款："分析相关市场竞争状况，可以考虑相关市场的发展状况、现有竞争者的数量和市场份额、市场集中度、商品差异程度、创新和技术变化、销售和采购模式、潜在竞争者情况等因素。"

业同等方法的相关市场界定，可能会阻碍电信业的发展，甚至可能会损害到关系国民经济命脉的产业的竞争力。有学者认为在传统行业与数字经济深度融合过程中，数字化商业生态系统里通常包含着一系列适用场景差异明显但功能重合度较高的商品或服务，产品和服务间的边界变得模糊，同时，基于价格下降的假定垄断者测试（SSNIP）、基于质量下降的假定垄断者测试（SSNDP）等测试方法仍然具有争议，给相关规则的设计带来难题，所以，电信的"相关市场界定必须考虑科技变化的因素，同时结合具体的案情，在个案根据实际情况进行个案分析认定"。

根据反垄断法市场定义的一般理论，界定电信服务行业相关商品市场的基本方法基本可以分为三步：（1）确定这些产品或服务的用户群——这些用户群构成了定义相关市场的基础；（2）确定每个顾客群的实际需求，这些需求应包括性能、质量、价格和地域等方面的内容；（3）确定相关企业所能提供产品或服务的地域范围。综上所述，相比对通信质量要求较高的用户来说，对于通信质量要求不高的用户，从科技因素和网络因素等方面考虑，他们可选择的产品供应商更多。

（二）电信服务行业市场支配地位的认定

1. 支配地位的一般认定方法

《反垄断法》第 22 条规定"本法所称市场支配地位，是指经营者在相关市场内具有能够控制商品价格、数量或者其他交易条件，或者能够阻碍、影响其他经营者进入相关市场能力的市场地位"，这规定了市场支配地位的认定方法，第 23 条则具体阐明了考量因素，根据第 23 条的考量因素判明行为是否能够控制商品价格、数量或者其他交易条件。其中欧共体委员会对市场支配地位的定义是企业因在市场上的某种优势（市场份额、技术优势、资源优势）而使企业在市场上独立于竞争之外，不受其他企业的影响，并且还可以控制市场产品的价格和产量，那么这样的企业就具有市场支配地位。

2. 电信服务行业市场支配地位的认定

市场支配地位的认定是对企业滥用市场支配地位行为进行规制的一项基础性工作。1997 年欧盟在《框架指令》中提出了一个"重大的市场力量"（Significant Market Power，简称 SMP）的概念。欧盟《框架指令》认为，一个电信运营商是否存在 SMP，判断的标准有三个，即市场份额、市场壁垒和利润水平。其中市场份额是判定 SMP 运营商的一个主要标准。

国内电信服务市场形成了以中国移动、中国电信、中国联通为首的寡头垄断竞争格局，为国内用户提供固定电话、移动电话和互联网接入的通信服务。根据前文的市场份额分析，在我国电信服务行业领域仅存在少数几个运营商，几乎所有的运营商都符合反垄断法有关市场份额的标准。鉴于电信服务行业的特殊性，《反垄断法》第 23 条综合认定标准要针对电信行业的竞争态势进行细化，还需考虑以下因素：（1）供应商与购买者的议价能力；（2）新进入者的竞争分析；（3）替代产品的竞争分析。

综上，电信业由于基础网络资源的有限性，相关企业通过特许经营进入市场。网络运营商的数量不多，决定了几家运营商的市场份额较大，市场支配地位较为明显。

（三）电信服务行业滥用市场支配地位具体行为的分析

1. 拒绝交易行为

以童某与中国移动通信集团上海有限公司滥用市场支配地位纠纷案①加以分析。

原告童某（以下简称原告）诉称，2010 年，原告购买了被告中国移动通信集团上海有限公司（以下简称被告）发行的 SIM 卡，被告在使用说明中承诺该卡有 90 天的保留期。但是，2012 年 5 月 31 日该卡停机后，原告于 2012 年 8 月 21 日发现该卡未过保留期已被被告销号。嗣后，经交涉被告用只有 60 天保留期的 SIM 卡来代替原卡。原告认为，被告的行为属于滥用市场支配地位的垄断行为，侵害了原告的合法权益，遂诉至法院。一审中原告的诉讼请求第 4 点为：被告立即停止相关滥用市场支配地位的垄断行为，包括拒绝交易、差别待遇等。

最高法归纳本案的争议焦点有：①上海移动的被控行为是否属于没有

---

① 判决书号：上海市第二中级人民法院（2014）沪二中民五（知）初字第 59 号、上海市高级人民法院（2014）沪高民三（知）终字第 105 号、最高人民法院（2016）最高法民申 2473 号。

正当理由、拒绝与交易相对人进行交易；②被控行为是否具有排除、限制竞争的后果。

关于焦点一，最高法认为，2010年童华购买该涉案手机号码时，使用说明书中即有关于用户实名登记以及预存话费余额小于0元时，手机将被停机的说明。2012年5月底，因童某欠费，上海移动停止对涉案手机号码提供通信服务，并基于推进手机用户实名登记的需要，要求童某到营业厅办理实名登记手续后，恢复了涉案手机号码的通信服务。实名登记是国家电信主管部门对通信服务运营商提出的基于行业管理需要的强制性要求，因此，上海移动要求未办理实名登记的已停机号码的机主到营业厅办理实名登记后才给予恢复通信服务并无不当。在上述过程中，上海移动并不存在没有正当理由而拒绝与交易相对人进行交易的行为，且在童某办理完实名制登记后，上海移动已及时恢复了涉案手机号码的通信功能。故最高法认为，上海移动并不存在没有正当理由拒绝交易的行为。

关于焦点二，最高法认为，所谓竞争，实质上是指两个或者两个以上的经营者在市场上以比较有利的价格、数量、质量或者其他条件争取交易机会的行为。判断是否排除、限制了竞争，应当基于被诉行为对市场上其他经营者的影响而言。从现有证据可知，除上海移动外，行业内的其他经营者对于入网客户欠费停机的保留期均各有规定，从60天到90天不等。上海移动针对特定用户缩短号码保留期，事实上仅影响到相关特定用户的权益，而与行业内的其他经营者的经营行为无涉，不存在因为上海移动缩短保留期而使其自身增强经营优势、限制其他经营者的经营能力的可能，更没有影响到市场竞争状况或导致消费者缺乏其他选择，因此，上海移动变更保留期的行为未产生排除、限制竞争的效果。最高法最终驳回了再审申请人的再审申请。

法院都是依据2007年《反垄断法》第17条第1款第（三）项进行裁判的。经过2022年的修改，变为现在的《反垄断法》第22条第1款第（三）项。其中规定，禁止具有市场支配地位的经营者没有正当理由，拒绝与交易相对人进行交易。

所谓的拒绝交易，也称为抵制，是指具有市场支配地位的经营者没有正当理由，拒绝与交易相对人进行交易，在一般商品交易领域适用合同自由原则，当事人可以根据自己的意志，选择自己的交易相对方，不存在拒绝交易权行使的问题。但是对于具有市场支配地位的经营者来讲，其市场势力过于强大，交易相对人和消费者除了与其交易没有更多的选择余地，因为这些交易相对人从其他渠道难以获得该产品，替代性产品的获得也比较困难。

电信业 5G 的全面商用，将会引入更多的竞争者，而基础网络和设施是新进入者参与市场竞争不可或缺的必要条件。如果主导运营商拒绝向非主导运营商提供接入的必要设施，很可能就构成了滥用市场支配地位。目前，世界许多国家的反垄断理论把网络当作"必要设施"形成了一系列规制的原理与判例①。

MCI 通信公司诉美国电信电报公司案对基础设施管理发展具有里程碑式的重要意义。1974 年，MCI 公司针对美国电信电报公司未提供公平的网络互联，MCI 向联邦地区法院提起反托拉斯诉讼，经地区法院及上诉法院审理上诉法院于 1983 年作出最后裁决。法官作出如下判决：独占企业拒绝交易应适用必要设施原理。因为这一类拒绝交易，很可能会增强拥有某一基础设施的独占企业的控制力，由交易的某一阶段或在特定市场的独占地位，扩张至另一阶段或另一市场的独占地位。所以，反垄断法赋予控制必要设施的企业以非差别条件提供必要设施的义务。法官在 MCI 案中提出了基础设施原理的四项成立要件：①垄断者控制基础设施；②竞争者无法独立并合理地使用该设施；③存在拒绝提供该设施给竞争者的行为；④提供该设施为实际可行。这是对基础设施原理成立条件的经典认识。不过，学者基于 MCI 案中的成立要件提出了"强制要求垄断者向竞争者提供基础设施的义务"的构成要素：第一，垄断者或一组具有垄断力的竞争者控制着设施；第二，被排斥的竞争者无力实际或合理地复制设施或其经济功用；第三，拒绝使用设施或强迫接受限制性条款具有这样的后果，即相关市场

---

① 必要设施原理，是指掌握具有瓶颈性质的必要设施的企业，如果拒绝对其他竞争者提供进入某种商品或服务的合理途径，并且这些商品或服务是竞争者要与之竞争所必需的，那么掌握关键设施企业的这种拒绝交易行为将可能违反反垄断法。

的竞争造成实质性损害，在这一市场中，垄断者与原告竞争；第四，缺乏"有效的商业合理性"。

概括上述观点，电信业的必要设施理论成立要件应包括：①电信网络设施是以垄断为基础的，受到主导运营商的控制；②为了开展竞争，新进入电信市场的运营商需要使用这些网络设施；③由于电信业的规模经济和技术特征，新进入电信市场的竞争者很难对这些基础设施进行复制或建设。

我国电信服务行业反垄断执法可以适当关注必要设施原理，但应当尽量避免泛化适用。在我国电信服务行业反垄断执法中可以适当关注：①开放必需设施可以促进竞争并提高社会福利，但不应引发过度竞争或者引入经营者仅仅起到了瓜分垄断利润的效果等；②拥有必需设施的经营者没有拒绝的正当商业理由；③必需设施的开放具有可行性；④反垄断执法机构如果不能作出是否适用必需设施原则的判断，或者无法监督必需设施的开放使用，则可以保持反垄断法执法的谦抑性①。

2. 价格挤压与歧视行为

以中国电信与中国联通宽带业务涉嫌垄断案②为例。

2011 年 11 月 9 日，央视《新闻 30 分》报道称，国家发改委已就宽带接入问题对中国电信、中国联通展开反垄断调查，调查内容是，中国电信、中国联通在宽带接入及网间结算领域，对自己的竞争对手给出高价，对没有集中关系的企业则收取优惠价——中国移动、中国铁通等大型互联网服务提供商实行的是 100 万元/G·月，一些中小型的互联网服务提供商接入条件是 20 万元~30 万元/G·月。造成这种情况的原因主要是中国电信和联通的"歧视性"规定，有数据显示，中国电信对不同客户的待遇差异巨大。

2011 年 12 月 2 日，中国电信、中国联通在官方网站同时发出声明，承认在互联互通以及价格上确实存在不合理行为，同时"承诺整改"，将

---

① 参见孟雁北《管制行业反垄断执法问题研究》，法律出版社，2020，第 181 页。
② 参见时建中、焦海涛、戴龙主编《反垄断行政执法典型案例分析与解读（2008—2018）》，中国政法大学出版社，2018，第 140 页。

提升网速并降低宽带资费。两家企业已就此向国家发展和改革委员会提交中止反垄断调查申请，国家发展和改革委员会证实收到两家企业的申请[①]。

在竞争法中，如果占市场支配地位的企业通过批发和零售同时在上下游两个市场开展经营活动，其高批发价和低零售价挤压了下游市场与其相竞争企业的利润空间，排除、限制竞争，这样的价格行为被称为"价格挤压"（Margin Squeeze）。而价格歧视是差别待遇中最常见、最主要的表现形式。

本案中，即便中国电信和中国联通的宽带批发采取了统一价格，该价格仍可能违反《反垄断法》。本案中，中国电信和中国联通给网络内容服务商（Internet Content Provider，简称ICP）网站用户的接入价一般是10万元/G·月，甚至低至3万元~5万元/G·月，给予其有竞争关系的ISP一般是20万元~30万元/G·月，有些甚至达150万元/G·月，其结果就是绝大多数ISP被迫退出市场，从而导致中国电信和中国联通在中国南部和北部形成对ISP最终用户独家垄断的局面，导致消费者没有选择互联网服务的权利[②]。在互联网接入这个市场上，中国电信和中国联通合在一起占有三分之二以上的市场份额，具有市场支配地位。正是利用这种市场支配地位，两家企业对于跟自己有竞争关系的竞争对手，给予高价，而对于没有竞争关系的企业，则给出优惠一些的价格，这个在反垄断法上属于价格歧视。

电信服务行业在纵向市场的价格挤压与歧视行为反垄断案件在其他国家也屡见不鲜，竞争执法机关对此也重点关注，并逐渐总结形成反垄断法规制电信行业价格挤压与歧视行为的若干基本要件。

欧盟执法机关一般认为价格挤压行为的构成要件需满足如下几点：①实施价格挤压的企业必须是同时在上游和下游市场经营业务的企业；②实施价格挤压的企业在上游市场上具有支配地位或重大市场优势；③向下游企业提供的投入要素必须是"必要的或主要的"。

而价格歧视在实践中表面上是为了鼓励网内通话，对网内用户的优

[①]　参见时建中、焦海涛、戴龙主编《反垄断行政执法典型案例分析与解读（2008-2018）》，中国政法大学出版社，2018，第140页。

[②]　参见时建中、焦海涛、戴龙主编《反垄断行政执法典型案例分析与解读（2008-2018）》，中国政法大学出版社，2018，第140页。

惠策略，但实质上是具有支配地位的运营商利用其优势地位促使竞争对手客户的转网，也使得竞争对手的在网用户因此受到不公平的待遇，最终达到排挤竞争对手的目的。因而，禁止电信企业的歧视定价和价格挤压行为，无论是对消费者权利的保护，还是对改善三网融合市场竞争环境都是有益的。

3. 垄断定价行为

以辽宁省物价局查处中国联通丹东市分公司实施垄断定价行为案① 为例。

2017 年，经调查，中国联通丹东市分公司作为基础电信运营商，在向丹东有线电视公司出售宽带时，以签订合作协议的方式，固定了丹东有线电视公司向终端家庭用户出售有线宽带产品的种类和价格，限制了丹东有线电视公司在终端用户市场上的竞争能力，违反《反垄断法》第 14 条第（一）项关于禁止与交易相对人达成固定向第三人转售商品价格垄断协议的规定。考虑中国联通丹东市分公司在作出处罚决定前积极整改，取消向用户销售宽带搭售固话行为，并与丹东有线电视公司重新签订《合作意愿书》，调整合作内容，主动消除违法行为危害后果，辽宁省物价局对中国联通丹东市分公司上述违法行为处上一年度相关市场销售额 1% 的罚款，共计 671559 元。

垄断定价是指优势地位企业利用优势地位将产品或服务价格定在超过竞争水平之上的行为，在一个完全竞争环境的市场中，企业对市场价格没有能力施加影响，而是在这个环境中充当一个价格接受者的角色。在电信行业中，占市场支配地位的企业通常是在经营活动中对其出卖的商品或服务索取不合理的高价，并从源头上压低成本或是干脆占领基础市场，从中获取巨额的利润，影响市场的有效竞争。拥有市场支配地位的企业作为供应方，高价销售产品，盘剥销售方以取得超额利润。

在 2011 年度发生的中国电信、中国联通垄断案中，发改委认定电信、

---

① 案件来源：新华网网站，http://www.xinhuanet.com/info/2017-03/17/c_136133972.htm，最后访问时间：2022 年 9 月 29 日。

联通存在价格垄断的事实，并列出了以下数据：截至 2010 年，我国宽带上网平均速率仅排名全球第 71 位，不及美国、英国、日本等 30 多个经济合作组织国家平均水平的十分之一，但平均每兆每秒网速的接入费用却是发达国家平均水平的 3~4 倍。不难看出，电信、联通表面打着降价的幌子，实际上则是为了维持其垄断价格，获取高额利润。

4. 捆绑销售行为

以李某诉中国电信股份有限公司陕西分公司等垄断定价纠纷、捆绑交易纠纷案[①]为例。

李某称 2012 年欲为其银河坊小区内的住宅安装宽带，但被告知除电信宽带外其他运营商的宽带无法接入，且必须使用电信提供的中兴 ZXH-NF660 光纤猫，其遂前往各市场进行咨询，又被告知各省的入网许可证有所差异，只能用电信提供的中兴 ZXHNF660 光纤猫。此外，原告李某办理宽带业务时，陕西电信、西安电信要收取中兴 ZXHNF660 光纤猫费用 300 元，李某在西安各电信设备商城购买，但被告知没有该货物，全部被陕西电信、西安电信垄断。嗣后，李某得知中兴 ZXHNF660 光纤猫零售价仅为 200 元，李某认为陕西电信、西安电信利用垄断地位超收暴利 100 元，高于全国各省市平均电信设备价格 100 元。

本案李某无法接入除电信宽带外其他运营商的宽带，而且必须使用电信提供的中兴 ZXHNF660 光纤猫。在认定适格被告、相关市场以及市场支配地位的基础上，陕西电信、西安电信是否存在违背交易人意愿强制搭售光纤猫的行为成为本案的焦点之一。

搭售的构成条件是：搭售产品和被搭售产品是各自独立的产品；搭售者在搭售商品市场上具有支配地位；搭售者对购买者实施了某种强制，使其不得不接受被搭售产品；搭售不具有正当性，不符合交易惯例、消费习惯等或者无视商品的功能；搭售对竞争具有消极效果。《反垄断法》第 22 条规定："禁止具有市场支配地位的经营者从事下列滥用市场支配地位的

---

① 案件来源：陕西省西安市中级人民法院民事判决书，https://www.pkulaw.com/pfnl/a6bdb3332ec0adc4efe17eb0cec828435c99dc64f2e27d11bdfb.html，最后访问时间：2022 年 9 月 29 日。

行为：……（五）没有正当理由搭售商品，或者在交易时附加其他不合理的交易条件。"本案中，暂且不讨论其他环节，就捆绑销售行为而言，李某在为银河坊小区内的住宅安装宽带时，被告知除电信宽带外其他运营商的宽带无法接入，且必须使用电信提供的中兴 ZXHNF660 光纤猫，其遂前往各市场进行咨询，又被告知各省的入网许可证有所差异，只能用电信提供的中兴 ZXHNF660 光纤猫。综合以上论述，在事实清楚、证据充分的情况下，可以认定陕西电信、西安电信在搭售商品市场上具有支配地位，且搭售者对消费者李某实施了强制，使其不得不接受被搭售产品。当然，捆绑销售行为既可以产生促进竞争的效果，也会产生限制、排除竞争的效果。搭售在特定情况下具有一定的合理性，比如将电脑主机和鼠标等必要的配件一起销售能够节约成本，并且给消费者带来方便。但是不合理的捆绑销售作为一种强卖行为会产生排除、限制竞争的效果，违背了平等对待每一个交易者的经营理念，限制了交易相对人自由选购商品和服务的活动，还会使得竞争对手相对减少交易机会。

捆绑销售限制了被搭售产品的市场竞争，特别是电信业具有范围经济性，那么为了进入搭售商品市场也必须生产被搭售产品的企业其成本与垄断者相比会高得多，而这会减少该企业进入搭售商品市场的预期收益，也会损害消费者的利益。2015 年 5 月，宁夏工商局调查铁通、联通、电信等三家下属分公司强制搭售案，经调查，该案当事人要求通过 ADSL 方式接入固定互联网的用户，必须接受当事人固定电话服务，进而实施强制搭售行为。最终，3 家涉事公司作出三项整改承诺：一是在全公司范围内开展自查自纠工作，坚决制止捆绑销售行为；二是通过报纸等新闻媒体发布尊重用户自主选择商品（服务）的承诺，并通过营业厅、客服中心等渠道加强宣传；三是被强制搭售固定电话用户申请取消固定电话服务的，公司各营业厅必须予以办理。

另外，为研究国家市场监管总局成立以来，电信服务市场中出现的垄断行为，我们对相关案件进行了检索。由于目前可检索到的发生在国家市场监管总局成立后且已就相关纠纷作出裁判的案件数量较少，故将统计范围扩大到在国家市场监管总局成立后作出裁判的案件（见表 6-5）。

表6-5　2018年以来电信服务市场垄断行为案件情况

案号	案件名称	垄断行为	案件结果
（2018）京民终439号	井姣与中国联合网络通信有限公司北京市分公司拒绝交易纠纷案	滥用市场支配地位（拒绝交易）	驳回上诉，维持原判（相关行为不构成拒绝交易行为及搭售或附条件交易行为）
（2018）京民终440号	丁敢东与中国联合网络通信有限公司北京市分公司拒绝交易纠纷案	滥用市场支配地位（拒绝交易）	驳回上诉，维持原判（相关行为不构成拒绝交易行为及搭售或附条件交易行为）
（2019）苏01民初1181号	茆新忠与中国电信集团有限公司江苏分公司滥用市场支配地位纠纷案	滥用市场支配地位	撤回起诉
（2017）京73民初10号	王希彬与中国移动通信集团北京有限公司差别待遇纠纷案	滥用市场支配地位（差别待遇）	驳回诉讼请求（现有证据不能证明被告具有支配地位，故不可能构成滥用市场支配地位的行为）
（2021）最高法知民终1977号	马利杰与中国移动通信集团河南有限公司滥用市场支配地位纠纷案	滥用市场支配地位（限定交易和差别对待）	驳回上诉，维持原判（被上诉人具有市场支配地位，但证据不能证明其实施了限定交易以及差别对待行为）

　　表6-5中的五宗案件涉及的垄断行为均为滥用市场支配地位行为，包括拒绝（限定）交易和差别待遇。虽然五起案件均以败诉告终，但仍然能从中总结出一些共性问题。一是五宗案件均为发生于消费者与电信服务企业之间的纠纷案件，且涉诉垄断行为均为滥用市场支配地位行为。二是普通消费者难以在诉讼中提供证据证明电信服务企业实施了滥用行为。

四　电信服务行业行政性垄断行为的反垄断分析

（一）电信服务行业行政性垄断的原因分析

　　不难发现，目前我国电信服务行业发展过程中所出现的问题，都离不开电信服务行业行政性垄断，因此，对电信服务行业行政性垄断的原因分析非常有必要，其主要包括以下几个方面。

1. 计划经济体制是电信服务行业行政性垄断的历史渊源

中国经济制度变迁的初始状态是国有经济占绝对优势的计划经济。新中国成立初期，我国对经济体制改革采取的是计划经济体制，即统收统支、统购包销的体制，以达到尽快恢复经济水平的目的。政企不分是计划经济体制下的产物，是指由政府来直接管理和经营企业，政府承担着企业管理者和经营者的双重身份，政府在经济活动中起着完全主导的作用。改革开放以后，政企不分的状况虽然有了很大程度的改变，但政府部门间对经济活动仍会进行一定程度的干预，政府的管理职能和经营职能的界限不清，让行政权力的滥用有了可乘之机。

在电信服务行业产生初期，我国只有一个电信运营商——中国电信总局，邮电部一方面是国家的权力机关，对电信服务行业的运行具有监督指导作用，另一方面是中国电信总局的所有者，负责电信服务行业在具体发展过程中的经营决策、财务制度和人事制度等具体的事项的正常运行，二者在职能和机构上互有交叉，因而是一个政企不分的体制，邮电部在一定的程度上等同于中国电信总局。1994年，中国联通成立，加入电信服务行业的市场机制，打破了邮电部的独家垄断局面。邮电部为了维持其在电信服务市场的垄断地位，与中国电信总局结盟，运用种种方式阻碍中国联通的发展与强大，如在市场进入、互联互通、网间付费等公共资源的使用上等。实际上，邮电部在电信业务中集经营者与管理者于一身，政企不分的经营模式使其在行业内占据绝对主导地位，但也导致我国电信服务行业从一开始就受到政府权力的干预，带有行政性垄断色彩。

2. 体制改革不到位是电信服务行业行政性垄断形成的现实原因

我国国有企业改革的目标是要建立产权明晰、自主经营、自负盈亏的新的企业制度。但是在实际改革的过程中，我国体制改革仍然受旧体制的惯性和影响力较重。我国的电信服务行业面临着相同的问题。其是直接跨入政府规制环节的，并没有经历市场调节和自由竞争发展的阶段，在这过程中出现了一些规制不当和规制失灵的现象。我国电信服务行业的管理体制改革是通过一系列的成立、分拆及重组来实现的，但电信服务行业在改革的过程中，并没有完全地按照市场竞争机制自主实现，而更多的是在行政命令的指导下实现的。

从电信服务行业的改革进程中，不难看出电信的体制改革对我国电信服务市场引入竞争机制发挥了重大的作用，但由于体制改革不彻底，行政性垄断依旧在电信服务市场占有较大的比重。具体体现在市场准入方面，电信服务行业采取的主要是行政命令和行政审批制度。

3. 政府规制失灵是电信服务行业行政性垄断的内因

政府规制的主要目标是解决市场失灵的问题，弥补市场在资源配置方面的缺陷，进而保证和提高资源配置效率。市场失灵的存在需要政府进行有效的规制，但政府规制并不是万能的，也会出现失灵现象。政府规制失灵更多地体现在微观经济领域，衡量政府规制失灵的标准具体体现在两个层次：一是，政府实施规制措施后带来的规制成本和规制收益的差额，一般来说，当规制的成本大于规制的收益时，表明出现了政府失灵；二是，政府规制实施后，对社会的经济效率的影响，如果实施规制措施后经济效率没有改善或者反而低于实施前，也表明出现政府规制失灵。

从我国电信服务行业的改革发展进程中，可以看到电信服务行业的政府规制过程存在缺陷，电信服务行业的各个运营商并没有完全地独立出来，相反，很大程度上，电信服务行业的发展离不开政府的指导。

4. 法律制度不健全是电信服务行业行政性垄断形成的外因

尽管已经颁布实施《反垄断法》以及相关配套规定，反垄断执法机关可以向上级有关部门提出依法处理的建议，但整体上依旧沿袭了在行政系统内自我纠偏的路径。而且《反垄断法》原则性规定过多、反垄断执法机构权力不足、法律责任规定设置过于笼统等。

我国电信服务行业的行政性垄断是制约电信服务行业发展的重要因素——电信服务行业的行政性垄断造成电信业的高成本、低效率，而造成我国电信服务行业行政性垄断的因素是多方面的。我国曾长期实行计划经济体制，由此带来的政企不分是行政性垄断形成的历史根源，体制改革不到位是现实原因，政府规制失灵是行政性垄断的内因，企业对政府机关的寻租活动推动了行政性垄断的形成，而法律制度的丧失则为行政性垄断提供了外部环境。我国电信服务行业下一步的改革策略必须建立在对原因的深刻分析与认识上，才能对症下药，找出切实可行的改革策略。

（二）电信服务行业行政性垄断具体行为分析

行政性垄断是指市场经营主体依赖或借用行政机关和公共组织之滥用行政权力，二者合力排除或者限制竞争而形成的垄断，与上面两种垄断形式相比，危害更大，有国家做后盾，使得市场的统一性遭到极大的破坏，侵害市场主体的合法经营权，损害消费者利益。电信服务行业出现频次较高的行政性垄断行为主要包括强制交易行为、限定交易行为、限制市场准入等行为，其表现如下。

1. 强制从事垄断行为

以云南省通信管理局案为例。①

2014 年，云南省发展改革委在对一起价格垄断协议案件进行调查的过程中，发现云南省通信管理局涉嫌违反《反垄断法》，滥用行政权力，组织电信运营商达成价格垄断协议，排除和限制相关市场竞争。为此，国家发展改革委指导云南省发展改革委进行了调查。

调查发现，2009 年 8~10 月，云南省通信管理局牵头组织中国移动通信集团云南分公司、中国电信股份有限公司云南分公司、中国联合网络通信有限公司云南分公司和中国铁通集团有限公司云南分公司多次会议协商，于 2009 年底达成《云南基础电信运营企业规范各类赠送活动的协议》（以下简称《协议》），对四家电信运营商开展相关赠送活动的内容、额度、频次等进行了约定，包括各企业均不得采取"无预存话费""无保底消费"或"无在网时限"等方式开展赠送活动；赠送通信内产品的价值不得高于用户承诺在网期限内承诺消费总额的 60%，赠送通信外产品的价值不得高于用户承诺在网期限内承诺消费总额的 30%；赠送活动对同一用户每年不超过两次（含两次）；各电信企业制定的积分回馈方案中，用户消费价值与积分价值之比不超过 1∶1，积分价值与兑换服务的价值之比不超过 1∶0.05。《协议》同时规定了有关执行措施。对电信运营商违反《协

---

① 参见国家发展改革委《云南省通信管理局违反〈反垄断法〉滥用行政权力排除限制竞争被依法纠正》，中央政府门户网站，http://www.gov.cn/xinwen/2015-06/03/content_2872715.htm，最后访问时间：2022 年 9 月 29 日。

议》开展赠送的行为，其他电信运营商可以向云南省通信管理局申告。云南省通信管理局在确认后下发整改通知书，责令相关企业进行整改。2011年6月，云南省通信管理局组织召开第一次规范电信市场秩序工作会，进一步细化了违规行为的解决流程："电信企业的县市级分公司发现违规行为时，应主动以函件形式通报对方，双方协商解决；协商解决不了的，发现方可报上级州市级分公司协调解决……解决不了再报省公司协调，省公司间协调仍解决不了的，最后报电管局（即云南省通信管理局）依法解决。"

云南省通信管理局制定争议解决规则，要求处于竞争关系的电信运营商，在对赠送行为出现争议时，首先进行逐级协调，并争取达成一致，实质上是要求电信运营商就相关问题达成垄断协议，排除和限制了相关市场竞争。因此，上述行为违反了2007年《反垄断法》第8条"行政机关和法律法规授权的具有管理公共事务职能的组织不得滥用行政权力，排除、限制竞争"规定，属于2007年《反垄断法》第36条所列"滥用行政权力，强制经营者从事本法规定的垄断行为"。

同时，云南省发展改革委依法对参与垄断协议的四家电信运营商进行了处罚。其中，对参与达成并实施垄断协议的中国移动通信集团云南分公司、中国电信股份有限公司云南分公司、中国联合网络通信有限公司云南分公司，处以上一年度相关市场销售额2%的罚款；对参与达成但未实施垄断协议的中国铁通集团有限公司云南分公司，处以20万元罚款。罚款金额共计约1318万元。

通过上述案例，有如下几方面值得思考。

首先，电信服务市场行政强制垄断的构成要件。市场错综复杂、瞬息万变，判定市场主体的主观状态绝非易事。从文义解释的角度出发，根据我国现行《反垄断法》第44条和《制止滥用行政权力排除、限制竞争行为规定》第9条，行政强制垄断行为需要符合以下几个要件。①主体要件，在现行《反垄断法》第44条的语境下存在两个主体，即"行政机关或者法律法规授权的具有管理公共事务职能的组织"和"经营者"；②性质要件，行政主体行使行政权力的行为系"滥用"；③行为要件，行政机关强制经营者从事违反《反垄断法》的行为。因此，电信服务市场中的行政强制交易行为，主要指行政机关滥用行政权力强制或者变相强制电信运营商从事本法规定的垄断行为。

其次，电信服务市场行政强制交易中的"强制"的理解。关于"强制"构成要件的理解，原国家工商行政管理总局于 2011 年发布的《工商行政管理机关制止滥用行政权力排除、限制竞争行为的规定》对其作出了解读。其第 5 条规定，经营者不得从事下列行为：以行政机关和法律法规授权的具有管理公共事务职能的组织的行政限定为由，达成、实施垄断协议和滥用市场支配地位；以行政机关和法律法规授权的具有管理公共事务职能的组织的行政授权为由，达成、实施垄断协议和滥用市场支配地位；以依据行政机关和法律法规授权的具有管理公共事务职能的组织制定、发布的行政规定为由，达成、实施垄断协议和滥用市场支配地位。

现行法中有关行政强制垄断的法律依据主要是《反垄断法》第 44 条，以及《制止滥用行政权力排除、限制竞争行为规定》第 9 条"行政机关和法律法规授权的具有管理公共事务职能的组织不得滥用行政权力，强制经营者从事本法规定的垄断行为"。然而，行政机关的"强制"行为具体应当如何认定，法条中并没有明确说明。2023 年 3 月出台的《制止滥用行政权力排除、限制竞争行为规定》，也未就如何认定"强制"作出具体规定。本书认为"强制"为行政强制垄断行为的构成要件之一，对其应作如下理解：从表现形式上看，强制行为不仅可以表现为具体行政行为，也可以是抽象行政行为。从具体内容上看，"强制"行为的内容是迫使经营者从事违反反垄断法所禁止的行为，其行为包括但不限于价格垄断协议（如本案）、经营者集中、滥用市场支配地位等。另外，该行为乃是违法的充分条件，无论经营者面对行政权力的强制采取认同、屈服还是反抗的做法，都无法影响行政性垄断的认定。从行为手段上看，强制主体具有公权力属性。《现代汉语词典》中将"强制"定义为"用法律或政治经济力量压迫"，亦包含此意。从主观形态上看，行政机关的强制行为须与经营者的主观意愿相悖。

综上所述，认定"强制"时不仅要考虑行政行为基于管理与被管理关系而本身具有的强制性，还要考虑经营者自身意愿与行政机关意志与命令的契合程度。

2. 限定交易行为

以白银市住建局限制竞争案为例。① 白银市住房和城乡建设局为落实《甘肃省住房和城乡建设厅关于印发甘肃省建筑市场监管与诚信信息系统建设实施方案》等文件精神，于 2016 年 1 月 29 日，向各县（区）建设局，白银高新技术产业开发区规划建设局，各施工、监理、检测、商砼企业下发《白银市住房和城乡建设局关于印发甘肃省建筑工程质量安全监管信息系统白银市县模块建设实施方案的通知》（以下简称《通知》），《通知》存在以下问题。一是规定监管信息系统由移动白银分公司代建，变相指定了网络运营商。该局将平台升级改造，购置设备、服务器等设施均交由中国移动白银分公司代建，还允许该分公司设置端口接入密码等技术壁垒，致使建筑施工企业不得不与中国移动白银公司签订《互联网专线接入合同》，并每年支付 7000 元专线接入费保证数据实时传输。二是规定可选型号和参数要求，变相指定了设备供应商。《通知》提出各单位必须采购符合要求的硬件设备及软件系统。经甘肃省发展和改革委员会调查发现，"通知"规定的可选型号实际特指一家名为海康威视的产品，且这些产品均符合《通知》提出的参数要求。

甘肃省发展和改革委员会认为，白银市住房和城乡建设局上述做法，指定了网络运营商和相关设备供应商，剥夺了建筑施工企业的自主选择权，排除和限制了网络运营商之间和设备供应商之间的市场竞争，属于滥用行政权力，排除限制竞争，其行为违反了 2007 年《反垄断法》第 32 条"行政机关和法律法规授权的具有管理公共事务职能的组织不得滥用行政权力，限定或者变相限定单位或者个人经营、购买、使用其指定的经营者提供的商品"和第 37 条"行政机关不得滥用行政权力，制定含有排除、限制竞争内容的规定"要求。

电信服务市场中的行政限制交易行为，主要指行政机关直接以行政权

---

① 参见《白银市住房和城乡建设局按照省发改委要求纠正滥用行政权力排除限制竞争行为》，甘肃省发展与改革委员会官网，http://fzgg.gansu.gov.cn/fzgg/c106109/202106/8754 0632e84743a9ab344439f5cee12a.shtml，最后访问时间：2022 年 9 月 29 日。

力为根据而发生的经营行为，也就是指行政管理机构，及其所属部门滥用其行政权力，限定他人购买其指定的电信运营商经营者的电信产品，限制其他电信运营商正当的经营活动。

在我国，设立互联网上网服务营业场所须经过公安机关的审核和文化部门的审批。我国现行《反垄断法》第 39 条明确规定，行政机关和法律法规授权的具有管理公共事务职能的组织不得滥用行政权力，限定或者变相限定单位或者个人经营、购买、使用其指定的经营者提供的商品。

可以看出，以上以行政权力限制竞争的行为使得那些得到政府公权力庇护的电信运营商获得在某个业务领域或特定的行政区域内开展电信服务的相对优势地位，迫使消费者违背自己的真实意愿与该电信运营商进行交易，此类行为不仅侵害了电信消费者的选择权和公平交易权，也破坏了电信服务市场的竞争秩序。

3. 限制市场准入

政府必须对该行业的市场准入进行有效的管理，才能保证整个行业的有序发展。本书认为，准确性是法律语言的生命。用清楚的、具体的、明白无误的语言文字制定法律规范是对立法者的基本要求。在电信市场准入的条件中设置如此一项"兜底条款"，不仅会增加法律规范本身的模糊性和适用的困难度，也会为行政权力带来极大的滥用风险。

第四节　域外电信服务行业反垄断执法经验的启示

一　完善法律法规，增加制度供给

英国、欧盟和美国等国家在改革电信服务业的过程中都是依循先立法后改革的路径，如加拿大 1993 年制定了电信法，美国 1934 年就出台了电信法，1996 年由克林顿总统颁布了新的电信法。而我国电信产业的发展长期依赖"条例""意见"和"规定"等的指导和约束，缺乏法律层面的制度供给和保障，我国《电信条例》的规制范围有限且在许多业务领域的规制政策较为模糊。此后国家通信主管部与邮电部发布的两个关于加强电信业务市场管理的规范性文件也曾对电信行业的发展起到一定的积极推动作用，但是此类文件本质上只是一些效力较低、针对性较弱的暂行规定，难以为我国的电信改革提供足够的指引。综合以上论述，我国亟须以问题为导向、针对当前电信行服务市场的竞争状况、资源配置、体制规范等制定比《电信条例》法律效力层级更高的专门性法律法规。

综合英国、欧盟以及美国电信服务业竞争监管的实践经验来看，在完善相关法律法规以建构电信业竞争监管的过程中，反垄断的法理和原则对于电信业竞争监管的基础理论、监管模式、监管目标、监管方法等都将产生重大而深远的影响。因此，在将来的电信法中应将促进有效竞争、经济效率和消费者福利融入竞争监管的价值目标内，将市场准入、互联互通确立为监管的重心，此外还需要确立并完善非对称规制、普遍服务基金等监管方法体系。电信法还应具有一定的前瞻性，伴随着我国通信技术的飞速发展以及电信体制改革深入，数网融合成为我国电信业发展的必然选择。从欧盟和北美的实践经验以及我国电信业改革的历程来看，我国电信法须明确规定促进电信市场有效竞合的政策目标和政策措施、监管机构的义务和监管权力。

二　识别垄断行为，限制排他性滥用

由于欧美电信服务行业呈现出寡头垄断的格局，相关的反垄断案例多涉及滥用市场支配地位。反垄断执法机构在执法过程中侧重于对垄断行为的识别，包括拒绝交易、价格挤压等。譬如，在美国 AT&T 垄断案中，法院认为 AT&T 阻止其他运营商链接到本地制造商、利用电话市场的垄断通过补贴等形式创造在电器设备市场上的垄断势力以及拒绝购买非 AT&T 的设备等行为，排除、限制了电信服务市场内部的竞争，违反了《谢尔曼法》，并最终对 AT&T 进行拆分。在德国电信公司案中，德国电信公司一方面作为德国电信服务市场（该案中的上游市场）网络基础设施的垄断者，另一方面又参与电信下游市场的竞争，即向消费者提供模拟电话、IS-DN、ADSL 以及其他各种电信服务。这种情况下，尽管德国电信向进入电信服务市场的其他服务商开放了网络，但是由于它向这些电信服务商收取的网络批发价高于它从自己客户手中收取的零售价，其他电信服务商在德国电信下游市场与德国电信公司开展的竞争中，不能抵消它们的成本。法院认定德国电信为排除竞争对手，对其他电信服务商实施了价格挤压行为。

排他性滥用行为排除限制相关市场内的竞争，提高市场进入壁垒，具有较为显著且严重的竞争损害，我国的反垄断执法也应当予以重点关注，比如当前电信服务市场内存在的阻碍互联互通、限制携号转网等行为。

三　实施价格上限机制，规范市场运作

价格上限管制最早在英国实行，英国政府委托当时在伯明翰大学任教的一名教授设计了价格管制模型，也就是世界上著名的最高限价管制模型，即将管制价格和社会零售物价指数、生产效率相联系的模型。在这种模型下，由管制机构和被管制的电信企业签订价格变动的合同规定价格原则上只能在确定的上限以下进行自由变动，无须对企业固定资产、生产能力、技术创新等情况进行评估。电信企业在管制机构给定的价格上限内，有利润最大化的自由，这种方式能够鼓励企业不断提高服务水平以降低成本，进一步获取更多的利润，并且也更有利于政府监管机构的操作。

目前，我国电信服务行业的定价原则为"补位成本加合理利润"，虽然我国出台了价格规制、互相接入和普遍服务的政策，但此种方式随意性较大，尤其是在互相接入的价格核算方面，容易导致接入者和被接入者均不满意的局面。借鉴英国的价格上限机制，了解电信企业的总资产、各处成本，并确定一个合理的利润率，才能设计我国电信服务市场的价格管制。① 结合我国实际情况，对处于寡头垄断的电信服务业务，在引入竞争过程中，应实行"价格上限制"；而对尚未处于基本垄断的国际、国内长途和市话，实行整体价格控制办法；对于完全放开的竞争性电信业务则由

① 此处指"价格上限机制"。2014年工信部、国家发改委发布的《关于电信业务资费实行市场调节价的通告》，是放开了所有电信业务资费，电信资费完全市场化，由企业自主定价，此处的"价格上限制"与之不同。

市场调节。同时还要确定一个合理的价格上限调整周期，这个周期不宜太长，也不宜太短，可实行"5 年一大调，3 年一小调"。

四　开放竞争性业务，推进互联互通

电信业是典型的具有网络效应的产业，这就直接决定着本地交换运营商与竞争性运营商互联的动机和策略。是否互联互通直接关系到电信运营商之间能否实现公平、有效的竞争，网络接入对新竞争者至关重要，对接入基础设施的拒绝实际上是对接入终端用户和消费者的拒绝。美国、欧盟互联互通的反垄断执法和司法实践表明，二者在互联义务实施机制方面存在差异。美国 1996 年《电信法》采取了两个重要步骤。首先，它消除了对新的本地电信运营商进入的所有法律障碍。其次，由于国会认为新的本地运营商可能无法在经济上复制本地电信网络的每一个元素，该法还要求现有的运营商与这些新进入者分享其网络元素。总体来看，在互联义务实施机制方面，美国联邦最高法院偏好行业规制，而欧共体委员会则更偏好反垄断规制。此外，英国在电信业竞争性改革中，要求英国电话通信公司（BT 公司）与其他运营商实行互相接入，否则将对 BT 公司处以巨额罚款，并且规定自然垄断业务和竞争性业务必须分开核算，并按要求向管制机构和社会公布其财务信息，以避免因交叉补贴行为造成市场竞争效率的下降及消费者利益的受损。

电信运营商之间在基础网络规模方面的差异，使得拥有较大规模电信网络的运营商不愿意为其他运营商提供网络接入的服务，或者存在故意破坏互联互通的倾向，所以各国政府对互联互通的管制都是具有挑战性的活动。

新电信企业只有与主导电信企业实现网间互联才能发展业务，电信体制改革以后，我国对电信网间互联的立法和管理不断加强。但是，拥有网络优势的运营商排挤其他运营商的问题没有得到根本解决。将来的电信法应加强和完善互联规制，首先明确互联互通的实现形式，即协议、仲裁和规制。其次明确互联互通的规制原则，即公平接入、信息公开、有效竞争原则。最后须完善互联互通的相关规则和程序。

第五节　加强电信服务市场反垄断规制的政策建议

一　完善电信服务市场反垄断执法的规则体系

（一）完善互联互通规则体系以加强互联规制

法律法规应明确互联互通的实现形式，针对协议、仲裁和规制这三种互联互通的实现形式，引导当事人选择适当的互联互通实现模式。如果既不能达成互联互通协议，又不能通过仲裁方式解决，那么出于维护公共利益的目的，应由行业监管部门依法要求电信服务企业履行强制性互联互通义务。同时，还应当借鉴美国的经验，进一步合理化网间互联费率、降低互联互通成本。

（二）规范电信服务市场的行业监管规则

在我国现阶段竞争并不充分的电信服务市场中，仍需要政府规范电信服务市场的行业监管规则，以规则为中心轴与时俱进地改良行业监管体制机制，更高质量地发挥行业监管在电信服务市场中的监管作用。不过，随着《电信条例》以及众多电信规章的相继出台，我国电信服务的行业监管基本上做到了有法可依。但由于《电信条例》及部门规章存在着先天不足，以及《电信条例》及其他法律规范的执行不力，电信服务市场不规范竞争现象比较突出。面对电信改革逐渐深入、电信竞争保障亟须加强、电信自身法制建设要求迫切、电信服务市场开放等情况，我国须充实、规范电信服务市场的行业监管规则：提升行业监管规则法律位阶；细化行业监管机构工作细则，提升监管机构工作的准确性和高效性；规范行业监管机构规制手段。

第一，尽快出台《电信法》，将电信服务行业典型垄断行为的规制具体纳入法律中。

第二，制定行业监管机构的工作细则，明确其管理权限、工作程序等。

第三，在行业监管规则中明确对拥有不同市场势力的电信服务企业采用非对称的管制手段。

（三）完善电信运营商垄断行为的投诉监管规则

针对消费者以及在位电信服务企业的竞争者和潜在竞争者的投诉，行政监管部门应当完善行业投诉监管规则，进行实时监管。原因在于消费者和经营者是市场中经济利益的对立者。一方面，投诉监管规则应当保障消费者福利的实现。另一方面，投诉监管规则应当有利于维护合法合规经营者的竞争利益。必须在电信服务行业的投诉监管规则中树立保护经营者原则，开通电信服务企业的专属投诉渠道。

总之，行政监管部门必须进一步加强投诉处理规范化建设，规范健全电信服务消费者以及其他经营者的投诉处理规则和管理工作，监管服务风险，维护广大消费者的合法权益，以及在位电信运营商的竞争者和潜在竞争者的利益，倒逼电信服务企业提升整体服务水平。

二　健全电信服务市场反垄断规制的执法手段

（一）增强电信服务行业的反垄断执法力量

目前，我国反垄断执法机构关于电信服务行业的专业化知识更新速度慢、人才队伍不足、反垄断执法的执行力度较低，为此，我们可以在必要时组建反垄断执法临时专案组，通过设置一种灵活化、流动性的工作组织结构，高效、专业地完成电信服务行业的反垄断执法工作；组织反垄断执法工作人员对电信运营商进行定期考察，监督电信运营商合法合规经营的同时，又可以保障反垄断执法工作人员在对电信运营商进行定期考察的过程中，及时掌握电信服务行业的最新信息、获取并巩固相关专业知识，提升反垄断执法工作人员的专业能力；及时编印电信反垄断执法工作手册，具体可包括制作《电信服务行业反垄断执法指引》及《电信服务行业反垄断典型案例解析》，解构、分析电信服务行业的市场结构、行为特性等，对反垄断执法工作人员的执法工作流程进行清晰、规范的指导，增强反垄断工作人员执法行为的执行力，防止执法资源的错置和浪费。

1. 必要时组建反垄断执法专案组

执法权的归一虽然减少了各执法部门间关于执法权限的争执，但是与此同时，反垄断执法部门的人员编制被严重压缩，实际投入反垄断执法的人员寥寥可数。① 在市场监管总局的指导和管理下，反垄断局可以在必要时组建临时反垄断执法专案组。即在接收到经营者或者消费者的举报、投诉时，反垄断局即成立临时反垄断执法专案组，专组专案、专案专办，处理电信服务企业的涉嫌垄断的行为。

成立电信服务行业的临时反垄断执法专案组，首先要筛选机关内部专业工作人员以及机关外部辅助人员，完善专案组人员配备。其一，选取反垄断业务骨干组建电信服务行业反垄断执法专案组时，可以着重考核工作人员的电信相关知识的掌握程度、执法技能的熟练程度、法学理论功底的水平，并优先吸纳具有电信服务相关工作背景的工作人员。其二，反垄断执法专案组的人员构成应当是流动的，即电信服务行业反垄断执法专案组作为应对电信服务行业垄断行为的临时性机构，应当针对某一具体的电信服务领域的垄断案件的特殊性要求，遴选出更为合适的、理解分析相关案件驾轻就熟的执法人员。另外，专案组中还可以吸纳电信专家、反垄断专家作为辅助人员，邀请专家学者针对专案组负责的专项案件出具相关意见，专案组根据实际情况酌情采纳。其三，通过开办专家座谈会等方式，对执法人员开展定期的业务培训，投入人力、资金开展电信理论和监管方法的学习与业务培训，有效提高执法机构整体的执法能力及执法效能。

另一方面，还要明确反垄断执法专案组管理制度，规范反垄断执法专案组工作机制，充实其执法力量、提升其执法效能。其一，在专案组成员的职责方面，由专案组组长统领开展电信服务领域反垄断执法工作、检查执法工作结果并对结果负责；组长分配任务到专案组成员，由成员负责具体落实。其二，在会议制度方面，由于反垄断执法专案组是在电信服务领域出现涉嫌排除、限制竞争的行为时组建的临时性人才队伍，无须设置复杂的会议制度。但是仍应当定期开展全体组员例会，由组员

---

① 此处所指的是执法权归一导致反垄断执法人员减少，是指三驾马车合并后至国家反垄断局正式挂牌之前的这一段时间——在经历"三合一"后，反垄断执法的编制人员不升反降。市场监管总局反垄断局编制仅 40 余人，而在机构改革前，拥有反垄断职能的三个部门人数相加共计 100 多人。参见记者吴斯旻《高级别！国家反垄断局挂牌 中国反垄断事业进入"新发展阶段"》，《第一财经日报》2021 年 11 月 19 日，第 A02 版。

向组长汇报工作进展、工作计划；针对具体执法活动中出现的难题进行集中解决。而对于具有紧急性、重要性的问题，专案组成员还可以提请组长召开组内专项问题研讨会，集合专案组所有成员的智慧，尽可能作出正确的决策，问题仍不能解决的或问题过于专业而组内人员显然无能力处理的，还可以在符合保密规定的前提下邀请外部专家学者与会，发表专业意见。

2. 及时开展电信服务市场竞争状况评估以增强反垄断刚性约束

市场竞争状况评估机制完全能够成为反垄断调查制度的有益补充，因为它可以行使案件调查中同样的调查权，这可以帮助反垄断执法机构充分了解某一产业或市场的竞争状况，有利于帮助反垄断执法机构做出正确的反垄断决策。

我国的电信服务市场也呈现出一个多寡头垄断的市场结构，从形式上看，我国的电信服务市场和德国成品油供应市场极为相似。我国可以借鉴德国的有益经验，在电信服务市场中及时开展竞争状况评估机制，作为反垄断执法制度的有力补充。通过及时开展电信服务市场竞争状况调查，以便看清电信服务市场的市场结构、结构变化、市场竞争状况，以及电信服务企业的高风险垄断行为类型。一方面，可以及时监测到电信服务市场中的垄断风险，采取有效措施予以杜绝。另一方面，在评估结果出来后，反垄断执法机构通过严格控制垄断行为的态度以及通过具有刚性约束力的措施，如拆分企业、降低进入壁垒的救济措施、建议修改规则、要求企业停止某些行为的命令、价格限制、监督式救济措施，[①] 以保证电信服务市场中的充分竞争、公平竞争。

3. 及时编印电信反垄断执法工作手册

反垄断执法机构应当及时编印电信反垄断执法工作手册，具体而言，可包括制作《电信服务行业反垄断执法指引》（下文简称《指引》）和

---

① 英国竞争委员在产业调查结果出来后，认定存在"竞争不利影响"时，如果需要，可以采取救济行动或由其他执法机构采取救济行动，以缓和或避免竞争不利影响。根据英国竞争委员会发布的指南，他可以采取的救济措施主要包括：拆分企业、降低进入壁垒的救济措施、建议修改规则、要求企业停止某些行为的命令、价格限制、监督式救济措施。

《电信服务行业反垄断典型案例解析》（下文简称《典型案例解析》）。针对前者，首先，应当明确电信服务行业垄断行为认定流程。其次，对于我国整体的电信服务市场而言，明显已经构成了联通、移动、电信的三寡头垄断的市场结构，此三者的市场势力不言而喻。在《指引》中，还应当进一步细化在某一类型电信服务领域，电信运营商的市场势力的认定规则。具体而言：其一，应当考量对通信服务产品质量和速度要求的突出性；其二，要注意到基础电信业务缺乏需求价格弹性。

如果说《指引》是一个抽象化的执法工作指引，那么《典型案例解析》就是一个具体化的执法工作手册。省级执法机构在查办电信服务行业垄断行为的过程中，可以汇总出电信服务行业的重大案例、典型案例，编制《典型案例解析》，并将其录入机构内部网络系统，在全国各地的执法机构之间共享学习。经过必要的脱密期后，还可以直接转为公开信息，供社会公众查阅知晓。

（二）丰富反垄断监管工具箱以提升监管效能

应当重视科技手段，创新监管工具，丰富反垄断监管工具箱。对此，需要对电信服务企业的限制竞争行为进行综合判断和评估，实现对电信服务市场竞争行为的有效规制。

首先，反垄断执法机构在处理电信服务领域的涉嫌垄断的行为时，应当注重应用约谈、行政指导等柔性监管措施。

其次，反垄断执法机构要充分运用好技术力量，借助先进工具、大数据、人工智能和算法等先进技术来升级传统反垄断监管工具，提高执法工作的穿透性。

最后，将信用监管和智慧监管方式相结合共同引入到电信服务市场的监管工作中。

三　促进电信服务市场反垄断规制的协调联动

（一）推动反垄断执法与司法的衔接协作

1. 加强反垄断执法机构和法院的协同

无论是反垄断执法还是反垄断司法，归根结底都是为了有效规制电信服务市场中的垄断行为，维护市场公平竞争秩序，保护消费者权益以及市场内其他竞争者的竞争利益。反垄断执法作为反垄断法实施的常态化手段以及反垄断司法作为反垄断法实施的最终救济手段，各有优劣。二者同作为维护市场公平竞争秩序的救济途径，可以优势互补，优秀经验、解决方案亮点可以互相借鉴，尤其是反垄断司法可以为反垄断执法所借鉴，实现电信服务行业的反垄断执法和私法的联动协调，切实地提升反垄断执法的公正性和权威性以及反垄断司法的高效性和准确性。例如，在 2022 年 6 月 23 日最高法院在马某诉中国移动通信集团河南有限公司滥用市场支配地位实施限定交易、差别待遇一案中，首次对共同市场支配地位的认定因素和证明标准进行了阐释。最高法院明确指出，认定多个经营者形成共同市场支配地位，除了要审查市场份额外，还应当考量经营者行为一致性等因素。原则上来讲，司法机关所认定的相关标准是在理论的基础上结合具体实践打磨出来，并经过多方利益主体认可的一套相对完备、正确的权威性标准。对于这类认定标准，反垄断执法机构可以将之作为参考。

2. 吸纳反垄断执法机构建议，稳妥开展反垄断民事公益诉讼

现行《反垄断法》实施后，反垄断公益诉讼制度也随之正式确立。反垄断公益诉讼作为维护公共利益的重要途径、弥补个人诉讼不足和劣势的重要工具、提升我国的国际经贸规则话语权和制定权的重要依据，如何稳妥开展反垄断公益诉讼，尤其是在电信服务行业反垄断执法视角下，如何协助检察院稳妥开展反垄断公益诉讼，以维护电信服务行业的公平竞争秩序，必须予以明确——应当切实加强反垄断执法和检察院公益诉讼的衔接机制、内部沟通机制，由检察院充分吸纳反垄断执法机构的建议，稳妥开展反垄断公益诉讼。

最高人民检察院印发的《关于贯彻执行〈中华人民共和国反垄断法〉积极稳妥开展反垄断领域公益诉讼检察工作的通知》（以下简称《通知》）要求，加强反垄断执法司法案例研究，健全反垄断执法与公益诉讼检察衔接机制，加强与法院的沟通协调，鼓励公众参与，自觉接受社会监督。反垄断公益诉讼不仅需要地方各级党委、政府、人大、政协、人民群

众等的支持，为了进一步增强专业性，检察机关更有必要加强与反垄断执法机构等的沟通协调，建立信息共享、问题会商的良性互动机制。并且，在针对电信服务行业的垄断行为进行调查时，检察院应当加强和电信服务行业监管机构（工业和信息化部信息通信管理局）和反垄断执法机构（国家反垄断局）的沟通，尤其是与后者的沟通。具体可以通过在检察院和反垄断执法机构之间建立"热线（Hot Line）"制度，或者通过制定执法办案人员和司法人员"学习交流研讨会"制度，或者制定执法司法人员"交流沙龙"制度（每季度一次或每月一次）等方式加强两机构之间的交流与合作，共同维护电信服务市场的竞争秩序。

《通知》还要求，检察院提起反垄断公益诉讼时应当严格把握立案条件和审批程序，尊重反垄断执法机构执法规律、规则和专业意见，准确研判经营者垄断行为是否侵害社会公共利益、是否有必要提起民事公益诉讼。电信服务行业监管机构和反垄断执法机构对于电信服务市场状况、竞争状况、企业行为等信息了解更为全面，尤其是反垄断执法机构对于垄断行为的界定、电信服务市场竞争状况的分析有着更为专业性的认知。所以，在检察院和反垄断执法机构之间进行沟通协调时，检察院应当充分尊重反垄断执法机构的意见，在反垄断执法机构的实践中总结经验。

另外，鉴于电信服务所涉及消费者利益的广泛性以及反垄断执法机构对电信服务企业执法的专业性，想要稳妥开展电信服务行业的公益诉讼，还可以强化反垄断执法机构在电信服务行业反垄断公益诉讼中的担当，由反垄断执法机构建议检察院提起反垄断公益诉讼。

（二）强化行业监管机构对反垄断规制的配合作用

目前，随着电信服务行业自然垄断边界的变化，电信服务行业正处于一种由"放松监管、引入竞争"转向"监管与竞争并重"的过渡阶段，反垄断执法机构在电信服务行业的产业规制中的地位越来越突出，并形成了目前我国电信服务行业的反垄断规制和行业监管并存的局面。就各国监管改革的普遍规律来看，行业监管逐渐退出，让位于反垄断法规制是我国电信服务行业市场规制发展的大势所趋，不过就现阶段我国的电信服务市场而言，仍不能一刀切地否认电信服务行业监管机构的积极作用。应当厘清反垄断规制和行业监管的权力配置依据以及执法权限边界，充分发挥反垄断规制的积极作用，强化行业监管机构对反垄断规制的辅助、配合义务。

其一，从法律层面明确电信服务行业监管机构与反垄断执法机构监管权力的配置，并在此基础上确定两类机构执法时所应遵循的法律适用原则，以促进行业监管机构和反垄断执法机构的协调配合。首先，根据"下位法不得与上位法冲突"原则，行业监管政策的内容不得与《反垄断法》产生冲突，亦不得违反《反垄断法》的立法精神。其次，在具体适用的问题上，如果《反垄断法》没有作出规定，而电信市场监管中有相应的需求，则应当遵从行业监管政策的规定。这样，在法律适用层面上，《反垄断法》与行业监管政策之间所规定的监管权力得到了协调。

其二，反垄断监管机构应当规范引导行业监管机构的监管行为，尤其体现在对于行业监管机构出台的关于价格管制、市场准入等方面的政策性文件的公平竞争审查结果进行监督与公示。建议对电信服务行业监管机构相关的公平竞争审查工作进行外部监督，并建立电信服务行业违反公平竞争审查标准典型案例报送制度，以加强反垄断执法机构对于行业监管政策的监督和指引。

其三，强化行业监管机构对反垄断规制的配合作用。行业监管机构的配合义务主要体现在以下几个方面。第一，行业监管机构应当及时向反垄断执法机构提供相关的市场信息。第二，行业监管机构应当就判断垄断行为发表相关专业意见，协助反垄断执法机构完成竞争评估；并且在具体个案中，行业监管机构还应当为反垄断执法机构所能采取的最优化的规制措施提出建议。第三，电信服务行业的行业监管机构负有配合反垄断规制工作的义务，当行业监管机构不履行或拖延履行相关义务时，如不及时与反垄断执法机构进行信息共通、无正当理由拒绝向反垄断执法机构在具体个案中就某一具体问题出具专业意见的，应当对其做出消极评价。

（三）加强对电信服务行业规范性文件的公平竞争审查

通过完善公平竞争审查制度，制定电信服务行业公平竞争审查指南，加强对于电信服务行业规范性文件的公平竞争审查将是一大利器。应尽快出台相应豁免标准以及可豁免行业名单，才可真正推进竞争环境的改善。其次，在《反垄断法》之外，还要进一步优化公平竞争审查标准，并且出台电信服务领域的公平竞争审查指南。通过具象化公平竞争审查制度，明确在电信服务领域开展公平竞争审查工作时的程序、方法、路径，对工信部、中央网信办等部门进行有效指引，使其在出台涉及电信服务行业的规范性文件时，对于各项标准了然于胸，秉持竞争中立原则，出台竞争友好型政策文件，对电信服务领域的行政性垄断行为防患于未然，从源头消除垄断风险。

四　营造电信服务市场的公平竞争氛围

（一）以激励性监管促进电信服务企业的自我合规

应当采用柔性的、激励性的监管手段，促进电信服务企业的自我合规、主动合规。通过激励性监管引导电信服务企业注重创新发展，不仅有利于增强我国电信服务企业的国际竞争力，还能尽量避免"与民争利"。具体而言，在监管方法上，反垄断执法机构应当充分利用电信服务企业的技术优势和组织能力，通过激励性监管方法调动电信服务企业自我合规的内在动力。在具体举措上，可以针对设置合理、有效的反垄断合规体系的电信服务企业予以激励，采取税收优惠、企业表扬、惩罚优待等方式来鼓励平台企业切实做好自身反垄断合规建设。并且，监管机关还可以在和解环节、宽大政策适用等方面为这些平台企业争取最大程度的"好处"。

（二）充分发挥社会监督的优势作用

为了防止反垄断执法缺位、反垄断执法机构执法怠惰，督促执法机构依法履行职责、增强反垄断执法力度，纠正反垄断执法越位和错位，充分、有效发挥反垄断执法力量、做到有的放矢，势必需要我们从反垄断执法机构外部进行破局。即建立并不断完善社会参与和监督机制，充分发挥社会监督的优势作用，利用社会公众、舆论等的力量对反垄断执法机构的行为进行监督，形成制衡关系，确保反垄断执法机构能够加大执法力度。对此，应当考虑从以下几个方面展开具体活动。

第一，让社会公众多渠道地充分了解有关电信服务管制信息，为社会公众了解电信服务企业的哪些行为会成为规制对象开辟通道。第二，确立社会公众参与制定有关反垄断执法规则的程序，以保证反垄断执法机构通过的竞争监管规则体现民意，成为良法，实现善治。第三，对事关社会公众利益的重要执法工作举行听证会。

第三部分

公平竞争监管体制机制

新时代的发展环境变化赋予公平竞争监管新使命，为公平竞争监管体制机制改革提出新要求。事前监管是指政府通过事前预防、合规倡导、公平竞争审查等行为，破除制约要素合理流动和资源有效配置的各类障碍，同时提高市场主体、执法机关以及行政机关的公平竞争意识，从源头上维护公平竞争。事中监管是指政府通过行政约谈、行政指导、行政检查、行政处罚等方式，及时防范和纠偏经济活动中违反公平竞争政策和法律法规的行为，是监管的主战场。事后监管是指政府部门进行事后惩戒、激励、纠正、修复的管理行为，对违法行为予以识别、惩处和纠正，意在帮助市场主体纠正违法行为，恢复公平竞争秩序，是监管闭环的最终落脚点。新时代全链条公平竞争监管能够实现协同共治监管、科学有效监管、包容审慎监管，最终通过"更好发挥政府作用"实现"市场在资源配置中起决定性作用"。同时竞争法律法规与政策为全链条公平竞争监管提供制度基础，竞争监管成效为全链条公平竞争监管奠定实践基础，数字技术赋能全链条公平竞争监管，建立全链条公平竞争监管体制机制现实可行。

新时代全链条公平竞争监管体制在推进市场监管现代化的过程中，呈现出几个主要的变革方向。第一是通过依法监管提高全链条监管的法治化公平性水平；第二是完善协同监管以优化多元主体协同和跨区域、跨层级监管，在横向协同上建立常态化的协同监管机制，纵向协同上发挥中央政府与地方的相对优势，积极推动构建政府监管、企业自治、行业自律、社会监督的多方共治格局；第三是实现各环节监管互相联动的全程监管，包括引入事前预防性监管、强化事中动态化监管、保障事后服务型监管以及确保全链条监管体系相衔接；第四是要实现监管的全领域覆盖，做到全面监管，坚持打破行政性垄断和规制市场垄断同步推进；第五是运用阶梯式监管工具，实现层次性监管效能，建立贯穿性监管制度，实现系统性监管；第六是增强监管的适应性和实操性，实现精准监管——精准意味着要对重点领域和创新领域实行差异化监管，依法依规实施分级分类，加强现代科技手段的应用。

基于此，第三部分"公平竞争监管体制"从党中央和国务院不断加强事前事中事后全链条监管体制机制建设的政策背景出发，研究和分析了全链条公平竞争监管的历史演进状况以及我国公平竞争监管体制机制面临的主要问题，探究了事前事中事后全链条公平竞争监管的核心要义以及其体制机制变革的必要性、可行性，并在此基础上明确健全和完善全链条公平竞争监管体制机制的主要方向。最后，从完善全链条公平竞争监管的规则体系、优化全链条公平竞争监管的方式方法、提升全链条公平竞争监管整体效能三个方面为健全和完善全链条公平竞争监管体制机制提供切实可行的建议。

第七章 健全和完善事前事中事后全链条
公平竞争监管体制机制

随着社会主义市场经济建设不断向纵深推进，公平竞争的重要性也越来越得到凸显。落实公平竞争监管是保障市场公平竞争和优化营商环境的重要手段。当前公平竞争监管体制机制在监管实践中存在一些问题，无法完全适应新发展阶段、新经济形式、新市场行为等方面的发展变化和高质量发展共同富裕的新时代要求。通过明确公平竞争政策的战略定位，建立完善公平竞争相关制度，能够有力维护市场公平竞争秩序、助力全国统一大市场建设。随着反垄断法修订，公平竞争审查制度法治化进入新阶段，但是还需要更加常态化地实施，以及不断完善程序、责任和体制机制，健全和完善事前事中事后全链条公平竞争监管体制机制，这对于适应国内市场所处的新发展阶段、我国经济的新发展形势，以及特殊商业形态的发展规范的要求都有着重要意义。应当不断研究如何实现公正监管、协同监管、全程监管、全面监管、系统监管和精细监管，如何推动事中事后监管向事前延伸，如何推动事前、事中、事后各环节形成监管合力，不断探索新路径、积累新经验，积极建立完善、高效的公平竞争监管体制机制，建立起全方位、多层次、立体化的监管体系，加强综合统筹协同监管，才能更好地适应我国在法治轨道建立高水平市场经济体制的发展需求。

本章分为五节，依次是我国公平竞争体制机制历史演进与现实困境、健全公平竞争监管体制机制的必要性和可行性、健全事前事中事后全链条公平竞争监管体制机制的主要方向、主要司法辖区全链条公平竞争监管制度与实践、事前事中事后全链条公平竞争监管体制机制的完善路径。第一节从我国公平竞争监管体制机制的历史出发，分析目前公平竞争监管体制机制面临的主要现实困境。第二节从公平竞争监管现代化、经济高质量发展、新经济形态三个维度论述了健全全链条公平竞争监管的必要性，随后从制度基础、实践基础及技术基础三个方面说明了健全事前事中事后全链条公平竞争监管体制机制具有可行性。第三节在此基础上明确依法、协同、全程、全面、系统、精准监管作为健全和完善全链条公平竞争监管体制机制的主要方向。第四节通过广泛考察北美、欧盟、亚太等地区国际组织或国家的全链条公平竞争监管制度与实践，提炼出其在制度设计、执行机制等方面的先进经验，为我国提供了宝贵的启示与借鉴。最后，第五节从三个方面提出了完善全链条公平竞争监管体制机制的建议：一是健全全链条公平竞争监管的法律规则体系；二是优化全链条公平竞争监管的实施路径；三是增强全链条公平竞争监管的整体效能，保障监管目标的法治化与科学化实现。同时，还通过对新兴领域全链条公平竞争监管实践应用的介绍，进一步增强了健全全链条公平竞争监管体制的现实性和前瞻性。

第一节　我国公平竞争监管体制机制历史演进与现实困境

市场监管是指市场监管主体对市场活动主体及其经营行为进行限制、约束等直接干预以维护市场秩序平稳运行，维护社会公众、市场各主体的合法利益的活动总和。市场监管是政府的核心职能之一，政府通过行使监管职能，了解市场结构和市场动态，实现国家对经济的准确介入，从而对社会经济进行合理调节，以维护市场公平竞争秩序和促进经济协调稳定发展。公平竞争监管作为市场监管的核心内容，是指市场监管部门作为制度供给者、监管实施者和秩序维护者，通过中立性监管维护市场竞争秩序，预防和制止排除、限制竞争行为，促进公平竞争，实现程序正义和实体正义。中立性监管是指市场监管部门秉持竞争中立原则实施监管，是实现公平竞争监管的基础，是促进市场实现公平竞争、充分竞争的重要举措。坚持公平竞争监管的关键就是保证监管权力行使的中立公允，防止歧视性对待、选择性监管和监管寻租。

改革开放以来，我国国民经济保持了40多年的连续快速增长，国家经济在整体上也从供给型经济转向需求型经济，从封闭和半封闭型经济转为开放型经济，从温饱型经济转为全面小康型经济，社会主要矛盾也从人民日益增长的物质文化需要同落后的社会生产之间的矛盾转化为人民日益增长的美好生活需要和不平衡不充分的发展之间的矛盾。但也要认识到，随着我国市场经济的快速持续发展，垄断行为呈现多发频发态势，与此同时，我国适应社会主义市场经济发展要求的有限政府和责任政府的目标还没有完全实现，政府对经济过度干预的现象仍然存在，行政性垄断还较为普遍。这说明我国社会主义市场经济体制的不断完善和发展要求进一步健全公平竞争监管体制机制、深入实施公平竞争政策和持续优化公平竞争治理，为社会主义市场经济健康发展营造更加公平竞争的市场环境。

公平竞争监管是国家治理体系和治理能力现代化的重要组成部分，面临着新形势新要求新任务，我们需要按照党的二十大关于"强化反垄断与反不正当竞争""破除地方保护和行政性垄断""依法规范和引导资本健康发展"等决策部署和要求，以及2022年中央经济工作会议强调的"尊重市场规律，深化简政放权、放管结合、优化服务改革，对各类所有制企业一视同仁"的精神和实质，统筹发展和安全、效率和公平、活力和秩序、国内和国际，创新和完善公平竞争监管体制机制，不断提升监管质量和水平，推进公平竞争监管现代化，不断提升监管质量和水平，为建设高标准市场体系、构建高水平社会主义市场经济体制，加快建设全国统一大市场提供坚强支撑。

一　我国公平竞争监管体制机制的历史演进

中国的经济转轨最终将在制度变迁尤其是法治环境确立的条件下完成。在经济转轨和制度变迁中，法律制度发挥着至关重要的保障和促进作用，因为制度变迁和经济转轨的正当性乃至目标需要由法律制度加以确认，也要由法律制度对变迁和转轨的阶段性成果进行巩固，还要由法律制度对变迁和转轨的过程加以保护。没有必要的法律制度之保障，经济转轨就难以实现。正是在这个意义上，可以说没有法治就没有市场经济，市场经济实质上就是法治经济。由于经济转轨，我国的商品经济得到持续快速和较为充分的发展，有了众多真正意义上的独立的市场主体，市场主体能够自主经营及其商品能够自由流动，这才有了真正意义上的市场竞争和市场监管，竞争监管体制机制才能在社会资源优化配置中扮演着越来越重要的角色。我国在转轨过程中市场竞争日趋激烈已是不争的事实，相伴而生的排斥、限制竞争和不正当竞争现象也越来越多，反过来又严重干扰了竞争机制发挥社会资源优化配置功能，阻碍了我国市场化改革的深化和经济转轨的顺利推进。加快深入推进经济转轨和市场化改革对建立健全我国公平竞争监管体制机制提出了制度要求。

二 我国公平竞争监管体制机制面临的现实问题

随着中国特色社会主义市场经济步入新的发展时期，各经济细分领域均呈现出多元化和复杂化趋势，无论是政府对市场的监管，还是市场机制作用的发挥，抑或社会监督力量的行使，都在新形势下面临着一系列的新挑战和新问题。具体而言，目前公平竞争监管体制机制面临的现实问题主要表现在以下四个方面。

（一）难以适应高质量发展的客观需要

党的十九大报告指出，我国经济已由高速增长阶段转向高质量发展阶段。党的十九届六中全会通过的《中共中央关于党的百年奋斗重大成就和历史经验的决议》强调，必须实现创新成为第一动力、协调成为内生特点、绿色成为普遍形态、开放成为必由之路、共享成为根本目的的高质量发展。党的二十大报告强调，高质量发展是全面建设社会主义现代化国家的首要任务。高质量发展就是体现新发展理念的发展，必须坚持创新、协调、绿色、开放、共享发展相统一。在高质量发展的五大新发展理念中，公平竞争促进创新发展、公平竞争审查推动国内统一大市场协调发展、自由竞争助力国际市场开放发展、反垄断保护中小企业反对垄断暴利实现共享发展、竞争规则设计通过对"节约能源资源保护生态环境"例外规定促进绿色发展。由此可见，公平竞争制度及其实施与高质量发展密不可分，实现高质量发展必然需要通过进一步完善公平竞争制度、健全监管体制机制、加强公平竞争监管予以实现。

当前，以数字技术为代表的新技术应用，促进了我国产业加快转型升级。随着数字经济不断发展，存量博弈日益激烈，部分细分业务市场垄断趋势也日趋显著，各种新老垄断行为频发，资本无序扩张，破坏了高质量发展的"主战场"数字市场的公平竞争，严重制约了高质量发展。怎样平衡创新发展与竞争监管的关系，顺应数字经济高质量发展需要从哪些方面健全现行监管体系，都给我国公平竞争监管体制机制提出了全新挑战和时代命题。

1. 监管理念亟待更新

我国数字经济公平竞争监管体制在理念上存在的问题，主要在于市场管理仍以事前准入管理为主要环节，事中事后管理手段缺失，难以适应业务快速发展、竞争手段日益复杂的现状。"一事一议"的监管方式，无法形成规范互联网市场竞争的长效机制；监管模式以行政指导为主，法律依据和透明性往往不足。数字经济产生的数据利益和传统路径迥异，将导致政府对数字经济模式监管理念产生一定的不适性，"防控"和"促进"作为政府对数字经济的监管理念，有利于解决市场问题并产生积极作用。从历史发展经验来看，数字经济带来的信息爆炸式疯涨，将会危及现有市场主体的公平环境和利益。我国传统"防控"的竞争监管理念在一定程度上会束缚数字经济的创新发展，同时会引发数字经济数据价值的不良竞争。在数字经济快速发展的新形势下，如何在传统的竞争监管体制中注入正确的数字经济监管理念成为政府亟须解决的课题。

2. 监管边界有待明晰

数字经济时代，政府建立传统业务上的新兴行业监管体系的目的是减少市场失灵，保护数据安全和信息安全，但过度的监管将遏制信息多维价值发挥作用。随着不同行业的边界清晰化，数字经济业态也逐步超越传统政府监管范畴，传统竞争监管的权限边界划分越来越不适用。数字经济价值日趋增长，政府职能部门之间存在相互推诿和扯皮现象，管理制度和审批流程的单一性，造成监管职能的闭塞。政府成为"为监管而监管"的执行者，极大削弱了数据赋能的发展效率。这会打击优势互联网平台企业投资和创新的积极性，有损公平竞争的市场秩序。与此同时，还可能激发竞争企业的机会主义行为，降低其积极投资和创新的动力，产生"奖励落后、惩罚先进"的逆淘汰效应。对互联网平台的不当监管，可能对市场竞争产生寒蝉效应，增加了监管机构的执法成本，浪费社会公共资源。

3. 监管手段需要丰富

由于数字经济竞争焦点逐步转移，从软件、PC 入口之争，逐步转移到移动互联网、生态和资本竞争，竞争方式也日益升级，特别是随着法治水平提升和监管力度增强，市场竞争行为从跑马圈地、野蛮对抗走向生态竞争、资本垄断。同时，互联网市场竞争技术对抗更加显著。在使用诋毁对手、绑架用户、强行卸载等"野蛮"手段需要付出巨大的声誉成本之后，通过静默卸载、离线卸载、一键处理等技术手段争夺用户成为常态，该类技术对抗证据难以捕捉。数字经济依托人工智能、大数据、云计算、区块链等新兴信息技术，在改进数据资产管理模式、促进我国经济高质量发展的同时，也给传统竞争监管机制带来挑战冲击。当前，我国数字经济中的市场竞争监管主要依靠事前承诺、监督检查等传统竞争监管手段，难以有效应对快速变化的数字经济市场竞争，公平竞争监管体制仍然存在着较大的滞后性，难以处置复杂多变的市场违规行为。

（二）公平竞争监管效能有待进一步提升

1. 监管职能不够清晰

就现实情况而言，每一次监管事故的发生，某种意义上都是政府的市场竞争监管职能配置以及责权边界设置模糊不清的结果，而其造成的市场主体满意度不足、人民群众利益受损、社会整体福利水平上升受制约等困境，也制约了我国社会主义市场经济体系的运作效率及其最终目标的实现。

第一，监管职能重叠，制约竞争监管效率。为了做好市场监管相关工作，我国政府机构以及职能设置虽然历经了多次改革调整，但诸如部门繁冗、职权边界模糊、执法主体重叠、职能交叉、监管存在空白区等问题仍在一定程度上存在。实践中，我国公平竞争监管机构与行业主管部门在竞争监管中时常面临两方面的冲突与竞合。在监管权限方面，行业主管部门负责行业内全方位的监管，而维护市场公平竞争似乎也在其监管范围内，这就与市场监管部门的竞争监管职权产生冲突。在法条竞合方面，部分行业性法律法规对垄断行为、不正当竞争行为作出特别规定，在法律适用上与《反垄断法》及其配套立法产生竞合。伴随着职能界限的模糊而出现的"九龙治水"、推诿扯皮、办事效率不高等问题，严重制约了政府对市场经济主体的经济活动实施监督管理的效能。

第二，竞争监管各自为政，形成信息孤岛。各监管职权部门之间、各监管执行主体之间无法形成全局性的信息共享和监管大数据协同，不利于提高市场监管效率。

第三，公平竞争监管权力约束机制有待加强。在行政中心主义模式下，我国公平竞争监管缺乏有效监督与制约，导致监管缺位和过度监管等问题，具体表现为权力滥用、超越权限和违反程序等现象。依据我国现行反垄断法，国务院反垄断执法机构拥有独立裁决权和处罚权，权力配置不合理很可能导致对权力的滥用。

2. 监管能力有待加强

第一，专业化人才匮乏，监管队伍建设仍然有待加强。无论是传统的垄断行为，还是数字经济时代竞争样态已经发生巨大变化情况下的新型垄断形式，都对竞争监管机关的专业性和执法能力提出了更高的要求。特别是基层竞争监管队伍整合建设需要继续加强，人力资源严重匮乏，人员素质参差不齐等问题凸显，难以满足新数字经济时代的监管要求。

第二，公正竞争监管理念不够深入。公正监管理念鲜明地体现在加强和规范事中事后监管的基本原则中，公平公正原则要求政府监管对各类市场主体一视同仁，坚决破除妨碍公平竞争的体制机制障碍，依法保护各类市场主体合法权益，确保权利公平、机会公平、规则公平。然而，目前，监管队伍的公平竞争监管理念还不够深入，倾斜性保护公用企业、执法工作透明度不足等问题依旧突出。

3. 监管评价和问责机制有待强化

监管过程离不开规章制度的约束。然而，由于监管绩效评价体系不够完善，市场监管问责机制还不够明确、清晰，因此对监管者行为的规范、约束和处置仍显力不从心。监管执法主体为其制定市场监管决策、执行行为提供的依据不充分合理，政府也难以及时有效地遏制不正当、不合理市场监管行为，会对市场正常运行产生不利影响。另外，当公众发现竞争监管的执法工作存在问题后不能及时有效地找到向上反映的渠道，即便反映了问题，也很难引起相关部门重视，这在一定程度上削弱了监管工作成效，不利于构建有效的问责机制。

（三）对行政性垄断的监管力度需要加强

在市场经济运行过程中，行政机关和法律法规授权的具有管理公共事务职能的组织由于制度惯性，习惯大包大揽，使有形之手无序干预掣肘了市场机制的有效发挥，导致资源配置效率低下。这往往体现在地方保护和行政性垄断上。行政性垄断是指行政主体滥用行政权力排除、限制市场竞争的行为。我国没有经历过从自由竞争的近代市场经济体制到国家对经济运行进行适度宏观调控和市场规制的现代市场经济体制的过渡阶段，而是直接从计划经济体制进入现代市场经济体制。随着经济体制改革的不断深化，政府与市场的关系不断优化，计划经济指令的特征仍将在相当时期内以各种形式存在，行政性垄断频发是其集中表现。政府对市场的过度干预，除了上述分析的体制因素之外，还有利益因素的驱动。我国财政分权制度使得地方财政状况与地方税收状况密切相关，并且政府部门的考核是以经济指标为首要指标，导致地方及其各部门为获得更多的财政收入，会想方设法推动本地和本行业经济发展，排除外地商品和企业。

目前，在大力破除地方保护和行政性垄断层面，公平竞争监管仍然存在不足之处。第一，国务院反垄断委员会的作用有待加强。目前国务院反垄断委员会在公平竞争监管工作中的作用仍然较弱，反垄断委员会被依法赋予的组织、协调、指导职能没有被充分发挥。第二，国家反垄断局在反垄断工作中的职能仍需优化完善，提高协同治理能力。第三，竞争执法权仍需进一步明确优化。《反垄断法》对反垄断执法机构的权限只规定了检查权、询问权、查阅权、复制权，缺乏强制性手段，无法保障竞争执法的顺利进行。第四，对行政性垄断的法律责任规定威慑性不足。依据《反垄断法》第 61 条的规定，对相关机关只是"责令改正"，对直接负责的主管人员和其他直接责任人员只是规定"依法给予处分"，责任难以真正落到实处。

（四）社会监督的作用需要进一步发挥

一般而言，道德评价的主体与模式主要在社会互动中形成公众为控制者，舆论为控制手段的社会价值体系。在现代社会的发展过程中，信用评级机构、独立审计机构、社会媒体等几大主体在社会监督过程中发挥积极作用，为市场公平竞争提供了良好的社会环境。应当更加重视和完善社会监督体制，不断建立健全公平竞争监管投诉举报和处理回应机制，畅通投诉举报途径。

目前，在新发展阶段下，在不断加强和完善公平竞争监管体制机制过程中，由于相应的社会监督的制度供给不足、相关法律法规不健全不完善以及欠缺激励保护机制，社会监督仍处于动力源不足甚至是缺位的状态之下，难以满足现实需求。我国市场竞争秩序管理模式仍以政府监管为主，相对忽视了对行业协会组织、第三方平台等力量的社会引导，同时，由于社会监督的奖励机制相对匮乏，形成动力不足的问题。新闻电视广播宣传、微信公众号推送等社会监督渠道仍须健全完善。

第二节　健全公平竞争监管体制机制的必要性和可行性

一　事前事中事后全链条公平竞争监管的内涵

（一）公平竞争监管的内涵

公平竞争是社会主义市场经济的根本特征，公平竞争监管是市场经济健康运行高质量发展的基础保障，只有维护和促进公平有效的市场竞争，才能实现企业优胜劣汰和资源优化配置，充分激发市场活力，切实提高创新能力和生产效率。在"既要发挥市场决定性作用，又要更好发挥政府监管作用"的理论基础上，公平竞争监管意味着在市场的公平竞争运行机制被破坏或有遭到破坏的危险可能时，政府作为一种规制力量，介入到市场关系的调整过程之中，消除危险并使得市场回到公平竞争的状态。

1. 公平竞争监管要求监管部门依法履职

依法治国的根本要求是依法办事，法无授权不可为。体现在监管上，要坚决依法严惩违法者，对守法者无事不扰。因此，不能对市场主体的违法违规行为坐视不理，通过约谈、通报等措施，让法律法规在监管中长出"牙齿"，规范市场竞争；不可随意检查、随意处罚，特别是在没有法律根据的情况下，不得随意"叫停"或禁止竞争中的创新。创新是市场主体获得市场竞争优势的重要法宝，但是，由于我国现行法律制度的滞后，不是所有的创新行为都有相应的法律对其加以规范。按照法无禁止即可为的原则，在没有违法的情况下，创新行为应当得到保护，至少是宽容；不能打着监管的旗号任性执法、逐利执法、运动式执法，与民争利、扰民渔利。

2. 公平竞争监管要求监管部门"同案同罚"

公平竞争监管要求监管部门对违法违规的市场主体实行"同案同罚"，不能畸轻畸重，更不能滥用权力来谋取个人利益。监管部门应当依据相关法律法规及时清理规范处罚事项，及时调整标准不一致等问题。同时，可以借鉴人民法院"同案同判"的经验，通过"指导案例"、"类案检索"、网上公布处罚文书等措施，进一步解决监管中存在的处罚标准不统一、裁量权不规范等问题，以确保监管的确定性，给市场主体带来更加稳定的预期。

3. 公平竞争监管要求监管部门"一视同仁"

公平竞争监管要求监管部门对各类市场经营者一视同仁，不能厚此薄彼。在我国，不管是国有企业、民营企业还是外资企业，都为国家创造税收、创造就业、为投资人创造利益，理应得到公平的待遇。在市场经济中，市场主体可以有自己的选择，例如，金融机构给哪些人提供贷款，不给哪些人提供贷款，哪些人可以享受到优惠的利息等等。但是政府的监管或者服务必须"一碗水端平"，要保证各类市场主体的权利、机会和规则公平，在制度上保证各种所有制经济依法平等使用生产要素，公开公平公正参与市场竞争。

4. 公平竞争监管要求监管部门依法监管

通过公平监管保障公平竞争，不仅要做到一视同仁，还要依法监管。反垄断、反不正当竞争执法要法治化、规范化，依法行政，设定统一的执法标准，在市场经济的基础上，竞争法作为一种重要的制度功能，为各种市场主体进行公平竞争、自由竞争提供了法律上的保障，能够维护市场秩序，保护市场主体的合法利益。在实践中，加强竞争政策的基础地位、严格执行公平竞争审查制度，将有助于促进我国市场竞争的良性发展，提高我国市场竞争的质量，增强我国企业的竞争能力。

（二）事前事中事后全链条公平竞争监管的内涵

1. 事前公平竞争监管的内涵

国务院印发的《国务院关于促进市场公平竞争维护市场正常秩序的若干意见》（国发〔2014〕20号）和现有市场竞争监管相关法律法规及规范文件的统合，为落实和推进公平竞争监管政策基础地位提供了基本原则，同时对于构建事前事中事后全链条公平竞争监管指引了方向。事前公平竞争监管是指政府通过事前预防、合规倡导、公平竞争审查等行为，助力简政放权，降低各类不合理的制度性交易成本，破除制约市场要素合理流动和有效配置的各类障碍，同时提高市场主体、执法机关以及行政机关的公平竞争意识，引导其行为，从而维护公平竞争，使市场在资源配置中起决定性作用。

事前公平竞争监管包括：第一，健全完善公平竞争审查制度，从顶层设计到底层建设的各个方面努力营造充分竞争的发展环境、公平竞争的政策环境、有序竞争的市场环境，促进市场经济健康发展；第二，实施公平竞争审查制度，防止行政主体及其授权的社会公共组织以行政行为或准行政行为扭曲和破坏市场机制；第三，对于政府机关进行合规培训，营造政府部门内部公平竞争合规氛围，提高政府工作人员维护市场公平竞争的意识；第四，对于市场主体进行公平竞争意识和竞争政策法律法规的倡导，引导并促进企业内部建设完善公平竞争合规流程制度。

2. 事中公平竞争监管的内涵

事中公平竞争监管是指政府通过行政约谈、行政指导、行政检查、行政处罚等方式，对于市场主体在经济活动中违反公平竞争政策和法律法规的行为进行防范和纠偏。当前，新兴经济业态的出现，特别是数字科技引发的新型商业模式，为现有市场监管制度与方式带来诸多挑战，引发了不少现实的或潜在的监管风险和危害。事中公平竞争监管要求从市场经济运行规律出发，做好动态监管，形成监管合力，提升监管效能。

事中公平竞争监管包括：第一，对于市场主体的经济活动进行长期监测并分析其对市场竞争的影响，一旦发现问题，立刻采用行政约谈、行政指导等手段进行干预，及时制止破坏市场竞争的行为；第二，定期对市场主体进行跨部门跨行业的公平竞争合规审查，通过行政检查和专项督查的方式，发现违反公平竞争问题并督促其改正；第三，在坚持积极的包容审慎原则的基础上展开反垄断与反不正当竞争的执法工作，对违法行为进行研判并采取相应的惩戒措施，追究其法律责任（包括民事责任、行政责任和刑事责任），通过严格规范公正文明执法，保护市场竞争过程，维护竞争秩序，实现和发挥竞争政策基础地位在社会主义市场经济体制现代化建设和完善中的价值和作用。

3. 事后公平竞争监管的内涵

相比事前监管和事中监管，事后监管的内涵较为复杂。事后监管是指政府部门根据市场主体在事前、事中监管的结果，进行事后惩戒、激励、纠正的行为。事后监管意在帮助市场主体纠正违法行为，恢复竞争秩序，发挥市场主体的正向作用，是监管闭环的最终落脚点。

事后监管包括：第一，树立服务式监管理念，督促、帮助市场主体整改违法行为，对整改情况进行持续追踪反馈；第二，开展市场竞争总体状况评估，采取必要措施恢复相关市场的竞争机制和竞争秩序，促进有效竞争；第三，处罚后的效果评估，对处罚后市场主体的整改情况进行评估追踪，将评估情况加工为合规风险点；第四，处罚后合规机制的建立，向市场主体提出加强公平竞争合规的建议，督促市场主体建立健全公平竞争合规体系，完善预防、发现和制止违法行为的监管机制，增强市场主体竞争风险防控能力。

4. 全链条公平竞争监管的内涵

事前事中事后全链条公平竞争监管是指强化事前预防性监管、事中动态化监管、事后服务型监管，促进事前、事中、事后各监管环节之间的衔接与协调。全链条公平竞争监管强调事前、事中、事后的全过程，形成监管闭环，保障全链条监管效能的发挥。事前事中事后全链条、全过程的公平竞争监管，有利于动态掌握市场主体的竞争状况，切实补齐监管短板，堵塞监管制度漏洞，使监督重点更加聚焦、方向更加清晰，有效避免监管工作"只开花、不结果"的情况发生。加强事前事中事后全链条全领域监管，要求严格落实放管结合，增强服务型监管，不断提升监管效能，打造市场化法治化国际化的公平竞争营商环境。

二 健全和完善全链条公平竞争监管体制机制的必要性

（一）公平竞争监管现代化需要协同共治监管

市场监管现代化是建立统一开放竞争有序的现代市场体系和实现高质量发展的客观需要，是完善社会主义市场经济体制和建设现代化经济体系的内在要求。完善市场监管基础制度、完善市场监管机制体制、创新丰富市场监管工具、健全信用监管长效机制和增强市场监管基础能力是构建现代化市场监督管理体系的应有之义。在市场监督现代化过程中，公平竞争监管的现代化是其核心组成，是确保市场循环充分畅通，竞争政策和产业政策更加协调，市场基础制度规则逐步统一，促进建设公平、透明、可预期的市场环境的必由之路。

全链条公平竞争监管有助于实现市场监管部门与行业监管部门、社会监督渠道之间的信息互通和资源共享，有助于形成多元共治的格局。党的二十大报告将加快构建新发展格局、着力推动高质量发展作为全面建设社会主义现代化国家的首要任务。以强化竞争政策的基础地位为抓手，推进国家在经济领域治理体系和治理能力的现代化成为党和国家当前和未来工作的重中之重。要构建高水平的社会主义市场经济体制，就需要市场主体准入行为、经营行为和退出行为的全过程都形成市场自律、政府监管、社会监督互为支撑的协同监管格局。

事前事中事后全链条公平竞争监管能够推动竞争监管模式向精细化、全程化转变，实现有效性监管。竞争监管是长期、动态的过程，覆盖市场主体从准入到退出的整个过程。市场主体各个阶段的活动，都能够同事前事中事后全链条公平竞争监管机制中的某个环节相对应，进而政府可以使用相应的监管工具对于其违法行为作出有效、迅速的回应，避免因为监管滞后造成对市场公平竞争秩序的破坏。同时，在政府履行竞争监管职能时，要坚持有效性监管原则。有效性监管强调监管结果上的有效性，主要表现为在坚持法治化监管的基础上，在监管权力设置上落实权威性监管，在监管模式上推行全程监管，提高监管效能，从而达到有效监管的效果。

通过事前事中事后全链条公平竞争监管，可以在实体规范上明确纵向和横向监管主体之间的权力范围与责任边界，厘清各方的权利义务关系，充分发挥不同的监管部门在规则和标准制定、风险研判、统筹协调等方面的作用。对涉及面广、较为重大复杂的监管领域和监管事项，推进事前事中事后全链条公平竞争监管机制有利于主责部门更好地发挥牵头作用和相关部门的协同配合，建立健全工作协调机制，推动跨部门、跨行业的综合性竞争监管。

随着市场监管体制改革深入推进，面临的问题越来越具有综合性，事前事中事后全链条公平竞争监管有利于进一步提高市场监管体制改革的配套性、协同性，形成改革合力，实现统筹推进。而在程序规范上，推动事前事中事后全链条公平竞争监管可以明确竞争监管的流程、方式和手段，规范政府的市场监管行为，为综合性执法提供理论指引和法律依据，促进改变"分散管理、多头执法"的方式，增强市场监管部门的权威性，提升市场监管政策的稳定性和可预期性，解决监管主体的职能交叉、协调不畅等问题。

（二）经济高质量发展呼唤科学高效监管

全链条公平竞争监管有助于建立与高质量发展相适应的监管制度，创新科技监管手段，提高监管的透明度，通过法治监管、信用监管、智慧监管提高监管效能。我国经济正在向形态更高级、分工更复杂、结构更合理的阶段演化，新时代经济高质量发展要求政府的干预必须科学和适度，在充分尊重经济自主的前提下，进行合理谨慎的干预，充分发挥市场在资源配置中的决定性作用的同时更好发挥政府作用。因此，科学认识并正确处理政府与市场之间的关系至关重要。

事前事中事后全链条公平竞争监管能够理顺政府与市场关系，实现科学监管。科学监管强调在监管过程中方式和手段的科学性，在坚持公平性监管作为总体原则的前提下，在监管理念上努力实现合理性监管，在监管尺度上坚持谦抑性监管，以及在监管方式上坚持回应性监管。政府应当依法规范和引导资本健康发展，而不能以政策干预压制市场主体的经济自主性，同时还需要考虑政策干预的成本与收益的平衡问题。市场监管需要耗费资源、支付成本，然而实际中的监管资源是有限的，这就意味着要追求科学监管和市场监管效率的最大化，就需要做好监管资源的分配，平衡监管成本和监管执法的社会效益。推进事前事中事后全链条公平竞争监管，有利于对每个监管环节所花费的监管成本、守法成本以及社会效益做出合理评估，实现监管成本的节约，监管效能的提升以及监管资源的优化配置。

市场主体具有持续较快增长的潜力，改革红利仍具有较大的释放空间。市场主体是创造就业、创造财富的源泉，是构建现代化经济体系的基本细胞和微观基础。近年来，随着商事制度改革，我国市场主体持续较快增长，全社会已经形成浓厚的投资创业氛围。但目前在投资创业的便利程度上，还存在不少制度性障碍。因而，进一步释放我国经济蕴藏着的巨大潜力，充分激发市场活力和创造力，是竞争监管改革的前提和基础。对于市场体系不完善、政府干预过多和监管不到位等问题，我国要深化"放管服"改革：一方面，通过简政放权把不该由政府管理的事项交给市场、企业和个人，凡是市场机制能自主调节的就让市场来调节，凡是企业能干的就让企业干；另一方面，通过放管结合、优化服务，把该由政府管的事管好管住，在强化市场监管、促进公平竞争、优化政务服务等方面发挥积极作用。

（三）新经济形态需要坚持动态监管

全链条监管有助于适应市场竞争的动态性特征，提升常态化监管水平；有助于以包容审慎态度对待新产业、新业态、新模式，鼓励新兴经济创新发展。动态监管有几个显著特征：监管的对象是新经济，秉持的态度是包容审慎，监管的方式是动态和常态化，监管的目的是平衡发展。其意义在于以更加包容审慎和鼓励创新的治理理念，推动新经济发展从微观意义上的细则式条文式监管转变为事先设置安全阀及红线的触发式管理，建立敏捷监管、精准监管、公正监管相结合的常态化监管。管理形式更加灵活，管理效能更加高效。包容审慎监管不等于不监管，也不等于包办监管，而是采取比传统监管更审慎的有效监管、科学监管模式，更重监管责任，在坚守底线思维前提下允许创新试错、市场自我纠偏，创新引导新兴业态产业高质量转型发展。

三　新时代健全和完善全链条公平竞争监管体制机制的可行性

（一）反垄断法律体系与政策顶层设计为全链条公平竞争监管奠定制度基础

在垄断法体系方面，新修订的《反垄断法》为强化竞争政策基础地位提供了高质量制度供给，使竞争监管的革新于法有据。新《反垄断法》从明确"强化竞争政策基础地位"、将公平竞争审查制度写入反垄断法，到强调赋能反垄断监管，均是国家强调通过竞争监管与竞争执法维护市场自由公平竞争秩序，加快推进竞争性发展转型、以更大决心和更强力度促进公平竞争，反对垄断的体现。

在政策顶层设计方面，2021年8月，中央全面深化改革委员会第二十一次会议审议通过了《关于强化反垄断深入推进公平竞争政策实施的意见》（中办发〔2021〕56号）。文件指出，要加快健全市场准入制度、公平竞争审查机制、数字经济公平竞争监管制度、预防和制止滥用行政权力排除限制竞争制度；要完善反垄断体制机制，充实反垄断监管力量。党的二十大报告也指出，要坚持和完善社会主义基本经济制度，充分发挥市场在资源配置中的决定性作用；构建全国统一大市场，深化要素市场化改革，建设高标准市场体系；要完善产权保护制度，市场准入、公平竞争、社会信用等市场经济基础制度，优化营商环境。可见，从新时代我国经济高质量发展的现实需求和客观基础出发，从顶层设计和底层建设两方面，充分发挥公平竞争审查制度与反垄断、反不正当竞争执法两大制度工具的作用，健全公平竞争监管体制机制已成为时代任务。公正监管这一要旨鲜明地体现在加强和规范事中事后监管的基本原则中，公平公正原则要求政府的监管对各类市场主体一视同仁，坚决破除妨碍公平竞争的体制机制障碍，依法保护各类市场主体合法权益，确保权利公平、机会公平、规则公平。坚持权责法定、依法行政，严格按照法律法规规定履行监管责任的依法监管原则和以公开为常态、不公开为例外，让监管执法在阳光下运行的公开透明原则，都在为公平监管保驾护航。

（二）公平竞争监管成效为全链条公平竞争监管奠定实践基础

党的二十大报告明确提出，高质量发展是全面建设社会主义现代化国家的首要任务。公平竞争是市场经济的核心，反垄断是完善社会主义市场经济体制、推动高质量发展的内在要求。党的十八大以来，在以习近平同志为核心的党中央坚强领导下，我国公平竞争政策基础地位确立并不断强化，中国特色的反垄断法律制度体系更加健全，以公正监管保障公平竞争，改进反垄断执法增进民生福祉，为建设高标准市场体系、构建新发展格局、推动高质量发展作出积极贡献。近年来，在中共中央、国务院决策部署下，我国坚决落实《关于强化反垄断深入推进公平竞争政策实施的意见》，全面实施公平竞争审查制度，不断夯实竞争政策基础地位，务实推动全国统一大市场建设，积极营造公平竞争的制度环境和市场化法治化国际化的营商环境，持续维护市场公平竞争秩序，各项工作取得了积极成效，事前事中事后全链条公平竞争监管体系初步形成。

聚焦公平竞争审查，强化竞争政策基础地位。第一，出台举报处理、政策措施会审、政策措施抽查评估等制度办法，公布投诉举报途径，组织开展实地督查等诸多举措，进一步健全制度实施体系。第二，贯彻落实《关于强化反垄断深入推进公平竞争政策实施的意见》，更大力度、更深层次、更高质量推进公平竞争政策实施，积极为各类市场主体营造公平竞争的制度环境。第三，用竞争政策的"统一标尺"，对产业政策"全面体检"，推动形成竞争政策与产业政策的融合并生、互促互进，从源头维护公平竞争的市场秩序，公平竞争审查机制作用发挥明显。2021 年 6 月，国家市场监管总局等五部门印发《公平竞争审查制度实施细则》，进一步推动公平竞争审查制度落实完善。仅 2021 年一年审查增量政策措施 24.4 万件，清理各类存量政策措施 44.2 万件，纠正废止违反公平竞争审查标准的政策措施 1.1 万件，从源头规范了行政行为。

健全完善审查机制，制度刚性约束有效增强。近年来，随着商事制度改革的持续深入，"政府推动、部门协同、公众参与、社会监督"的整体工作格局逐步形成。2021 年，中央全面深化改革委员会第二十一次会议审议通过《关于强化反垄断深入推进公平竞争政策实施的意见》，我国保护、促进公平竞争的首个系统性、纲领性文件出台。新修订的《反垄断法》将"强化竞争政策基础地位"上升为法律规定。这次修改既完善了市场垄断的监管规则，又明确规定公平竞争审查制度并细化滥用行政权力排除、限制竞争相关规定，为加强和改进反垄断监管执法奠定坚实基础。

加大竞争执法力度，促进各行业高质量发展。《中国反垄断执法年度报告（2021）》显示，2021 年全年查处各类垄断案件 175 件，审结经营者集中案件 727 件；对于社会反映强烈的"二选一"坚决依法查处，对于涉及平台企业经营者集中严格依法审查；同时全面落实平台企业依法申报义务、加强实体经济反垄断监管执法并持续规范滥用行政权力排除、限制竞争的行为，进一步提升行政主体公平竞争意识，打破地方保护和市场分割，持续加强反垄断执法，维护消费者切身利益。

（三）数字科技进步为全链条公平竞争监管奠定技术基础

在数字技术的支撑下，动态监管、协同监管、风险监管、信用监管等模式可以弥补传统市场监管模式的弊端，可以帮助市场监管朝着共治化、协同化、精细化的方向发展。数字技术的发展使全链条公平竞争监管"有的放矢"，更具可操作性。

一是可以更新市场监管逻辑。在市场监管活动中，一个高概率的事件，意味着另一个事件的发生，通过数据系统的分析，可以找到一些有价值的信息，可以准确地预测到经营者的一些行为，并找到潜在的风险。通过对大数据的分析，监管部门无须了解经营者违法原因，而只需注意哪些经营者更容易违法，哪些经营活动更容易产生风险。

二是可以消除信息不对称。在传统监管模式中，信息不对称是监管中最大的痛点之一。在信息不对称的情况下，政府和公众、经营者和消费者的互信程度下降。利用大数据，可以突破信息的不对称性，增强博弈的透明度，增加市场参与者的违法成本；以大数据为基础，完善市场主体信用制度，可以提升诚信战略的收益预期，使诚信作为一种稳定的战略选择。

三是可以加强监管合力。一方面是增强政府监管部门合力。信息的互联和数据的价值再现，将会提高信息的使用效率和效益，促进各部门之间的合作与协作，从而形成一个完整的跨部门的管理系统，达到无缝对接的目的。建立健全完善的市场监管大数据资源系统，能够从根本上解决监管资源分散的问题，形成有效的监管合力。另一方面是凝聚社会力量和监管部门的合力。通过公开数据、信息公示等方式，构建社会治理体系，以社会化监管代替单纯的机械的监管，建立全面的信息共享监管机制，促使"企业自律"由"企业向政府负责任"向"向社会负责任"转变。

四是可以优化监管力量上的落差。有限的监管力量与高标准的监管要求之间的差距，是目前市场监管过程中较为突出的问题。动态监测、覆盖监测、关联性分析，能准确地发现市场监管的具体风险，从"地毯式"全方位的监管转变为点对点的精确监管，压缩监管任务，使主要的监管力量从浅表的市场主体中释放出来，加强监管的针对性和有效性，实现对大市场的精准、高效监管。

五是可以降低监管成本。通过数字平台，可以加强部门间的信息共享和整合，加强监管和协调，降低人力、物力、财力等各种管理因素的支出，直接降低监管成本；降低因多部门重复执法、多头执法造成的重复检查、重复收费、重复处罚、层层审批等社会成本和企业成本。

第三节　健全事前事中事后全链条公平竞争监管体制机制的主要方向

一　依法监管：提高全链条公平竞争监管法治化水平

在新时代的市场监管中，依法监管的重要性愈发凸显。竞争监管要求给市场主体创造一视同仁、平等对待的制度环境，涉及企业发展的竞争利益，因此必须在法治的框架内坚持依法行政、依法监管，营造统一开放、竞争有序的市场环境。提升依法监管的能力和水平，要充分发挥法治固根本、稳预期、利长远的作用，为市场主体建设权利公平、机会公平、规则公平的市场竞争环境，依法保护各类市场主体合法权益，增强公平竞争监管领域立法的系统性、整体性和协同性。

（一）不断健全公平竞争领域法律规则体系

法律是治国之重器，良法是善治之前提，公平竞争依法监管的前提是有法可依。市场经济的复杂性、变动性决定了作为上层建筑的法律要以更加灵活的形式进行有效回应，对市场经济运行过程中的新形势、新情况、新矛盾、新变化表达关切。同时，要为未来的发展预留一定的缓冲地带和弹性空间，增强市场规制的前瞻性、科学性和有效性。深入推进依法监管，我国积极制定和修改了公平竞争监管相关的法律法规和配套指南。时隔15年之后《反垄断法》完成首次修订，强化了竞争政策的基础地位，积极回应了数字经济领域竞争执法的难题，开启了数字经济反垄断常态化监管新阶段。为贯彻落实新修改的《反垄断法》，2023年3月，国家市场监管总局发布《制止滥用行政权力排除、限制竞争行为规定》《禁止垄断协议规定》《禁止滥用市场支配地位行为规定》《经营者集中审查规定》四部反垄断法配套规章，自2023年4月15日起施行。国家市场监管总局还针对平台经济领域、汽车行业、原料药领域、知识产权领域出台了一系列操作指南，对进一步健全以《反垄断法》为核心的反垄断法律体系，增强法律制度可操作性和可预期性，营造市场化、法治化、国际化一流营商环境具有重要意义。

（二）持续提高公平竞争监管的规范化水平

持续提高公平竞争监管的规范化水平，要筑牢公平竞争的法治基础，提升常态化监管水平，破除地方保护和行政性垄断，营造公平竞争的良好氛围。通过公正执法打造和维护开放、有序、健康、稳定的市场竞争环境，支持各类市场主体依法规范经营，共同发展，激发各类市场主体活力。中央提出在宪法、法律法规的制度框架下，划清合法与非法的界限，明确企业的应为和不为，依法监管，使企业的监管从外部强制走向内部约束，促进企业公平公正参与市场监督，引导企业规范健康发展，推动公平竞争监管的规范化。

依法监管是监管的根本遵循，只有依法监管，才能保证监管的权威性和有效性，才能有效推动公平竞争监管能力现代化。提升依法监管的能力和水平，需要依据法定职责和法定程序实施公平竞争监管，规范行政执法行为，细化行政处罚裁量制度和裁量基准，提高执法程序的清晰度和透明度，保障行政执法中当事人的正当权利，力求让监管规则更加明确，执法程序更加清晰，为市场主体提供公开、透明、可预期的行为准则，为法律有效实施和严格规范公正文明执法夯实坚实制度保障。竞争监管中的行政执法程序不仅要以《行政处罚法》《行政许可法》《行政复议法》《行政诉讼法》等行政法律法规作为遵循，也要遵守《反垄断法》《反不正当竞争法》中对于执法和司法程序的相关规定，保障行政执法程序中当事人的权利和消费者的利益，切实维护全链条公平竞争监管中的程序公正和实体公正。

二　协同监管：优化多元协同和跨区域跨层级监管

（一）完善横向协同监管

"十三五"时期，我国历史性地完善了市场监管和执法体制，成立了国家市场监督管理总局，将国家工商总局、国家发展和改革委员会、商务部等执法职责整合，演变为统一负责反垄断执法的机构，在一定程度上实现了公平竞争的协同监管。打造统一的市场监管综合执法体系旨在解决横向间政府职能交叉的问题，从根本上化解监管套利和监管逃逸，消除监管隔离和部门利益固化。

但从平台企业跨界竞争多元经营的实情审视"大部制"统一监管架构，依然难以解决平台垄断和资本无序扩张问题。数字平台垄断问题因平台多元经营跨界竞争成为常态，需要不同监管部门多元共治。多个监管部门之间的关系和职能必然需要协调。只有厘清监管部门各自的功能和职能，不同监管事务才能有序开展。而不同监管部门的监管事务并非清晰且往往有交叉，针对某个行业的监管问题，往往涉及多个社会领域，因此需要多个监管部门协同发力，如针对数字平台巨头的垄断问题，单靠市场监管部门反垄断监管不能达到最好效果，需要加强金融监管和网络安全监管作为反垄断执法的协同监管。

维护全国统一大市场的建设，确保反垄断执法工作的统一性，需要在全国范围内统一反垄断执法尺度和标准，为市场主体确立统一明确的竞争规则，建立与统一执法相适应的制度规则体系。实行统一的市场监管，是建立统一开放竞争有序的现代市场体系的关键环节。建立统一的反垄断执法机构，有利于整合目前各部门的执法经验，统一反垄断执法标准，提高执法活动的透明度。同时，也有利于组建更为稳定、专业、高效的反垄断执法队伍，提升反垄断执法机关的专业性与权威性，让反垄断执法活动具有高度专业性。

（二）推进纵向协同监管

1. 中央和地方协同

在全链条公平竞争监管体制机制下如何实现央地之间的合作与分权是一个关键的问题。《反垄断法》第 10 条规定："国务院规定的承担反垄断执法职责的机构（以下统称国务院反垄断执法机构）依照本法规定，负责反垄断执法工作。国务院反垄断执法机构根据工作需要，可以授权省、自治区、直辖市人民政府相应的机构，依照本法规定负责有关反垄断执法工作。"2019 年国家市场监管总局印发《关于反垄断执法授权的通知》（国市监反垄断〔2018〕265 号），授权省级市场监管部门负责本行政区域内有关反垄断执法工作。

目前中央竞争监管部门负责监管全国性的市场主体，地方竞争监管机构负责监管地方性的市场主体，但是由于地方性利益的存在，相当一部分企业受到中央和地方的双重监管，造成了市场监管成本居高不下。长期以来我国面临人少案多问题，仅依靠中央部门反垄断执法监管，难以解决现实问题。同时，中央的监管权高度集中，抑制了地方的积极性和创造性，授权省级市场监管部门，建立符合中国国情的执法模式，有利于统一调动有限的执法力量，提高执法效率。2022 年 7 月 8 日，国家市场监管总局发布了《关于试点委托开展部分经营者集中案件反垄断审查的公告》，授予部分省级反垄断执法机关被委托开展经营者集中审查的权力，委托北京、上海、广东、重庆、陕西 5 省（市）市场监管部门开展经营者集中审查工作，推动构建央地两级分类分级审查机制。截至 2022 年末，国家市场监管总局共委托试点省（市）局审查经营者集中案件 135 起，占同期申报量的32.7%，通过授权部分省级市场监管部门经营者集中案件反垄断审查，确保了反垄断执法工作的统一规范、简约高效。①

发挥中央和地方两个积极性，应当按照各种市场经济形式的特征、中央政府与地方的相对优势、职责统一的原则，科学合理界定市场的权限与职责，促进建立各类政府科学分工负责、有机协调的监督管理体系。应优化监管事项层级配置，构建纵向一体化监管体系，增强中央和地方公平竞争监管一致性，在全国统一大市场的政策指导下完善监管架构，形成监管合力，既要优化公平竞争监管事项的层级配置，明确各层级职能，可以制定部门权责清单，又要推动跨层级综合监管，促进上下级执法联动，形成"优势互补、分工协作、沟通顺畅、齐抓共管"的监管格局，形成良性协作关系。

2. 社会协同

现代市场体系下监管对象的迅速扩容和监管过程的持续拉长，全链条公平竞争监管的运行需要配备更多的监管资源，然而在当前反垄断编制无法在短期内明显增加的情况下，寻求社会力量的参与可谓一举两得。吸纳社会力量参与市场监管不仅可以调动社会资源参与市场治理，节约监管成

---

① 参见《试点委托经营者集中审查开局良好》，国家市场监督管理总局网，https://www.samr. gov. cn/cms_files/filemanager/samr/www/samrnew/xw/zj/202301/t20230103_352598. html，访问日期：2024 年 8 月 30 日。

本，而且第三方监管的专业性、公正性可以有效提高监管的效能，防止出现监管俘获和监管套利。申言之，全链条公平竞争监管需要充分发挥政府和社会主体的协同，建立公平竞争监管的社会协同机制。要积极推动构建政府监管、企业自治、行业自律、社会监督的多方共治格局，共同维护市场公平竞争。要提升行业自治水平，推动行业协会商会建立健全行业经营自律规范、自律公约和职业道德准则。同时，探索在部分成熟行业领域依法建立授权委托的监管方式，鼓励社会组织、行业协会参与市场监管，夯实监管力量，提升监管效能。

三　全程监管：进一步提升公平竞争监管整体合力

（一）引入事前预防性监管

为真正做到使市场在资源配置中起决定性作用，构建全链条公平竞争监管格局，事前预防性监管必不可少。在竞争制度完善层面，需要完善市场竞争状况评估制度，推动构建风险监测预警体系，推动企业建立健全公平竞争合规制度，完善预防性监管措施。执法机构、行政机关需要充分运用事前经营者集中审查等工具，维护良好市场竞争格局。同时建立、完善并全面实施公平竞争审查制度，从源头防止出台排除、限制竞争的政策措施。在竞争文化构建层面，也需注重事先引导，加快完善反垄断指南体系，为市场主体提供更加清晰的行为指引，加强公平竞争政策和竞争法律法规的宣传倡导，提升企业主体合规意识和能力，引导社会形成保护和促进公平竞争的良好氛围。

随着数字经济的不断发展，逐渐产生了数字平台对数据的不当集中甚至形成垄断，造成资本的无序扩张。传统的反垄断事后监管在应对数字平台的垄断时存在严重滞后性、威慑效果不佳的弊病，不足以解决数据垄断的新风险、新挑战，有必要将监管的关口前移，对具有垄断高风险的企业进行事前的监管，如通过数据的互联互通，增强数字市场可竞争性，促进数字经济的规范发展。

（二）强化事中动态化监管

相较于事前监管通过设置审批、准入门槛等防患于未然之方式，公平竞争事中监管是一个全过程、动态的监管环节。事中监管主要指主体进入市场后，在经济活动进行中，对经济活动主体资格及其经济活动合规性的监管。在事中监管中，要把握好"宽进"与"严管"的关系，既要注重二者的协调一致，又要强调"严管"过程中对于监管理论、监管机制方式的重塑。事中监管应强调其动态化特性，秉持包容审慎监管原则，对于一时看不准的新业态、新模式可以先进行监测观察，不必管得过严过死。着眼于企业经营信息、经营场所设施、经营行为、资产价格、对市场竞争的影响等因素进行常态化长效监管是事中监管的基本内容。

同时，事中监管也应结合信用监管等动态监管模式，将有关信用的理念机制用于企业监管，形成良好秩序。要真正做到全过程动态事中监管，还必须借助于行业自律管理以及社会监督，坚持常态化监管执法。需引导企业建立合规制度并遵照执行，完善投诉举报的受理机制，接受个人和社会组织对市场主体或行政机关违法违规行为的投诉举报，积极发挥媒体的舆论引导作用。

（三）保障事后服务型监管

事后服务型监管要求在竞争监管过程中不能仅仅强调责任的追究，而要坚持处罚与教育相结合的原则，秉持服务型监管理念，广泛运用行政指导、普法培训、政策宣讲、技术服务等方式方法，引导市场主体规范相关行为，同时恢复市场竞争秩序。对垄断风险高的行业或市场主体实行精准服务。对监管过程中发生的违法违规问题，要综合运用行政处罚、行政强制、移送司法机关处理等手段进行惩处，对于情节轻微、影响较小的，在坚持依法依规的同时可采取约谈、劝诫、责令改正等柔性监管方式予以纠正；对于情节及后果严重的，则应依法严肃处理，犯罪的要及时移送司法机关。与之配套，应建立完善的违法惩戒制度、惩罚性赔偿等机制，让违法者付出高昂的成本。

竞争执法过程中要加强执法现场说理和以案释法，增强案件调查过程中说服教育、劝导示范等服务性手段。在反垄断、反不正当竞争领域推广使用行政指导书、执法建议函，指导市场主体在出现违法行为后采取措施加以规范，督促整改措施落实，形成执法规范的闭环。对已实施包容审慎监管柔性执法的行政相对人，加强回访复查，防止出现放任违法情形。

（四）实现事前事中事后全链条监管衔接

现代市场体系改革目标在于营造良好的营商环境，推动"放管服"改革，不断简政放权，加强事前事中事后全链条公平竞争监管，实现在事前、事中和事后三个环节资源的高效配置，优化服务以探索市场监管新模式。而市场经济活动监管一定是一个多层次、动态化的过程，任何主体想要进入市场，须经事前审批或监管，而符合准入条件进入市场经济活动的市场主体，进行合规性监管、追究责任等又会反向影响事前监管的标准。监管部门应充分理解事前事中事后监管过程之间的相互关系，加强审管衔接，科学配置审批和监管执法力量，能做到依据不同监管对象和监管领域的具体特性，配备相应的监管力量，把更多的监管资源倾斜到对应的监管环节中，提升监管的效能。具体而言，全链条公平竞争监管需要建立事前事中监管综合监管平台，实现监管信息共享和业务联动以及各领域监管信息的实时传递和时间跨度上的无障碍交换，为协同监管的实施提供有力的制度保障。同时，需要发掘事前事中事后不同监管机制之间的相互影响，找出事前事中事后监管环节中的连接点，实现不同监管环节的有效衔接，厘清不同监管环节的流程，节约监管成本，提高监管效率，增强全链条监管机制的体系性和系统性。

四 全面监管：促进公平竞争各领域全覆盖

（一）强化对市场垄断的有效监管

对于市场垄断，公平公正原则要求政府的监管对各类市场主体应当一视同仁、公平对待，坚决破除妨碍公平竞争的体制机制障碍，依法保护各类市场主体合法权益，确保权利公平、机会公平、规则公平。监管部门应秉持竞争中立原则，中立性监管是促进市场实现公平竞争、充分竞争的重要举措，坚持公平公正监管的关键就是保证监管权力行使的中立公允，防止歧视性对待、选择性监管。在秉持公平原则的基础上，突出规制重点的同时，应实现反垄断监管覆盖经济活动各领域各环节。针对具有重大影响力、涉及国计民生的重大垄断行为，应当加以专门的注意，建立专门的监测预警机制，在积极的包容审慎原则指导下进行及时与合理的处罚。在保证关键重要行业良好竞争秩序的同时也要保证反垄断立法执法的全覆盖，切实做到反垄断领域有法可依、有法必依、执法必严与违法必究。针对垄断协议、滥用市场支配地位以及经营者集中等典型经济性垄断问题，分别细化对应领域执法规则，完善相应执法程序以及配套责任措施，保证监管公平和效率。针对不同行业、不同性质企业的垄断问题，分类监管，对症下药，在监管和执法过程中突出行业特征和国家政策导向。

（二）重视对行政性垄断的有力监管

相较于经济垄断行为，行政性垄断的危害更甚，除具有经济性垄断行为造成的诸如降低资源配置效率、高价格、低质量、创新不足等损害后果外，行政性垄断通过行政权力设置市场壁垒，妨碍全国统一大市场的形成和运行，不仅妨碍公平竞争，还会滋生腐败，破坏政府的公信力。要加快完善社会主义市场经济体制，就必须打破行政性垄断。国家市场监管总局制定了《制止滥用行政权力排除、限制竞争行为规定》等配套规章，对反行政性垄断立法进行细化。

为从源头上解决政府行为排除限制竞争的问题，2021年6月29日发布的《公平竞争审查制度实施细则》，针对市场准入和退出、商品和要素自由流动、影响生产经营成本、影响生产经营行为四个方面提出了18条审查标准，并用不完全列举的方式就特定的审查标准进行了具体释义。《公平竞争审查制度实施细则》要求政策制定机关在制定涉及市场主体经济活动的规章、规范性文件和其他政策措施时，应进行公平竞争审查，评估对市场竞争的影响，同时针对公平竞争审查中存在的漏洞进行了填补，对一些标准进行了重新明确，这标志着我国禁止行政性垄断行为制度建设进入新阶段。

针对我国行政性垄断较为突出的现实情况，应对滥用行政权力排除、限制竞争的行为应予以足够重视。坚持权责法定、依法行政，严格按照法律法规履行监管责任，坚持以公开为常态、不公开为例外，让监管执法在阳光下运行。合理界定市场作用的空间和政府干预的边界是预防行政性垄断的应有之义，公平竞争审查制度能够在市场决定资源配置基础上优化和规制政府干预。营造公平竞争市场环境，应进一步落实公平竞争审查制度，提升公平竞争审查制度的法治化水平，构建协调系统的公平竞争审查制度体系。完善公平竞争审查体系和实施机制，制定公平竞争审查典型案例公示制度，以解决公平竞争审查制度中审查范围不清、审查标准不明、审查程序不规范的问题。如此一来，不仅可以起到警示教育作用，而且能够增强公平竞争审查制度的规范指引能力，达到以案释法的效果，提高公平竞争审查工作的质量，推动公平竞争监管的深入实施。

随着我国反垄断法执法工作的不断深化，应坚持反行政性垄断常态化，全面打击各种滥用行政权力排除、限制竞争的行为，清理废除妨碍统一市场和公平竞争的各种规定和做法，优化营商环境，激发各类市场主体的活力，实现市场在资源配置中的决定性作用。

与此同时，对行政机关及其工作人员的责任追究是预防行政性垄断的关键，应健全失职问责、尽职免责办法，全面落实行政执法责任制和问责制，最大限度净化行政性垄断滋生的土壤。明确监管责任承担，加快完善各监管执法领域尽职免责办法，明确履职标准和评判界限，在程序规范上明确监管执法的流程和手段。统一行政性垄断的法律责任，对部分部门法规中存在的与反垄断法中关于行政性垄断责任的规定相冲突的条文进行修改和删除，保证法律责任体系的统一性，建立起有效的协调衔接机制，使行政性垄断的法律责任得到统一。完善反行政性垄断的司法救济制度和公众参与制度，使法律的可诉性得到外化实现。同时要注意对行政机关及其工作人员的监督范围不应局限于行政性垄断权的设置主体，对监管执法部门的公平公正执法的监督也应纳入监管范围内，完善分类分梯度的责任追究制度，真正做到罚当其罪。

五 系统监管：进一步丰富公平竞争监管工具箱

（一）完善阶梯式监管工具

系统性监管需注重与时俱进，不断丰富监管工具，借助其加大反垄断力度，节约监管资源，实现监管形式上的创新。在数字和互联网技术日趋成熟的当下，应深入推进"互联网+监管"，尝试建立以综合监管为基础、以专业监管为支撑、信息化平台为保障的监管体系，利用智慧市场监管体系进行数据融合、分析和应用，提升风险预警、科学决策能力和精准监管水平。建立健全在线纠纷解决、消费投诉信息公示和举报评价机制，方便消费者参与社会监督，以科技助力营造安全、有效率的市场环境。

《"十四五"市场监管规划》（以下简称《规划》）指出，"针对不同违法倾向、违法阶段和违法程度，创新和丰富普法宣传、合规指南、行政指导、行业公约、公开承诺、约谈、警告、检查执法等监管手段，实现规范市场行为、降低执法成本、形成执法震慑的综合效果"。市场监管走向差异化是市场监管能力现代化发展的重要体现，通过丰富各类监管手段以灵活应对不同情形，例如以违法倾向、违法阶段和违法程度等实际情况为抓手采取相应的监管措施。以违法情形为依托，坚持"放管服"相结合的适度监管，既有利于减轻企业负担、提高执法公信力，又有利于规范市场行为、增强市场主体积极性。

（二）实现层次性监管效能

加快建设高标准市场体系，提高整体层次性监管效能是建立现代化监管体系的必然要求。欲提升市场监管效能，则需进一步细化市场竞争法律制度，明确执法实际规则，合理分配执法权限，做到不同层级执法部门共为整体又各有所专。在法律的实体规范上明确各纵向监管主体的权力范围和各横向监管主体之间的责任边界，厘清各方的权利义务关系。通过加快推进法律法规规章立改废释、明晰法定职责、加强沟通协调，对内合理界定内设机构职责分工，对外依法厘清市场监管部门与其他部门的职责边界，促进市场监管职能更加专业化、依法履职更加高效化。

层次性监管效能要求竞争执法过程中要坚持张弛有度、宽严相济的原则。《规划》指出，"对主观恶意较大、屡罚不改、屡禁不止，以及危害人民群众身体健康和生命财产安全、公共安全的违法行为，依法予以严惩"。完善阶梯式监管工具不意味着放宽监管、"无为"政府，对于情节严重的违法行为依然需要予以严惩，重拳出击下才能真正保证市场秩序的平稳运行，不给主观恶意较大、屡罚不改、屡禁不止，以及危害人民群众身体健康和生命财产安全、公共安全的违法行为留有生存的空间。宽严并济、张弛有度的监管格局才能够真正促进实现层次性监管效能。

（三）建立贯穿性监管制度

在监管制度上，综合利用多种机制，强化准入、监管和执法的衔接，切实保障市场秩序，实现全链条事前事中事后监管是关键所在，这就要求建立贯穿事前事中事后各环节、全过程的监管制度，打通监管堵点，理顺监管流程，提高全链条监管效能。在各环节的监管制度上，也应以国家治理体系和治理能力现代化为导向，将行政指导、约谈警示、承诺整改等监管工具贯穿于监管全过程，进一步完善公平竞争的制度规则，不断健全充实多层次竞争监管的法律规章、指南体系，更加注重运用法治思维和法治方式。围绕鼓励创新，进一步探索科学高效监管制度并贯彻落实。通过激励措施引导平台重视商业信用机制和商业声誉评价，有效开展自律性监管，调动企业自我规制的内在动力，使平台和监管部门相向而行，形成监管合力。

六　精准监管：增强监管的适应性和可操作性

（一）重点领域监管

面对竞争激烈、瞬息万变的市场格局，监管者需顾及执法弹性与鼓励创新，对重点领域和创新领域实行差异化监管，兼顾市场秩序和市场创新的双重价值，增强监管的适应性和可操作性。提高监管的成效，要坚持问题导向和目标导向，聚焦行政机关、行业协会、教育培训、医疗卫生、工程建筑、公用事业、交通运输、招投标、保险等行业和领域，查处垄断协议、滥用市场支配地位和滥用行政权力排除、限制竞争行为等垄断违法行为。只有着力加强重点领域反垄断监管执法，才能将公平竞争的"软实力"转化为推动发展的"硬动力"，服务于宏观经济的发展，增进民生福祉。国家市场监督管理总局于2022年进一步加大了民生领域反垄断执法专项行动，组织开展对原料药、建材领域反垄断集中执法，保护了消费者利益。2023年2月9日，全国市场监管系统反垄断工作会议暨民生领域反垄断执法专项行动部署会强调，强化民生领域反垄断监管执法事关市场主体发展环境和人民群众切身利益，具有重要的宏观效应和社会影响，要牢固树立"监管为民"核心理念，准确把握民生领域反垄断执法专项行动重点任务，切实加大工作力度、强化组织领导，将专项行动抓紧抓实抓出成效。

监管部门应根据市场主体风险等级、市场主体性质等，对于直接涉及公共利益和福利的领域重点监管。除了对于交通、建筑、能源、保险等公用企业，实施针对性监管，在新时代下数字经济平台等新业态、新模式，监管部门也应给予重点回应，结合行业产业特征，把握重点，以点带面，稳住市场监管基本盘。针对新领域的新特性，差异化、精细化市场支配地位等执法标准的考量因素，使执法者在执法实践中可以结合个案情况对相关因素进行具体分析。建立风险监测预警机制与"红绿灯"制度等创新模式以更好引领市场健康发展。

（二）分级分类监管

在市场监管部门内部应实行分级监管，有效整合监管资源，有的放矢地开展监管工作，为此需构建与分级监管相适应的运行机制，建立健全分级监管信息交换渠道，完善上下联动协调机制。不同部门依据各自职权范围进行精细化监管，承担不同的职权和职责，达成有效监管的同时减少监管资源浪费。

《规划》把健全信用监管长效机制作为一项重要内容，把战略性、基础性和长效性的信用监管机制作为重点进行设计，明确信用信息归集、信用约束激励、信用分类监管三个重点建设环节。对于市场主体的分级分类监管，强调利用信用监管方式，推动企业信用评估，依据企业信用状况依法依规实施分级分类，完善失信约束制度，构建诚信建设长效机制，实现新型精准监管模式，推动实行联合惩戒，不断引导企业提高信用水平和服务质量。同时，针对不同市场主体的性质和行业产业特点，在充分认识特殊行业市场规律、吸收专业人员建议的基础上，细分领域制定监管规则和标准，以切中肯綮地实现科学监管。创新分类监管理念，依据功能、行业、发展阶段等多维度对企业进行合理分类，建立分类监管清单制度，智能分配监管力度，对重大风险源建立预警监管体系和事中事后监督机制。

（三）提高监管的专业化

想要进一步加强市场监管能力，需加快建设高素质、专业化的监管执法队伍，深入研究市场运行与竞争规律，不断学习经济、法律等知识，加大培训力度，扎实做好技能提升工作，不断在监管实践中发现问题并解决问题，以问题导向增强自身素质，适应新时代市场监管要求，提升监管执法实战能力。同时应将信息化监管融入监管专业化建设中，提高现代化科技手段在监管执法中的应用程度，提高执法队伍的数字素养。

基层执法队伍专业化和干部队伍专业化要同时进行。重视基层执法队伍的专业化，加快整合市场监管执法队伍，积极推进执法力量下沉，不断加强执法队伍建设，严格规范执法行为，着力提升基层执法队伍的能力水平。通过做好顶层设计、加强专业培训、编写专业教材、开展普法宣传、进行网络远程教育等手段，确保监管政策得到有效的执行，做到每一项政策都落到实处。同时也要保证干部队伍的专业化水平，聚焦市场监管紧迫多发的业务领域，开展多层次的政治理论、法律法规、业务知识等各类教育培训，掌握最先进的市场监管理念，提高理论和专业化执行水平，提高领导干部能力素质和专业水平。健全和完善各级领导干部、监管执法人员学法用法制度，完善考核评估机制。

同时进一步完善监管激励性措施，充分调动中央和地方各层级监管执法机关及其工作人员的积极性。通过专题培训及时补充业务专业知识，进一步提高监管执法人员的专业素养和执法能力。加强市场监管法治文化建设，引导培育法治文化、法治信仰、法治精神。引导市场监管干部树牢法治理念，不断提升运用法治思维和法治方式推动改革发展，强化监管执法，提高解决实际问题的能力和水平。

第四节　域外主要司法辖区全链条公平竞争监管制度与实践

一　北美事前事中事后公平竞争监管制度与实践

（一）北美地区事前事中事后公平竞争监管的立法概况

1. 美国

美国是公认的世界上政府监管历史最悠久、体制最成熟、效果最明显的国家之一。1787 年宪法确立了维护市场公平竞争的条款，奠定了建立统一大市场、发挥共同市场潜力的基石。美国国会于 1890 年通过了第一部反垄断法——《谢尔曼法》。《谢尔曼法》的语言具有高度的概括性，将创制具体规则的任务交给了司法过程，体现了美国的判例法传统。但在之后的实践中《谢尔曼法》的实施还是因其宽泛的解释原则等原因而遭遇了执行困难。1914 年，为了弥补《谢尔曼法》中的漏洞，美国国会先后制定了《联邦贸易委员会法》和《克莱顿法》作为补充性立法以便明确对某些特定行为的违法认定。至此，美国基本的反垄断法成文法框架已经构建完成。随后，一系列涉及监管领域的法案和机构陆续颁布或成立，公平竞争监管水平不断提高，持续推动美国市场经济的繁荣发展。

1929 年爆发的全球经济危机严重破坏美国市场秩序，罗斯福"新政"措施让美国联邦政府得以通过加强监管维护市场的基本运行。二战后，主张重点监管市场结构的哈佛学派占据了主流。受此影响，法院在追究竞争者的固定价格、划分市场、联合抵制等行为的责任时，不再证明这些行为是不合理的。这是美国历史上所实施的最严厉的监管政策。

20 世纪 70 年代末，以美国为首的西方国家掀起了以放松监管为主要内容的改革运动。这一时期，反对结构主义的芝加哥学派开始兴起。在其理论指导下，政府开始放松反垄断审查，里根任期间美国放松了对垄断的规制，反垄断法的适用范围和执法频率都有所回落。克林顿总统于 1993 年签发了《12866 号行政命令：监管的计划与审核》，集中体现了美国政府在监管理念和监管方法上的变革，为之后的政府监管提供了重要的理论引导。

此后美国市场监管基本呈现平稳过渡的状态，然而从 2016 年起，随着数字经济快速发展，社会贫富差距进一步加大，围绕大型科技平台垄断及其反垄断监管的争论甚嚣尘上，认为只有利用政府监管才能有效进行反垄断的新布兰代斯学派逐渐兴起，对现有的监管体制造成了挑战。特朗普总统在任内先后签署了 13771 和 13777 号行政命令，开启了新一轮放松监管的改革。拜登政府则着眼于特定行业发展态势和社会呼声，展现出政府积极的监管姿态，试图通过大规模立法强化对数字平台的监管，体现对科技巨头给予规制的未来监管趋势。

2021 年，美国针对大型平台各个方面的事前规制推出了《终止平台垄断法案》等六项法案，在竞争法框架内开启了平台经济事前监管创新。上述议案的共同点在于都规定了作为规制对象的"涵盖平台"（covered platform）这一概念。"涵盖平台"与欧盟《数字市场法案》中规定的"守门人"（gate keeper）相似，主要指代在渠道中扮演不可替代的中介角色的大型互联网平台。同时，"涵盖平台"的认定也采用了量化标准。《终止平台垄断法案》首先提出了"涵盖平台"的说法，将达到法定市场规模的数字平台纳入特别监管范畴，试图从根本上降低大型平台破坏、限制竞争的风险。在《终止平台垄断法案》《平台竞争和机会法案》中，"涵盖平台"主要指市值超过 6000 亿美元、在美国境内月活跃达到特定规模（在线平台月活跃量达 5000 万人次；传统平台月活跃量达 10 万人次）且被视为"关键贸易伙伴"（critical trading partner）的企业。在《美国创新与选择在线法案》中，"涵盖平台"的认定标准被降低，年净销售额或市值从超过 6000 亿美元降低为超过 5500 亿美元，持续年限从 10 年降为 7 年。这扩大了"涵盖平台"的适用范围，降低了"涵盖平台"的门槛。上述规定的目的是将作用对象特殊化，从而有针对性地进行事前监测，规范可能出现的垄断风险。庞大的市场份额和愈发扩大的业务规模为大型平台带来了垄断权力，而这些正是大型平台得以实现自我优待、扼杀式并购等滥用行为的权力基础，该法案将规制对象限定为大型平台企业，旨在从根本上阻止占据主导地位的大型平台利用其垄断权力扭曲或破坏公平竞争。

以此为基础，各个法案分别从禁止"涵盖平台"自我优待、消除"涵盖平台"利益冲突、防止"涵盖平台"扼杀式并购、打破"涵盖平台"数据垄断、禁止应用商店垄断行为等方面，对大型互联网平台的竞争行为进行规制，并且针对规制对象的特性，在监管和处罚规则上进行创新，以达到促进平台市场公平与良性竞争的目的。在监管规则方面，《平台竞争与机会法案》先将"涵盖平台"所有的直接或间接收购行为都视为违法，然后再通过执法人员审查，排除不违法的收购行为，大幅降低"涵盖平台"收购行为接受审查的门槛。同时，议案规定由收购方提供证据证明其收购行为合法，从根本上改变大型平台并购申请获得通过的难易程度，限制其以并购操控市场结构的能力。在事后处罚设置方面，《终止平台垄断法》从"结构拆分"（structural separation）入手，直接限制超大型网络平台提供者在同时控制平台与其他业务线时的利益交换。如果"涵盖平台"运营具有利益冲突的业务线（line of business），并让其自身提供的产品或服务获得额外优势，除要对平台进行罚款外，涉及违法的业务线必须在合理期间内关停，且执法部门可以请求法院确认对超大型网络平台不同运营部门予以拆解的行政处分。

综上所述，美国政府的监管理念和监管方式呈现出"弱监管"与"强监管"交替式变换的规律，深受当时政治经济环境以及学说理念革新的影响。同时，总统以行政命令的方式指导并影响不同时期行政机构监管的理念、程序与方法。立法与执法相辅相成、司法与立法互相支撑、法律规则与行政命令互为补充，成为美国监管体制发展的一大特征。

2. 加拿大

加拿大的公平竞争立法始于 1889 年出台的名为《预防和制止限制贸易之联合行为的法律》，这是一部专门性的反垄断法律，其出台比 1890 年诞生的号称反垄断法"鼻祖"的美国《谢尔曼法》还要早一年。经过不断地发展和完善，加拿大于 1985 年颁布了现行的反垄断法——《竞争法》，旨在促进市场竞争，维护公平的竞争秩序，维护企业特别是中小企业以及消费者利益。

加拿大竞争法律采用的是合并式立法，将垄断、限制竞争和不正当竞争规定于同一部法律之中，定名为《竞争法》，把同属竞争范畴的三大类行为进行统一调整。在实体内容方面主要规定了垄断行为、限制竞争行为和不正当竞争行为，并区分为刑事犯罪行为和非刑事犯罪行为两大类。加拿大《竞争法》规定的刑事犯罪行为由总检察长负责提出刑事指控，非刑事犯罪行为则由竞争局局长提请竞争法庭处理。

（二）北美地区事前事中事后公平竞争监管的制度构建

1. 美国

从 20 世纪 70 年代至今，美国联邦贸易委员会与司法部逐渐发展出了一套完善的竞争倡导法律制度。这意味着竞争监管机构需要广泛地参与该国可能给竞争性市场结构、企业行为和经济绩效产生不利影响的经济政策的制定。在此框架下，联邦贸易委员会和司法部反托拉斯局使用竞争评估、提倡发布真实信息、作为法庭之友提交法律意见书、发布竞争影响报告书等竞争倡导工具，并且已经在运输、电子商务、健康医疗等多个领域成功地开展了竞争倡导工作。

竞争评估是竞争倡导中唯一直接针对立法行为的措施，能够在新政策的制定初期，提出并确认潜在问题。联邦贸易委员会和司法部反托拉斯局则有权介入或参与联邦电信委员会、联邦能源委员会、联邦海事委员会等机构任何涉及反垄断法或竞争政策的程序，并且分析相关政策对竞争的限制。在分析过程当中，竞争监管机构会对管理制度的成本和效益进行系统性的分析，当中会涉及效益替代方法、陈述偏好法等多种经济分析方法。只有当拟实施的制度可以产生正面效益时，该制度才被认为是合理的。美国政府经过多年发展建立了市场化的成本—收益分析的监管体制，大大改善了美国政府监管的绩效。

提倡发布真实信息和作为法庭之友提交法律意见书则为反垄断执法和司法工作提供了指引。提倡发布真实信息的工作既要致力于遏制虚假信息的散布，又要防止政府对私企发布信息的限制措施过于广泛，从而促进有价值的真实信息传播，给消费者和竞争带来好处。实际上，提倡发布真实信息体现了放松宣传监管的态势，因为过多的真实商业信息传播的限制可能会影响消费者获得有用的信息，进一步会破坏他们抓住市场机会的能力，错过市场交易的最佳时机。提供法律意见书的举措则使得司法部反托拉斯局得以向法院提供专业知识和专业技能，也增加了案件的透明度。

此外，20 世纪 70 年代以来，在放松监管理论的影响下，美国开始广泛利用激励性监管方式。激励性规制相较于传统监管方式有两个特点：第一，更关注企业的产出绩效和外部效应，而较少控制企业的具体行为，使得企业在生产经营中具有更大的自主权；第二，基于监管者与被监管者之间信息不对称的现实状态，力图设计一种既能够给予企业足够的激励、促使企业在一定范围内充分发挥自身能动性，又能够保障监管机构予以适当的监管，以避免由于信息不对称而采取损害市场竞争的监管行为模式。在具体监管活动中，美国市场监管机构倾向于在产权界定、规章标准、信息披露、许可权交易等方面给予被监管企业内部效率激励，目的在于通过设计科学合理的制度提高社会资源配置效率与企业生产效率。其主要类型包括价格上限监管、特许投标制度、区域竞争制度、延期偿付率制度、利润分享制度以及菜单监管等。

美国注重监管的开放性与科学性。一方面，美国政府注重社会参与，各类监管机构面对新的监管任务时，通常会随时召开由企业、非政府组织和公众代表参加的讨论会。如联邦贸易委员会在对高科技巨头企业竞争合规行为监管时，会专门聘请专业律师团队对相关案件开展调查。各大高校的专家学者也经常参与到白宫对各类监管法规文件的审查中。另外，各类行业协会在行业准入、行业标准制定、违规行为处罚、企业竞争秩序维护等方面都发挥着重要的监督作用。另一方面，美国政府注重创新监管工具应用，以有效降低监管成本。例如近年来，美国司法部反垄断部门创新处理问题途径，利用仲裁途径处理合并审查问题；减少诉讼的程序障碍以提高私人诉讼能力；2021 年美国众议院司法委员会通过六项新反垄断法案，重点关注技术规制，从而加强反垄断执法。

近年来，随着美国政府监管的强化，大量监管政策、法案与判例的确立，促使企业合规逐渐转变为大众所熟知的侧重威慑、预防违法犯罪的内控机制，并呈现出与事后追诉、量刑、定罪关系紧密的"刑事化"发展趋势。2019 年《反垄断刑事调查中的企业合规体系评估》及相关政策变化意味着，美国已正式将企业合规体系建设纳入考量范围，开始认可企业在合规建设方面做出的切实有效的努力，企业合规制度已经成为对违法企业减轻反垄断惩罚的重要依据之一。美国反垄断执法机构更加重视企业搭建起真实有效的合规制度，强调合规创造价值。通过对建立了合规的企业进行减轻甚至免除处罚，对消极建立合规的企业设立罚款，能够倒逼企业构建合规体系，有力推动企业有效遵守竞争法律规范，是事前监管和反垄断救济的重要举措。不仅如此，引导企业建立反垄断合规制度还能够使社会公众能够较为清晰地理解公平竞争及其益处，为反垄断执法机构坚定地执行反垄断法律提供舆论支持，也给企图进行垄断和限制竞争的企业施加舆论压力，有利于构建和强化竞争文化。

2. 加拿大

加拿大反垄断法实施具有鲜明的软性执法的特色。加拿大竞争局采取了被称为"合规导向法"（compliance-oriented approach）的方法，其目标在于确保企业最大限度遵守反垄断法，同时能够培育竞争文化，具有相对的事前性，是对反垄断制裁与执法的重要补充，为换取足够的合规承诺具有重要的作用。合规指引是"合规导向法"的重要举措，加拿大在这一方面有着深厚的底蕴。1997年加拿大竞争局颁布了世界上第一部专门的反垄断合规指引文件。2010年，加拿大更新了《企业合规计划》，对企业如何有效遵守竞争法律规范作了较为系统的阐述。第一，该计划为竞争主体提供可以考虑的合规措施。第二，该计划展示了可信和有效计划的必要组成部分，意在为企业制定合规计划提供工具。第三，该计划通过研究假设性案例，说明当局对合规计划可信度和有效性的判断标准。

简言之，"合规导向法"就是在可能出现违反竞争法的行为的情况下，加拿大竞争局应当通过教育、劝告建议等措施敦促企业自觉建立一套可靠、有效的企业内部遵守竞争法的规章制度。在已经出现违法行为的情况下，加拿大竞争局则建立了一整套非惩罚性非强制性的不遵守竞争法应对措施（Responses to Non-conformity），通过诸如以警告函的方式要求违法企业在一定期间内转变违法行为等措施避免直接导入诉讼程序。

除此之外，为应对科技的高速发展，提高反垄断执法的适应能力，加拿大竞争局将建立新的数据分析团队，以加强其执法能力、扩大信息收集能力并加强对市场趋势的研究。同时，推进主动式执法，持续关注可能影响竞争的新技术和商业惯例。

二 欧盟事前事中事后公平竞争监管制度与实践

（一）欧盟事前事中事后公平竞争监管的立法概况

欧盟地区竞争法曾经历从多元目标走向消费者福利标准主导的过程，但近年来在规制理念和工具方面呈现显著变化。尤其是在2019年新一届欧盟委员会提出"数字欧洲"和"绿色新政"两大核心目标后，欧盟地区竞争立法更为关注数字经济领域，强调除经济效率之外的经济自由、多元化与民主等多重目标。欧盟委员会在 2021 年 9 月发布的《支持欧洲绿色抱负的竞争政策》，进一步强调拓展反垄断目标。

欧盟竞争法的主要内容是反对限制竞争法。欧洲一体化的进程使竞争法发挥了超常规的作用。欧盟认为，竞争是市场经济的灵魂和基本机制。良性竞争可鼓励企业增加生产、创新技术、降低价格，使企业相互独立并感到竞争压力。而竞争政策或竞争法则是市场经济中的"经济宪法"。近年来，欧盟竞争政策发展迅速，已形成较为完善的体系，而且与中国同属成文法系，值得借鉴。整体而言，近些年来欧盟在完善和优化事前事中事后竞争监管的体制机制的立法领域重点放在了外国补贴的反竞争审查和数字经济监管方向。

首先，外国补贴领域监管机制创新。2020 年 6 月，欧盟委员会发布《关于在外国补贴方面创造公平竞争环境的白皮书》，将对接受外国政府补贴的企业在欧盟投资设置监管，2021 年 5 月 5 日，欧委会就此发布了立法提案，对所涉及的监管范围、工具、权限、救济措施、审查程序等进行了具体规定。该提案旨在为现有欧盟管控工具补充新的监管工具，以有效应对外国补贴扰乱欧盟内部市场秩序的问题，并确保营造一个公平的竞争环境。

该法案针对在欧盟内部市场运营的企业因享有外国补贴而扰乱竞争秩序的情况，该提案赋权欧盟委员会作为"一站式审查平台"，对该等外国补贴进行调查、责令禁止交易或要求相关方采取救济措施。法案赋予监管机构的监管工具由三部分组成：两项申报程序和一项通用的市场审查工具，即经营者集中的事前申报、公共采购程序的事前申报和依职权审查外国补贴。

其次，数字经济监管领域监管创新。近年来，欧盟因数字经济竞争力不足，在全球数字版图中的边缘化趋势显著。为解决这一问题，欧盟已推出多项方案，旨在破除大型数字平台在获得关键竞争数据上的垄断地位以及在此基础上形成的数字市场进入壁垒，促进第三方与大型数字平台之间的有效竞争。2022 年 7 月 5 日，欧洲议会以压倒性多数分别通过了《数字服务法》和《数字市场法》，这意味着欧美间的数字博弈正式迈入新阶段，而把控市场的美国科技巨头们即将迎来新的监管挑战。从文件本身来看，欧盟并不再仅依靠反垄断执法来实现数字经济的监管，而是采用一种融合建立事前监管、优化事中监管和强化事后监管的方式旨在推动欧盟数字经济领域的有效监管。

《数字服务法》于 2020 年提出，旨在加强在欧盟经营的大型门户网站和社交媒体公司对非法内容的审查和用户数据的保护。该法案对 2000 年的《电子商务法》进行了更新和澄清，同时针对在线平台的透明度要求和问责机制给出了规范。《数字服务法》将引入一些重要的保护措施，尽管它没有全面禁止广告定向推送，但该法将禁止任何针对未成年人的定向广告。在打击非法内容方面，该法案强调各大在线平台需要承担一定的社会义务。值得注意的是，《数字服务法》关注监管的介入时间，事后监管是指在市场出现扭曲后采取相应的监管行为。与此不同，事前监管立足于事先发现问题，随着数字经济的快速发展，传统的反垄断体制已然不足以应对数字经济的新问题及其产生的系统性风险。2021 年 4 月，欧盟委员会发布了《人工智能法》以强化数字平台反垄断的事前监测。引入事前监测能够在合理限度内约束数字平台的商业自由，赋予监管机构更为合理和广泛的执法权力，具有划时代意义。

《数字市场法》的适用主体是"看门人"，向欧盟境内的商家或用户提供核心平台服务的"看门人"是规制的重点，其要求被称为"看门人"的大型平台公司不能滥用市场支配地位打压其他竞争企业，不能未经用户许可强行推送广告或安装应用软件。违反上述两项法律的企业都将被处以巨额罚款。所谓的"看门人"企业指那些提供社交网络、搜索引擎等"核心平台服务"的大型企业，市值在 750 亿欧元以上或年营业额 75 亿欧元，且每月有超过 4500 万户终端用户，每年有 1 万户商业用户。这一限制门槛，同样冲击了微软、亚马逊、苹果、元宇宙平台公司和谷歌等美国科技巨头。欧盟《数字市场法》并非从传统的反垄断法的"事后规制"和"行为主义"的规制路径出发，而是通过给提供核心平台服务的"看门人"企业设定一系列禁止性规范和义务性规范，以事前事中监管和规制的方式，最大程度地减少"看门人"不公平的行为所招致的结构性危害。

此外，《数字市场法》还特别强调增强本土数据资源的掌控和运用能力，对欧盟数据的开放共享、监管治理等问题作出了更全面、具体的规定。

（二）欧盟事前事中事后公平竞争监管的制度构建

1. 协调欧盟整体层面利益和成员国自身利益的界分与执法分工

以并购控制为例，欧盟并购的审查机关为欧委会竞争总司。竞争总司与欧盟各成员国竞争主管机关的审查权划分主要取决于相关并购是否"具有欧盟影响"。如果并购企业在全球及欧盟的营业额超过欧盟《并购条例》所规定门槛，该并购就须向欧委会进行申报。欧委会"一站式"并购审查可避免企业向相关成员国分别申报，简化程序，提高效率。低于欧盟并购审查门槛的并购由相关欧盟成员国竞争主管机构审查。

欧委会的并购审查程序分为两个阶段。通常在申报之前，为保证申报顺利进行和增加可预见性，并购申报方都会与欧委会竞争主管机关的有关人员进行充分的沟通。申报之后，进入第一阶段审查，时限为 25 个工作日，经申请可延长至 35 个工作日。第一阶段主要审查所申报并购是否属于《并购条例》调整范围及该并购是否"与欧盟市场相容"（即是否会严重阻碍欧盟的有效竞争）。超过 90% 的并购申报在第一阶段审查中即获得批准通过。只有引起重大关切、可能会严重阻碍竞争的并购才会进入第二阶段审查。第二阶段审查期限通常为 90 个工作日，特殊情况下，经批准可延长至 125 个工作日。

2. 创新监管手段

欧盟建立了独特的国家补贴监管及评估制度。欧委会负责对现存和拟议的补贴进行审查、调查和裁定。交通、煤炭、渔业和农业这四大领域的补贴分别由欧委会相关产业总司负责，其余行业补贴由竞争总司主管。

成员国必须履行补贴的通告义务。未经欧委会批准，不得进行补贴。一旦发现补贴与共同市场不相容，欧委会有权要求成员国通过国内程序恢复原状，并要求受益者返还所接受补贴。2012 年 5 月 8 日，欧委会制定了有关国家补贴现代化的政策文件，旨在巩固市场竞争以促增长、加强对影响较大案件的执法、精减条例以加速决策。内容包括精减国家补贴方面的一系列指导意见，修改有关法规，明确说明国家援助的理念和原则，实现程序法规的现代化。该文件在 2013 年初已获得欧洲议会支持。

在数字经济领域，《数字服务法》规定，在欧盟经营的大型门户网站和社交媒体公司必须加强对非法内容的审查和对用户数据的保护，及时删除非法和有害的在线内容，包括仇恨言论、虚假信息和假货交易信息等。总体来说，《数字服务法》旨在更好地保护消费者及其在线基本权利，为在线平台建立强有力的透明度和明确的问责框架，以促进欧盟内部市场的创新、增长和竞争力。此外，法律推出后，科技巨头也无法再托庇于旧有的"避风港原则"（即网络平台不对其用户发布的内容承担责任）。

《数字市场法》规定，提供社交网络、搜索引擎等"核心平台服务"的科技巨头被认定为"看门人"企业，在开放性、广告投放、用户权益等方面需接受严格的市场监管。具体来说，被认定为"看门人"的科技巨头不能滥用市场支配地位打压其他竞争企业，不能未经用户许可强行推送广告或安装应用软件等。相较而言，《数字服务法》侧重从内容及形式等方面规范数字企业提供的服务，以此更好保护欧盟消费者；《数字市场法》旨在规范数字市场，尤其是数字企业之间的竞争，避免跨国科技巨头凭借垄断优势在欧洲市场过度扩张。

竞争倡导是反垄断执法机构实施的除执法以外改善竞争环境的行为，具有促进和补充反垄断执法、推进竞争政策有效实施和推动竞争文化建设的重要作用。欧盟以倡导促进执法，对我国的监管体制机制研究具有重要借鉴意义。竞争倡导有效发挥促进和补充反垄断执法的作用，推进竞争政策的有效实施和竞争文化的合理建设。多样化的倡导工具大多以主动说服的方式使对方知悉、认同限制竞争的负面影响，劝导其采取有利于竞争的行动。

3. 重视和加强国际合作

随着全球化深入，并购与卡特尔也愈发呈现国际化趋势，竞争的国际合作的重要性日益凸显。欧委会在竞争政策领域内的国际合作分为双边合作及多边合作两大部分。

欧盟注重双边竞争合作，尤其是与其主要贸易伙伴之间的合作。欧盟同美国、加拿大、日本、瑞士、俄罗斯等国都签署了关于开展双边竞争政策领域合作的协议。其中，欧美之间合作最为密切，建立了定期对话及日常信息互换和咨询机制。

　　欧盟对中国竞争立法以及执法也非常关注。通过研讨会、学术交流、境外考察、书面意见等形式，对中国《反垄断法》出台予以支持。根据2003年《中欧竞争政策会谈纪要》和《中欧竞争政策对话框架协议》所达成内容，中欧之间于2004年启动竞争政策对话，每年一次，在布鲁塞尔与北京轮换举行。该对话为中欧之间搭建了一个竞争政策相互交流与合作平台，为增进对双方竞争政策、立法和相关事务理解与认识、促进中欧在竞争政策和法律领域交流与合作起到重要作用。

　　此外，较为完备的竞争政策也是申请入盟国家必须达到门槛之一。欧盟通常与入盟候选国家签署竞争合作的双边协议，帮助这些国家搭建竞争法律框架，并提供技术支持和人员培训。欧盟也是竞争政策多边合作积极推动者之一。欧盟在国际竞争网络（ICN）与经济合作与发展组织（OECD）竞争委员会中都扮演着重要角色。欧盟还曾试图将竞争政策纳入世界贸易组织多哈谈判议题，把欧盟竞争政策模式转化为多边贸易规则一部分，然而由于各国立法现状、发展水平与观点分歧相距甚远，该提议最终未获通过。

三　亚太事前事中事后公平竞争监管制度与实践

（一）亚太地区事前事中事后公平竞争监管的立法概况

1. 澳大利亚

澳大利亚早期国家竞争政策主要目的是改善国内经济低迷状态，打破各州和地区之间的交易门槛或阻碍，以提升经营主体竞争活力的方式实施国家改革举措。竞争政策文本主要由《竞争原则协议》（Competition Principles A-greement，CPA）、《行为准则协议》（Conduct Code Agreement，CCA）和《执行国家竞争政策和相关改革的协议》（Implementation Agreement）三个协议构成。主要包含扩大《贸易惯例法》适用对象范围到所有企业、推行"竞争中立原则"、对国有企业现存竞争优势中不符合规定的部分予以清除并对具有阻碍市场竞争效果的法律法规进行竞争评估等政策措施。

2. 日本

日本于 20 世纪末开始更多地将竞争原则融入本国政策制定中，并且建立竞争评估制度以保障制定的政策或现行的政策不会对市场自由竞争产生危害影响。2009 年，日本开始建立符合国情的竞争评价制度。日本以经济合作与发展组织的竞争评估原则及指南为雏形，孵化了现有的政策评估机制和审查清单并颁布了较为完善的法律规范，如《政策评价法》《竞争评价 Checklist 活用手册》《规制事前评价实施指南》等。制度以政府各部门自我审查为主要方式，针对政策出台前是否将对市场竞争造成危害进行分析，从而将经济政策中可能有损竞争的举措进行调整再予以出台。

3. 韩国

韩国 1980 年颁布的《反垄断法》已将公平竞争审查作为重要内容纳入，其审查范围仅限于价格规制、市场准入规制、促使企业合谋等方面的行业垄断内容。韩国的反垄断执法机构在立法之初甚至没有案件执法权，其为数不多的"权力"是对政府部门的经济政策提供竞争评估，且其他政府部门也没有采纳这些建议的义务。

（二）亚太地区事前事中事后公平竞争监管的制度构建

1. 澳大利亚

澳大利亚是最早提出"竞争中立"这一概念并且将其贯彻实施的国家。"竞争中立"是指政府的商业活动不得因其公共部门所有权地位而享受私营部门竞争者所不能享有的竞争优势，即禁止政府利用其行政权力使自己的商业活动享有某些优势，从而使私营企业不能够和它在同一起跑线上竞争。

基于这一政策理念，澳大利亚政府要求各州及地方政府对其辖区内对所有限制竞争的法规进行全面审查，同时规定了针对新制定法律的影响评估机制，以确保新制定的法律中所含有的限制竞争内容是符合公共利益的。这一通过事前审查保证政府制定有效率的法律过程被称为"守门"。澳大利亚政府要求各州及地方政府要建立守门机制，以确保法律法规符合国家竞争政策。

同时澳大利亚政府在联邦层面设立了"竞争中立投诉办公室"，以保障竞争政策的执行。任何市场竞争主体都可以向竞争中立投诉办公室提出书面投诉。收到投诉后，竞争中立投诉办公室首先会对投诉进行初步调查，如果认为被投诉人存在违反竞争中立原则的可能性，则将申请财政部长批准进行公开调查。调查后如果确有其事，则将调查结果和建议措施呈报给财政部长，并在 90 日内作出处理决定并执行。

2. 日本

日本通过建立政策评价制度、政策的事前评价制度与竞争评价制度三重监管机制，构建了一套完整的政策评价体系，以保障政府监管的公平高效进行。由于竞争评价制度是在规制新设、改废等进行之前，事先评价该规制对竞争状况的影响，并作为评价规制变动的费用构成要素之一予以考察，以便对具有竞争影响的规制进行科学论证，并向民众做出相关说明，所以竞争影响评价制度属于事前评价阶段。该制度采取各省厅各部门自我审查、总务省与竞争执法机关监督并向国会汇报等审查方式。政策评价以及竞争影响评价由行政机关从必要性、效率性、有效性的角度对政策实施及效果，进行自我评价，由各省厅各部门的"政策评价担当机构"进行汇总，向大臣等省厅领导报告后制作成"评价书"，并全部在政府官网公开。在评价过程中，各省厅可以积极听取外部有识之士的意见，也可以向广大国民公开征求意见。同时，总务省的行政评价局对政府整体的政策评价落实情况进行监督检查，并听取公正交易委员会的审查意见，每年以政府名义将一年来各省厅实施的政策评价情况向国会报告，将全部内容在网上公开。

同时，日本政府近年来着力推动政府信息公开，不仅颁布实施了《日本信息公开法》和《独立行政法人信息公开法》，还制定了许多与之相关的各项法律法规，如《日本 IT 基本法》《关于禁止不正当存取信息行为的法律》《信息技术基本法》等，将信息公开、信息利用以及信息通信技术的发展逐步纳入法治轨道，从而信息共享实现最大化。日本政府通过公开市场信息，在此基础之上构建诚信体系建设，鼓励公民和社会团体对市场违法行为进行监督，从而实现社会层面的共同监管。

3. 韩国

与其他国家的经济政治及社会发展环境不同，韩国拥有大量财阀集团，财阀对资源和市场的垄断则使得中小企业被长期排挤在市场之外，严重影响了韩国经济发展。因此建立新经济生态环境，帮助中小企业与财阀在公平环境之下竞争尤为关键。韩国公平交易委员会的重要工作之一是完善公平竞争审查制度，然而这一过程中阻力极大。因此公平交易委员会选择与其他部门、市场企业保持交流与合作，秉持开放积极的态度进行监督。同时，韩国制定了适合本国国情的竞争影响评估指南，公平贸易委员会（KFTC）对政府新制定或原有的法规政策进行竞争评估并将其制度化。韩国采取了"初步评估+深度评估"的方式。先是政策制定机关自己进行初步评估，评估结果认为对竞争有影响的，则直接交由 KFTC 进行深度评估；如果评估结果认为对竞争没有影响的，则由 KFTC 对初步评估结果进行审核，以决定是否需要进入深度评估。

第五节　事前事中事后全链条公平竞争监管体制机制的完善路径

一　完善全链条公平竞争监管的规则体系

（一）及时推进公平竞争监管法律的更新与完善

随着我国市场经济的持续深入发展，新的市场监管法治问题相伴而生，尤其是以数字平台企业为代表的新生组织形式和以公用企业为代表的传统经营模式在市场竞争中均呈现出了新特征和新问题，这些问题给市场监管带来了新的挑战。完善公平竞争监管的制度规则是提升常态化监管水平的重要举措，建议以新《反垄断法》实施为契机，进一步完善配套立法，健全以市场监管为中心的法律规则体系，完善以反垄断法为基础，包括反垄断配套法规、规章和国务院反垄断委员会指南在内的公平竞争监管规则体系，增强配套规则的适用性，为市场主体提供公开、透明、可预期的行为准则。

第一，积极保障市场监管体系有效应对新问题、新形势。加快大数据、人工智能等新领域新业态立法，坚持规范与发展并重，补齐规则短板。有效解决市场监管权力配置中存在的不恰当之处，从顶层监管设计层面协调解决多头执法、不作为、越权执法、选择性执法等问题。协调公平竞争监管权力配置存在的不当之处，全面梳理各级政府和部门职责范围内的公平竞争监管事项，明确监管主体、监管对象、监管措施、设定依据、处理方式等内容，提升监管规范化、标准化水平。

第二，明确执法流程和方式，推进公平竞争监管程序制度化、规范化。在积极宣传、贯彻落实市场监管法律规则制度体系的工作中，不断提高以《反垄断法》《反不正当竞争法》为基础的公平竞争监管程序的规范性、可操作性和可预期性。这既是落实市场主体平等理念的重要保障，也是保证政府部门执法公正的前提条件。

第三，加强弹性的制度供给，形成刚柔相济的公平竞争监管制度体系。《反垄断法》具有高度抽象性，有关规定的原则性较强，在法律规则之外需要更具操作性和指引性的规范。尽管某些规范并不具有法律效力或法律上的拘束力，但同样能够产生社会实效，具有软法性质，可以视为反垄断法律的补充，主要作用在于增强反垄断法律的细致性、操作性和确定性，对理解和实施反垄断法至关重要。建议总结吸收各地区市场监管实践工作中的有效做法和经验，积极推动全链条公平竞争监管法规、规章、指南的制定，同时尊重并适当吸收市场交易过程中形成的自治规范，增强规则的适用性，提升法律、法规、规章、指南的可操作性和可预期性。

（二）落实公平竞争审查强化规则约束

公平竞争审查制度旨在解决政府因过度干预或者不合理干预而损害市场竞争的问题，保障各类市场主体平等使用生产要素，维护各类市场主体公平参与市场竞争，是预防和制止行政性垄断的有效手段。确立并强化竞争政策基础地位是健全和完善事前事中事后全链条公平竞争监管体制机制的内在要求。作为贯彻竞争中立原则和实施竞争政策的关键路径，公平竞争审查制度不仅体现了竞争政策与其他经济政策、社会公共政策之间的价值判断要遵循竞争优先的价值取向；同时也是顶层设计者对行政立法的一种制度控制。公平竞争审查制度在规范政府行为、保障公平竞争以促进全国统一大市场建设的国家战略上被寄予厚望。在健全和完善事前事中事后全链条公平竞争监管体制机制上，可以全面有效地发挥作用。

新完成修订的《反垄断法》第 5 条规定："国家建立健全公平竞争审查制度。"这对《实施细则》等规章文件的实施提供了法律层面的支撑，极大地提升了公平竞争审查制度的法律位阶。公平竞争审查制度对于政府不当干预、破坏正常的市场竞争状态具有源头预防价值和纠偏优化功能。在全链条监管过程中，应当完善公平竞争审查标准并提高审查实效，制定可操作性强的具体流程，明确全链条监管体制机制中有关各方权利义务和法律责任；对于当前公平竞争审查对象范围过窄的问题，适当实现审查范围的扩张；建立公平竞争审查的外部审查机制，提高审查的专业性和独立性。另外，公平竞争审查制度不应止步于入法，而应当发挥更全面有效的作用，通过增强事前审查，尽量遏制抽象行政行为对市场主体的公平竞争行为可能造成的不当干涉，以此提高公平竞争审查制度在全链条监管流程中的权威性和威慑力。

可以通过公平竞争审查制度法治化和规范化，实现对全链条监管中可能出现的权力干预的控制和优化；注重发挥公平竞争审查工作联席会议统筹协调作用，逐步完善公平竞争审查会审制度；建立健全公平竞争审查保障机制，严格进行自我审查，坚持自我审查和外部监督相结合；持续优化公平竞争审查第三方评估制度，提高第三方评估的独立性、专业性和高效性；落实公平竞争审查制度实施情况抽查评估机制，采取网上随机抽检、相互检查、专项督导、实地督查等方式，提高审查的质量和效果；持续推进公平竞争审查制度创新试点工作，探索更为有效的公平竞争审查制度机制。通过更好地落实公平竞争审查制度，强化对政府参与市场经济活动的把关作用，形成有利于公平竞争的市场规则体系。

（三）建立健全行政执法和司法衔接的规则

竞争执法和竞争司法是竞争法实施最主要的两种路径，两种路径保持协调统一才能保证监管效果最大化。司法是竞争法实施的重要手段，是维护市场竞争秩序的最后防线，是竞争政策实施的重要方面。打通经济循环的堵点，推动形成全国统一、公平竞争、规范有序的市场体系，需要强化反垄断和反不正当竞争执法司法，用法律的实施打破行业垄断和地方保护。执法和司法是市场监管工作的重要组成部分，司法具有稳定性和权威性的特点，执法具有专业性和高效性的优势，反垄断和反不正当竞争执法与司法的冲突与不协调的局面亟待化解，以实现二者的互相补足、同频共振。目前，我国对于反垄断和反不正当竞争执法和司法衔接机制规则的建设已经进行了积极探索。2022 年新修订的《反垄断法》从制度规则层面回应了以往竞争司法弱势以及竞争执法与司法之间的割裂问题；2022 年最高人民法院发布《关于审理垄断民事纠纷案件适用法律若干问题的规定（公开征求意见稿）》（以下简称《司法解释意见稿》），第 11 条规定执法确定的垄断证据在后续民事诉讼中的处理，第 14 条规定正在执法调查的诉讼案件可以裁定中止，第 15 条规定司法部门可以向反垄断执法机构移送案件线索。再如《反垄断法》第 60 条正式引入民事公益诉讼制度，最高人民法院在《关于为加快建设全国统一大市场提供司法服务和保障的意见》中也指出，完善竞争案件裁判规则，适时出台反垄断民事诉讼司法解释，强化了反垄断和反不正当竞争司法。

加强竞争执法和司法的协调和衔接，是全链条公平竞争监管的重要环节。必须坚持系统观念，强化统筹协调，在证据收集和固定上加强衔接，在证明标准和证明责任上加强协调，在行政性垄断、纵向垄断协议等案件上，明确审查标准和违法分析方式，为市场主体提供明确的制度预期。行政执法部门应当加强与司法部门在信息交换等方面的交流协作，共同推动形成对垄断和不正当竞争行为的高效监管机制，推动竞争违法的一体解决。同时，应当鼓励地方积极作为，例如山东省市监部门联合省级法院检察院发布《关于加强反垄断行政执法与司法衔接协作的实施意见》，在法律适用办案规则等多个方面作出具体规定，是地方发挥能动性，探索推动执法司法衔接协作的典例。应当及时总结地方经验，推动上升为全国统一规则。

（四）构建多元共治的大竞争监管格局

鉴于新时代市场监管的复杂性和多变性，健全和完善事前事中事后全链条公平竞争监管应在监管规则上促进社会多主体协同参与的大竞争监管格局，从而实现事前事中事后全链条公平竞争监管的变革和创新。具体而言，应当秉持大竞争监管的理念，充分发挥多方监管力量。

构建多元主体参与的市场监管共商共建共享机制。第一，政府发挥主导作用。根据政府的基本职能定位，政府应当在规范市场经济发展、引领其他治理主体参与治理方面发挥主导作用，其中竞争监管部门，尤其是反垄断执法部门应当发挥核心作用，政府中的其他职能部门也应当遵循竞争中立原则并发挥竞争倡导作用。第二，企业承担主体职责。在市场监管中，作为经营主体的企业应遵守法律法规，严格加强自身管理，不断加强企业自律和竞争合规建设，承担起市场经济治理的主体责任，主动遵循监管机构的指导进行自我合规。第三，社会广泛参与。行业组织、公众等社会力量要积极参与到公平竞争监管活动中。推动行业协会建立健全行业公平竞争自律规范、自律公约和职业道德准则，规范会员行为。公众是市场经济中的重要角色，他们既可能是经济活动中的产品和服务提供者，也可能是消费者，全链条公平竞争监管要将公众纳入公平竞争社会监督的体系中来，激励公众通过来信来访举报、提起诉讼、提供线索等手段参与社会监督，汇聚群体智慧，维护个人权益，提升公平竞争监管的合力。

在政府监管环节，构建超级协同监管体制。现代谦抑包容监管具有的重要特征之一就是注重监管协同合作和提高监管效益。应当鼓励省级市场监管部门跨区域协同监管，积极开展联合执法，建立健全反垄断执法协助和联动机制。数字经济领域尤其要倚重协同监管、整体监管。数字平台呈现出多元经营、跨界竞争的特征，对数字平台的垄断和不正当竞争的监管约束需要不同监管部门多元协同共治。但从平台企业跨界竞争多元经营的实情审视大部制统一监管架构，在解决平台垄断和资本无序扩张问题上任重道远。在数字化时代，对于企业监管尤其是科技型平台企业的监管，单靠市场监管部门单一的反垄断监管，有可能会力不从心——不仅要分析复杂多变的市场竞争态势，还要关注因垄断问题牵引出的诸如平台企业侵犯消费者权益和个人隐私、社会信用、网络安全等诸多隐忧。这涉及反垄断监管、金融监管、工信、网信以及司法、公安等多方职能部门，需要构建起以市场监管为中心的超级协同监管体制，以此促进各职能部门在证据获取、信息收集等方面的协同配合。

同时，应当构筑反垄断监管机构和行业监管机构之间协调互助的权力配置格局，建立协商机制，共定政策、信息共享、合作执法。强化金融科技平台反垄断和防止资本无序扩张，有必要在国务院统一领导下、在新组建的中央金融委员会办公室和国务院反垄断委员会的统筹协调下，构建数字经济合作领域"超级协同监管机制"，强化中国人民银行和国家市场监管总局的合作，整合不同监管部门监管职责，形成全链条监管合力，有效开展反垄断工作，防范系统性风险。另外，平台垄断问题往往和不正当竞争行为交织，还要积极利用反不正当竞争部际联席会议制度，在国家市场监管总局的牵头协调下，加强总局内部反垄断和反不正当竞争监管执法的分工合作，使全链条监管更加有效。

二　优化全链条公平竞争监管的方式方法

（一）丰富监管工具箱，提升监管效能

维护公平竞争是政府行为的基本准则，运用多种监管工具是优化全链条公平竞争监管的高效方式。首先，强化反垄断执法对于维护公平竞争监管具有重要作用。现代反垄断立法是典型的回应性立法。反垄断执法具有明显的事后纠偏作用，是不可或缺的公平竞争监管举措。因而需进一步提升反垄断执法机构的权威性，保障其执法过程中的独立性，完善执法权力配置，坚持竞争政策的基础地位以进一步提升反垄断执法的效力。其次，推进柔性执法是市场监管现代化的重要内容。行政处罚不是政府维护市场公平竞争秩序的唯一举措。行政指导、行政建议、约谈警示等柔性执法具有非强制性、非处分性特征，监管部门通过一定信息的宣示，引导经营者作出或者不作出某种行为，成为公平竞争监管的有效工具。尤其当市场主体存在损害公平竞争秩序的可能或者倾向时，为预防、抑制有损公平竞争行为的出现，监管部门可据此作出积极应对。行政指导、行政建议、约谈警示等柔性执法为执法主体与经营者提供交流对话的平台，有助于提高竞争监管的协同性。例如新《反垄断法》引入的反垄断执法约谈制度，有助于推动反垄断执法机构更加积极主动地开展行政性垄断治理。同时，柔性执法也是数字经济发展新形势下积极的"包容审慎"原则的新的要求，包

容审慎并不代表着对于平台经济监管的放纵，而是强调在适当的时机介入市场，对市场主体的不当竞争行为进行干预，在保持市场主体竞争活力的同时纠正其垄断行为和不正当竞争行为，在反对"一刀切"的同时也反对"野蛮生长"，这其实对市场监管提出了更高要求，柔性执法可以迅速纠正市场主体违反市场竞争秩序的行为，是"从强制性惩戒性监管向自主性激励性监管转变"的要求，是积极的"包容审慎"原则实现的有效途径。故而应尽快推进柔性执法立法进程，明确柔性执法的范围、对象、启动条件，避免出现柔性执法过程中目标偏移及异化，加强政府和企业间的双向沟通，对于行政约谈制度应进一步细化，对于行政指导、行政建议应加强理解与适用，充分发挥柔性执法优势，以提升反垄断执法的效率，增强反垄断执法的能力。再次，完善市场竞争状况评估和预警工作机制，建立风险识别机制，增强监管的预防性和前瞻性。目前世界主要竞争执法辖区的一个明显趋势就是加强事前监管。国家市场监督管理总局局长罗文在十四届全国人大一次会议第二场"部长通道"的采访中也提到，要在数字经济、民生保障等重点领域加强市场竞争状况评估，强化预防性监管。完善的市场竞争评估和预警制度将有利于竞争执法的针对性，评估结果一定程度地公开也将有利于市场主体的自我合规，最终会推动行业竞争性发展。最后，尽可能地引导其他市场主体发挥作用，助力监管效能的提升；发挥行业协会、内部举报人在信息获得能力和数量规模上的优势，利用新闻媒体力量、设置监督举报信箱、建立内部举报人奖励机制等方式，进一步拉近执法机关与市场主体之间的距离，尽早地发现市场竞争中隐蔽的违法行为。同时积极地引导行业协会商会建立自律规范体系，发挥好其作为政府与市场主体联系的桥梁作用，进一步促进行业内企业自我合规自我约束。

（二）推进分类分级监管，形成有重点有层次的监管方式

实质性的公平竞争监管应当允许对不同类型的市场活动主体实施更有针对性的监管。对此，我国监管部门已注意到须进一步细化监管规则，作为重要市场监管法律的新《反垄断法》中也已确立了经营者集中分类分级审查制度；配套措施方面，国务院 2018 年修订的《关于经营者集中申报标准的规定》以及国家市场监管总局 2023 年新制定的《经营者集中审查

规定》，提高营业额标准，同时优化申报标准，对大型企业开展集中的申报门槛进行了规定。尽管如此，如何落实分类分级监管的具体制度仍不明确，如《反垄断法》对"国计民生的重要领域"的外延并未界定，立法表达的模糊性也可能会影响反垄断执法机构对相关领域经营者集中审查、评估工作的顺利准确进行。

为了探索更高效的全链条公平竞争监管方式，一方面，以数字经济的监管实践为先例，探索出一套行之有效的数字平台企业分类分级治理体系。国家市场监管总局早在 2021 年 10 月就发布《互联网平台分类分级指南（征求意见稿）》和《互联网平台落实主体责任指南（征求意见稿）》，前者根据平台的连接属性和主要功能，将互联网平台分为 6 个大类 31 个小类，同时综合考虑用户规模、业务种类以及限制能力，将互联网平台分为超级平台、大型平台、中小平台三个级别；而后者则根据不同的平台级别对于平台经营者赋予了各项责任。两份指南为对企业进行分级分类监管提供了依据，打开了中国数字平台竞争监管的新格局。但是应注意，市场监管并不直接等于行业监管，平台企业具有超强的业务拓展能力，能够利用用户数量规模优势和跨边网络效应来获得跨界优势，从而增加产品的种类以混业经营打造"范围经济"，所以考虑数字平台的商业模式以总结其市场特征进行分类，并使信用因素纳入市场主体分级考量的要素，以此继续细化平台分类分级的具体监管制度，确定监管政策和监管措施，避免监管错位。

另一方面，应继续合理、适度地优化对于公用企业等特殊领域的监管政策。根据新时代对于特殊行业的新要求，进行重点监管，提供更优质的公共服务。根据市场主体的组织形式、经营内容，调整监管重点，通过实施更具有针对性、适用性的监管方式，实现精准监管，这也更符合公平竞争监管的精神。值得关注的是，特殊行业竞争监管对基层执法队伍的执法能力提出了更高的要求，现实的执法过程中常常面临着人手不足的情况，可通过发布执法手册、举办执法专业培训、扩大执法队伍等方式来缓解基层监管单位的执法压力，避免在关注重点场域的监管中出现"头重脚轻"的监管疏漏问题。

再者，综合运用多种工具，及时提示企业法律风险，引导企业积极进行监管合规。目前市场监管部门已经积极采取一些方式方法在该方面持续优化并有所作为。例如，湘潭市市场监管局发布重点行业领域反垄断提醒告诫函，引导企业加强反垄断合规管理，有效识别风险和预防垄断违法行为，降低违法概率和风险。

（三）推进大数据监管，促进监管智能化

当前市场竞争中出现诸多新技术和新模式，传统的人力监管面对不断变化的网络竞争新形势难免呈现出乏力态势。在数字经济蓬勃发展的当下，市场经济中企业行为的智能化和科技化发展使得其竞争行为更具隐蔽性与复杂性，在传统的监管工具下，监管机构很难察觉企业间的隐蔽性违法竞争的行为。智慧监管作为一种行之有效的监管方式应运而生。新技术的出现打开了市场监管的新视野，也为执法能力的提升带来了新的挑战。依托大数据、区块链、人工智能等新技术手段研究开发的智慧监管具有动态实时、数据不可篡改、精细化、共享共治的优势，监管机构要抓住新技术变革带来的这一机遇，充分运用好技术力量，借助大数据、人工智能和算法等先进技术来提高执法工作的穿透性。采取多种手段和利用创新工具，对市场主体的排除、限制竞争行为进行综合判断和评估。推动必要的企业数据与政府的共享可以极大提升政府基于数据挖掘的精准治理能力，成为提高政府监管效能的重要渠道。尤其是对于监管较为艰难的数字平台来说，政府可以通过技术联结授权和赋能于平台，平台在政府赋能的基础上强化用户的自我约束意识，能够有效提高监管效能。在智慧监管理念下，实现监管机构的技术赋能，监管机构不仅能够更新监管手段，采用智能化科技化的外部跟踪仪器，通过鉴定市场竞争行为等方式实现事后监管；也能够运用大数据、区块链等技术手段对企业行为进行实时跟踪捕捉，以此完善事前事中事后全链条公平竞争监管方式。

探索推行以远程监管、移动监管、预警防控为特征的非现场监管，提升监管精准化、智能化水平。深入推进公平竞争审查信息化建设，建立公平竞争审查智慧化监测评估平台。目前国内许多地区市场监管部门已经率先开始尝试利用新的技术手段来进行智慧监管，2021年，丽水市市监局联合大数据局依托 OA 系统研究开发"公平竞争智慧监管系统"并投入使用，对被审查单位进行智能提醒、科学考核，对增量文件智能搜索，实时监测；2022 年，淮安市建立公平竞争审查智慧化监测评估平台，以缩短监管时间，提升监管效率。智慧监管无疑为监管效能的提升提供了极大助力，但仍需要"智慧"配套工作机制来保证其效益的实现，如何提升执法人员利用智慧监管设施的能力，协同各部门参与协作，保证数据的安全可靠性，挖掘数据资源的可利用性，以及如何集聚社会其他力量达成监管合力将是推动智慧监管过程中要解决的重要问题。扩大基层执法队伍专业技术人员的配备，可以在一定程度上适应对于新技术应用带来的专业性需求；专设监管部门或专人负责监管以减少频繁的人员调动，可以提升执法人员对智慧监管操作的熟练度，提升业务能力并不断优化智慧监管的系统漏洞，提升数据可靠性。另外也需要建立健全数据利用和算法公开的公示制度以保证智慧监管结果的公信力。同时在数据规则尚未明晰的情况下，数据共享共治也面临着层层阻碍，随着公共数据开放性程度的变化，智慧系统的建设应与时俱进，不断完善以适应市场主体的需求，使更多社会主体参与其中，聚合社会各方监管力量达成合力。

三　提升全链条公平竞争监管的整体效能

（一）优化竞争监管和行业监管的联动协调

我国处于经济发展的重要转轨时期，行业监管仍是一个不可替代的监管工具。维护全链条公平竞争监管成效需要竞争监管机构与各行业主管部门联动协调，形成合力监管、整体性监管、系统性监管。竞争监管对应的主体是国家市场监督管理总局，竞争监管的优势在于可以从宏观上统一竞争规则，不易受到不正当政治干预以及监管俘获；行业监管的主体主要是各行业主管部门，行业监管能够根据各行业自身特点制定相应的监管规则、采取针对性的监管手段，具有专业性、灵活性的特征以及经验与技术上的优势。维护全链条公平竞争监管成效的关键就在于如何进一步优化并协调两者的关系，一方面需要推动竞争监管与行业监管共同发力、形成监管合力；另一方面也需要厘清两者之间的监管界限，充分发挥两种监管方式的各自优势并进行功能补位。

从理念上，无论是竞争监管还是行业监管都应明确公平竞争的核心思想，明确反垄断法的"经济宪法"地位，将维护市场公平竞争作为政府监管的基本准则，以此来协调竞争监管与行业监管两者存在的冲突。从实践上，可以建立各监管机构之间联席会议机制，加强各监管部门之间的联动响应和协作，实现违法线索互联、监管标准互通、处理结果互认。在市场竞争的重点领域，可以由竞争监管机构牵头召集联席会议，研究协调市场竞争领域重大问题，指导落实相关的政策与任务，加强有关地方、行业间协调工作机制的沟通联系。例如，数字经济发展部际联席会议制度就是一种协调模式，值得在市场监管领域借鉴与推广。

（二）保障竞争执法与司法衔接的有效落实

目前，我国实行的是以行政机关执法为主导的竞争监管模式，这种以行政机关为主导的监管模式具有主动性、灵活性、低成本、高效率等特点。一方面，为了保障行政机关对反竞争行为进行更高效的规制，往往通过立法的方式赋予其相对全面的执法权力；另一方面，这种过宽的行政执法权力也产生了诸如缺乏执法约束机制与轻视程序正义价值等问题。由于司法本身具有被动性与有限性，而竞争案件具有专业性，在以往实践中执法与司法之间有时会产生巨大分歧，从而影响整体的监管效果。因此，为了实现真正意义上的公平竞争监管，必须加强竞争执法与司法的衔接，促进两套机制有机结合，既要充分利用行政执法手段灵活高效的优势，又要充分发挥司法维护公平正义的作用。促进行业管理、反垄断执法和司法衔接，建立司法机关与执法部门之间的信息交流机制，以执法实践支撑司法裁判，以司法裁判反思执法实践，依法公正高效审理案件，促进行政执法标准和司法裁判标准统一，维护公平竞争秩序。完善行政执法与司法衔接机制，健全市场监管部门与司法机关之间案源共享及检验鉴定结果互认等制度，积极配合建设和应用"两法衔接"信息平台。探索完善行政执法与纪检监察监督贯通的协调工作机制。

此外，还应积极探索设立专门的竞争法庭对竞争案件进行专业裁判。如今，竞争案件的复杂性、专业性、知识性显著增强，产生了许多仅依靠执法手段难以解决的困难。司法领域知识产权审判与竞争法审判交叉融合的现象尤其明显。在影响市场公平竞争秩序案件数量的急剧增加以及审判难度大幅上升的背景下，归入知识产权纠纷案由，仅仅依靠普通人民法院或者依托知识产权法院审理不正当竞争纠纷、垄断纠纷案件的传统竞争司法机制，已不能满足案件审判工作的实际需要，也不符合司法审判专业化发展趋势。因此，设立竞争法庭是遵循客观条件变化、克服竞争案件现实困难的时代所需。考虑到改革过程的循序渐进，可采取"设立竞争合议庭—试点竞争法庭—全面推广竞争法庭"的三步走方略，强化竞争司法的专业性供给。

（三）提升全链条监管的规范性和透明度

提升全链条监管的规范性关键在于规范行政执法权力的使用，统一执法标准和程序。在监管的过程中，应进一步规范涉企行政检查和行政处罚等行政行为。在行政检查方面，对于现场检查的事项应进行提前梳理与论证并列出现场检查项目清单，对于重复或者不必要的事项应转为非现场检查，着力解决检查项目烦琐、重复随意检查等问题，避免干扰企业的正常经营活动，为企业的生产经营保驾护航。在行政处罚方面，行政处罚应规范具体的行政处罚事项，对于同上位法冲突的、重复处罚的、上位法已作出调整的处罚事项进行清理与规范，避免权力不合理使用。同时应进一步规范市场监督管理行政处罚裁量权，坚持合法原则、过罚相当原则、公平公正原则、处罚和教育相结合原则以及综合裁量原则，制定行政处罚统一标准，完善裁量制度，细化并统一裁量范围、种类和幅度，减少自由裁量权，促进公平公正执法，提高综合执法效能。

提升全链条监管的透明度需要引入外部监督机制，其目标同样在于提高监管的规范性，其方式主要有监管执法信息公示、执法全过程记录、健全问责制度、执法决定审核和法制审核制度等。在监管执法信息公示方面，应建立统一的执法信息公示平台，按照"谁执法谁公示"原则，除涉及国家秘密、商业秘密、个人隐私等依法不予公开的信息外，执法职责、依据、程序、结果等都应对社会公开。在执法全过程记录方面，对反垄断执法的启动、调查取证、审核决定、送达执行等全过程进行记录，做到全程留痕和可回溯管理。在健全问责制度方面，应加快完善各监管执法领域问责免责办法，明确履职标准和评判界限，严格责任追究，制定明确的责任承担方式，促进监管执法部门和工作人员履职尽责、廉洁自律、公平公正执法。对忠于职守、履职尽责的，要给予表扬和鼓励；对未履行、不当履行或违法履行监管职责的，严肃追责问责；涉嫌犯罪的，移送有关机关依法处理。同时，全面推行重大执法决定法制审核制度，行政执法机关作出重大执法决定前，要严格进行法制审核，未经法制审核或者审核未通过的，不得作出决定。

提升全链条监管的规范性和透明度的重要抓手就是完善监管程序与机制。第一，应当明确和统一裁判处罚标准，尤其是市场监管领域行政裁判规则和执法标准，以克服实践中的同案不同判现象，推动个案裁判的实质公正。第二，应当清理精减处罚事项，又要加强行政执法事项目录管理，从源头上减少不必要的执法事项。第三，应该健全行政执法自由裁量基准制度，合理确定裁量范围、种类和幅度，严格限定裁量权的行使，禁止将罚没收入与行政执法机关利益相挂钩。第四，应当健全行政公开，建立统一的执法信息公示平台，对行政执法全过程进行记录，做到全程留痕和可回溯性管理。第五，应该畅通举报回应机制，对违法线索、违法案件进行实时监控、及时应对。发挥社会力量，促进社会共治，有问题及时发现并尽快采取治理动作，使不法经营者的行为全面纳入监管体系。

（四）建立事后服务和保障的长效机制

全链条监管要与服务相结合、相互促进，加强事后服务和保障机制建设，要求监管程序、要件等删繁就简、利企便民，营造良好发展环境。

建立事后服务和保障机制，在监管处罚环节，首先应当鼓励市场主体自我纠错，竞争执法机关在监管过程中，发现市场主体存在损害市场公平竞争的行为时，可先给予市场主体主动积极整改的机会。在规定期限内完成整改、消除维护后果的，可以视情节对当事人依法从轻、减轻或者免于处罚。其次，应当坚持教育与处罚相结合原则，加强执法现场说理，增强监管过程中的说服教育、劝导示范等服务性手段，制定免予行政处罚清单，制定清单适用指南，对于轻微违法的市场主体可依法免除处罚。在执法结束之后的环节中，为防止企业再次发生相同或类似的违法行为，执法机关应当督促涉案企业进行企业合规培训工作，做好合规监督评估工作，定期对涉案企业进行合规考察，弥补企业制度建设漏洞，充分发挥全链条监管事后服务功能。此外，应当健全执法回访制度，在监管过程中，开通服务意见建议通道，积极听取市场主体的反馈意见，改进监管工作。进行跟踪回访，采用线上沟通或实地回访等方式，定期与市场主体联系交流，提供政策普及、法律培训、合规培训等服务，加强针对性帮扶。强化全链条监管事后服务和保障功能，形成执法监管的闭环，作用在于保持监管效果的长效性，防止出现重复违法的情形。

（五）发挥行业自治与社会监督的优势作用

此前行业监管主要依靠行政强制力的规则之治，强调绝对的命令与遵守，而随着社会经济环境的日益复杂，即便是制作再为详细的法律与规则，也无法穷尽到社会的方方面面，政府监管仍有大量的"真空领域"，因此需要在依法监管的前提下，赋予行业组织一定的自主权，提升行业自治水平，引入社会监督机制，充分发挥其自我驱动、自我更新的优势，形成政府、组织、公民协同共治与公平监管的格局。我国目前的监管体制以政府监管为主，这样的监管存在两个问题：一是政府的监管资源并非无限的，完全依靠政府监管会造成监管资源的不足；二是政府监管可能存在寻租行为，仅依靠政府监管可能会阻塞利害关系人维护合法权利的路径。正确引导下的行业自治和社会监督能够弥补前述的缺点。国务院《关于加强和规范事中事后监管的指导意见》提出了一些具体措施，对促进行业自治和发挥社会监督的优势具有重要指导作用。针对"提升行业自治水平"，应当鼓励行业协会商会建立健全经营自律规范与职业道德准则、参与制定行业相关的国家标准和政策法规、开展公益诉讼与专业调解工作等；为了更好地"发挥社会监督作用"，政府应该积极有序地进行引导、发挥舆论监督的优势，建立"吹哨人"、内部举报人等制度，畅通群众监督渠道，整合优化政府投诉举报平台功能，为群众参与投诉举报和新闻媒体监督扫除障碍，在监管执法中更多参考专业意见，不断强化舆论监督，持续曝光典型案件，震慑违法行为。

（六）通过激励性监管引导市场主体的自我合规

激励性监管能够促使被监管者积极主动、自觉自愿地去整理和提供有关行业发展及风险防控的相关信息，甚至提出更多建设性的意见或建议，从而减轻或免除了监管机构获取信息的成本，也更加有益于制订高效科学的监管政策，实现了市场效率与监管目标的双赢。而合规制度作为一种以适应外在要求为目的、以有效改善内部控制和自我约束能力为核心的企业自律行为，是激励性监管的重要体现。应当认识到，企业合规不仅是一种公司治理方式或者合理规避处罚的方式，还是属于可以激励企业自我改进的方式。市场主体通过合规指引就经营活动与监管部门进行约定，满足一定的合规条件后则会获得处罚减轻减免的合规激励。在具体的实现路径中，可以建立完善合规行政指导制度，强调基于特定行政目的而征求行政相对人同意、协商的柔性方式，比如建议、引导、辅导、提示、帮助、告诫、提倡等非强制性行为，出台一系列经营者合规风险防控指引等。

公平竞争监管机构、行业协会和企业要相互配合，构建事前合规和事后合规工作体系，以正向激励和反向惩罚相结合的方式推进经营者加强公平竞争合规工作。执法机关可以建立完善行政和解制度，对市场主体存在的违法行为，进行教育和引导，市场主体主动配合和改正后，免除或者减轻其责任。这样既能减轻行政主体和市场主体的负担，也有利于监管目的的实现。同时，激励性监管如果使用不当，可能会起到相反的效果。因此，应当对激励措施进行合理控制，既要防止激励不足，也要防止激励过度。应进一步明确激励内容，细化激励性监管标准，针对不同危害程度的行为设置不同的激励梯度，同时，激励手段根据市场主体的合规进行程度来实施，注意防止"监管套利"与"监管俘获"。此外，激励性监管可以不局限于市场主体，发挥社会共同治理的作用，合理利用公众监督，设置合理的举报激励以壮大监管力量。

（七）优化监管资源配置，提高监管专业性

如何在有限的监管资源中实现优化配置的目标，是监管能力与保障的重要体现。对此，应加强监管资源的整合，提升资源利用效率。具体而言，应建立市场监管领域信息资源整合体系。《规划》指出："建立市场监管与服务信息资源目录和标准规范体系，全面整合市场监管领域信息资源和业务数据，深入推进市场监管信息资源共享开放和系统协同应用。"市场监管部门积累了大量的公共数据，这些数据涉及社会生活的方方面面。应当充分利用这些数据，建立市场主体名录，对市场主体进行分类分级，并以之为内部分配监管资源的参考，不同种类不同级别的市场主体监管的频率和投入力度可以有所区别，对重点领域进行重点监管，以提高监管的精准性和有效性。对于部分可以公开的数据，行政主体开放并整合这些数据，既可以吸纳更多机构和个人通过利用这些数据共同参与到社会治理的过程中，也可以提高整体监管运行效率。

统筹执法资源，将处罚权相对集中。精减执法队伍，推动执法力量和权限的下沉。针对基层监管中职能不明确、任务繁杂的问题，应建立统一的基层监管规则体系与信息交流平台，统筹解决基层市场监管存在的问题，避免执法资源的分散。在人力资源的配置方面，相较于国外，我国目前监管人员不仅严重不足，专业性也有所欠缺。因此，短期内，通过扩充人员编制，建立完善第三方参与机制，吸纳更多技术专家、经济专家和法律专家，充实执法力量。长期来看，应当建立和加强对执法和司法人员的系统性培训，培养竞争理念和思维，促进良好的竞争文化的形成。

四　做好特殊领域的全链条公平竞争监管——以数字经济领域为例

对特殊领域的市场监管，应当把握好普遍性与特殊性的关系。市场监管既有一般性的特点，但在具体领域内又不尽相同。既要重视个案特殊情形的具体分析，又要重视普遍性规律的一般指引。个案分析是一种实质性的分析和认定，是在结合行业领域特性和企业实际情况，作出具体的合理分析，这一过程需要对具体的事实进行深入调查，评估不同性质的市场效果，衡量不同取向的价值追求，从而进行取舍和定性。同时应该注意个案化的处理可能冲击形式公平，容易降低效率。应当注意个案分析的适用范围，在某类行为定性不清晰，法律规定模糊，执法经验不足，监管共识尚未达成的情况下，个案分析是一种较为稳妥且有益于经验积累的处理方式。而其他情况下或者存在较为刚性规则的情况下，类型化的行为分析或基于形式的判断方法则是提升执法效率、兼顾公平、节约执法资源的有益选择。

此外，也要强化指导性案例的宣传与警示作用。指导性案例具有典型性，涉及的违法行为在市场经营活动过程中具有一定的普遍性和借鉴意义，一定程度上能够明确市场行为违法与合法的边界，也能够为企业合规提供清晰的案例素材。通过具有典型性的案例来指导并积累实践中的监管经验，完成对法律规则自下而上的构造，从而更好地在制度规制上弥补监管空白，克服监管难题。定期发布指导性案例，并对其进行分析、解读与阐释，提高经营者和社会公众对违法行为的认知度和警觉性，提高市场主体、执法机关以及行政机关的公平竞争意识，推动竞争文化建设。

（一）数字经济的全链条公平竞争监管的特点

随着互联网、大数据及物联网等新技术迅猛发展，以数据资源为关键要素的数字经济正以前所未有的方式推动生产方式和治理方式的深刻变革，互联网发展进入算法和数据双重驱动的新阶段。探索对数字经济的公平竞争监管机制，成为健全和完善全链条公平竞争监管体制机制的应有之义。此外，数字经济时代数据成为一种新型的生产要素，亦成为调控其他生产要素的重要媒介，为数字平台企业实现规模经济带来了新的可行路径。算法技术在平台经济领域得到广泛的应用，数字经济已开启算法驱动的新运营模式。

而互联网放大了规模经济的功能，平台企业在资本、数据等方面的加持下，运用数据和算法抢占市场份额，导致平台企业无限扩张，引发了一系列垄断乱象。数字平台利用网络效应形成新型市场竞争壁垒，网络效应的存在使数字经济的市场集中度更高，同时也更容易形成寡头垄断；数字经济下，先发优势更强，后进入市场的经营者难以撼动和挑战既有经营者的地位，"强者恒强、弱者恒弱"的马太效应显著。

对数字经济的竞争监管更为重要的是，应当深刻理解数字平台在经济社会发展全局中的地位和作用。2022年中央经济工作会议指出，要大力发展数字经济，提升常态化监管水平，支持平台企业在引领发展、创造就业、国际竞争中大显身手。这无疑对数字经济的发展提出了更高的要求，数字经济也需要在发展中承担更多的责任。经过前期的实践探索，尊重数字经济发展规律，进行常态化监管，坚持发展与规范并重，才能实现数字经济健康规范发展。而现实中，市场监管没能跟上平台发展步伐，亟须加快公平竞争监管体制机制创新式变革以应对新业态发展带来的新问题。

（二）完善数据算法等方面的监管规则

数字经济的市场竞争以数据为核心竞争要素，以算法等信息技术为竞争工具，以平台为重要竞争领域。数字时代的平台竞争监管应格外注重数据和算法的治理。秉持数字治理的理念，充分运用大数据手段，有效发挥新一代信息技术在全链条监管工作中的巨大作用，创新监管方式方法。在数字平台领域，算法技术滥用有极大可能影响到市场公平竞争秩序以及消费者权益，利用算法进行"大数据杀熟""自我优待""算法共谋"等行为在一些生产生活场景已经并不鲜见。对此，应当加强事前监管，增强算法透明度和可解释性。应当充分关注算法使用过程中的特殊性，算法监管应当根据算法的使用场景如算法匹配、算法推荐、算法决策、算法筛查等作出针对性的安排，将较为隐蔽的算法应用过程显性化、规范化。同时对不同算法拥有者是否课以不同的责任，算法公开的范围和程度，都值得考虑。加强事中监管，动态监测大数据算法运行情况，充分发挥国家反垄断局的竞争政策与大数据中心在市场竞争状况评估、市场监测、大数据分析等方面的作用，在大数据技术基础上调查分析和观测监测，比如对于电子商务的价格监测，有效提升监管执法的反应能力和机动灵活性，从而形成对反垄断执法全过程的支撑保障能力。加强事后监管，重点关注算法歧视、合谋等行为，完善算法违法行为救济途径，以算法解释、算法公开、算法监督等形式对违法行为予以纠正。基于大数据的全链条监管是现代监管理论与新兴信息技术相结合的产物，强化技术支撑，完善数据基础制度建设是健全事前事中事后全链条公平竞争监管体制机制的有效措施。

对平台的竞争监管，应坚持法治化原则。鉴于平台经济领域日渐形成寡头竞争格局，应当借鉴欧盟委员会"守门人"概念，明确超级平台的义务和责任，厘清各方的权利义务关系，科学界定监管主体的权力边界和平台企业的责任范围，尤其是在数据开放和算法应用方面。近两年的平台经济问题也将平台竞争规则的完善向前推进。《平台经济领域的反垄断指南》是以问题为导向的在专门领域内维护竞争秩序的规范性文件；新修订的《反垄断法》也对平台经济的治理显示出特别的关注，其中对平台利用数据、算法等参与竞争、实施垄断的问题作出专门规定。在此基础上，应当积极推动《反不正当竞争法》中互联网专条的修改，使其更加符合数字经济特点并在行为归类上更加周延和整合，同新《反垄断法》一道共同维护数字经济市场竞争秩序。2022 年 12 月，中共中央、国务院印发《关于构建数据基础制度更好发挥数据要素作用的意见》，全方位构建了数据要素市场的顶层设计。数字竞争规则的建立，应当深刻领会中央精神，在此基础上，促进数据流通和市场化，更好发挥数据要素作用，推进平台竞争治理。

（三）增强数字经济监管的灵活性与专业性

由于数字经济巨大的不确定性，平台企业的业态发展日新月异，其造成的社会影响往往也难以确定，监管部门难以准确把握平台发展规律。此时，应当引入积极的包容审慎监管从而增强监管灵活性，更好地与平台的动态发展相匹配，体现现代监管的谦抑性理念。包容性监管强调为新业态发展创造宽松的创新环境；审慎监管保障新业态不突破法律底线；积极监管追求实现监管良好的实际效果。在此基础上，可以引入试验机制促成监管的积极包容审慎，推进监管的灵活性和能动性；保持对监管对象的跟踪监测，以及监管方案的动态调整，强调监管部门与市场主体的协作互动，避免简单的"毕其功于一役"的监管陷阱，以此推动数字经济的可持续良性发展。

由于数字经济的特点，企业的违法行为往往较为隐蔽，而平台企业可以基于自身的技术能力对动态经营数据进行处理分析，可能会利用数据与算法优势实施反竞争行为。此时则需要政府的数字监管能力能够与之抗衡，因为必须利用专业的技术与分析才能发现平台企业"大数据杀熟""自我优待"等违法行为的线索。当然，监管部门的监管能力需要与时俱进、不断提升。政府部门和企业之间应畅通必要数据的双向开放共享渠道，实现监管部门与平台的合作共治。大型科技企业与平台公司在信息数据治理方面有着天然的技术优势、资源优势和管理优势。平台依赖强大的技术而建立，为诸多平台内经营者及消费者提供经营和消费场所；经营者与消费者互动过程产生大量有用数据能够服务并满足监管和治理的需要；基于平台服务协议等框架约定，平台本身就与平台内经营者及消费者建立了一定程度的管理与服务关系，在平台内开展经营活动的商户与消费者在形式上遵守这种关系，支持由平台内规则而产生的管理关系。

　　而政府部门既担负着监管职责，有着专业化监管需求，同时又对监管规则、方向和尺度有着相当大的监管话语权，进行双方的优势互补，妥善合作运用两种资源是可行之道。监管部门既要加强与平台企业的监管合作，又要采取更加灵活的方式向平台企业进行提示预警引导，明确监管的指向和关注，以寻求企业的监管配合或达成相对平衡的监管结构，如上海市市监局在双十一购物节之前发布《"双十一"网络集中促销合规指导书》，向电子商务企业提出8个方面的合规要求。

参考文献

一　中文文献

（一）著作及译著类

[1] 亚当·斯密:《国民财富的性质和原因的研究》（下卷），郭大力、王亚南译，商务印书馆 1974 年版。

[2] 《马克思恩格斯选集》（第 4 卷），人民出版社 1995 年版。

[3] 漆多俊:《经济法基础理论》，法律出版社 2017 年版。

[4] 徐士英:《竞争政策研究——国际比较与中国选择》，法律出版社 2013 年版。

[5] 孙晋:《中国竞争法与竞争政策发展研究报告》，法律出版社 2018 年版。

[6] 白金亚:《国有企业竞争中立制度研究》，知识产权出版社 2019 年版。

[7] 戴维·格伯尔:《全球竞争:法律、市场和全球化》，陈若鸿译，中国法制出版社 2012 年版。

[8] 根岸哲、舟田正之:《日本禁止垄断法概论》，王为农译，中国法制出版社 2007 年版。

[9] 白树强:《全球竞争政策——WTO 框架下竞争政策议题研究》，北京大学出版社 2011 年版。

[10] 威廉·科瓦西奇、林至人、德里克·莫里斯:《以竞争促增长:国际视角》，中信出版集团 2017 年版。

[11] 王晓晔:《反垄断法》，法律出版社 2011 年版。

[12] 斯蒂格利茨:《经济学》，姚开建等译，中国人民大学出版社 1997 年版。

［13］ 董笃笃：《竞争政策法制化研究》，法律出版社 2017 年版。

［14］ 戴龙：《反垄断法域外适用制度》，中国人民大学出版社 2015 年版。

［15］ 孙晋：《竞争性国有企业改革路径法律研究——基于竞争中立原则的视角》，人民出版社 2020 年版。

［16］ 彭海斌：《公平竞争制度选择》，商务印书馆 2006 年版。

［17］ 江飞涛：《理解中国产业政策》，中信出版社 2021 年版。

［18］ 李本灿：《合规与刑法：全球视野的考察》，中国政法大学出版社 2018 年版。

［19］ 杨建顺：《行政规制与权利保障》，中国人民大学出版社 2007 年版。

［20］ 江必新编：《中国法治实施报告（2022）》，人民法治出版社 2022 年版。

［21］ 骆天纬：《区域法治发展的理论逻辑——以地方政府竞争为中心的分析》，法律出版社 2017 年版。

［22］ 张维迎：《博弈与社会》，北京大学出版社 2013 年版。

［23］ 科恩：《论民主》，商务印书馆 1988 年版。

［24］ 顾全：《行政性垄断司法审查与救济问题研究》，法律出版社 2017 年版。

［25］ 杉原泰雄：《宪法的历史——比较宪法学新论》，吕旭、渠涛译，社会科学文献出版社 2000 年版。

［26］ 翟巍：《欧盟公平竞争审查制度研究》，中国政法大学出版社 2019 年版。

［27］ 张静：《社会治理：组织、观念与方法》，商务印书馆 2019 年版。

［28］ 胡元聪：《正外部性的经济法激励机制研究》，人民出版社 2021 年版。

［29］ 周黎安：《转型中的地方政府：官员激励与治理》，格致出版社 2017 年版。

［30］ 丁茂中：《公平竞争审查制度研究》，法律出版社 2019 年版。

［31］ 王利明：《法律方法论》，中国人民法学出版社 2000 年版。

［32］ 侯利阳：《我国电信行业的竞争与规制》，法律出版社 2022 年版。

［33］ 陈肖盈：《经营者集中申报标准及其新经济时代应对》，法律出版社 2022 年版。

［34］ 孙晋、李胜利：《竞争法原论》，法律出版社 2020 年版。

[35] 孟雁北：《管制行业反垄断执法问题研究》，法律出版社 2020 年版。

[36] 蔡呈伟：《中国电信业竞争性改革有效性研究》，经济管理出版社 2020 年版。

[37] 金善明：《反垄断法解释：规范、历史与体系》，中国社会科学出版社 2019 年版。

[38] 王晓晔：《反垄断法的相关市场界定及其技术方法》，法律出版社 2019 年版。

[39] 杨秀玉：《转轨时期中国电信行业垄断问题研究》，中国社会科学出版社 2019 年版。

[40] 许光耀：《支配地位滥用行为的反垄断法调整》，人民出版社 2018 年版。

[41] 时建中、焦海涛、戴龙：《反垄断行政执法典型案例分析与解读（2008-2018）》，中国政法大学出版社 2018 年版。

[42] 王永强：《电信行业垄断的法律规制》，武汉大学出版社 2017 年版。

[43] 叶美兰：《中国邮政通史》，商务印书馆 2017 年版。

[44] 罗明伟：《电信竞争规则与市场监管》，人民邮电出版社 2014 年版。

[45] 叶卫平：《反垄断法价值问题研究》，北京大学出版社 2012 年版。

[46] 吴振国：《〈中华人民共和国反垄断法〉解读》，人民法院出版社 2007 年版。

[47] 江必新主编：《中国法治实施报告》，法律出版社 2022 年版。

[48] 王先林：《竞争法律与政策前沿问题研究》，法律出版社 2021 年版。

（二）连续出版物

[1] 孙晋：《经济法视角下政府经济权力边界的审读——以政府职能转变为考察中心》，《武汉大学学报》（哲学社会科学版）2014 年第 2 期。

[2] 漆多俊：《控权：通向法治之路的关键》，《经济社会体制比较》2006 年第 3 期。

[3] 孙晋：《谦抑理念下互联网服务行业经营者集中救济调适》，《中国法学》2018 年第 6 期。

[4] 孙晋、钟原：《我国供给侧结构性改革的经济法思考——以漆多俊先

生国家调节理论为中心展开》，《经济法论丛》2017 年第 2 期。

［5］ 张守文：《政府与市场关系的法律调整》，《中国法学》2014 年第 5 期。

［6］ 张穹：《实施公平竞争审查制度有力维护市场公平竞争》，《中国价格监管与反垄断》2016 年第 7 期。

［7］ 孙晋：《国际金融危机之应对与欧盟竞争政策：兼论后危机时代我国竞争政策和产业政策的冲突与协调》，《法学评论》2011 年第 1 期。

［8］ 明丰：《产业政策与竞争政策逻辑分析、优先适用及现实选择路径》，《发展研究》2018 年第 12 期。

［9］ 李慧敏、王忠：《产业政策与竞争政策能否协调——日本产业政策与竞争政策协调机制及其启示》，《日本学刊》2019 年第 2 期。

［10］ 齐虹丽：《政府规制与反垄断法的适用除外制度——以日本反垄断法中的适用除外制度为讨论中心》，《法学评论》2004 年第 6 期。

［11］ 金美蓉：《论垄断协议的国际法规制》，《武汉大学学报》2014 年第 4 期。

［12］ 许光耀：《反垄断法上的行政垄断分析》，《行政管理改革》2014 年第 11 期。

［13］ 李国海：《论反垄断法对国有企业的豁免》，《法学评论》2017 年第 4 期。

［14］ 邹婕、洪莹莹：《我国反垄断执法效果评估标准之构建》，《法学论坛》2019 年第 2 期。

［15］ 丁茂中：《论公平竞争审查的责任主体》，《竞争政策研究》2018 年第 2 期。

［16］ 黄勇：《论中国竞争政策基础性地位的法治保障》，《经贸法律评论》2018 年第 1 期。

［17］ 周汉华：《基础设施产业政府监管权的配置》，《国家行政学院学报》2002 年第 2 期。

［18］ 鲁桐：《竞争中立：政策应用及启示》，《国际经济评论》2019 年第 5 期。

［19］ 王丹：《竞争政策实施的国际经验及对我国的启示》，《中国物价》

2018 年第 2 期。

[20] 侯利阳：《公平竞争审查的认知偏差与制度完善》，《法学家》2021 年第 6 期。

[21] 朱静洁：《公平竞争审查启动制度研究》，《经济法论丛》2021 年第 2 期。

[22] 江山：《论公平竞争审查制度法制化的层次》，《经贸法律评论》2022 年第 5 期。

[23] 高秦伟：《美国规制影响分析与行政法的发展》，《环球法律评论》2012 年第 6 期。

[24] 胡光志、王波：《行政垄断及反行政垄断法的经济学分析》，《中国法学》2004 年第 4 期。

[25] 李胜利：《竞争文化·竞争宣导·反垄断执法——从美国反托拉斯法历史经验出发》，《经济法论丛》2015 年第 1 期。

[26] 叶高芬：《全国统一大市场视域下行政性垄断规制模式的重构》，《法学》2023 年第 3 期。

[27] 孙晋：《公平竞争原则与政府规制变革》，《中国法学》2021 年第 3 期。

[28] 孟雁北：《产业政策公平竞争审查论》，《法学家》2018 年第 2 期。

[29] 王学政：《对竞争立法模式的比较研究》，《中国法学》1997 年第 5 期。

[30] 韩立余：《创建反垄断制度的契机——对外资并购催生我国反垄断法的思考》，《国际贸易》2004 年第 1 期。

[31] 王先林：《知识产权滥用及其法律规制》，《法学》2004 年第 3 期。

[32] 魏剑：《试论我国的反垄断立法》，《中外法学》1989 年第 3 期。

[33] 孙晋：《数字经济时代反不正当竞争规则的守正与创新——以〈反不正当竞争法〉第三次修订为中心》，《中国法律评论》2023 年第 3 期。

[34] 时建中：《新〈反垄断法〉的现实意义与内容解读》，《中国法律评论》2022 年第 4 期。

[35] 段宏磊：《我国经营者集中分类分级审查制度的构建——以新〈反垄断法〉第 37 条为分析对象》，《法商研究》2022 年第 6 期。

[36] 李剑：《威慑与不确定性——新〈反垄断法〉法律责任条款评述》，《当代法学》2022 年第 6 期。

[37] 吴振国：《反垄断监管的中国路径：历史回顾与展望》，《清华法学》2022 年第 4 期。

[38] 王健、汪望宇：《美国竞争倡导制度研究——兼论我国如何导入竞争倡导制度》，《经济法论丛》2014 年第 2 期。

[39] 黄勇：《论我国竞争政策法治保障的体系及其实现机制》，《清华法学》2022 年第 4 期。

[40] 周振杰：《企业适法计划与企业犯罪预防》，《法治研究》2012 年第 4 期。

[41] 丁茂中：《企业竞争合规的政府指引模式国际考察及中国选择》，《社会科学研究》2015 年第 1 期。

[42] 鲁桐：《竞争中立：政策应用及启示》，《国际经济评论》2019 年第 5 期。

[43] 孔祥俊：《理念变革与制度演化：〈反不正当竞争法〉30 年回望与前瞻》，《知识产权》2023 年第 7 期。

[44] 赵诚皓：《建设全国统一大市场背景下公平竞争政策与产业政策协调机制的法律构建》，《中国物价》2023 年第 7 期。

[45] 郭传凯：《不正当竞争行为司法认定的"泛道德化"倾向及其矫正》，《现代法学》2023 年第 4 期。

[46] 吴宏伟、谭袁：《保护竞争而不保护竞争者？——对主流反垄断法观点的审视》，《北方法学》2013 年第 4 期。

[47] 王晓晔：《〈反垄断法（修正草案）〉的评析》，《当代法学》2022 年第 3 期。

[48] 孙晋：《〈反垄断法〉修订背景下设立竞争法庭的理据和进路》，《法律科学》（西北政法大学学报）2022 年第 3 期。

[49] 陈兵：《我国反垄断执法十年回顾与展望——以规制滥用市场支配地

位案件为例的解说》，《学术论坛》2018 年第 6 期。

[50] 孙晋：《数字平台的反垄断监管》，《中国社会科学》2021 年第 5 期。

[51] 崔瑜：《论企业合规管理的政府监管》，《行政法学研究》2021 年第 4 期。

[52] 郝俊淇：《论我国垄断协议类型序列的立法完善》，《中国政法大学学报》2022 年第 1 期。

[53] 戴龙：《论组织帮助型垄断协议的规制——兼议我国〈反垄断法〉的修订》，《法学评论》2021 年第 1 期。

[54] 张晨颖：《垄断协议二分法检讨与禁止规则再造——从轴辐协议谈起》，《法商研究》2018 年第 2 期。

[55] 史际春、肖竹：《〈反垄断法〉与行业立法、反垄断机构与行业监管机构的关系之比较研究与立法建议》，《政法论丛》2005 年第 4 期。

[56] 董淳锷：《市场事前监管向事中事后监管转变的经济法阐释》，《当代法学》2021 年第 2 期。

[57] 卢超：《事中事后监管改革：理论、实践及反思》，《中外法学》2020 年第 3 期。

[58] 席涛：《市场监管的理论基础、内在逻辑和整体思路》，《政法论坛》2021 年第 4 期。

[59] 张守文：《公平竞争审查制度的经济法解析》，《政治与法律》2017 年第 11 期。

[60] 时建中：《强化公平竞争审查制度的若干问题》，《行政管理改革》2017 年第 1 期。

[61] 王健、吴宗泽：《反垄断迈入新纪元：评美国众议院司法委员会〈数字化市场竞争调查报告〉》，《竞争政策研究》2020 年第 4 期。

[62] 王湘军、邱倩：《大部制视野下美国独立监管机构的设置及其镜鉴》，《中国行政管理》2016 年第 6 期。

[63] 许光耀：《知识产权拒绝许可行为的反垄断法分析方法——以欧盟微软案为例》，《价格理论与实践》2018 年第 3 期。

［64］ 王敬波：《统一市场监管的法治道路》，《中国行政管理》2022 年第
10 期。

［65］ 刘笋、许皓：《竞争中立的规则及其引入》，《政法论丛》2018 年
第 5 期。

［66］ 丁茂中：《我国竞争中立政策的引入及实施》，《法学》2015 年第 9 期。

［67］ 孙晋：《互联网金融平台传统监管的局限与法治化改革》，《华东政法
大学学报》2023 年第 1 期。

［68］ 陈可翔：《互联网公共治理方式转型的行政行为法回应》，《法学》
2022 年第 7 期。

［69］ 王伟：《信用法治视角下的共享经济监管》，《法学论坛》2022 年
第 3 期。

［70］ 任颖：《算法规制的立法论研究》，《政治与法律》2022 年第 9 期。

［71］ 喻玲：《从威慑到合规指引反垄断法实施的新趋势》，《中外法学》
2013 年第 6 期。

［72］ 刘权：《数字经济视域下包容审慎监管的法治逻辑》，《法学研究》
2022 年第 4 期。

［73］ 孟雁北：《我国反垄断执法机构与政府产业规制部门的关系》，《中国
人民大学学报》2015 年第 2 期。

［74］ 孙晋、王牧：《以公正监管促进实现公平竞争》，《民主与法制时报》
2020 年 5 月 14 日第 7 版。

［75］ 威廉姆·科瓦契奇、罗丹睿：《美国竞争政策执行规范的现代演变
（上）》，《竞争政策研究》2022 年第 3 期。

二 外文文献

［1］ Charles J. Walsh. Alissa Pyrich，"Corporate Compliance Programs as a De-
fense to Criminal Liability：Can a Corporation Save Its Soul"，Rutgers
L. Rev，Vol. 47，1995.

［2］ Richard A. Whiting，"Antitrust and the Corporate Excutive"，Virginia Law
Review，Vol. 1，1962.

［3］ F. Joseph Warin &. Jason C. Schwartz, "Deferred Prosecution: The Need for Specialized Guidelines for Corporate Defendants". Journal of Corporate Law, Vol. 23, 1997-1998.

［4］ Ryan D. Mc Connell, "Plan Now or Pay latter: The Role of Compliance in Crimininal Case", Houston Journal of International Law, Vol. 33, 2011.

［5］ Gustavo A. Jimenez, "Corporate Criminal Liability: Toward a Compliance-Orientated Approach", Indianan Journal of Global Legal Studies, Vol. 26, 2019.

［6］ Productivity Commission, Review of National Competition Policy Reforms, 2005.

［7］ Rod Sims, Driving Prosperity Through Effective Competition. The Mexico Forum, 8 J-anuary, Mexico City, 2013.

［8］ Stephen P. King and Graeme Samuel, Agenda for National Competition Policy Inquir-y, Monash Business Policy Forum, 2013.

［9］ OECD, Competition Assessment Toolkit, 2017, Version 3.

［10］ Centre for International Economics, Guidelines for NCP legislation reviews, 2016.

［11］ Daniel Guttiman, Public Purpose and Private Service: The Twentieth Century Culture of Contracting Out and the Evolving Law of Diffused Sovereignty, 52 ADMIN. L. REV. 859 (2000).

［12］ Sumit K. Majumdar, Does Incentive Compatible Mechanism design Induce Competitive Entry? 427 Journal of Competition Law & Economics 453 (2011).

［13］ Roger B. Myerson, Justice, Institutions, and Multiple Equilibria, 91 Chicago Journal of International Law 107 (2004).

［14］ OECD, Competition Assessment Principles, 2010, Version 2. 0.

［15］ Alex A. Parkinson, Behavioral Class Action Law, 65 UCLA Law Review 1092 (2018).

［16］ Damien M. B. Gerard, Breaking the EU antitrust enforcement deadlock;

re-empowering the courts? 470 European Law Review 479 (2011).

[17] Gerbera, D. , Law and Competition in Twentieth century Europe, Oxford University Press, 1998.

[18] Report of American Bar Association on Private Anti-Competitive Practices as Market Access Barriers, 2000.

[19] Telecommunication policy, Communication act update, Khajeheian D. Global Media Journal, Canadian Edition. 2016 (1)

[20] Speta, James B. Antitrustand Local Competitionunder the Telecommunications Act, Antitrust Law Journal, Vol. 71, Issue 1 (2003).

[21] George J. Alexandert, Antitrust and the Telephone Industry after the Telecommunications Act of 1996, Computer & High Technology Law Journal, Vol. 12, Issue 2 (1996).

[22] H. A. Shelanski, From sector-specific regulation to antitrust law for US telecommunications the prospects for transition, Telecommunications Policy 26 (2002).

[23] Roger G. Noll, The role of antitrust in telecommunications, The Antitrust Bulletin/Fall1995.

后　记

　　本书系作者主持的 2020 年度国家社会科学基金重大项目"适应新时代市场监管需要的权力配置研究"的部分研究成果；在研究过程中也得到 2019 年度国家社会科学基金重点项目"现代市场体系建设的竞争法问题研究"和国家市场监督管理总局部分政策课题经费的支持，所以，该书也是国家社科基金重点项目"现代市场体系建设的竞争法问题研究"和国家市场监督管理总局招标委托课题的研究成果。

　　相关研究工作从项目立项到本书面世，长达数年。在课题调查研究之初，公平竞争审查制度颁行不久，《反垄断法》尚未修订，整个研究过程伴随着 2021 年《公平竞争审查制度实施细则》的制定、2022 年《反垄断法》的修正、2024 年《公平竞争审查条例》的颁行，我们通过课题研究一定程度上参与了上述法律和制度的制定（或修正）之学术讨论和起草论证，后面制定或修正的法律法规也在相当程度上吸收了我们研究的成果，反映了研究的理论价值和现实意义。为了还原研究的原貌，我们决定将本书中相关章节中法律法规或规范性文件的相关规定和内容与研究当时的规定保持一致，特此说明。

　　2020 年项目立项后，我和各个子课题负责人以及课题组成员精诚团结、通力合作、认真研究，搜集整理国内外文献资料、多次专题研讨、广泛开展调研，各个部分撰写完成后整合成书，再经过多次补充、修改，使之成为体系化研究成果。

　　感谢课题组全体成员，尤其要感谢我指导的武汉大学竞争法与竞争政策研究中心的博士后研究人员、博士研究生和硕士研究生，其中邝磊、徐则林、王帅、蔡倩梦、朱公欢、胡旨钰等同学是骨干成员，特别是博士研究生马姗姗同学，作为该项目的科研助手，为项目结项和本书出版付出了很多汗水。这是我们课题组共同的研究成果，没有你们的积极参与和卓有成效的前期研究，本书就很难以现在的水平和质量与大家见面。最后我还要郑重感谢社会科学文献出版社法治分社总编辑刘骁军女士，感谢您的信任；还要特别感谢本书编辑刘芳老师，您的认真编校，既保证了出版质量，也为本书增色不少。

著者水平有限，书中错漏难免，权当抛砖引玉，敬请大家批判指正。

孙 晋

2024 年 6 月 3 日 于武汉家中

图书在版编目（CIP）数据

新时代中国竞争法的战略功能及其展开 / 孙晋等著 .
北京：社会科学文献出版社，2024.10. --ISBN 978-7
-5228-4231-8

Ⅰ . D922. 294. 4

中国国家版本馆 CIP 数据核字第 2024CH9899 号

新时代中国竞争法的战略功能及其展开

著　　者／孙　晋 等

出 版 人／冀祥德
组稿编辑／刘骁军
责任编辑／刘　芳
责任印制／王京美

出　　版／社会科学文献出版社·法治分社（010）59367161
　　　　　　地址：北京市北三环中路甲 29 号院华龙大厦　邮编：100029
　　　　　　网址：www. ssap. com. cn
发　　行／社会科学文献出版社（010）59367028
印　　装／三河市龙林印务有限公司

规　　格／开　本：787mm×1092mm　1/16
　　　　　　印　张：29.5　字　数：450 千字
版　　次／2024 年 10 月第 1 版　2024 年 10 月第 1 次印刷
书　　号／ISBN 978-7-5228-4231-8
定　　价／168.00 元

读者服务电话：4008918866